Franziska Rößner

Wandern mit Hund
Südtirol

60 Touren zwischen Reschenpass und den Drei Zinnen

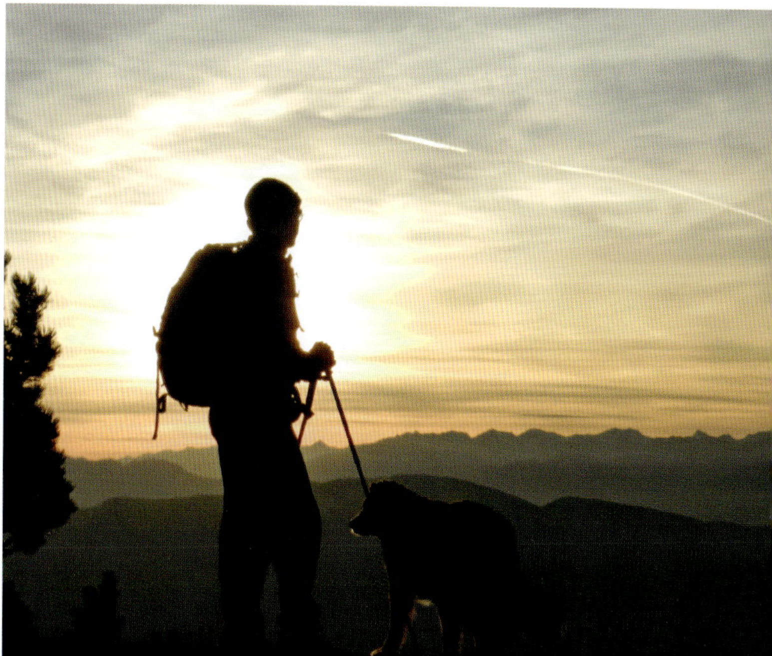

ROTHER
BERGVERLAG

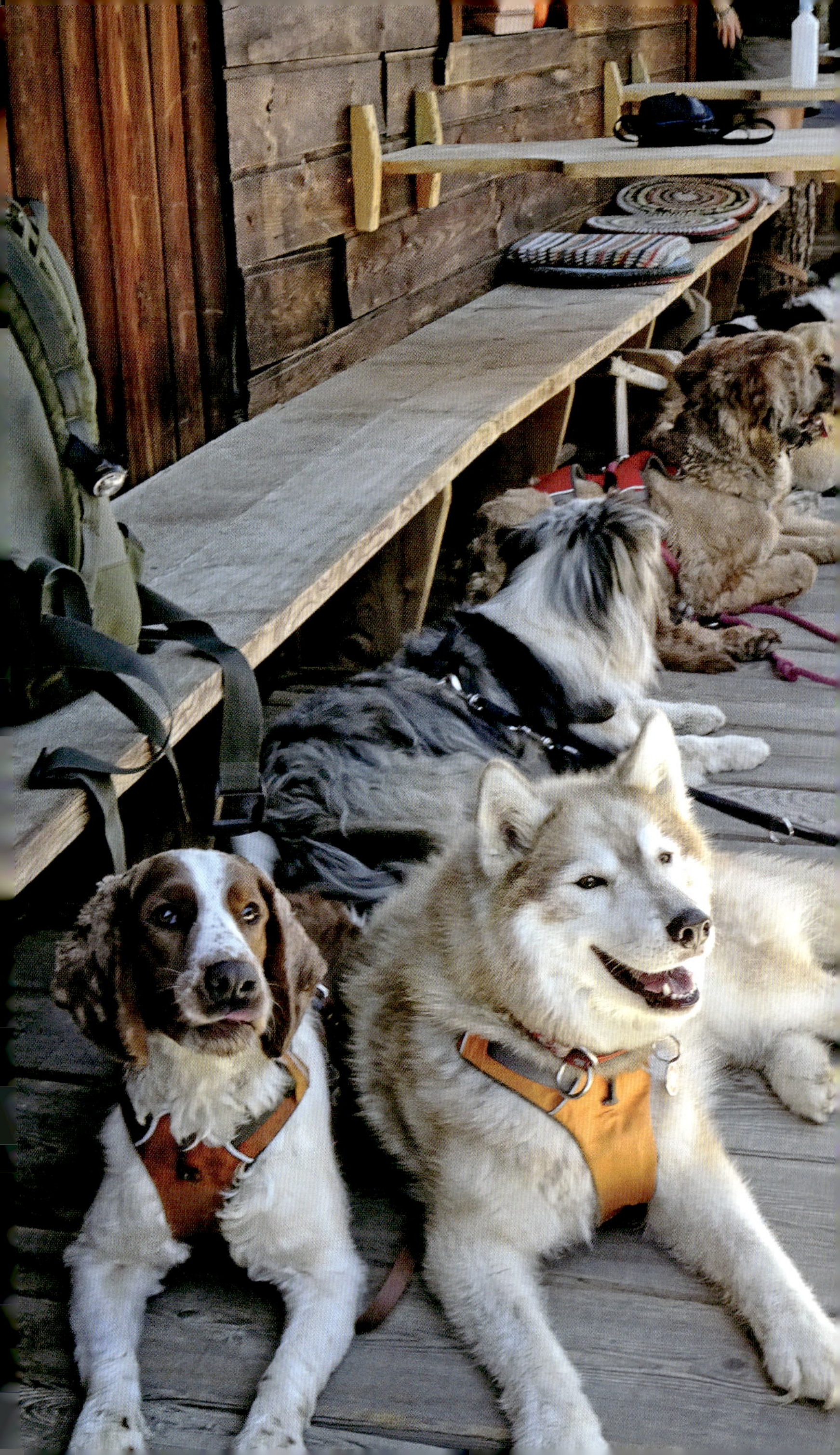

Vorwort

Bereits als Kind zog es mich mit meinen Eltern regelmäßig in die Berge, und während unsere Ziele zu Zeiten des Eisernen Vorhanges in den ostdeutschen und tschechischen Mittelgebirgen oder der Hohen Tatra lagen, entdeckten wir nach dem Fall der Mauer recht schnell den Alpenraum für uns. Ganz besonders gut gefallen hat es uns dabei seit jeher in Südtirol. Unzählige Reisen in diese liebenswerte und kontrastreiche Alpenregion ließen sie im Laufe der Zeit für mich zu einem Stück Heimat werden. Und während ich in den ersten Jahren noch auf vierbeinige Bergkameraden verzichten musste, darf ich mich seit der Jahrtausendwende glücklich schätzen, auf den Wanderungen und Bergtouren von meinen Berner Sennenhündinnen begleitet zu werden.
Doch das Wandern und vor allem das Bergsteigen mit Hund bringen auch neue, ganz besondere Herausforderungen mit sich. Ist der Weg für Hunde geeignet? Wo liegen die Schlüsselstellen auf anspruchsvollen Steigen, und wie sehen diese genau aus? Welche Gehrichtung ist mit Hund am besten geeignet? Gibt es ausreichend Wasserstellen, oder sollte man etwas mehr Wasser mitnehmen? Muss man auf einer Tour mit Weidevieh, speziell mit Kühen rechnen? All diese Informationen können für wandernde Mensch-Hund-Teams sehr wichtig sein, und das inspirierte mich, einen Wanderführer für genau diese, unsere Zielgruppe zu verfassen.
Mein Dank gilt dabei meinen Eltern, vor allem meinem Vater, dem ich die Liebe zu den Bergen zu verdanken habe und der mir das notwendige Wissen um Wetter und alpine Gefahren mit auf den Weg gegeben hat. Außerdem möchte ich mich bei meinem Freund und Autorenkollegen Kaj Kinzel für die tatkräftige Unterstützung, bei meinem Lektor, Dr. Martin Lehr, für die konstruktive und angenehme Zusammenarbeit und bei allen zwei- und vierbeinigen Testwanderern bedanken. Und natürlich seien an dieser Stelle auch meine vierbeinigen Bergkameraden, die Berner Sennenhündinnen Senta, Gusti, Vreni und Selma sowie Nepomuk, der zottelige Briard, erwähnt. Sie waren und sind Inspiration, Wegbegleiter und geduldige Fotomodels und als solche maßgeblich am Entstehen dieses Wanderbuches beteiligt.
Ihnen, liebe Leserinnen und Leser, wünsche ich ganz viel Freude beim Nachwandern der vorgestellten Touren und viele schöne und unvergessliche Bergerlebnisse. Und wer weiß, vielleicht verlieben ja auch Sie sich in das wunderschöne Südtirol mit seinem mediterranen Flair, den blühenden Apfelbäumen, dem köstlichen Wein, den urigen Almwirtschaften und vergletscherten Berggipfeln.

Franziska Rößner

Bunte Truppe: Wandern macht den meisten Hunden Spaß.

Inhalt

Einsteigertouren

Mit jungen Hunden oder vierbeinigen Senioren

- Haidersee (Tour 3)
- Ruinen im Münstertal (Tour 4)
- Pfossental (Tour 13)
- Hirzerhütte (Tour 18)
- Knottnkino (Tour 28)
- Eislöcher (Tour 31)
- Rotwand (Tour 35)
- Wuhnleger Weiher (Tour 42)

Top-Touren

Zirmtal See und Zirmtal Alm
Der glasklare Bergsee an der Zirmtal-Alm ist der perfekte Ort, um Ruhe und Entspannung zu finden und die Bergwelt zu genießen *(Tour 10, 4.45 h)*.

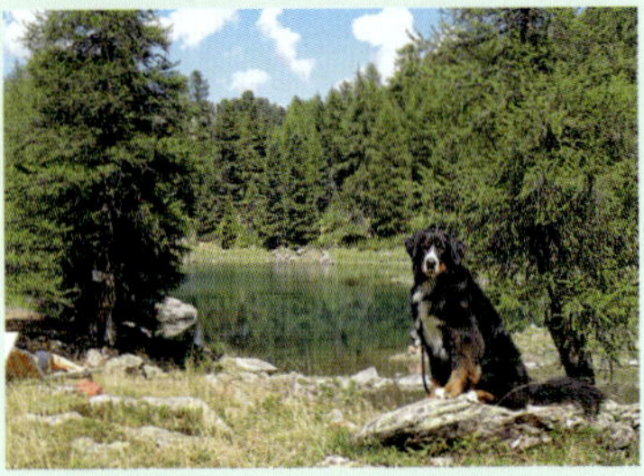

Spronser Seen
Anspruchsvolle Bergtour im Naturpark Texelgruppe, die mit atemberaubenden Ausblicken lockt *(Tour 14, 7.00 h)*.

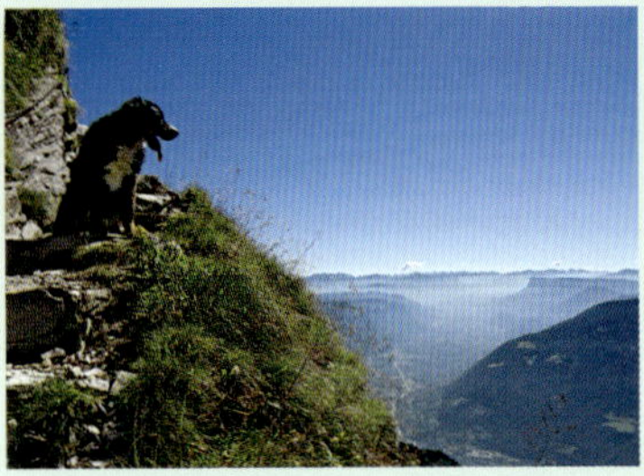

Pfossental
Das Pfossental zählt mit seiner Ursprünglichkeit und den kleinen Almen, die zur Einkehr laden, zu den schönsten Tälern Südtirols *(Tour 13, 3.00 h)*.

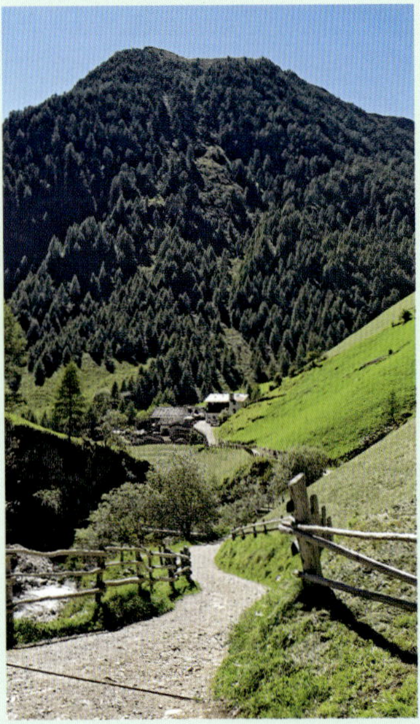

Höchster Hütte
Eine abwechslungsreiche Bergkulisse bietet sich dem Wanderer bei dieser wunderschönen Tour zum Grünsee im hinteren Ultental *(Tour 27, 4.45 h)*.

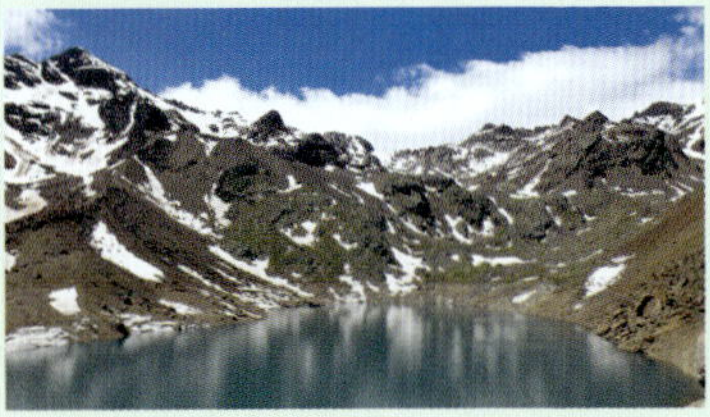

Bletterbachschlucht
Im »Grand Canyon Südtirols« wandert man durch Jahrmillionen währende Erdgeschichte *(Tour 33, 1.45 h)*.

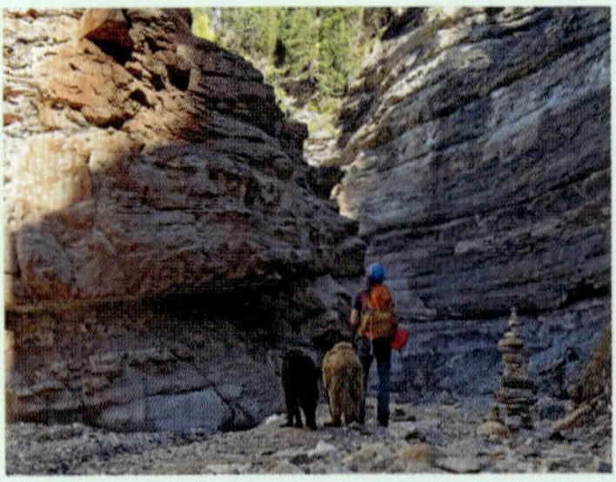

Rittner Horn
Abwechslungsreiche Runde auf den Bozner Hausberg mit wunderschönen Weitblicken und gemütlichen Almwirtschaften *(Tour 37, 6.00 h)*.

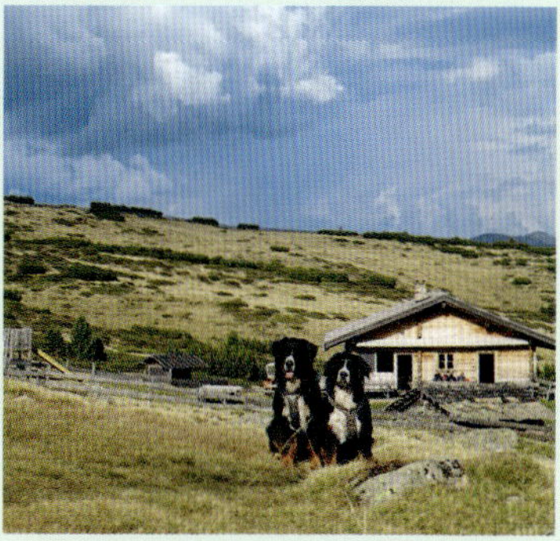

Latzfonser Kreuz
Grandioses Panorama an der höchsten Wallfahrtskirche Südtirols *(Tour 40, 4.15 h)*.

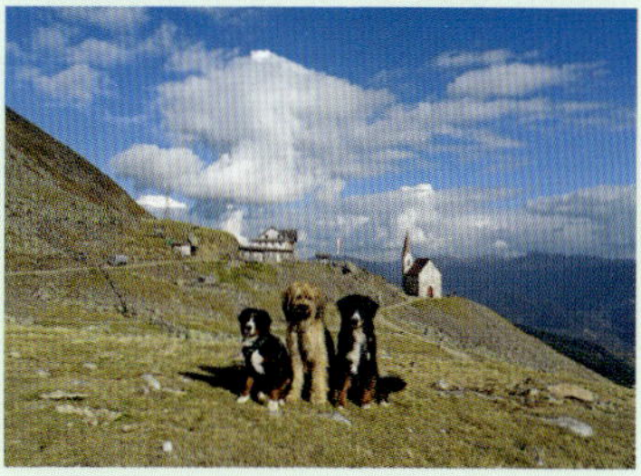

Medalges-Alm
Spektakuläre Panoramatour im »Land der bleichen Berge« (Tour 44, 4.45 h).

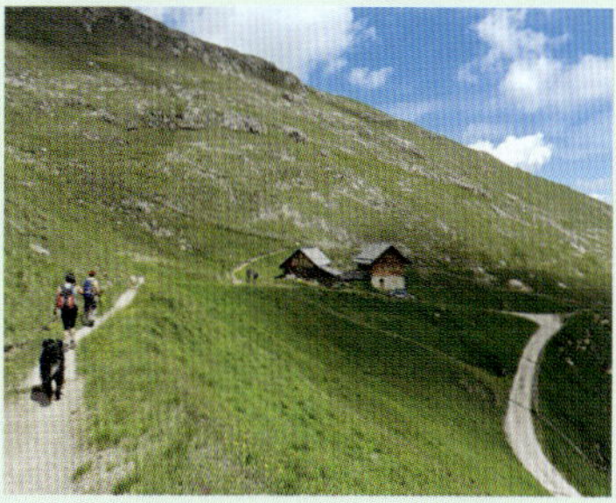

Rodenecker Alm und Lüsner Alm
Liebliche Almwiesen, artenreiche Hochmoore und lichte Lärchenwälder prägen das Bild dieser Rundwanderung *(Tour 47, 3.30 h)*.

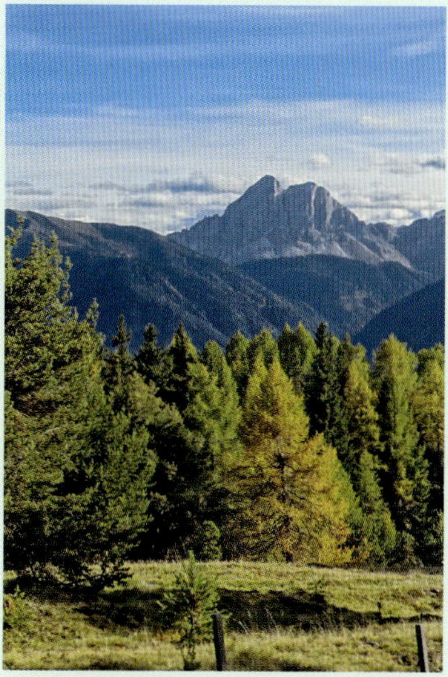

Bramstaller
Anspruchsvolle Bergtour, die mit atemberaubender Bergkulisse belohnt *(Tour 49, 5.30 h)*.

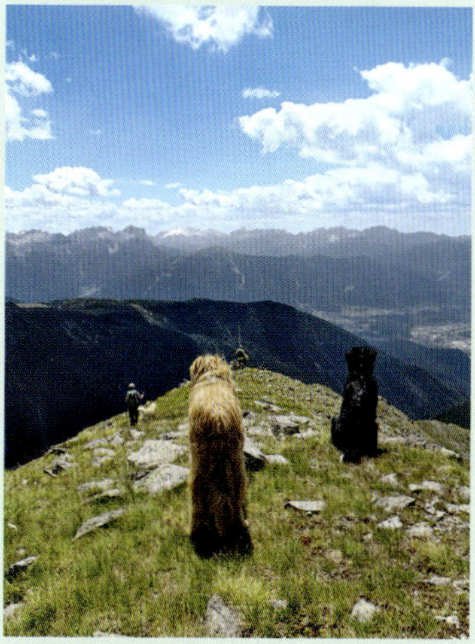

Allgemeine Hinweise

Anforderungen

Mensch

Will man auf Schusters Rappen das Südtiroler Land erkunden, sind abseits befestigter Fahrwege häufig Trittsicherheit, Kondition und Schwindelfreiheit erforderlich. Ob beschauliche Almwanderung oder anspruchsvolle Hochtour – hier kommt jeder bergbegeisterte Wanderer auf seine Kosten. Dieses Buch unterstützt Sie dabei, Ihre persönlichen Voraussetzungen bei der Tourenplanung mit einfließen zu lassen. Damit jeder Wandertag zum perfekten Erlebnis wird, sind jedoch auch die Bedürfnisse des Hundes mit einzuplanen: seine körperliche Verfassung, eventuelle Unsicherheiten (zum Beispiel auf Gitterrosten) sowie – ganz wichtig – seinen Trinkwasserbedarf. Gefahren, die aus dem Gelände oder dem Wetter resultieren, kann Ihr Hund nicht einschätzen. Hier sind Sie gefragt!

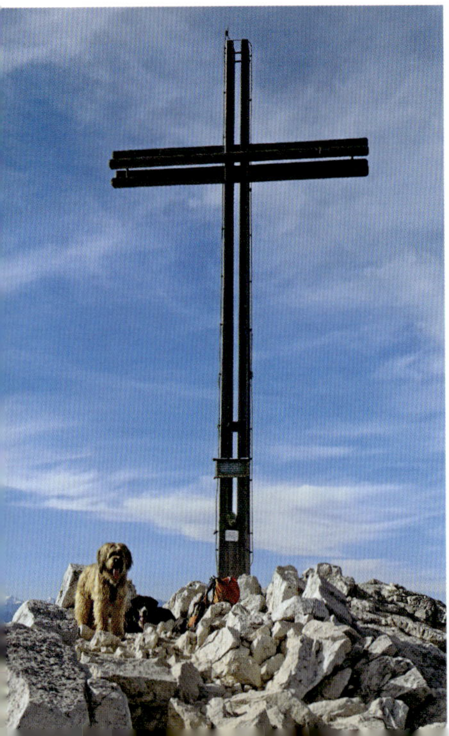

Nepomuk am Gipfelkreuz des Weißhorns (Tour 34).

Hund

Wandern kann man mit nahezu jedem erwachsenen und gesunden Hund. Jedoch ist zu beachten, dass Bergwanderungen mit längeren, steilen An- und Abstiegen für Hunde mit Gelenk- oder Herz-Kreislauf-Problemen eher ungeeignet sind. Auch, wenn sich Ihr Hund noch im Wachstum befindet, sollten Sie ihn nicht zu längeren Bergtouren mitnehmen. Langes Bergabgehen, Springen und Treppensteigen sowie stundenlanges Gehen schaden dem noch nicht vollständig ausgebildeten Bewegungsapparat und können lebenslange Probleme verursachen. Sprechen Sie im Vorfeld mit ihrem Tierarzt, falls Sie sich unsicher sind, ob Ihr Hund fit genug ist, um derartige Touren bewältigen zu können. Ansonsten gilt beim Bergwandern auch für den Hund, dass dieser entsprechend der ausgewählten Wandertour über eine ausreichende Kondition und gegebenenfalls Trittsicherheit verfügen sollte. Gerade im Gebirge gilt: ein guter Grundgehorsam (siehe Kapitel Erziehung) bedeutet Sicherheit für Mensch und Hund.

Schwierigkeiten

Die Einteilung der Wandertouren in drei verschiedene Schwierigkeitsstufen leicht, mittel und schwierig, die mit den Farben Blau, Rot und Schwarz dargestellt sind, hilft Ihnen

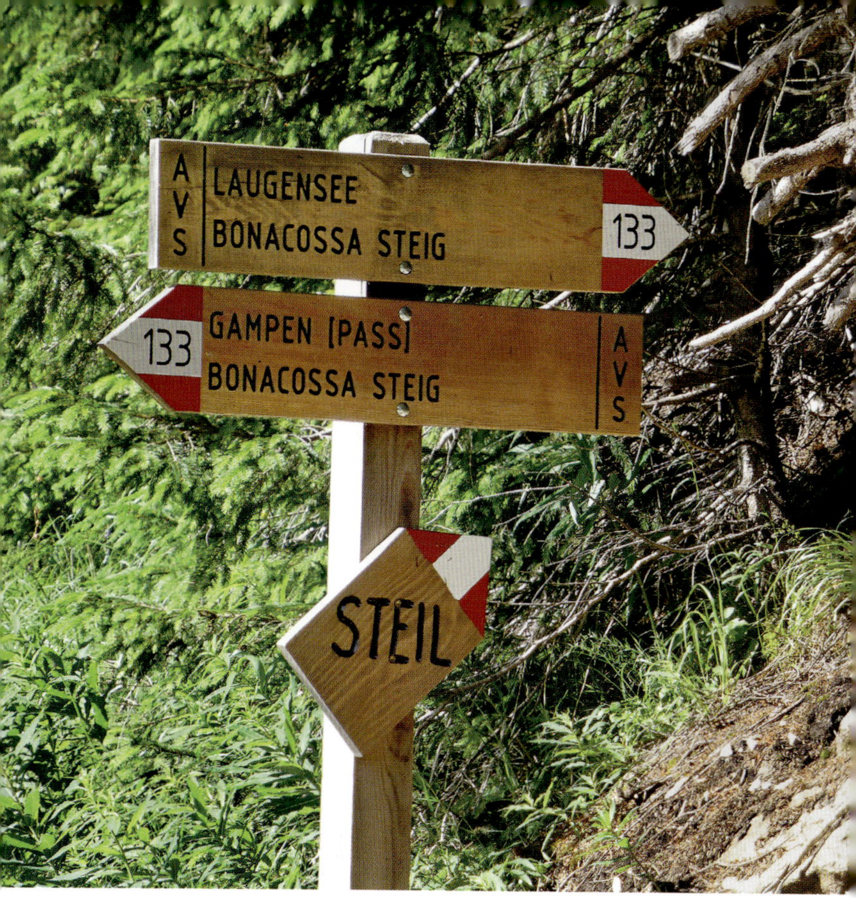

Findet man an Südtiroler Wegweisern einen Vermerk »steil«, dann wird es meist sehr anstrengend.

bei der Auswahl der für Sie und Ihren Hund passenden Wanderung. Die Kennzeichnung bezieht sich auf den technischen Anspruch, den die jeweilige Tour an zwei- und vierbeinige Wanderer stellt. Unterschiedliche Symbole kennzeichnen die Schwierigkeiten für Menschen (Fußabdruck) und für Hunde (Pfotenabdruck). Diese Unterteilung macht Sinn, denn ein Weg, der für uns Menschen möglicherweise einfach ist, kann für manchen Vierbeiner schon ein unüberwindbares Hindernis darstellen (zum Beispiel Gitterbrücken). Auf der anderen Seite überwinden Hunde manch schmale Wegpassage mit absoluter Leichtigkeit, wo wir Menschen unter Umständen unsere Hände zu Hilfe nehmen oder sogar klettern müssen.

Mensch

Die nachfolgende Schwierigkeitsunterteilung bezieht sich auf optimale Witterungsbedingungen und angepasste Ausrüstung. Speziell bei Nässe, Schnee oder einsetzender Dunkelheit wird eine Wanderung im Hochgebirge in jedem Falle schwieriger und unter Umständen auch gefährlicher. Es sollten bei allen Wanderungen feste Wanderschuhe mit rutschfester Sohle getragen werden.

Leicht
Einfache Wanderungen, die überwiegend auf gut ausgebauten Wegen verlaufen und einzelne mit Wurzeln durchsetzte oder steinige Passagen enthalten können. Sie sind auch für weniger geübte Wanderer geeignet.

Mittel
Mittelschwere Wanderungen, welche häufig auf schmalen, steinigen Wegen und Pfaden verlaufen und stellenweise gesicherte Passagen aufweisen können. Steile Auf- und Abstiege, mitunter auch Leitern, Holz- oder Gittertreppen oder stark mit Wurzeln gespickte Abschnitte müssen überwunden werden. Trittsicherheit und Schwindelfreiheit sind erforderlich.

Schwierig
Schwere Wanderungen auf teils ausgesetzten, steilen Wegen und Bergpfaden. Sie enthalten Kletterstellen, bei denen teilweise auch die Hände zu Hilfe genommen werden müssen. Absolute Trittsicherheit und Schwindelfreiheit sind unabdingbare Voraussetzung. Nur für geübte Bergwanderer mit alpiner Erfahrung.

Hund

Das farbige Symbol »Pfotenabdruck« hilft Ihnen abzuschätzen, was Ihren Hund auf einer Wanderung erwartet. Die körperlichen und mentalen Voraussetzungen sind bei Hunden sehr unterschiedlich. Sie resultieren bereits schon aus den Größenunterschieden und den rassetypischen Eigenschaften. Daher sind die in diesem Führer getroffenen Einteilungen bitte nur als Orientierungshilfe zu verstehen. Für manche Hunde stellt eine Gitterbrücke ein unüberwindbares Hindernis dar, während andere davon völlig unbeeindruckt bleiben. Sie selbst kennen Ihren Hund am besten, können seine Stärken und Schwächen am besten einschätzen. Zusätzlich zur Schwierigkeitsstufe enthalten die einzelnen Tourenbeschreibungen meist noch konkrete Hinweise zu eventuellen Schlüsselstellen, um Ihnen die Entscheidung für eine Wanderung noch mehr zu erleichtern.

Leicht
Einfache Wanderungen auf Forstwegen, unschwierigen Pfaden und Steigen. Es kann normale Treppen geben, aber keine besonderen Hindernisse wie Gitterbrücken, Gittertreppen oder offene Treppen. Abseits der Wege kann dennoch Absturzgefahr bestehen.

Mittel
Die Wege können schmal und steil sein, teilweise versicherte oder absturzgefährdete Passagen können ebenso vorkommen wie Gittertreppen, offene Treppen oder Gitterbrücken. Außerdem muss mit schrofigen Passagen, ausgesetzten Stellen oder höheren Stufen gerechnet werden. Für bergerfahrene Hunde mit Kondition und Ausdauer und ohne Angst vor Gitterrosten sind diese Touren gut machbar. Kleine Hunde müssen möglicherweise über die Hindernisse getragen werden.

Schwierig
Bei diesen Touren handelt es sich um für Hunde sehr anspruchsvolle Wanderungen auf ausgesetzten, teils absturz-

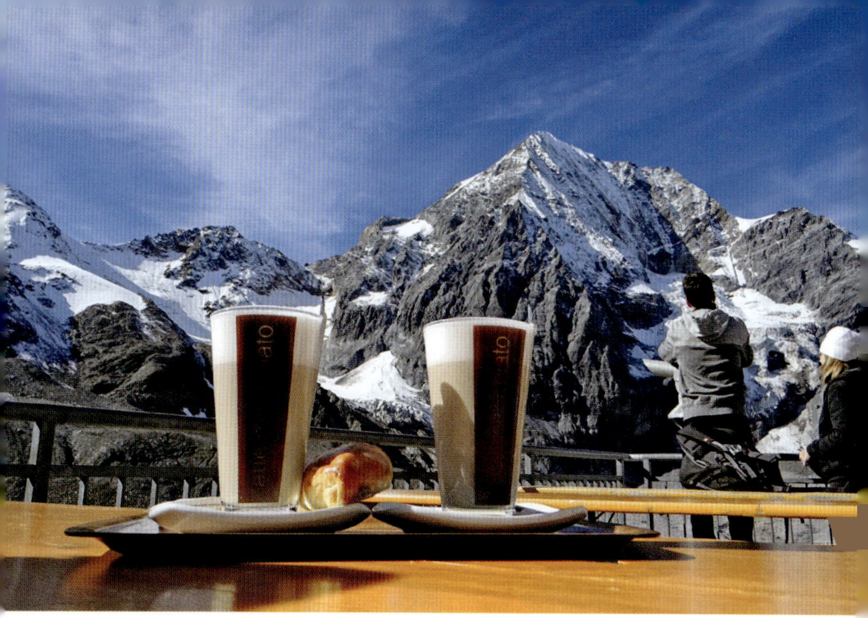

Milchkaffee, Croissant, Traumkulisse – so könnte jeder Tag beginnen (Tour 6).

gefährdeten Steigen. Felsige Kletterstellen machen unter Umständen größere Sprünge notwendig. Der Hund sollte hier auch aus der Distanz gut führbar sein, um ihm den für ihn besten und sichersten Weg zeigen zu können. An manchen Passagen kann es nötig sein, den Hund mittels eines guten Geschirrs beim Überwinden eines Hindernisses im Auf- oder vor allem Abstieg zu unterstützen. Nur für sehr zuverlässige, trittsichere und im alpinen Gelände erfahrene Hunde. Für kleine Hunde sind diese Touren nur bedingt geeignet.

Gehzeiten

Die Zeitangaben in der Kurzinfo jeder Tour sind reine Gehzeiten bei guten äußeren Bedingungen und können nur als grobe Orientierung dienen. Pausenzeiten zum Rasten und an den Aussichten sind nicht inbegriffen. Gehzeiten sind immer abhängig von körperlicher und mentaler Verfassung des Mensch-Hund-Wanderteams sowie von Gruppengröße, persönlichem Tempo und Witterungsbedingungen. Gerade beim Wandern im Gebirge will man unterwegs sicher die zahlreichen, beeindruckenden Ausblicke genießen, sodass man häufiger einmal stehenbleibt. Bedenken Sie auch, dass Sie mit Hund mitunter an der einen oder anderen Schlüsselstelle etwas mehr Zeit benötigen und planen Sie daher immer noch eine zusätzliche, zeitliche Reserve ein! Wird diese nicht benötigt, ist das auch nicht schlimm – so bleibt Ihnen mehr Zeit, Ihren erfolgreichen Wandertag bei einer Einkehr in einer netten Südtiroler Wirtschaft abzurunden.

Einkehr

In der Kurzinfo der Touren wird auf Einkehrmöglichkeiten in Gasthäusern, Berghütten oder Almen hingewiesen. Diese können jedoch außer-

halb der Sommersaison unbewirtschaftet sein. Informationen über geöffnete Hütten und Almen gibt es bei den Tourismusvereinen sowie den Betrieben selbst.
Sie sollten dennoch immer ausreichend Tagesverpflegung für sich und Ihren Hund mitnehmen. Nicht immer ist unterwegs eine Einkehr möglich. Mitunter sind angegebene Einkehrmöglichkeiten auch mal geschlossen oder Hunde situationsbedingt im Gastbereich nicht erwünscht.
Die Autorin selbst hatte mit ihren beiden gut erzogenen Hunden nie Probleme bei der Einkehr in Gasthäusern, Berghütten oder Almen. Damit dies auch zukünftig für Hundewanderer so bleibt, denken Sie bitte daran, dass andere Gäste (oder das Weidevieh) nicht durch Ihre Vierbeiner belästigt werden.

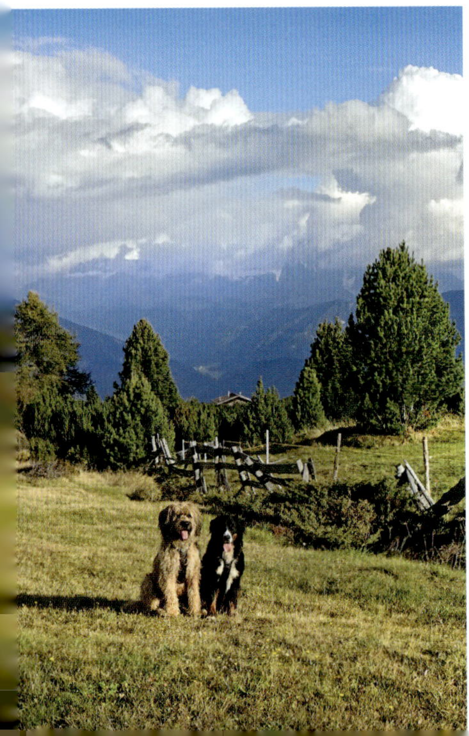

Karten

Zwar gibt es zu jeder Tour in diesem Buch auch einen kleinen Kartenausschnitt im Maßstab 1:50.000, dennoch sollten vor allem bei Wanderungen im Hochgebirge genaue Wanderkarten, möglichst im Maßstab 1:25.000, in keinem Rucksack fehlen. Empfehlenswert für Südtirol sind hier die Wanderkarten des Tabacco-Verlages. Um sich einen Überblick über ein Gebiet zu verschaffen, eignen sich hingegen größere Maßstäbe. Hier sind die freytag & berndt Wanderkarten im Maßstab 1:50.000 zu empfehlen. Auf welchem Kartenblatt die jeweilige Tour im Buch zu finden ist, finden Sie in der Kurzinfo im Unterpunkt »Karten«. Auch, wer lieber nach GPS-Gerät oder Handy läuft, sollte auf eine Papier-Wanderkarte als »Backup« nicht verzichten, um sich auch im Falle eines leeren Akkus oder verlorenen GPS-Signals noch problemlos im Gelände zurechtfinden zu können.

Wetter

In den Bergen kann das Wetter recht schnell umschlagen. Scheint morgens noch die Sonne von einem wolkenlosen Himmel, so kann man nur wenige Stunden später schon in einem Regenschauer oder Gewitterguss stehen. Vor allem in einsamen Hochgebirgsregionen gerät man in solchen Fällen leicht in Bergnot. Daher ist es für eine sorgfältige Tourenvorbereitung absolut unerlässlich, sich im Vorfeld über die Großwetterlage und das zu erwartende Bergwetter in der Region zu erkundigen. Die allgemein verbreiteten Wetterapps geben meist nur einen gro-

Auch die Hunde genießen die Abendsonne auf der Villanderer Alm (Tour 39).

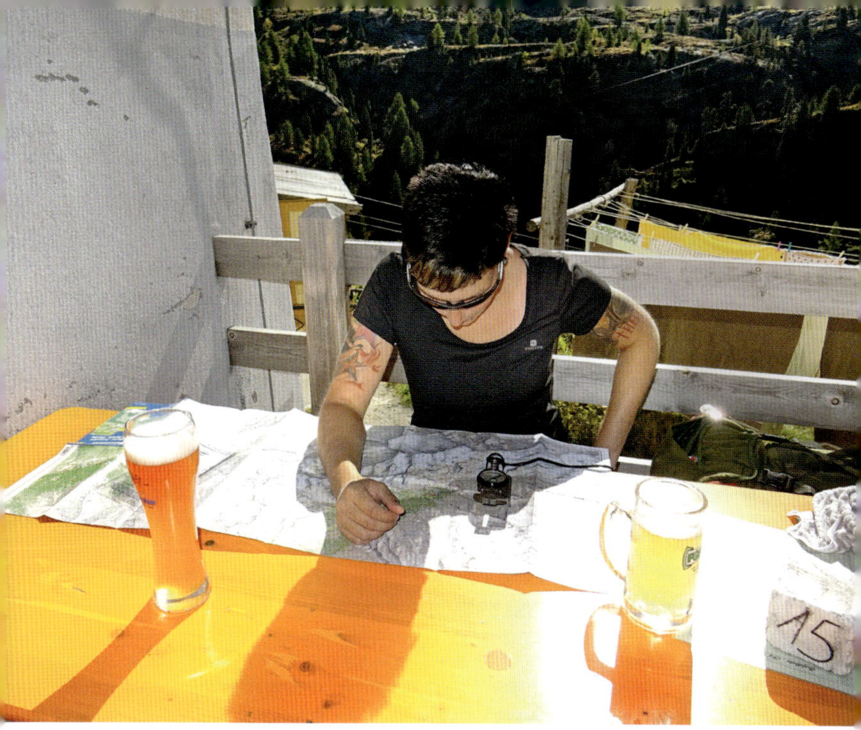

Ohne Wanderkarte sollte man zu keiner Bergtour aufbrechen.

ben Anhaltspunkt zur allgemeinen Wetterlage, jedoch kaum detaillierte Informationen für regionale Besonderheiten, die je nach Höhenlage unterschiedlich sein können. Auf der Webseite wetter.provinz.bz.it werden vielfältige Wetterinformationen für Südtirol bereitgestellt. Sehr zu empfehlen sind auch die vom Alpenverein zusammengestellten Wetterdaten und -vorhersagen, speziell zum Bergwetter der einzelnen Alpenregionen, zu finden unter alpenverein.de. In Berghütten, Touristinformationen und Hotels können Sie ebenfalls aktuelle Wetterberichte erfragen.

GPS-Tracks und Koordinaten der Ausgangspunkte

Auf **gps.rother.de** stehen zu diesem Wanderbuch GPS-Tracks und die Koordinaten der Ausgangspunkte zum kostenlosen Download bereit. Dieser QR-Code führt direkt zum Download.
2. Auflage, Passwort: **308502xLi**
Die GPS-Tracks können in die **Rother App** importiert werden. In der App kann man unterwegs stets sehen, wo man gerade ist und wo es langgeht. **Anleitungen dazu: rother.de/gps**
Trotz sorgfältiger Prüfung können wir Fehler und zwischenzeitliche Veränderungen nicht ausschließen. Verlassen Sie sich für die Orientierung niemals einzig und allein auf die GPS-Daten, sondern beurteilen Sie die Verhältnisse vor Ort.

Ausrüstung

Mensch

- Wanderschuhe bzw. feste, knöchelhohe Schuhe mit rutschfester Sohle
- Bequeme, strapazierfähige und schnell trocknende Wanderbekleidung
- Gut sitzender Rucksack (20 bis 30 Liter Fassungsvermögen)
- Regenjacke, Regenhose
- Mütze, Handschuhe, warme Kleidung (bei Bergtouren)
- Trekkingstöcke
- Sonnencreme, Sonnenbrille, Kopfbedeckung
- Taschen- oder Stirnlampe
- Erste-Hilfe-Set, Handy, Rettungsdecke
- Taschenmesser
- Zeckenzange
- Personalausweis, Krankenversicherungskarte
- Tagesverpflegung
- Getränke (mindestens 1,5 Liter pro Person)
- Wanderkarte und evtl. GPS-Gerät

Hund

- Brustgeschirr: Das Geschirr sollte gut sitzen, nicht zu straff und nicht zu locker sein und nicht beim Laufen einschränken oder scheuern. Viele Geschirre haben mittlerweile Haltegriffe auf dem Rücken. Diese ermöglichen es, den Hund beim Überwinden von Hindernissen zu unterstützen.
- Leine (2 bis 3 Meter lang oder Flexileine): Aus Sicherheitsgründen sollte man sich die Leine nicht am eigenen Körper festmachen.

Bitte beachten Sie, dass vor allem im Gebirge Halsbänder für den Hund eine Verletzungs- oder sogar Strangulierungsgefahr darstellen können und deshalb nicht unbedingt zum Einsatz kommen sollten.

Vom Gebrauch von Packtaschen für den Hund ist beim Wandern im Hochgebirge abzuraten. Sie sollten hierbei bedenken, dass die meisten Hunde nicht an das Tragen zusätzlicher Lasten gewöhnt sind und somit Kondition, Körpergefühl und Gleichgewichtssinn auch nicht darauf aus-

Auch unsere vierbeinigen Bergkameraden brauchen ihre Ruhepausen.

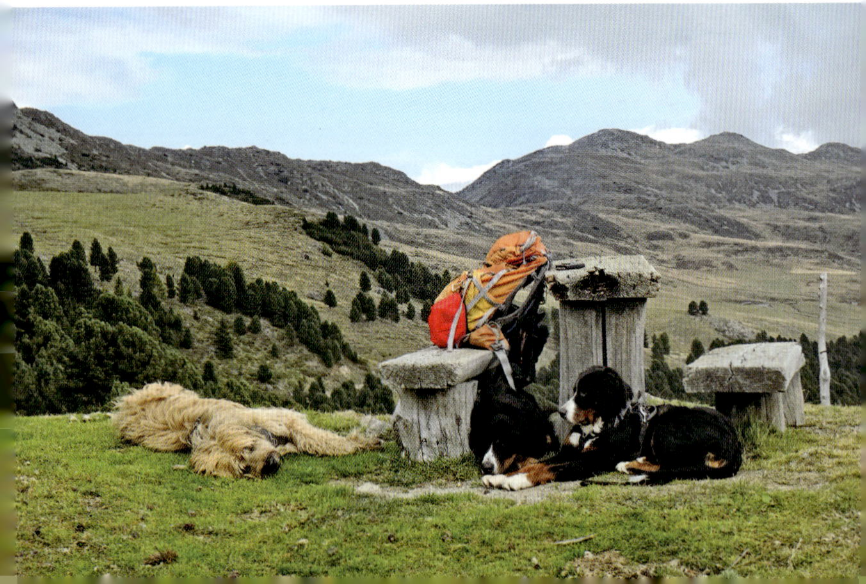

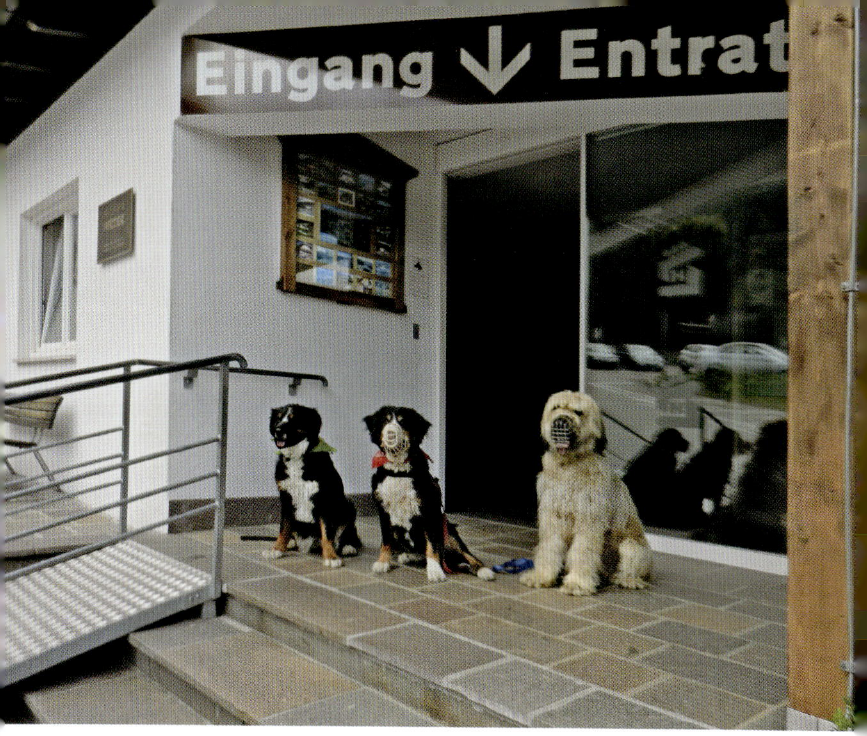

Hunde haben zumeist kein Problem mit dem Maulkorb, wenn sie das Tragen positiv erlernt haben.

gerichtet sind. Das kann gerade im schwierigen Gelände ihre Trittsicherheit deutlich beeinträchtigen. Das zusätzliche Gewicht bedeutet hier auch immer eine Mehrbelastung der Gelenke des Tieres.

Die folgenden Dinge sollten deshalb Sie für Ihren Hund mit im Rucksack tragen:

- Wasser (mindestens 1,5 Liter pro Hund): Hunde können nicht schwitzen. Sie regulieren ihre Körpertemperatur ausschließlich über das Hecheln. Ihr Wasserbedarf ist, speziell an warmen Tagen viel höher als der des Menschen. Bei den Tourenbeschreibungen wird ausdrücklich auf Wasserstellen hingewiesen, damit man weiß, wie viel Wasser man für seinen vierbeinigen Bergkameraden mitnehmen muss.
- Trinknapf: Empfehlenswert sind hier die faltbaren Näpfe aus dem Zoohandel, denn diese nehmen wenig Platz weg und haben ein geringes Gewicht.
- Leckerlis (als Snack zwischendurch oder als »Motivation« an manch schwieriger Kletterstelle)
- EU-Impfpass mit aktuellen Impfungen
- Maulkorb (Pflicht in öffentlichen Verkehrsmitteln sowie zum Eigenschutz bei Behandlung von verletzten Hunden)
- Kottüten
- Erste-Hilfe-Set
- Pfotenschuhe (für den Fall einer Pfotenverletzung): Sie sollten so groß dimensioniert sein, dass die aufgespreizte, belastete Pfote darin Platz hat.
- Ersatzleine

Mit dem Hund unterwegs

Ernährung

Wasser muss für einen Hund immer in ausreichender Menge zur Verfügung stehen. Durch die dünne, trockene Luft im Hochgebirge und die körperliche Belastung beim Bergwandern besitzt er einen erhöhten Wasserbedarf. Je nach Außentemperatur und Rasse benötigen Hunde pro Tag daher mindestens 50 ml pro Kilogramm Körpergewicht. Natürlich kann dieser Bedarf unterwegs auch durch Trinken aus Bächen gedeckt werden. Doch gerade im Spätsommer und in Karstgebieten können Wasserläufe auch einmal versiegen. Daher gehören eine gefüllte Wasserflasche sowie ein Trinknapf in jeden Hundeführer-Rucksack! Bitte lassen Sie Ihren Hund nicht aus Pfützen und Tümpeln trinken, weil sich in diesen häufig Krankheitserreger und Schadstoffe sammeln und hierdurch die gut gemeinte Erfrischung für den Vierbeiner schnell mit einer schweren Infektionskrankheit enden kann.

Auch die tägliche Futterzusammensetzung und -menge müssen bei einem Bergwanderurlaub immer an den Energiebedarf des Hundes angepasst werden. Je nachdem, wie lang die geplanten Wanderungen sind und wie viele Tage man unterwegs ist, kann dies eine zeitweilige leichte Erhöhung der Futterrationen erforderlich machen. Dabei ist jedoch von einer zusätzlichen Fütterung während der Wanderung abzuraten, denn Hunde sollen nach dem Fressen die Möglichkeit einer längeren Ruhephase haben (bei großen Hunden und solchen, die verstärkt zur Magendrehung neigen, mindestens ein bis zwei Stunden). Schauen Sie auf den nötigen Gesamtbedarf während des Urlaubs – für die einzelne Tagestour selbst benötigen

Bergseen bieten eine willkommene Abkühlung. Aber Vorsicht, in Pfützen und Tümpeln schlummern häufig auch gefährliche Krankheitserreger!

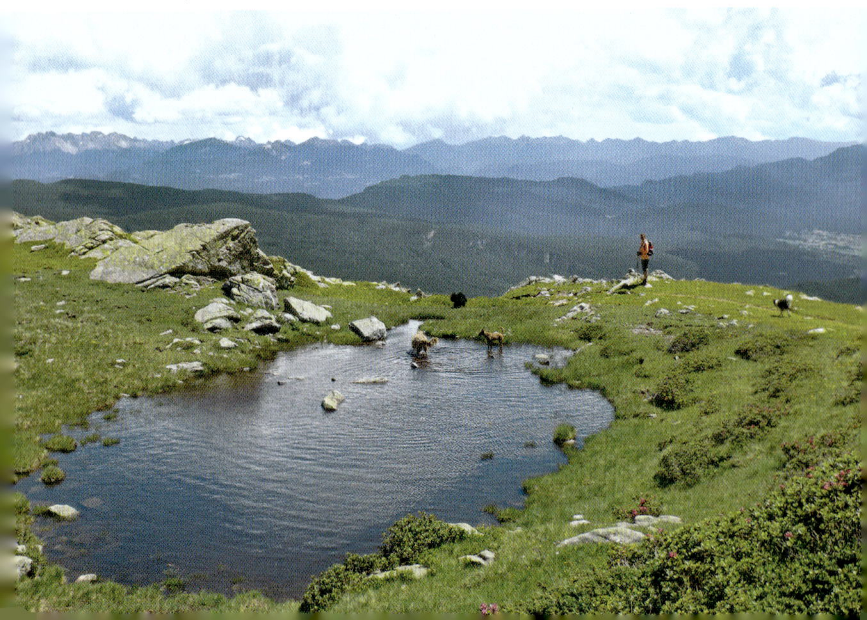

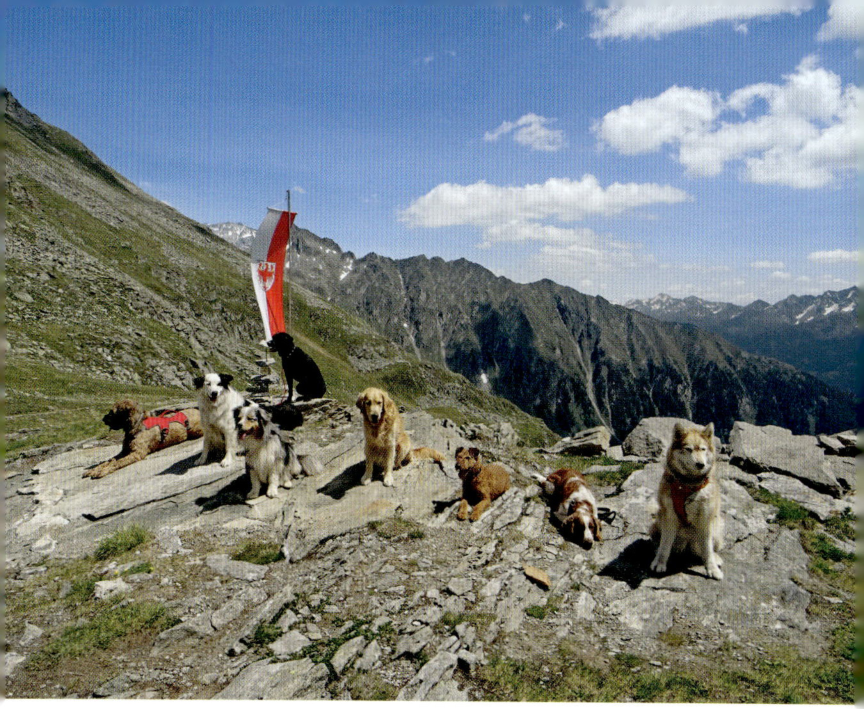

Mit so gut erzogenen Hunden ist man in den Bergen willkommen und auf den Hütten ein gern gesehener Gast (Touren 51 und 52).

unsere vierbeinigen Begleiter im Allgemeinen keine zusätzliche Mahlzeit.

Erziehung

Bindung und Gehorsam

Guter Grundgehorsam und Vertrauen zum Hundeführer sind keinesfalls nur im Alltag hilfreich für das Zusammenleben von Mensch und Hund. Auf Wanderungen, besonders in schwierigem Gelände, erweist sich das Befolgen von Kommandos wie »Halt«, »Sitz«, »Platz« oder »Hier« als lebenswichtig.

Nur, wenn ein Hund zuverlässig im Gehorsam steht, kann man ihn auch Wegpassagen ohne Leine laufen lassen (sofern das in dem jeweiligen Gebiet gestattet ist). Ein weiteres, sehr nützliches Kommando ist »Hinter« und bedeutet für den Hund, dass er bis auf Weiteres hinter seinem Herrchen oder Frauchen laufen soll. Das ist vor allem auf schmalen Pfaden, beim Bergabgehen oder beim Hinuntersteigen von steilen Treppen durchaus praktisch. Die Leinenführigkeit eines Hundes ist ebenfalls nicht zu vernachlässigen. Der Vierbeiner sollte auf jeden Fall vor dem Wanderurlaub gelernt haben, nicht an der Leine zu ziehen. Nicht nur, weil es auf Dauer ziemlich ermüdend ist, sondern vor allem, weil sich daraus gefährliche Situationen entwickeln können.

In schwierigem Gelände

Die meisten Hunde bewegen sich von Natur aus sicher und gewandt. Doch das ist nicht bei jedem so. Unsicherheiten treten mitunter oft erst hervor, wenn das Terrain etwas schwieriger wird. Trittsicherheit und

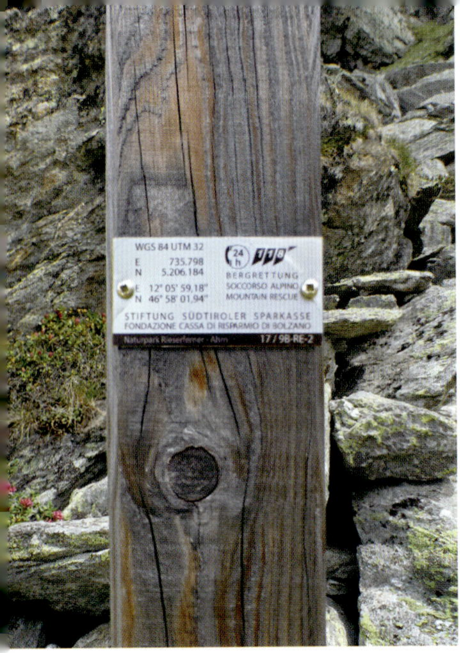

Links: Hilfreich bei Notrufen: In manchen Regionen Südtirols sind Wegweiser mit GPS-Koordinaten versehen. Rechts: Atemberaubende Bergszenerie im Antlitz der Königsspitze (Tour 6).

Koordination können und sollten daher gezielt im Vorfeld trainiert werden. Das kann man auf dem täglichen Spaziergang tun. Zeigen Sie Ihrem Hund möglichst viele verschiedene Untergründe und Hindernisse – Waldboden, Schotter, Gitterroste, Treppen jeglicher Art. Lassen Sie ihn auf niedrigen Mauern, Baumstämmen oder Bänken balancieren oder sogar darunter durchkriechen. Auch schwankende Hängebrücken oder Aussichtstürme bieten interessante Erfahrungen für das Mensch-Hund-Team. Auf Baumstümpfen kann sehr gut die Körperbeherrschung geübt werden. Aufgaben wie sitzen oder umdrehen fordern den Hund heraus, auf einer kleinen Grundfläche die Balance zu halten. Lassen Sie Ihrer Fantasie freien Lauf, aber denken Sie immer daran, die Hindernisse, auf denen Ihr Hund trainieren soll, vorher auf ihre Sicherheit zu überprüfen. Steigern Sie die Schwierigkeit langsam und vermeiden Sie unbedingt, dass er beim Training schlechte Erfahrungen macht. Ganz nebenbei fördern derartige Kletterspiele auch die Bindung zwischen Ihnen und Ihrem Vierbeiner, was einem stressfreien Naturabenteuer zugute kommt.

Wandern mit älteren Hunden

Viele Menschen stellen sich die Frage, bis zu welchem Alter man mit seinem Hund noch auf Wanderschaft gehen kann. Leider lässt sich das nicht pauschal beantworten. Jeder Hund »altert« anders, manche schneller, manche langsamer, der eine mit mehr, der andere mit weniger körperlichen Einschränkungen. Nur Sie allein wissen, wie viel Sie ihrem vierbeinigen Begleiter noch zumuten können. Sie brauchen nicht auf Wanderungen mit ihrem älteren Hund verzichten, denn auch für ihn gilt – wer rastet, der rostet. Für den alternden Hund ist allerdings oftmals weniger mehr. Gehen Sie gemeinsam kürzere, nicht ganz so anspruchsvolle Touren mit häufigeren und längeren Pausen und lassen Sie so das Wandern auch für ergraute Fellnasen noch zum Erlebnis werden.

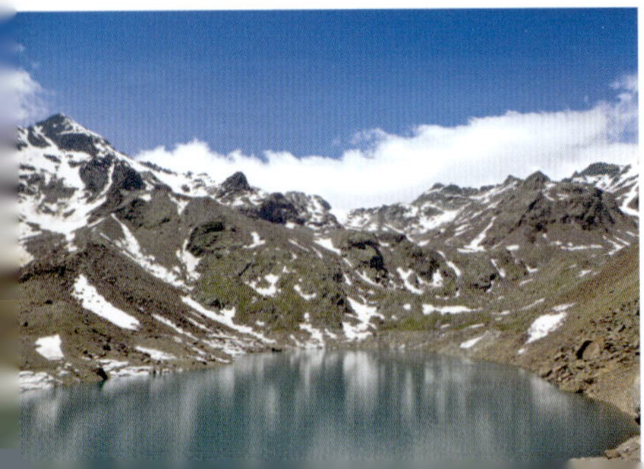

Der eiskalte Grünsee wird vom Weißbrunnferner gespeist (Tour 27).

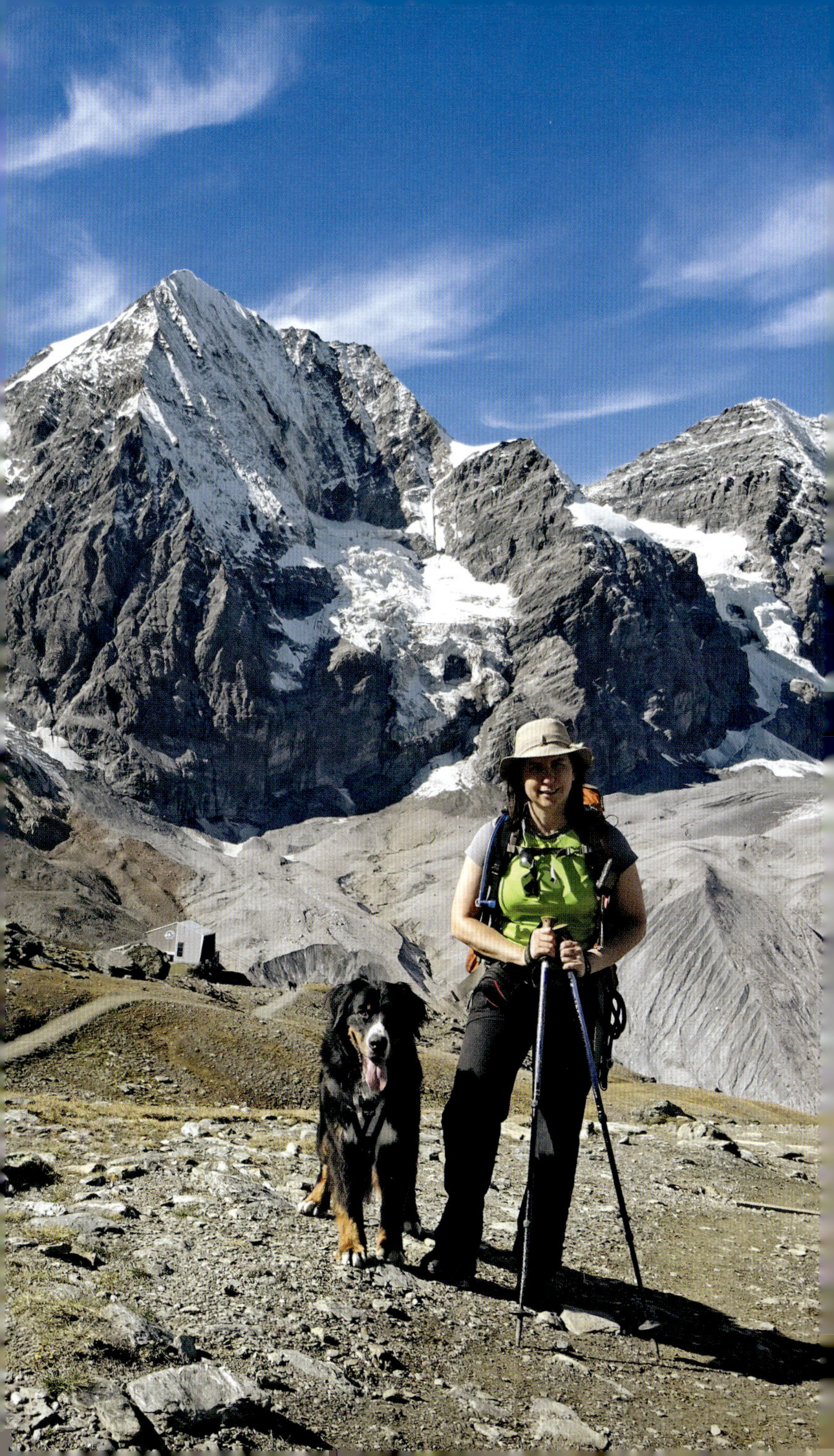

Der Umwelt zuliebe …

Auch beim Wandern hinterlassen wir einen ökologischen Fußabdruck, aber im Einklang mit der Natur unterwegs zu sein, ist gar nicht so schwer!

VORBEREITUNG UND ANFAHRT

- Sich vorab informieren, worauf in Bezug auf Natur und Umwelt in der jeweiligen Wanderregion besonders zu achten ist.
- Soweit möglich mit Bahn und Bus anreisen, Wander- und Rufbusse nutzen.
- Ist eine Anfahrt mit dem Auto nötig, Fahrgemeinschaften bilden.
- Bei weiten Anfahrten Mehrtagestouren planen oder von einem Quartier vor Ort aus mehrere Touren absolvieren.
- Flugreisen möglichst reduzieren und durch Beiträge zu Klimaschutzprojekten kompensieren.

KLEIDUNG UND AUSRÜSTUNG

- Beim Kauf von Outdoor-Kleidung auf umweltfreundliche und faire Herstellung achten und Kleidungsstücke möglichst viele Jahre nutzen.
- Ausrüstung kann man eventuell auch gebraucht kaufen oder ausleihen.
- Reparieren statt neu kaufen.

VERPFLEGUNG

- Beim Einkauf Bio-Ware, regionale und saisonale Erzeugnisse bevorzugen.
- Hütten und Gasthäuser auswählen, die regionale Produkte verwenden.
- Auf Einwegflaschen und Plastikverpackungen verzichten, stattdessen wiederverwendbare Trinkflaschen und Brotzeitboxen benutzen.

ÜBERNACHTUNG

- Bei lokalen Anbietern buchen, damit Menschen vor Ort profitieren.
- Auf Hütten und in anderen Unterkünften Strom und Wasser sparen.

UNTERWEGS

- Wege benutzen und Abkürzer vermeiden.
- Sperrungen von Wegen und Schutzgebieten respektieren.
- Keine Blumen pflücken und keine Pflanzen entnehmen.
- Waldbrandgefahr beachten.
- Müll wieder mit nach Hause nehmen und dort entsorgen.
- Toilettengänge in freier Natur möglichst vermeiden.
- Lärm vermeiden.
- Hunde an die Leine nehmen.

ROTHER BERGVERLAG

Notfälle

Mensch

In den letzten Jahren stieg die Zahl der Bergnotfälle auch beim Wandern stetig an.

Hauptursachen sind immer wieder Selbstüberschätzung, mangelnde Vorbereitung und unzureichende Ausrüstung. Beachten Sie folgende Dinge, damit Ihre Wanderfreude ungetrübt bleibt:

- Unternehmen Sie eine Bergtour nie ohne ausreichende Vorbereitung. Seien Sie realistisch bei der Einschätzung Ihrer körperlichen und mentalen Verfassung. Informieren Sie sich über Wettervorhersage sowie Dauer, Schwierigkeit, Länge und Höhenprofil der geplanten Wanderung. Beachten Sie dabei auch die Tageslänge, denn Dunkelheit erschwert die Orientierung vor allem im Gebirge erheblich.
- Nehmen Sie immer ausreichend Getränke mit. Dehydrierung ist eine der häufigsten Ursachen für Notfälle mit Wanderern in Südtirol. Gerade an heißen Tagen sollte man auf ausreichend Flüssigkeitszufuhr achten. Am besten eignet sich hierzu ein Trinksack mit Schlauch, damit man den Rucksack zum Trinken nicht immer abnehmen muss.
- Übersteigen Sie keine Absperrungen, bleiben Sie auf den Wegen, und meiden Sie bei Gewitter exponierte Stellen, Metallgeländer und drahtseilgesicherte Wege.
- Bei Nässe, Schnee und Eis können Felsen und Wurzeln gefährlich glatt sein.
- Gehen Sie immer gut ausgerüstet ins Gebirge (siehe Kapitel Ausrüstung).
- Die Landesnotrufzentrale Südtirol erreichen Sie unter der Notruf-Nummer 118. Haben Sie am Standort keinen Netzempfang Ihres Mobilfunkbetreibers, können Sie über den europaweit gültigen Notruf 112 möglicherweise eine

Nebel, Schnee oder Dunkelheit erschweren die Orientierung im Gelände.

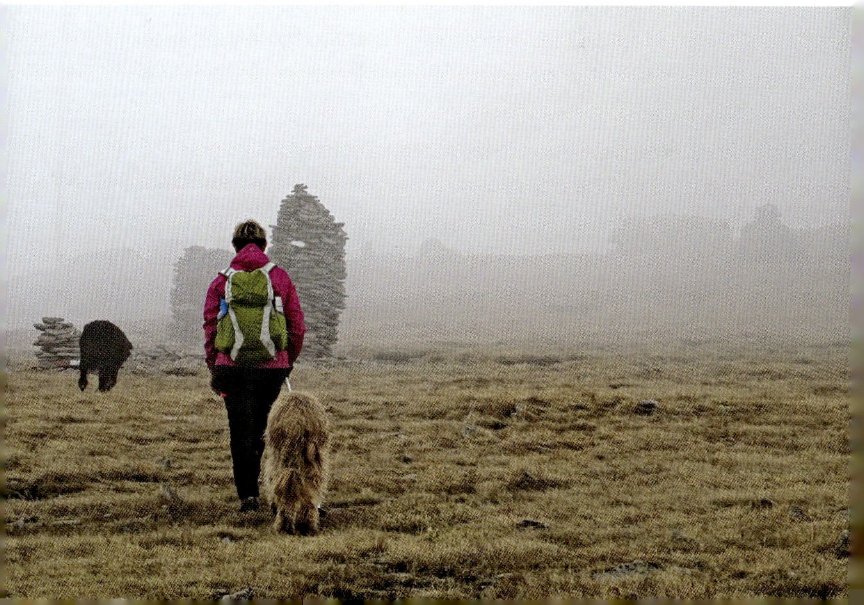

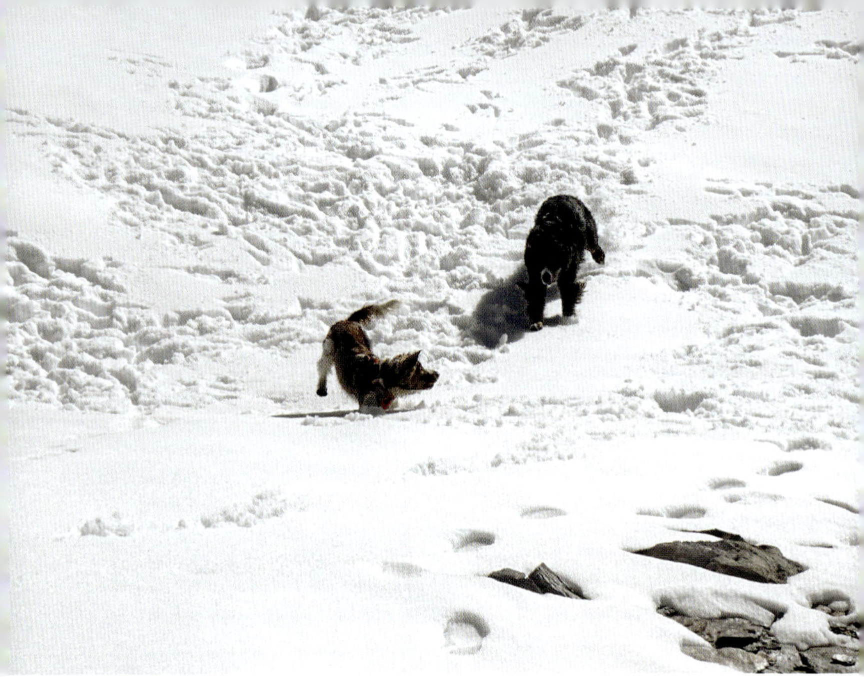

Lassen Sie Ihren Hund nur auf Schneefeldern toben, in denen keine Abrutsch- oder Absturzgefahr besteht!

Verbindung herstellen. Das Handy bucht sich dann in ein verfügbares Netz ein.

- In manchen Regionen Südtirols findet man an den Wegweisern kleine Metallschilder. Auf diesen kann man die GPS-Koordinaten des Standortes ablesen. Wenn Sie hier einmal in eine Notsituation kommen sollten, teilen Sie der Leitstelle die Koordinaten des nächstgelegenen Wegweisers mit, das erleichtert dem Einsatzteam die Lokalisierung.

Hund

Um auch für Notfälle bei Ihren Vierbeinern gewappnet zu sein, empfiehlt es sich, immer ein entsprechendes Erste-Hilfe-Set dabei zu haben. Ein Teil des empfohlenen Inhalts wird sich wahrscheinlich auch in Ihrem eigenen Erste-Hilfe-Pack befinden, dann müssen Sie nur die Dinge, die noch fehlen, für Ihren Hund zusammenstellen.

Das gehört mindestens in ein Erste-Hilfe-Set für Hunde:

- Mullbinden (zum Anlegen von Druckverbänden)
- Selbstklebende Bandage
- Vliesbinde (zum Polstern der Zehen bei Zehenverbänden oder als Polster unter die selbstklebenden Bandagen)
- Sterile Kompressen
- Rollenpflaster
- Schere
- Zeckenzange
- Rettungsdecke
- Jodlösung (Betaisodona o. ä. zum Desinfizieren von Wunden)
- Rescue-Tropfen oder –Globuli (Bachblüten)
- Bei chronisch kranken Hunden entsprechende Notfallmedikamente (Herz-Kreislauf-Patienten oder Epileptiker)

Um in einer Notsituation dem Hund fachkundig helfen zu können, empfiehlt sich der Besuch eines Kurses »Erste Hilfe am Hund«, wie ihn viele Tierarztpraxen anbieten.

Bitte bedenken Sie, dass ein Hund, der Schmerzen hat, unberechenbar ist und aggressiver als sonst reagieren kann. Leinen Sie den Hund daher an und legen gegebenenfalls sogar einen Maulkorb an, bevor Sie mit der Versorgung seiner Wunden beginnen. Haben Sie keinen Maulkorb zur Hand, können Sie sich auch mit einer Mullbinde behelfen, die Sie um den Fang des Hundes binden. Bei Verletzungen oder anderen medizinischen Notfällen suchen Sie bitte entweder einen Tierarzt oder die Tierklinik auf. Informieren Sie sich am besten im Vorfeld über Tierärzte in ihrer Wander-/Urlaubsregion und speichern Sie sich diese Telefonnummern ins Handy. So können Sie sich im Bedarfsfall schnell Rat holen.

Hund auf der Hütte

Immer mehr Menschen möchten mit ihren vierbeinigen Bergkameraden in Berghütten nicht nur einkehren, sondern auch übernachten. Doch nicht auf jeder Hütte sind Hunde willkommen. Generell sollte man als Hundebesitzer ein paar wichtige Dinge beachten, um das Zusammenleben mit »Nicht-Hunde-Menschen« bei der Einkehr oder Übernachtung harmonisch zu gestalten.

Hüttenübernachtungen mit Hunden sollten generell vorgebucht werden, es muss im Vorfeld geklärt sein, ob Hunde auf der jeweiligen Berghütte überhaupt gestattet sind. Außerdem sollte man für Übernachtungen mit Hund höhere Kosten einplanen, denn meistens hat man nicht die Möglichkeit, in Mehrbettzimmern oder Lagern unterzukommen. In der Regel muss man mit Hund ein komplettes Zimmer (Zimmergröße hängt von der Verfügbarkeit in der Hütte

Oberhalb der Baumgrenze gibt es nur selten Schatten (Tour 23).

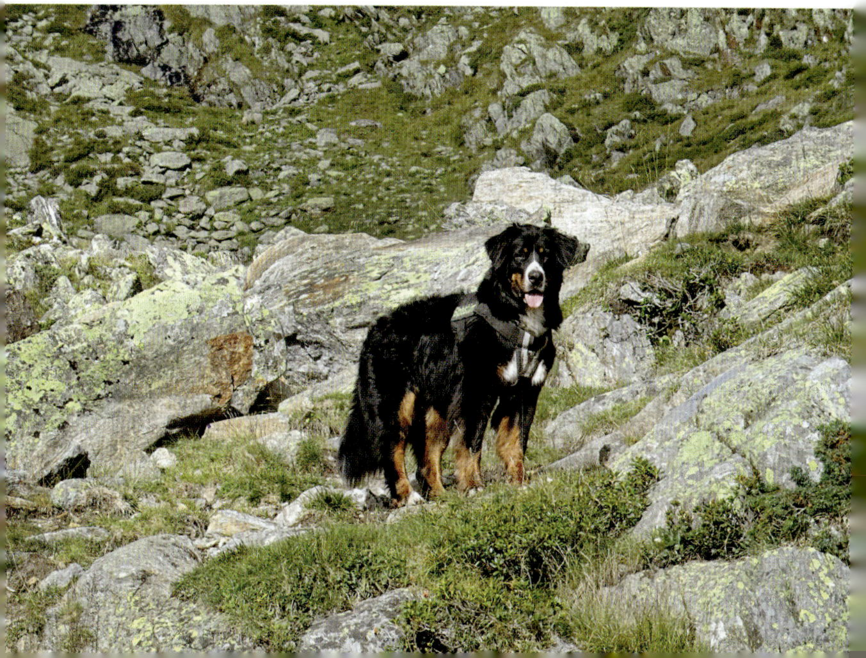

ab) mieten, oder man kann im Winterraum schlafen.
Für die meisten selbstverständlich, möchte ich es hier jedoch trotzdem nochmals erwähnen: Bitte lassen Sie ihren Hund nicht in den Betten und nicht auf den hütteneigenen Decken schlafen! Bitte nehmen Sie immer ein Hundehandtuch mit auf Ihre Tour, damit Sie den Hund gegebenenfalls reinigen können, bevor Sie Ihre Hüttenunterkunft beziehen.
Eine Auflistung hundefreundlicher Berghütten finden Sie im Internet auf bergwandern-mit-hund.de unter der Rubrik Infos > Hundefreundliche Berghütten.

Rechtliches

Bei Reisen nach Italien ist der EU-Heimtierpass mitzuführen. Hunde müssen gechippt sein sowie über eine gültige Tollwutimpfung verfügen. Beim Transport im Auto sind Hunde so zu sichern, dass die Fahrt nicht beeinträchtigt oder gefährdet wird. Fahren zwei oder mehr Hunde mit, müssen diese in geeigneten Boxen oder durch ein Gitter vom Fahrerraum getrennt untergebracht sein. Unabhängig von den rechtlichen Regelungen in Italien ist eine Hundebox auch für einzeln reisende Hunde die sicherste und empfehlenswerteste Transportmethode.

An der urigen Pfroderalm gibt es leckere selbst gebackene Kuchen, und sonntags verwöhnt die Wirtin ihre (zweibeinigen) Gäste mit köstlichen Kniekiachln (Tour 39).

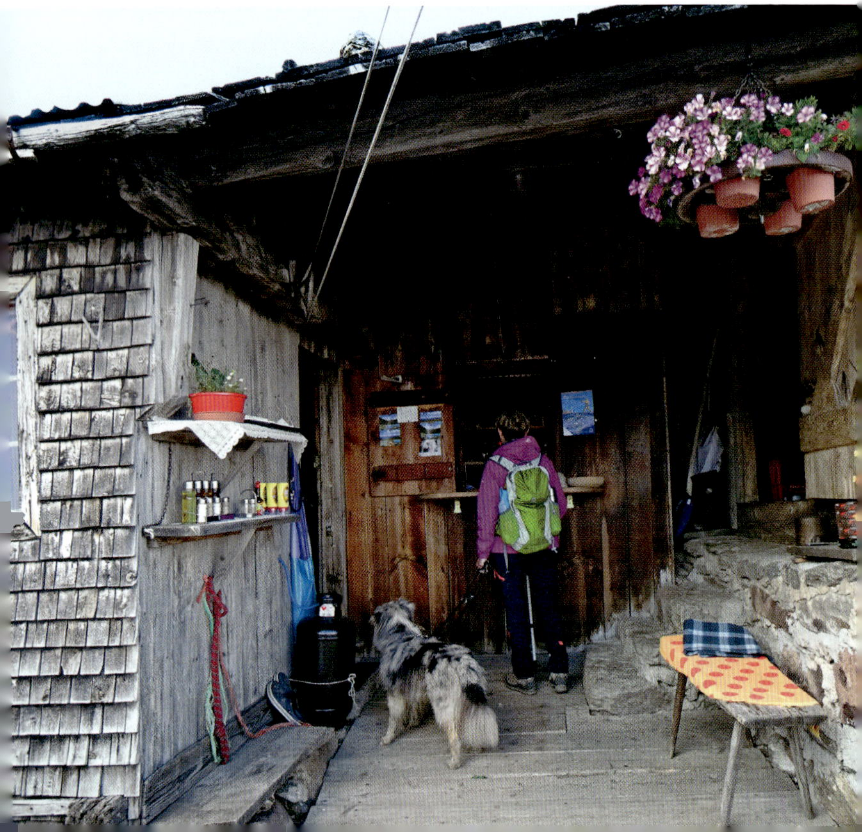

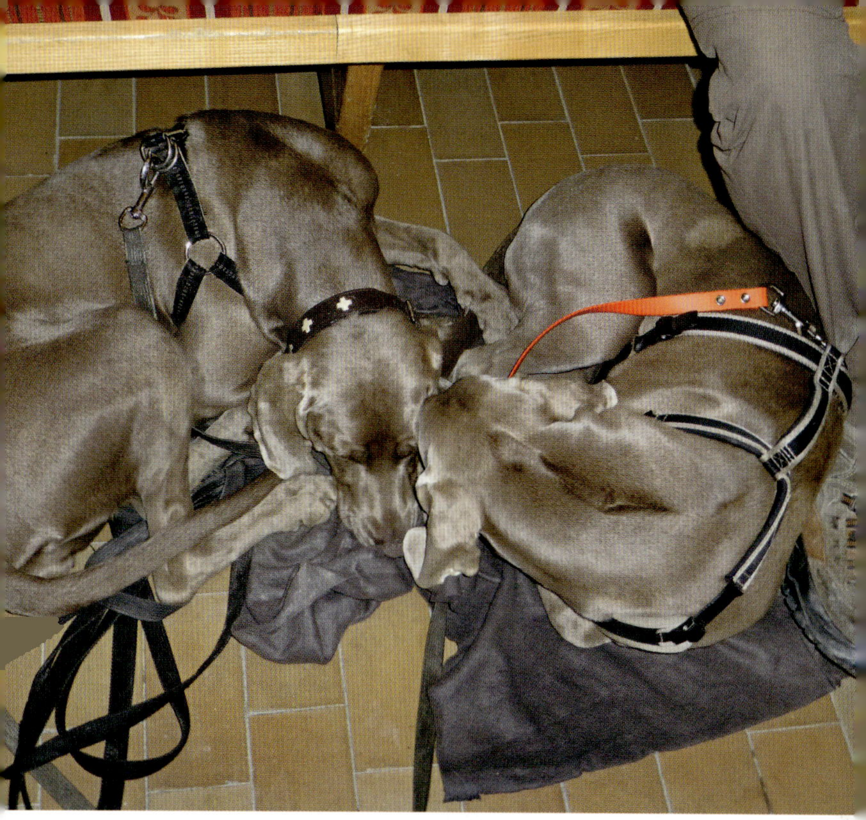

In Gaststätten auf der eigenen Decke zu liegen, gibt vielen Hunden Sicherheit und Entspannung. Praktischer Nebeneffekt: Es beschert dem Hüttenwirt weniger Reinigungsaufwand.

Leinenpflicht
In ganz Südtirol besteht Leinenpflicht. An öffentlichen Orten (in Städten und Gemeinden) ist die Länge der Leinen sogar auf 1 bis 1,50 Meter begrenzt, das kann von Gemeinde zu Gemeinde variieren und ist in der jeweiligen Gemeindeverwaltung zu erfragen. Es gibt jedoch auch ausgewiesene Freilaufflächen für Hunde. Die Hinterlassenschaften der Vierbeiner sind selbstverständlich zu entfernen. Hierfür müssen stets einige Kotbeutel mitgeführt werden.

Öffentliche Verkehrsmittel
In öffentlichen Verkehrsmitteln, dazu zählen auch Seilbahnen, besteht zudem Maulkorbpflicht. Diese wird auch konsequent durchgesetzt. Plant man eine Wanderung, die mit einer Seilbahnfahrt endet, sollte man sich also nicht auf die Kulanz der Bahnführer verlassen, sondern generell einen Maulkorb für seinen vierbeinigen Bergkameraden mitführen.

Weidevieh
Almen sind Bergweiden, die seit Jahrhunderten von den Bauern bewirtschaftet werden. Im Frühjahr wird das Vieh hinaufgetrieben und darf dann den ganzen Sommer auf den saftigen Bergwiesen verbringen. Die Weideflächen, auf denen Kühe,

Pferde, Schafe oder Ziegen frei herumlaufen, sind sehr weiträumig, und da viele Wanderwege direkt durch diese Weiden führen, sind Begegnungen mit Weidevieh nicht immer zu vermeiden. Leider kommt es, nicht zuletzt durch unwissendes, gleichgültiges oder rücksichtsloses Verhalten von Hundehaltern, immer wieder zu Konflikten mit frei laufenden Kühen.
Um gefährliche Situationen zu vermeiden, sollten einige Empfehlungen beachtet und wichtige Verhaltensweisen der Almtiere bekannt sein.
Rinderherden lassen sich anhand ihrer Zusammensetzung in drei Arten unterscheiden:
Mutterkuhherde: Diese besteht aus Muttertieren und ihren Kälbern. Jungtiere sind neugierig, aber Achtung, Muttertiere verteidigen ihre Kälber (Schutzinstinkt!) impulsiv! Sind auch männliche erwachsene Tiere (Stiere) dabei, ist besondere Vorsicht geboten.
Jungtierherde: Diese jüngeren Tiere sind vor allem übermütig, sehr bewegungsfreudig und neugierig. Beim Kontakt kann es rasch zu unkontrollierten Bewegungen kommen.
Kuhherde: Sie besteht aus Kühen, welche regelmäßig gemolken werden. An einen engen Kontakt mit Menschen sind sie daher gewöhnt.
Drohverhalten von Rindern: Im Falle einer Begegnung bleiben die meisten Rinder erst einmal stehen und fixieren ihr Ziel. Dabei heben und senken sie den Kopf, gehen etwas in die Knie und schnauben (intensives Riechen, da Rinder relativ schlecht sehen). Die Tiere gehen dann meist einige, oft langsame Schritte in Richtung ihres Zieles, bevor sie loslaufen. Verhaltensregeln zur Konfliktvermeidung finden Sie in der Box auf der gegenüberliegenden Seite.
Die Almen werden in der Regel von Mai/Juni bis September/Oktober beweidet. Die genauen Zeiten für Almauf- und -abtriebe kann man bei den zuständigen Tourismusvereinen erfragen.
Dieses Buch enthält in den Kurzinfos zu den einzelnen Touren auch Informationen, ob auf der Wanderung mit Weidevieh zu rechnen ist. Dabei kann es sich um jede Form von Almtieren handeln (Ziegen, Schafe, Pferde, Esel, Kühe). Lediglich auf Kuhweiden wird explizit und mit räumlicher Angabe eingegangen. All diese Informationen wurden von der Autorin sorgfältig nach bestem Wissen und Gewissen recherchiert, erheben jedoch keinen Anspruch auf Vollständigkeit, da sie ständig Änderungen unterliegen.

Im Sommer muss man in den Bergen damit rechnen, Kühen zu begegnen.

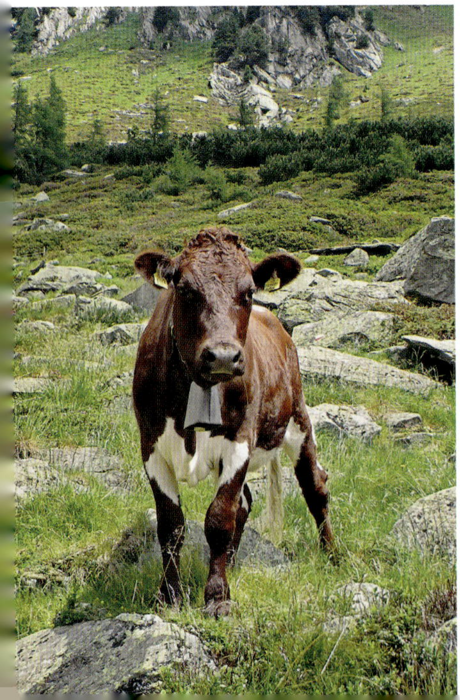

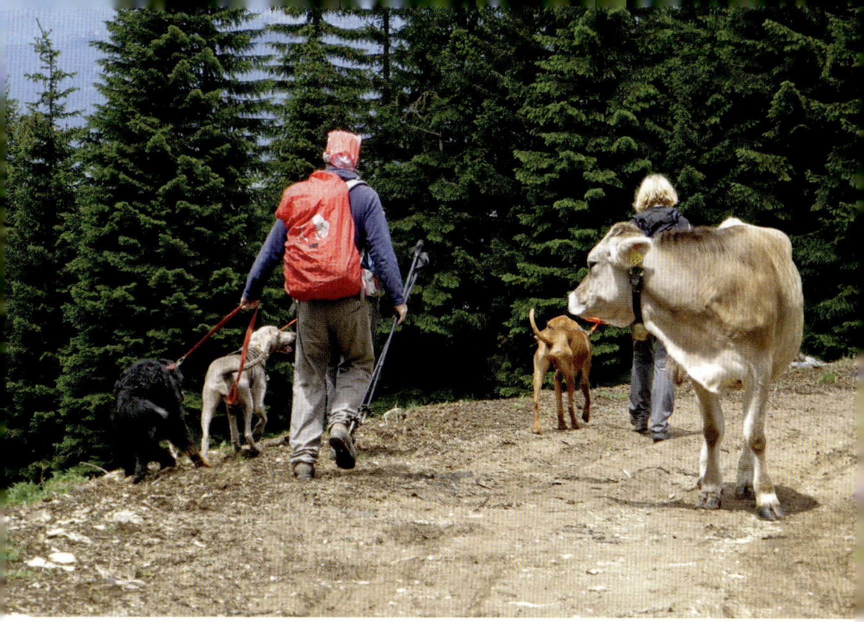

So vermeidet man Konflikte: Bei Kuhbegegnungen Hunde angeleint und an der kuhabgewandten Seite in ausreichendem Abstand vorbeiführen.

Konflikte mit frei laufenden Rindern vermeiden

- Halten Sie Ihren Hund an der Leine und verhindern Sie, dass dieser der Herde zu nahe kommt oder diese jagen will. Hunde gleichen potenziellen Feinden, insbesondere von Jungtieren, und werden daher oft gerade von Muttertieren angegriffen. Leinen Sie Ihren Hund dann ab, wenn ein Angriff eines Rindes abzusehen ist. Im Gegensatz zum Menschen sind Hunde schnell genug, um Angriffen auszuweichen. Dadurch wird auch vom Hundehalter abgelenkt, sodass dieser den Gefahrenbereich verlassen kann!
- Wenn es nicht unbedingt nötig ist, weidenden Tieren nicht zu nahe kommen und vor allem Kälber weder streicheln noch füttern! Die Tiere könnten beim nächsten Wanderer gereizt sein und Missverständnisse auslösen, sodass sich dieser bedroht fühlt.
- Zeigt eine Herde Unruhe oder werden Wanderer bereits von Tieren fixiert, unbedingt Abstand halten! Lieber einen Umweg in Kauf nehmen!
- Kommt es trotzdem zu gefährlichen Situationen: Bewahren Sie Ruhe und laufen Sie nicht davon! Versetzen Sie dem Rind im absoluten Notfall mit dem Stock einen gezielten Schlag auf die Nase. Andernfalls gehen Sie langsam und stetig aus der Gefahrenzone, ohne den Tieren den Rücken zuzukehren. Das ist der einzig richtige Weg, mit einer gefährlichen Begegnung umzugehen.

(Mit freundlicher Genehmigung der Landwirtschaftskammer Tirol, Mag. Judith Haaser)

Südtirol

Ötzi und Andreas Hofer

Die ältesten Spuren der Besiedelung Südtirols reichen bis weit in die Steinzeit zurück. Bekanntester Vertreter aus dieser Zeit ist ein Mann, dessen Körper mehr als 5200 Jahre im ewigen Eis des Similaungletschers zwischen Schnalstal und Ötztal verborgen lag. 1991 fanden zwei deutsche Bergwanderer die gut erhaltene Mumie, die nach ihrem Fundort auf den Namen »Ötzi« getauft wurde. Bestaunen kann man den Mann aus dem Eis heute in einem eigens für ihn eingerichteten Museum in Bozen. Während der Bronzezeit (2200–800 v. Chr.) begannen die Menschen damit, Bodenschätze, vor allem Kupfererze, zu heben und zu Waffen und Werkzeugen zu verarbeiten. Die bronzezeitliche Besiedelung Südtirols belegen Funde unter anderem im Vinschgau (Tour 8) oder im Tauferer Ahrntal (Tour 58). Kupfer wurde nicht nur zum wichtigen Handelsgut, sondern es weckte auch Begehrlichkeiten, erste Befestigungsanlagen, sogenannte Wallburgen, entstanden. Zwischen dem 7. und dem 4. Jahrhundert v. Chr. kamen schließlich keltische Stämme von Norden über die Alpen und hinterließen ihre Spuren auch in Südtirol. So wurde beispielsweise bei Mühlen in Taufers eine keltische Grabstätte entdeckt. Im 1. Jahrhundert v. Chr. marschierten römische Eroberer ins Land, das nun für fast 500 Jahre unter römischer Herrschaft stehen sollte. Wichtige Handelswege wie die Via Claudia Augusta über den Reschenpass oder die Via Raetia über den Brennerpass mit ihren zahlreichen Zollstationen entstanden. Entlang der Verkehrsader eröffneten Gasthöfe und Pferdewechselstationen und wuchsen zu Siedlungen heran. Auch die Christianisierung des heute katholisch geprägten Südtirols geht auf die Römerzeit zurück. Nach dem Zerfall des Weströmischen Reiches erlebte auch das heutige Südtirol eine wechselvolle Geschichte. Völkerstämme kamen und gingen, und ab dem 6. Jahrhundert n. Ch. wurde das Land mehr und mehr von Bajuwaren besiedelt und geprägt. Ab dem 12. Jahrhundert entwickelten sich die Grafen von Tirol zur einflussreichsten Herrscher-Dynastie in der Region. Ihre Stammburg war das Schloss Tirol bei Meran, das bis ins frühe 15. Jahrhundert Residenz der Tiroler Landesfürsten war. Die letzte Nachfahrin der Tiroler Landesfürsten war Margarete von Tirol-Görz, besser bekannt als Magarete

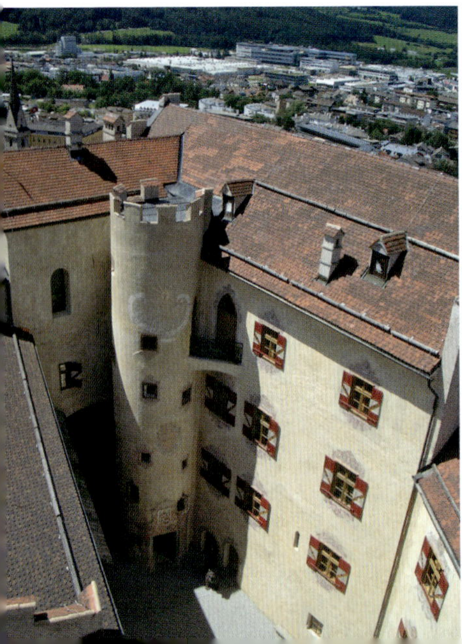

Das aus dem 13. Jahrhundert stammende Schloss Bruneck beherbergt heute eines der sechs Messner Mountain Museen.

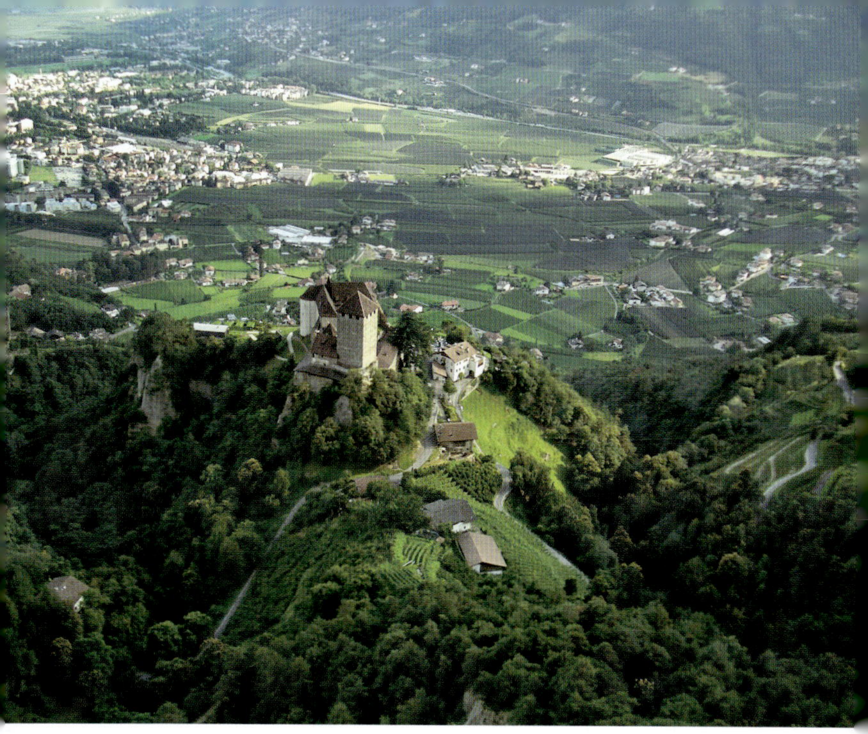

Blick aus der Seilbahn Hochmuth auf das Schloss Tirol.

Maultasch. Nachdem ihr letzter Sohn Meinhard noch zu ihren Lebzeiten im Jahre 1363 kinderlos verstarb, überschrieb die bereits 1361 verwitwete Margarete die Grafschaft Tirol an ihren nächsten Verwandten, Rudolf IV. von Österreich. Von nun an stand Tirol unter Habsburger Herrschaft, die mit Unterbrechungen bis zum Jahre 1918 andauerte. Infolge des zweiten Napoleonischen Krieges und des daraufhin geschlossenen Friedens von Pressburg fiel Tirol in die Hände der Bayern, die von nun an mit allerlei Neuerungen den Unmut der Tiroler Bevölkerung auf sich zogen. Ein Gastwirt und Pferdehändler aus St. Leonhard im Passeiertal (Tour 17) wurde in dieser Zeit zum Volkshelden, der bis heute in ganz Tirol verehrt wird: Andreas Hofer gelang es im Jahre 1809, eine Armee aufständischer Tiroler Bauern mehrfach siegreich gegen die französisch-bayrischen Besatzer zu führen und das Land für fast acht Monate von diesen zu befreien. Im Dezember 1809 gelang es den Alliierten jedoch, das Land Tirol zurückzuerobern, und die Anführer des Volksaufstandes wurden verfolgt und zum Tode verurteilt. Auch Andreas Hofer tauchte zunächst unter, wurde jedoch verraten und fiel im Januar 1810 in die Hände napoleonischer Soldaten. Am 20. Februar 1810 wurde Andreas Hofer auf Befehl Napoleons in Mantua hingerichtet. Nach der Niederlage Napoleons wurde Tirol auf dem Wiener Kongress im Jahre 1815 wieder unter Habsburger Regierungsgewalt gestellt. Der Erste Weltkrieg setzte auch den Tirolern schwer zu. Von 1915 bis 1918 lieferten sich österreichische und italienische Truppen einen erbitterten Gebirgskrieg. In den

Bunkern, Tunneln und Schützengräben zwischen Karnischen Alpen und Ortlerregion starben Hunderttausende Soldaten infolge von Krankheiten und Naturgewalten. Noch heute findet man Teile alter Befestigungen und Bunkeranlagen auf den Bergkämmen, Passhöhen und in den Felsen der Dolomiten (Tour 19, 59, 60). Gemäß den Bedingungen des am 3. November 1918 geschlossenen Waffenstillstandes von Villa Giusti wurde Südtirol am 10. Oktober 1920 schließlich von Italien annektiert. Nach Machtergreifung Mussolinis setzte eine konsequente und gewaltsame Italianisierung Südtirols durch die faschistische Regierung ein, und im Zweiten Weltkrieg geriet die norditalienische Provinz abermals zwischen die politischen Fronten. Erst mit der Pariser Friedenskonferenz 1946 wurde der Grundstein für eine Autonomie Südtirols in Italien gelegt. Es dauerte jedoch noch Jahrzehnte, bis alle Punkte des sogenannten »Südtirol-Paketes« umgesetzt waren und Österreich und Italien 1992 vor den Vereinten Nationen eine »Streitbeilegungserklärung« abgaben. Heute ist Südtirol Teil der Europaregion Tirol – Südtirol – Trentino, deren Ziel es ist, die grenzüberschreitende Zusammenarbeit aller seit 1918 geteilten Tiroler Landesteile zu fördern.

Tourismus in Südtirol

In der zweiten Hälfte des 19. Jahrhunderts erlebte der Tourismus in Südtirol einen regelrechten Boom. Angefangen hatte alles mit einem gewissen Dr. Johann Nepomuk Huber, seines Zeichens Leibarzt der Fürstin von Schwarzenberg. Nachdem seine Patientin bei einem Kuraufenthalt in Meran von ihrem Tuberkuloseleiden geheilt worden war, verfasste er eine Broschüre »Über die Stadt Meran in Tirol, ihre Umgebung

In der Südtiroler Sonne reifen erstklassige Weine heran.

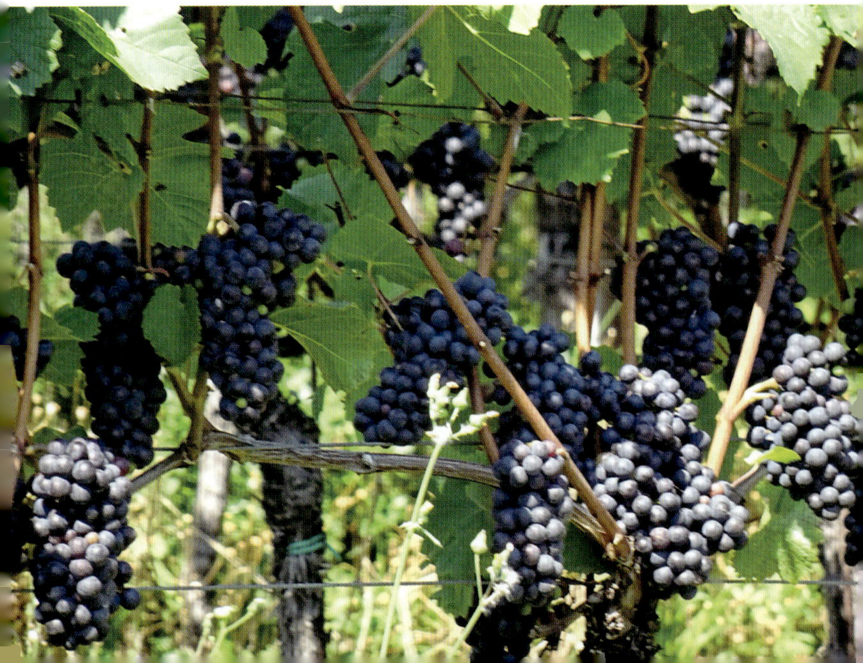

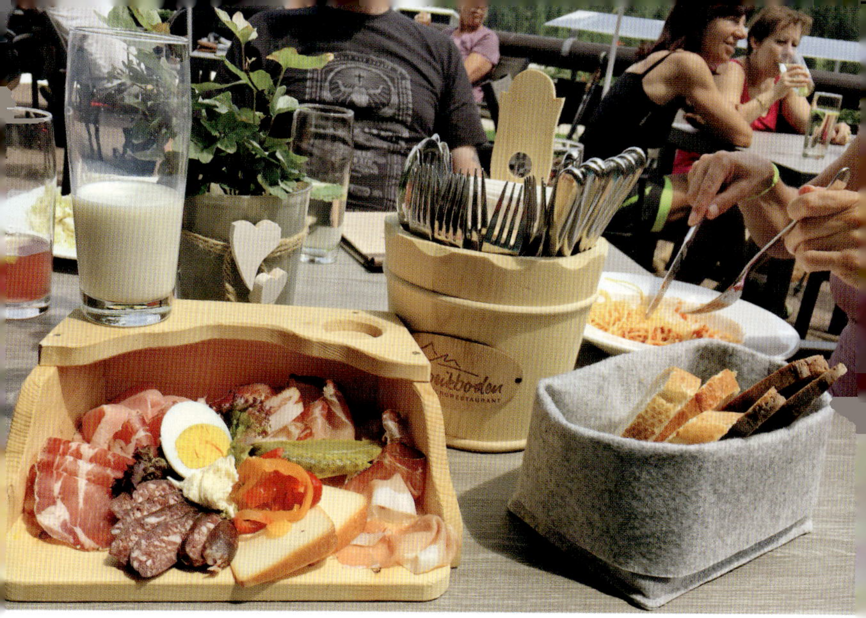

Typische Südtiroler Brotzeit am Speikboden (Tour 54).

und ihr Klima nebst Bemerkungen über Milch-, Molken- und Traubenkur und nahe Mineralquellen«. Die Beobachtungen und Berichte des anerkannten Mediziners erreichten auch den Wiener Kaiserhof, und als im Jahre 1870 die zweijährige Marie Valerie, Tochter von Kaiserin Sisi und Kaiser Franz-Joseph I., schwer erkrankte, machte sich die Kaiserin mit ihren Töchtern auf den Weg nach Meran, wo sie einen mehrmonatigen Kuraufenthalt verbrachte. Das bedeutete den Durchbruch für die kleine Kurstadt am Fuß der Texelgruppe und mit ihr für Südtirol. Betuchte Bürger aus ganz Europa bezogen die neu gebauten Hotels. Längst kamen sie nicht mehr nur zum Kuraufenthalt. Neu errichtete Eisenbahnstrecken erschlossen immer mehr Regionen, Straßenbahnen verbanden kleinere Gemeinden mit den Metropolen Bozen und Meran, und erste Bergbahnen brachten wohlhabende Touristen hinauf zu den schönsten Aussichtsplätzen. Sektionen des Deutschen und Österreichischen Alpenvereins errichteten zahlreiche Berghütten (Tour 18, 27, 36, 44, 51, 52, 59, 60), die als Unterkunft für die wachsende Zahl an Bergsteigern diente. In mühevoller Arbeit begann man damit, ein Wegenetz zu erschaffen, das bis heute von Wanderern und Bergsteigern genutzt wird. Brücken und Stufen wurden angelegt und Wege mit großen Felsplatten gepflastert. So wurden ständig neue Regionen und Gipfelziele erschlossen. Auch heute ist Südtirol als Urlaubsziel nicht mehr wegzudenken, und die Zahl derer, die jedes Jahr zwischen Weinreben und Apfelplantagen, auf idyllischen Almen oder in der faszinierenden Bergwelt ihre Erholung suchen, wächst stetig.

Essen in Südtirol

Südtirol lässt auch kulinarisch kaum Wünsche offen. Die Küche hierzulande ist eine Mischung aus leichter, mediterraner Kost und klassischen Tiroler Gerichten wie Knödel oder

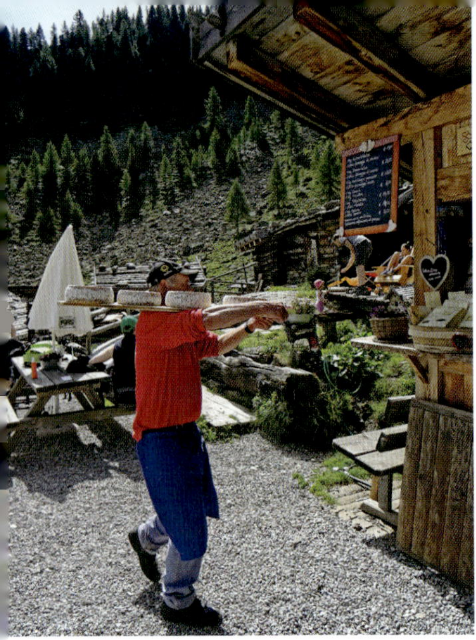

Auf vielen Südtiroler Almen gibt es Käse aus eigener Herstellung.

Kaiserschmarren. Serviert wird dazu traditionell Wein oder Bier.
Ihre Lage am Südbalkon der Alpen beschert vor allem dem Etschtal und dem Vinschgau mehr als 300 Sonnentage im Jahr. Das wissen auch die zahlreichen Obst- und Weinbauern zu schätzen. Zehn Prozent der in Europa geernteten Äpfel kommen aus Südtirol, und die Weine, die aufgrund der günstigen klimatischen Bedingungen mittlerweile bis auf eine Höhe von 1400 Metern gedeihen, sind seit jeher weit über die Landesgrenzen hinaus bekannt und beliebt.
Auf den meist seit Jahrhunderten im Familienbesitz befindlichen Bergbauernhöfen und Almen wird nicht selten die Milch der Kühe und Ziegen direkt zu allerlei köstlichen Käsesorten verarbeitet (Tour 2, 13, 18, 26, 44); und auch der Südtiroler Speck, ein mild geräucherter Rohschinken, wird heute noch nach traditionellen Rezepten hergestellt.

Söhne der Berge

Die einzigartige Bergwelt Südtirols, eine Mischung aus über Jahrhunderte gewachsener Kulturlandschaft und ungezähmter und unberührter Natur, ihre markanten Gipfel und steilen Felswände üben eine magische Anziehungskraft auf Kletterer und Bergsteiger aus. Kein Wunder also, dass gerade hier auch die Wiege einiger bekannter Alpinisten zu finden ist. So wuchs zum Beispiel zu Beginn des 20. Jahrhunderts im Grödnertal eine Bergsteigerlegende heran, die vor allem durch ihre zahlreichen Bergfilme und Bücher Berühmtheit erlangte. Luis Trenker, der Mann mit dem Filzhut, verfasste bereits im Jahre 1931 das erste Lehrbuch für Bergsteiger. In »Meine Berge« informierte er über Ausrüstung, Gehtechniken und alpine Gefahren und formulierte zehn Gebote für das richtige Verhalten am Berg, die bis heute ihre Gültigkeit nicht verloren haben. Nur wenige Kilometer weiter, im benachbarten Villnößtal (Tour 44, 45, 46), sammelte ein Mann, der Alpinismusgeschichte schrieb, seine ersten Bergerfahrungen. Gemeinsam mit seinem Bruder Günter, der später bei einer Expedition am Nanga Parbat tödlich verunglückte, kletterte Reinhold Messner bereits als Kind in den bizarren Felsformationen der Geislerspitzen. Er war der Erste, der alle vierzehn Achttausender bezwungen hat, und unternahm zahlreiche Expeditionen in die entlegensten und unwirtlichsten Regionen unserer Erde. Daheim in Südtirol besitzt er mehrere Bergbauernhöfe und realisierte seit Mitte der 90er-Jahre ein ganz besonderes Projekt, das er philosophisch als seinen 15. Achttausender bezeichnet, das Messner Mountain Museum. Es besteht aus sechs eigenständigen, über

Südtirol und die Dolomiten verteilten Häusern. Jedes hat seine eigene Geschichte und Geschichten zu erzählen, doch eines verbindet all diese Objekte – es geht um die Berge dieser Welt. Ihre Entstehung und ihr Verfall, ihre Bewohner und ihre Bezwinger und nicht zuletzt ihre Anziehungskraft und ihre Schönheit. Hunde sind in den Messner Mountain Museen (wie in allen Südtiroler Museen) leider nicht gestattet. Ein Besuch ist aber dennoch sehr empfehlenswert. Ein weiterer Extrembergsteiger, der unter anderem sieben der vierzehn Achttausender gemeinsam mit Reinhold Messner bestiegen hat, ist Hans Kammerlander. In seinem Gipfelbuch stehen insgesamt 12 der 14 Achttausender. Auch er ist ein Sohn Südtirols. In Ahornach im Ahrntal (Tour 53) geboren, verspürte er schon als Kind die Anziehungskraft, die von den heimatlichen Bergen ausging. Mit 21 Jahren machte er sein Hobby zum Beruf und wurde Staatlich geprüfter Berg- und Skiführer. Als Kletterer machte er durch etwa 50 Erstbesteigungen sowie 60 Alleinbegehungen bis zum VI. Schwierigkeitsgrad von sich reden. Ihm gelangen mehrere alpinistische Rekorde, und auf regelmäßigen Vortragsreisen berichtet er eindrucksvoll von seinen Expeditionen zu den Bergen dieser Welt.

Folgende Doppelseite: Das Befolgen von Kommandos ist nicht nur hilfreich beim Fotoshooting, sondern erleichtert auch den (Wander-)Alltag.
Unten: Jeden Sommer treibt Reinhold Messner höchstpersönlich seine Yaks auf die Suldner Almen.

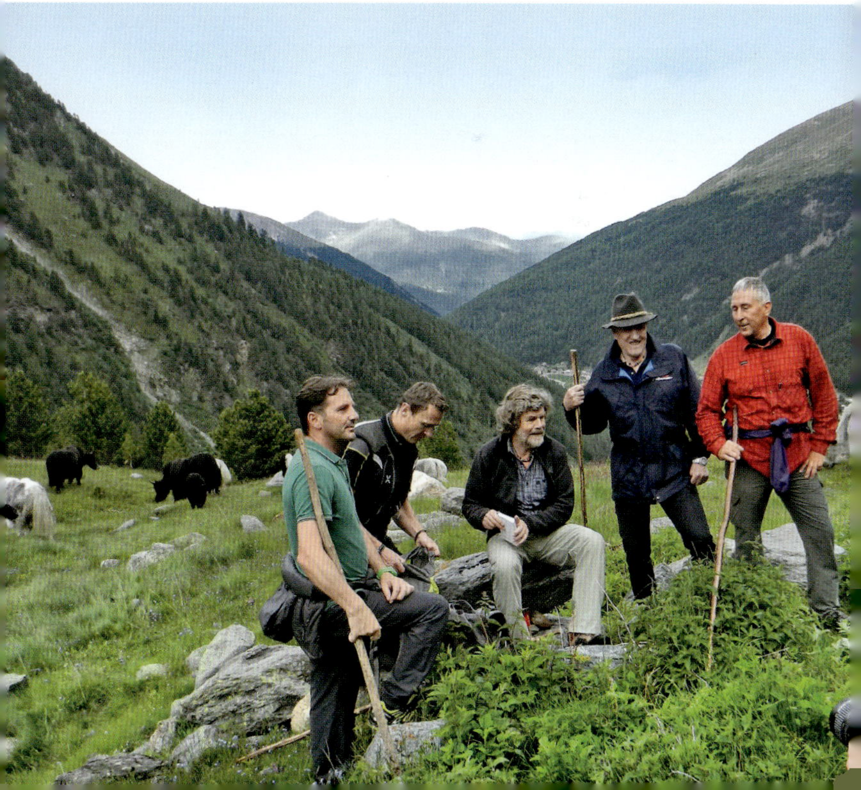

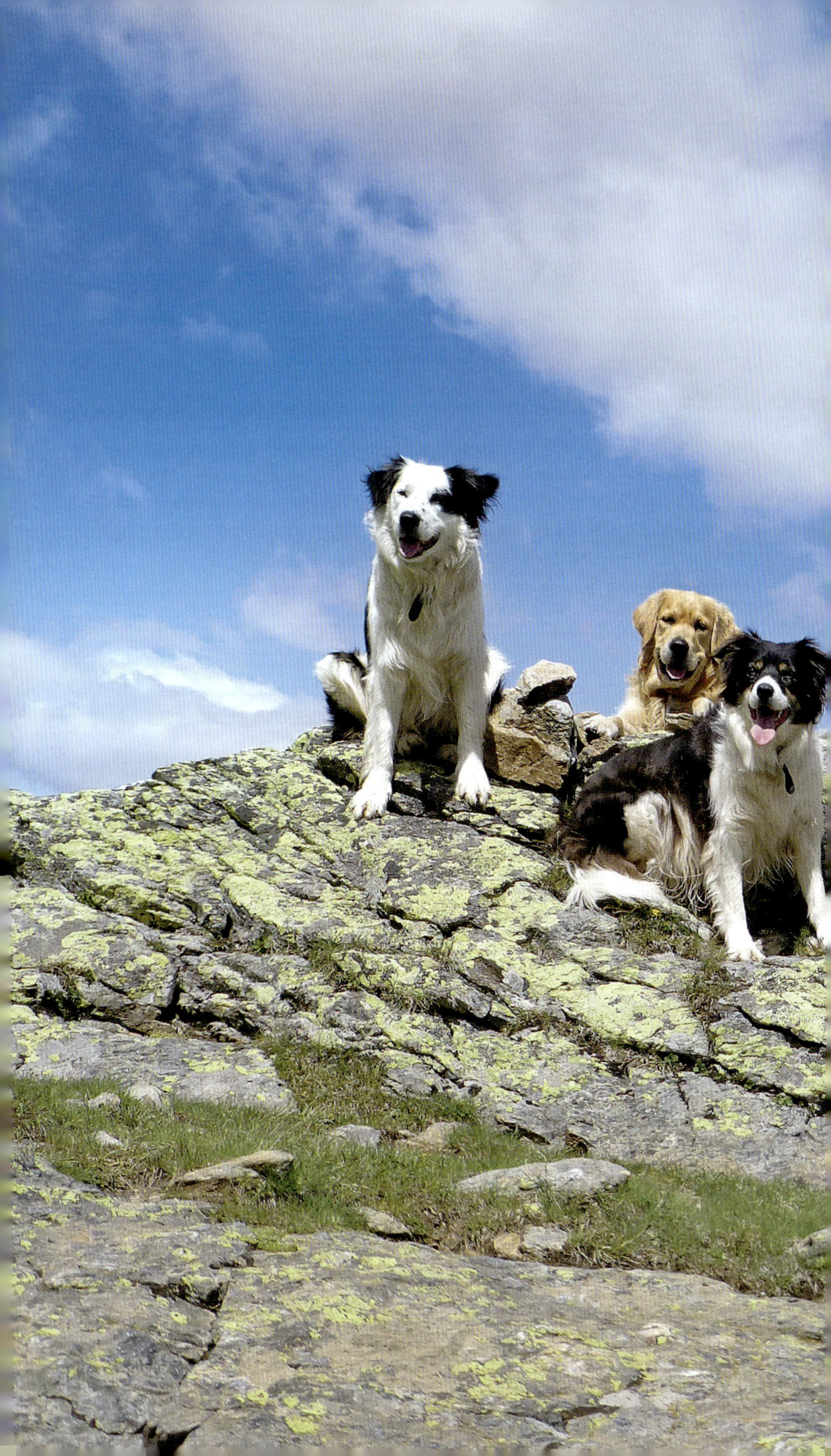

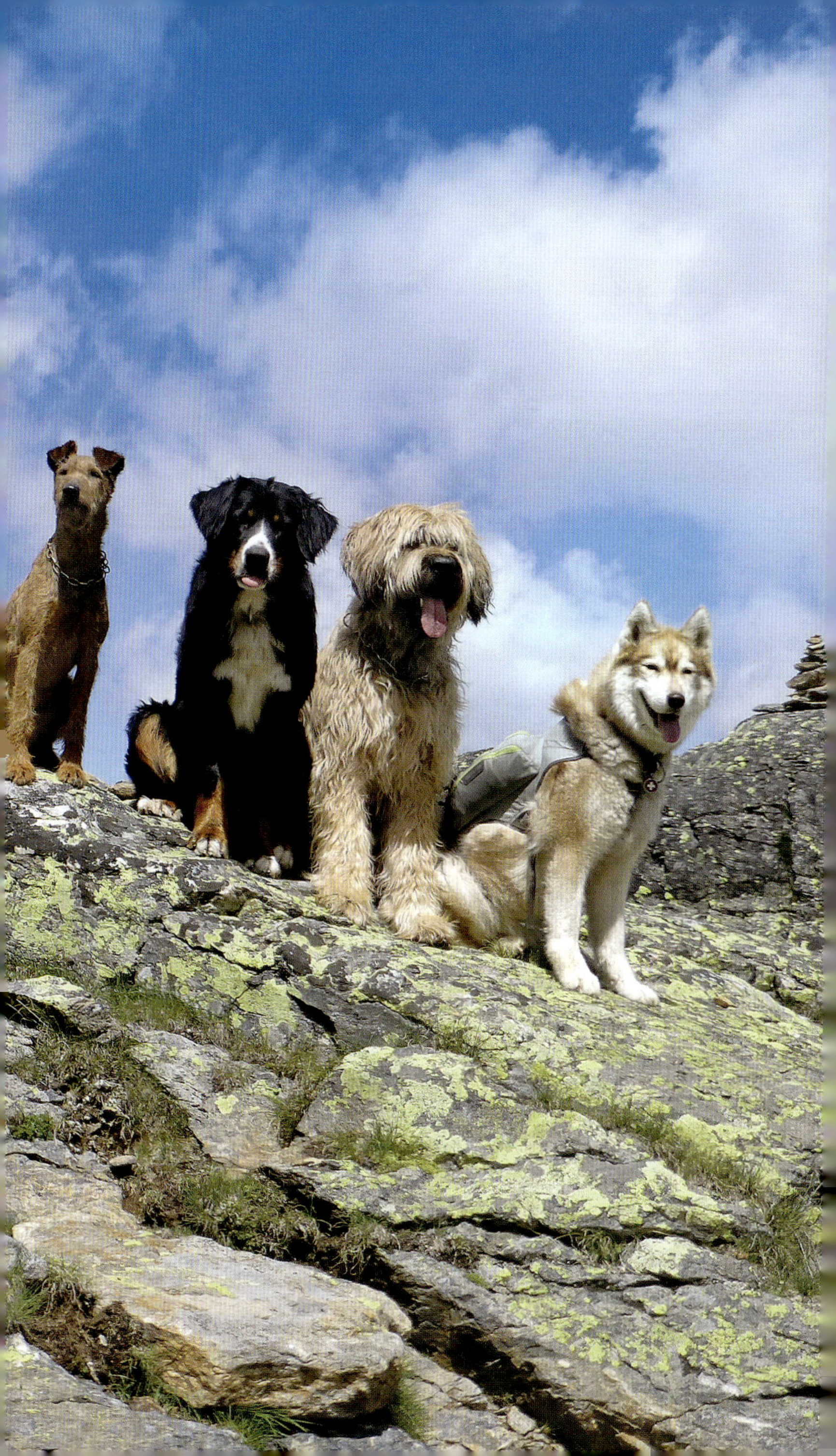

1 Piz Lad, 2808 m

Von der Rescher Alm auf den Piz Lad

4.15 Std. | 8,1 km | ↗ 840 m | ↘ 840 m

Wunderschöner Aussichtsberg hoch über dem Reschensee

Kommt man von Österreich über den Reschenpass gefahren, sieht man rechter Hand schon den markanten Gipfel des Piz Lad mit seiner steil abfallenden Flanke, der majestätisch über der Passstraße thront. Der von Süden recht einfach zu erreichende Gipfel im Dreiländereck bietet eine wunderbare Aussicht über das Inntal ins schweizerische Engadin, über das Oberinntal nach Tirol und den Vinschgau nach Südtirol.

Talort: Reschen am See (1500 m); Tourismusverein Reschenpass, I-39027 Graun, Tel. +39 0473 633101, reschenpass.it.
Ausgangspunkt: Rescher Alm, 2001 m (GPS: 46.835863, 10.490581).
Anfahrt: Im Vinschgau auf der SS38 bis Reschen am See fahren. In der Ortsmitte Richtung Rojental weiter, nach etwa sechs Kilometern rechts auf den Almfahrweg Richtung Rescher Alm abbiegen und bis zur Almwirtschaft fahren.
Öffentliche Verkehrsmittel: Keine.
Anforderungen Mensch: Im Aufstieg zum Gipfel und auf dem Gratweg Trittsicherheit und stellenweise Schwindelfreiheit erforderlich.
Anforderungen Hund: Weidevieh (je nach Jahreszeit Kühe von der Rescher Alm bis rund ums Sesslad Kreuz), mitunter Steinböcke am Panoramagrat, kaum Schatten.
Wasserstellen: Zwei Viehtränken im Auf- und Abstieg, dennoch ausreichend Wasser mitnehmen!
Einkehr: Rescher Alm (rescheralm.it), Tel. +39 3516494644.
Karte: Tabacco 043, Vinschgauer Oberland, 1:25.000; Freytag & Berndt WK S2 Vinschgau – Ötztaler Alpen, 1:50.000.

Keks und Vreni posieren vor dem markanten Gipfel des Piz Lad.

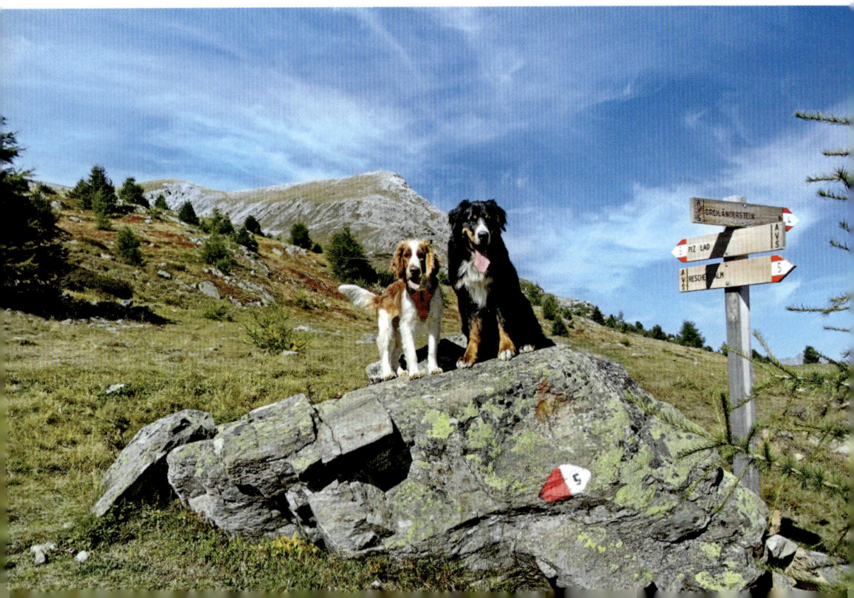

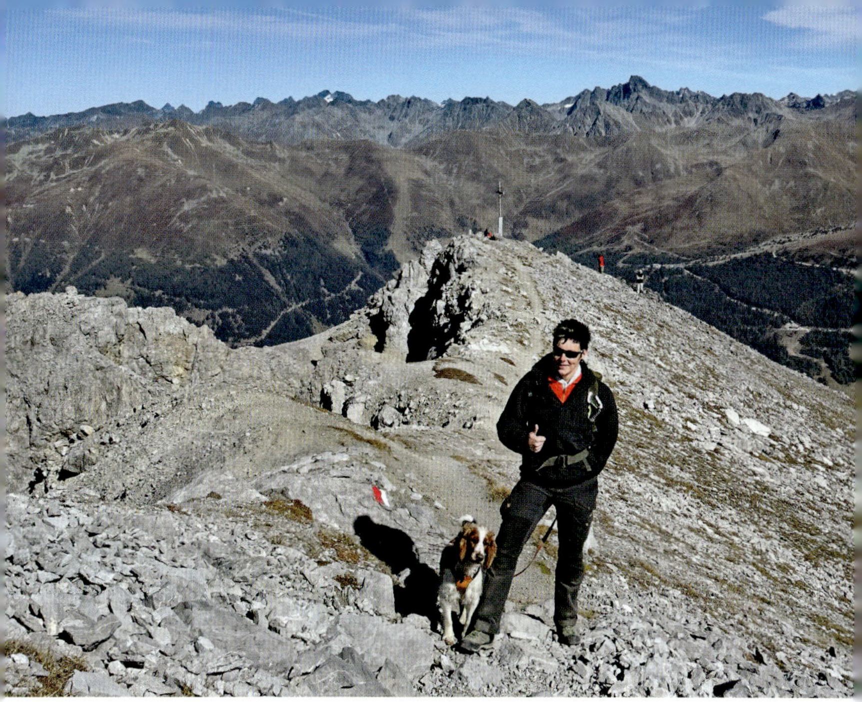

Auf dem aussichtsreichen Gipfelgrat des Piz Lad.

Von der **Rescher Alm** ❶ aus folgen wir zunächst dem Fahrweg weiter aufwärts, bis wir zu einer größeren Wegkreuzung gelangen. Hier nehmen wir den mit der Nr. 5 markierten Wanderweg Richtung »Piz Lad«, der uns nach links den Berg hinaufführt. Zunächst wandern wir auf einem breiteren Almweg, den wir jedoch in der ersten Linkskehre schon wieder verlassen und geradeaus weiter dem Weg Nr. 5 folgen. Nun ist etwas Aufmerksamkeit erforderlich, denn bereits nach etwa 130 Metern zweigt ein schmaler Pfad scharf links ab und windet sich nun steil den lärchenbewachsenen Hang hinauf. Eine rot-weiße Wegmarkierung kennzeichnet den Abzweig. Nach etwa einer Viertelstunde trennen sich an einem Wegweiser die Wanderwege, und wir folgen weiter dem mit der Nummer 5 markierten Weg bergan. In einer Senke etwas rechts des Weges befindet sich eine Kuhtränke, in der Hunde ihren Durst stillen können. Unser Pfad führt weiter stetig bergan, und hinter dem **Sesslad-Kreuz** ❷, einem Wetterkreuz, das sich für eine erste kleine Rast anbietet, stoßen wir auf

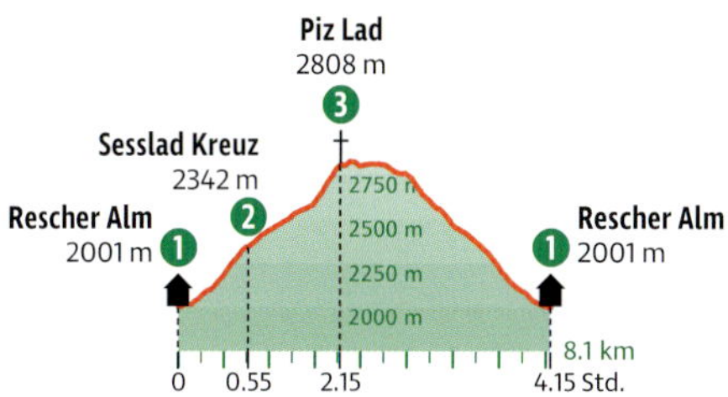

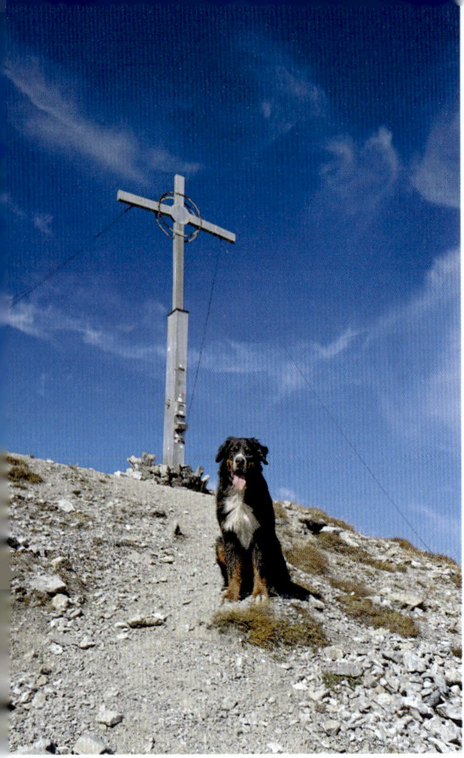

Markant ragt das Gipfelkreuz des Piz Lad in den tiefblauen Himmel.

einen alten Militärweg, auf dem wir nach rechts weiterwandern. Vor uns erhebt sich der lang gezogene Gipfelgrat des Piz Lad, an dessen rechtem Ende das Gipfelkreuz zu erkennen ist. Nach etwa einer Viertelstunde verlässt unser markierter Wanderweg den Militärweg und windet sich nach links in steilen Kehren die schuttige Bergflanke hinauf zum **Gipfel ❸**. Der traumhafte Rundblick, der sich von hier oben bietet, entschädigt für die Mühen des Aufstieges. Weiter geht es nun auf dem Weg Nr. 5a immer am Grat entlang in südöstliche Richtung. Nach rechts bieten sich atemberaubende Tief- und Ausblicke ins Schweizer Engadin, links werden wir von der beeindruckenden Aussicht zum Reschensee begleitet. Nicht selten begegnet man auf diesem Wegstück auch Steinböcken, Hunde sollten also unbedingt an der Leine geführt werden. Nach dem Abstieg in eine Scharte wendet sich unser Weg nach links und führt über ausgedehnte Wiesen durch das Klampertal hinunter zur alten Militärstraße. Von hier aus wandern wir hinab zum **Sesslad-Kreuz ❷** und auf bekanntem Weg zurück zur **Rescher Alm ❶**.

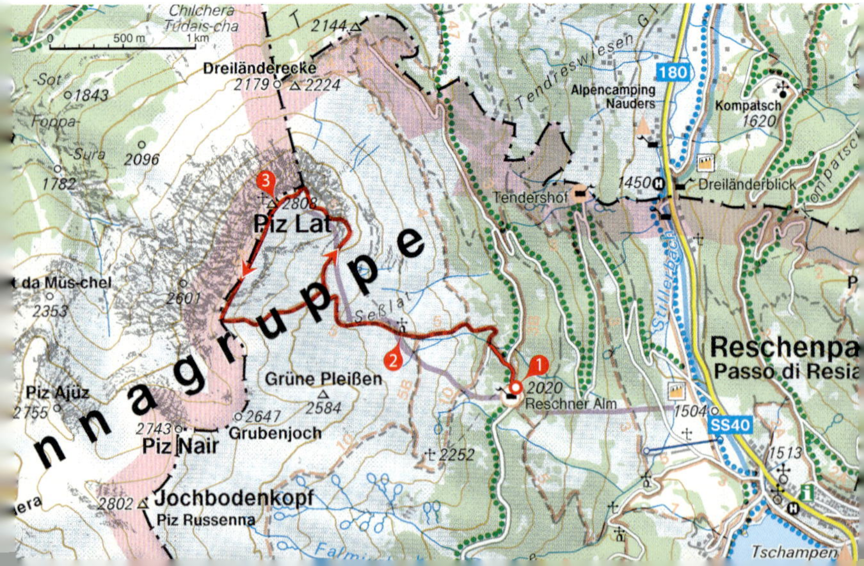

Grauner Alm, 2202 m

Vom Reschensee auf die Grauner Alm

2

5.00 Std. | 15,0 km | ↗ 710 m | ↘ 710 m

Almwanderung ins Vivanatal

In einem kleinen Seitental des Obervinschgaus liegt die Grauner Alm. Als ausgeschilderte Mountainbikestrecke ist sie nicht nur Ziel von Radfahrern, sondern auch zu Fuß kann man diese idyllisch gelegene Alm gut erreichen. Ausblicke auf den Reschensee und den Haidersee bis hinüber zu den vergletscherten Gipfeln der Ortlergruppe machen den Auf- und Abstieg zu einem echten Erlebnis. Während des Almsommers wird die Milch der Kühe und Ziegen direkt vor Ort zu Käse verarbeitet. Was gibt es Schöneres, als bei einer zünftigen Jause frische, regionale Produkte zu genießen?

Talort: Graun im Vinschgau (1520 m); Tourismusverein Reschenpass, I-39027 Graun, Tel. +39 0473 633101, reschenpass.it.
Ausgangspunkt: Großer Parkplatz am Kirchturm von Altgraun, 1509 m (GPS: 46.810603, 10.537966).
Anfahrt: Im Vinschgau auf der SS38 bis Graun am Reschensee fahren. Der Parkplatz befindet sich direkt am See.
Öffentliche Verkehrsmittel: Zug von Meran nach Mals und dann Bus Richtung Melag bis »Graun«.
Anforderungen Mensch: Überwiegend bequeme Wanderwege und Pfade.
Anforderungen Hund: Weidevieh (je nach Jahreszeit Kühe auf der Grauner Alm), auf dem Almfahrweg muss mit Radfahrern gerechnet werden.
Wasserstellen: Kaum Trinkgelegenheit im Aufstieg zur Alm, Viehtränke und Bach etwas unterhalb der Grauner Alm, je nach Wetterlage Wasser mitnehmen.
Einkehr: Grauner Alm.
Karte: Tabacco 043, Vinschgauer Oberland, 1:25.000; Freytag & Berndt WK S2 Vinschgau – Ötztaler Alpen, 1:50.000.
Hinweis: Ein Abstieg über den Weg Nr. 13 nach St. Valentin ist nicht zu empfehlen, da dieser sehr steil ist und mehrere steile und gefährliche Schuttrinnen quert.

Atemberaubender Tiefblick auf den Haidersee (links) und den Reschensee.

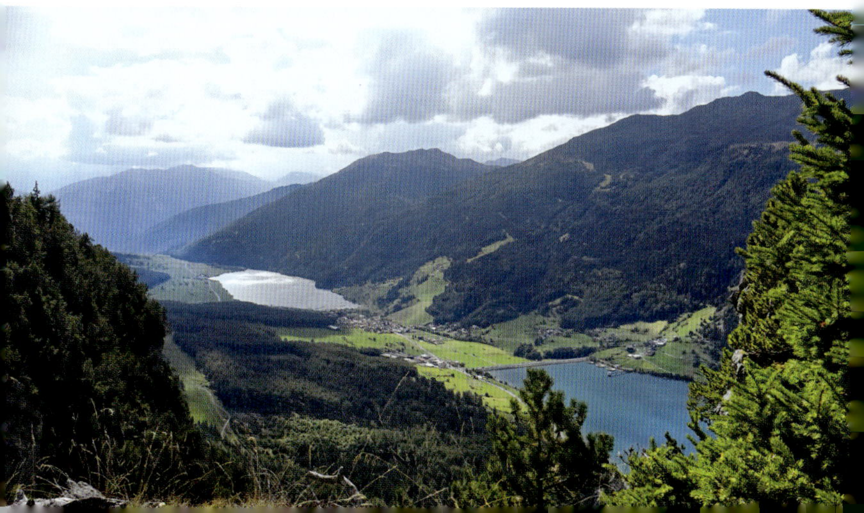

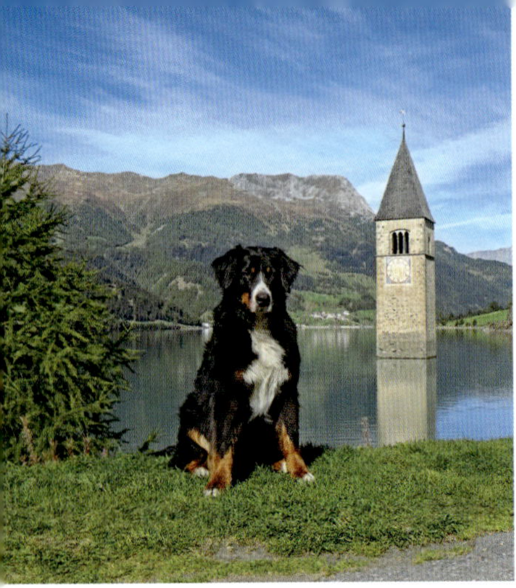

Der Kirchturm im See erinnert an das versunkene Dorf Alt-Graun.

Vom **Parkplatz ❶** aus gehen wir zum Seeufer und wandern nach links, am berühmten Turm der versunkenen Kirche von Alt-Graun vorbei, immer auf der Seepromenade entlang. Nach etwa 500 Metern, direkt vor einem kleinen Seitenarm des Sees, macht unser Weg eine Linkskurve. Wir laufen nun auf das Dorf Graun zu. Vor der Straße führt der Weg abermals nach links und bringt uns direkt zu einem Fußgängerüberweg, an dem wir die viel befahrene Staatsstraße überqueren können. Gegenüber wandern wir die Langtauferer Straße taleinwärts, bis vor einer Linkskurve der mit der Nummer 10A markierte Wanderweg Richtung »Grauner Alm« nach rechts zum Fluss hinunter abbiegt. Wir überqueren das Wasser und folgen von nun an dem befestigten Fahrweg, der wenig später, direkt an einem kleinen Rastplatz eine scharfe Rechtskurve macht. Ab jetzt geht es stetig aufwärts, und nach einiger Zeit geben hin und wieder Lücken im Bewuchs den Blick hinunter auf den Reschensee und die versunkene Kirche von Graun frei. Nach etwa einer Viertelstunde kommen wir zu einem kleinen **Kruzifix** mit einer **Bank ❷**,

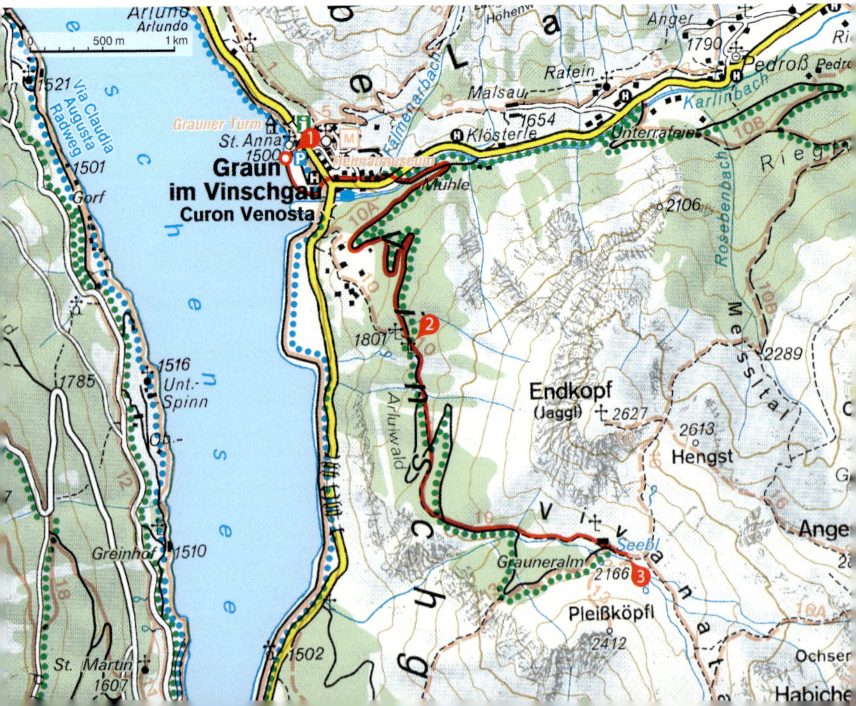

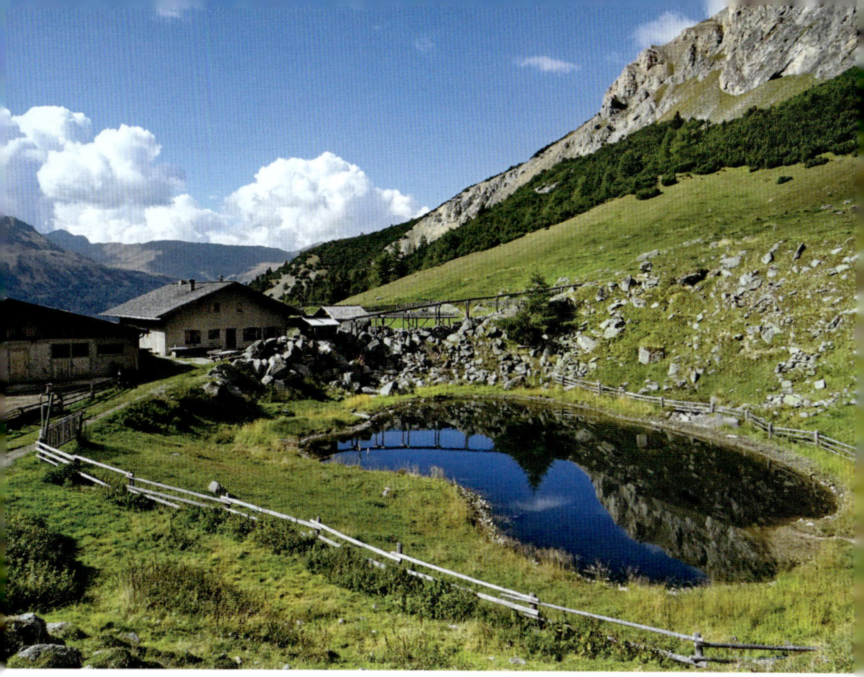

Die Grauner Alm im idyllischen Vivanatal.

die sich gut für eine Verschnaufpause anbietet. Etwa 300 Meter danach zweigt dann der Weg Nr. 10 Richtung »Grauner Alm« halb links vom Fahrweg ab und führt uns etwas steiler durch den Wald hinauf. Nun dauert es nicht mehr lange, und wir treten aus dem Wald heraus. Ein Wiesenweg führt uns über die hügeligen Almwiesen, die zur Talseite von einem Holzzaun begrenzt sind. Der Blick von hier oben hinunter auf die Seen des Vinschgaus ist einmalig, doch Achtung – direkt hinter dem Zaun fallen die Felsen steil und tief ab! Nach einiger Zeit stößt unser Wiesenpfad wieder auf den Almfahrweg, und kurz danach befindet sich auch die erste Trinkgelegenheit für Hunde auf diesem Aufstieg. Nun geht es durch lichten Lärchenbewuchs immer weiter in das idyllische Vivanatal hinein, und da, wo der Fahrweg das Bachbett überquert, leitet uns ein Wegweiser nach links am Bach entlang aufwärts. Etwa eine Viertelstunde später stoßen wir abermals auf den Fahrweg, der uns die letzten Meter hinauf zur **Grauner Alm** ❸ bringt. Zurück zum **Ausgangspunkt** geht es dann auf dem Aufstiegsweg.

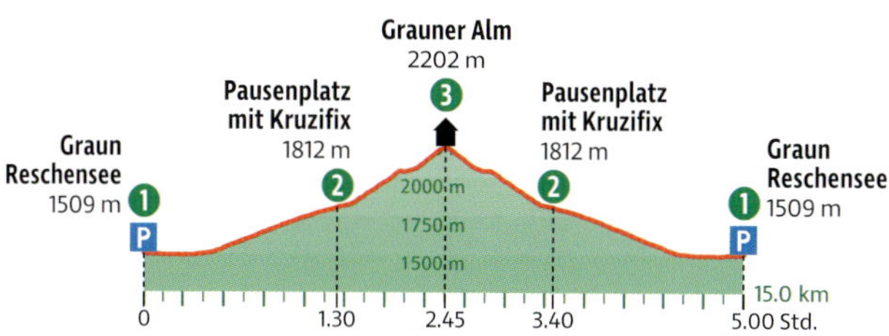

3

Haidersee, 1450 m

Von Fischerhäuser um den Haidersee

1.30 Std. | 4,8 km | ↗ 120 m | ↘ 120 m

Kleine Seeumrundung

Tiefblau schimmert der Haidersee im oberen Vinschgau. Der wunderschön gelegene, fischreiche Natursee ist ein Eldorado für Angler und Fischer. Dass hier keine Motorboote fahren dürfen, beschert dem Weiher eine reichhaltige Tier- und Pflanzenwelt und macht ihn zum Ort der Ruhe und Erholung.

Talort: St. Valentin auf der Haide (1472 m); Tourismusverein Reschenpass, I-39027 Graun, Tel. +39 0473 633101, reschenpass.it.

Ausgangspunkt: Parkplatz Fischerhäuser, 1450 m (GPS: 46.748684, 10.535570).

Anfahrt: Im Vinschgau auf der SS38 bis St. Valentin auf der Haide fahren. Der Parkplatz befindet sich im Ortsteil Fischerhäuser direkt am See.

Öffentliche Verkehrsmittel: Bus von Mals Richtung Nauders bis St. Valentin auf der Haide.

Anforderungen Mensch: Bequeme Wege, Knüppeldämme sind bei Nässe gerne rutschig; Bundesstraße teilweise in Hörweite.

Anforderungen Hund: Kuhgitter, die umgangen werden können; Radfahrer, Jogger (je nach Jahres- und Tageszeit).

Wasserstellen: Die Wanderung verläuft immer am Seeufer, mehrere Trinkgelegenheiten.

Einkehr: Gasthof Alpenrose in Fischerhäuser (hotel-alpenrose.it), Tel. +39 0473 634639; diverse Restaurants in St. Valentin auf der Haide.

Karte: Tabacco 043, Vinschgauer Oberland, 1:25.000; Freytag & Berndt WK S2 Vinschgau – Ötztaler Alpen, 1:50.000.

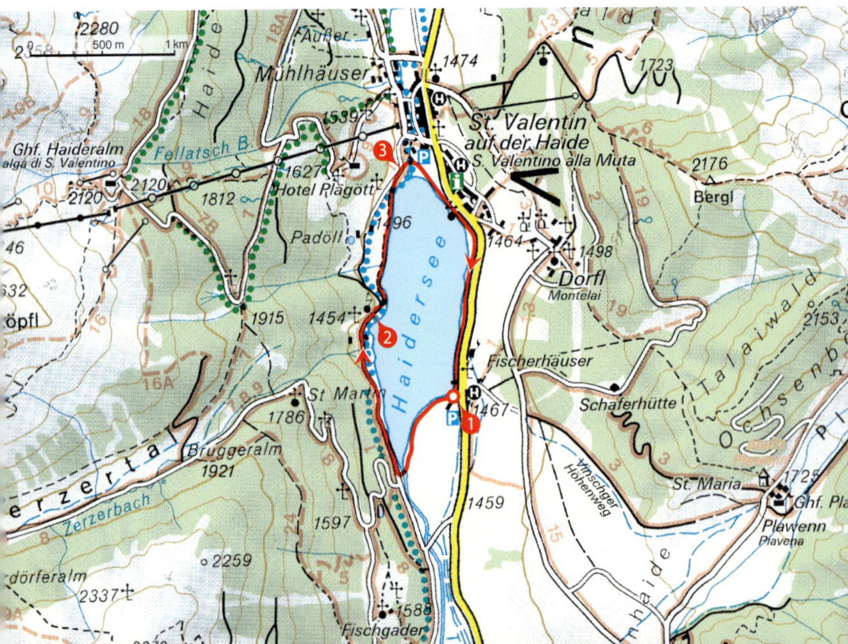

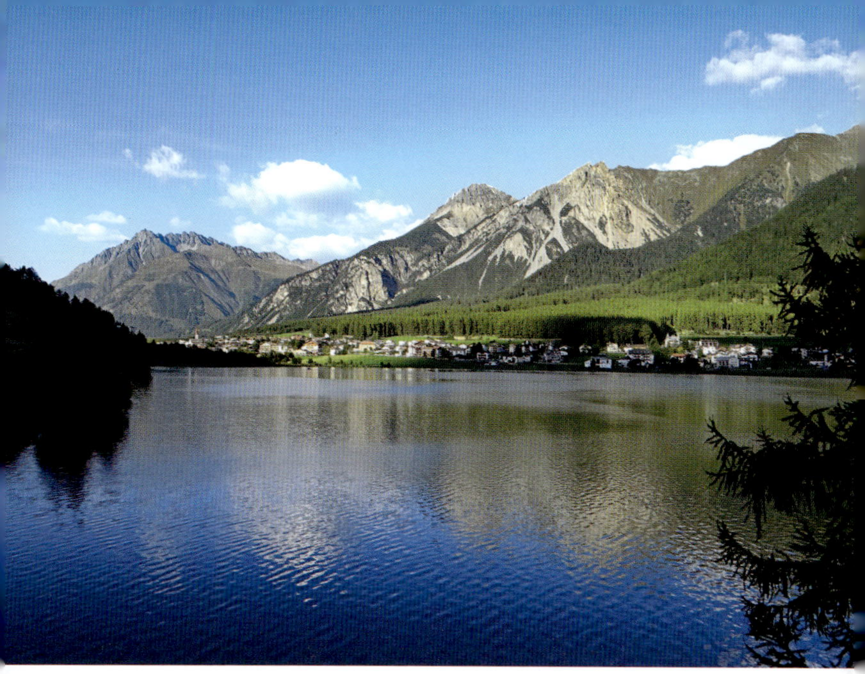

Blick über den malerischen Haidersee zu den Nauderer Bergen.

Diese kleine Runde um den wunderschönen Haidersee starten wir am **Parkplatz** in **Fischerhäuser** ❶, gehen zum Uferweg und wandern nach links weiter. Wenig später geht es über einen Knüppeldamm, der uns durch den Schilfgürtel am Seeufer führt. Zahlreiche Wasservögel finden hier Unterschlupf und Brutplätze. Auf einer kleinen Holzbrücke überqueren wir den Abfluss des Sees und wandern anschließend nach rechts am Ufer weiter. Kleine Bänke am Wasser laden zum Rasten und Genießen ein. Unser Weg führt uns an einem kleinen **Pumpwerk** ❷ vorbei. Immer wieder ergeben sich wunderbare Ausblicke über den See zu den umliegenden Bergen. Nach einer knappen halben Stunde stößt unser Weg schließlich auf eine kleine Straße. Kurz darauf, an einem **Pausenplatz** ❸, nehmen wir den Knüppeldamm, der nach rechts durch die Auen des nördlichen Seeufers führt. Wir überqueren die Etsch, die hier noch als schmaler Bach den See speist, und wandern nun am Ostufer entlang talauswärts. Am Horizont haben wir die mächtigen Dreitausender der Ortlergruppe immer vor Augen, die sich an windstillen Tagen im klaren Wasser des Sees spiegeln. Nun sind es nur noch etwa 1,5 Kilometer zurück zum **Ausgangspunkt**.

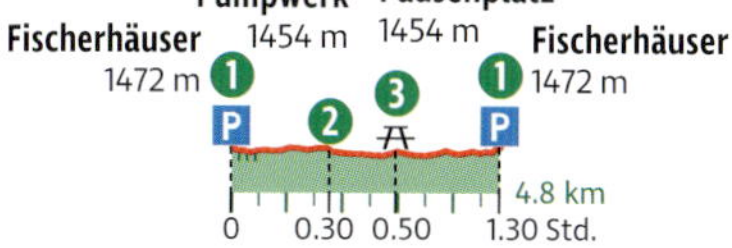

4 Ruinen im Münstertal, 1512 m

Von Taufers zu den Reichenbergruinen

2.45 Std. | 6,8 km | ↗ 360 m | ↘ 360 m

Eine Reise ins Mittelalter

Hoch über der kleinen Gemeinde Taufers an der Grenze zur Schweiz wachen gleich zwei verfallene Burganlagen über das Münstertal, die Ruinen Rotund (Oberreichenberg) und Reichenberg (Unterreichenberg). Beide Burgen wurden im Mittelalter – Rotund im 10., Reichenberg im 12. Jahrhundert – erbaut und waren bis ins 17. Jahrhundert bewohnt. Anschließend waren die historischen Gemäuer dem Verfall preisgegeben. Diese Tour führt die zwei- und vierbeinigen Wanderer auf aussichtsreichen Wegen zu geheimnisvollen Orten.

Talort: Taufers im Münstertal (1240 m); Tourismusverein Taufers im Münstertal, St.-Johann-Straße, 39020 Taufers im Münstertal, Tel. +39 0473 832168, ferienregion-obervinschgau.it.
Ausgangspunkt: Parkplatz am St.-Martin-Weg in Taufers, 1240 m (GPS: 46.647171, 10.464964).
Anfahrt: Im Vinschgau auf der SS38 bis Schluderns, dort Richtung Glurns/Taufers abbiegen; der SS41 bis Taufers i. M. Der Parkplatz befindet sich nach der Einmündung Kirchgasse/St.-Martin-Weg auf der rechten Straßenseite.
Öffentliche Verkehrsmittel: Bus von Mals Richtung Zernez bis Taufers i. M./St. Johann; von da weiter taleinwärts bis zum Abzweig Kirchgasse/St.-Martin-Weg laufen.
Anforderungen Mensch: Teilweise recht steiler Abstieg erfordert stellenweise Trittsicherheit; die Burganlagen sind einsturzgefährdet – Betreten auf eigene Gefahr!
Anforderungen Hund: Überwiegend schattige Wanderung, Weidevieh.
Wasserstellen: Plurwaal, Tränke am Schloss Reichenberg.
Einkehr: Gasthöfe und Hotels in Taufers im Münstertal.
Karte: Tabacco 043, Vinschgauer Oberland, 1:25.000; Freytag & Berndt WK S2 Vinschgau – Ötztaler Alpen, 1:50.000.

Der Grenzort Taufers im Münstertal ist das westlichste Dorf Südtirols.

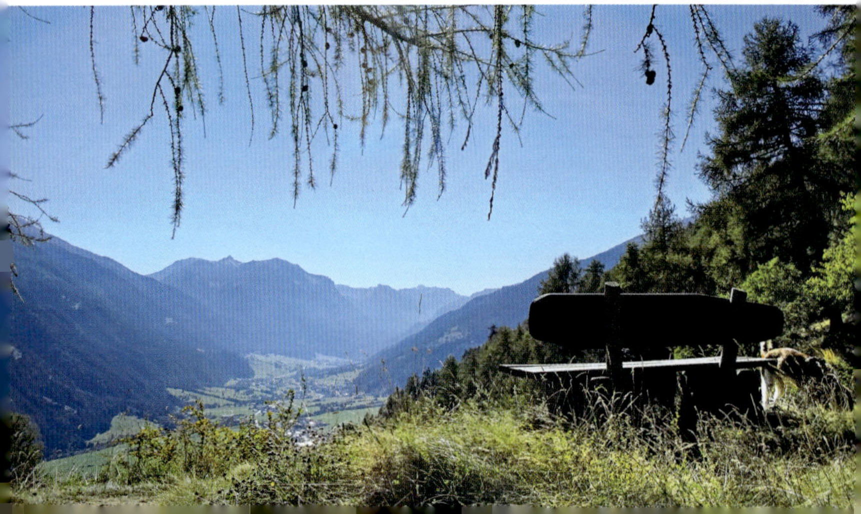

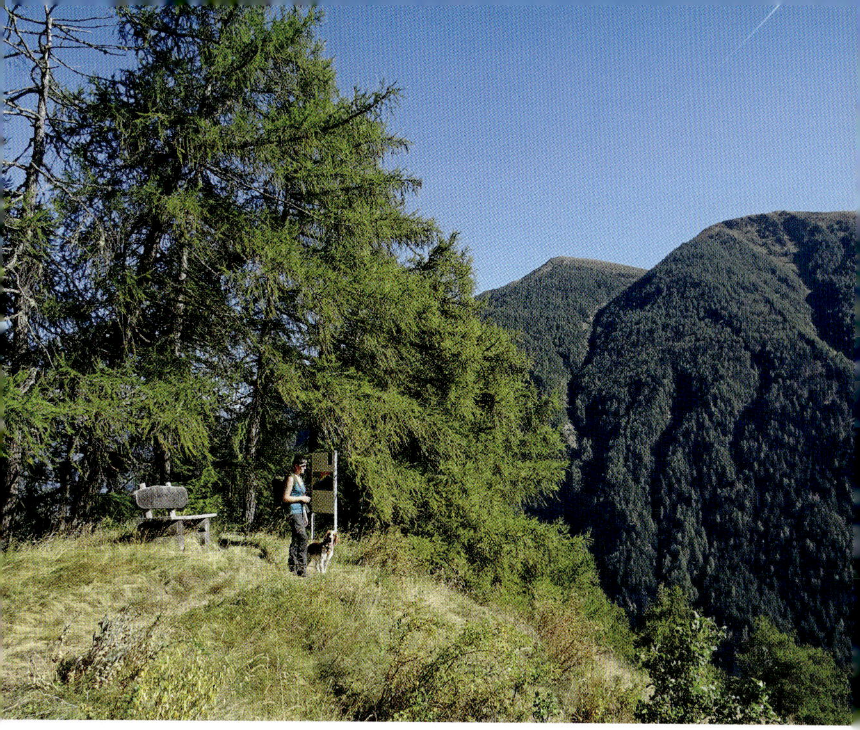

Vom Eselweg hat man immer wieder spannende Aus- und Tiefblicke.

Wir starten unsere Wanderung am **Parkplatz ❶** in **Taufers**. Der St.-Martin-Weg bringt uns hinauf zur Pfarrkirche **St. Blasius ❷** mit der kleinen Friedhofskapelle Michael. Einen Besuch dieser beiden sehr sehenswerten Gotteshäuser sollte man sich nicht entgehen lassen. Der Weg Nr. 8 führt uns nun am Fuß der wuchtigen Mauern, die die Kirche umgeben, vorbei und mündet nach dem Parkplatz in einen Feldweg. An der folgenden Gabelung halten wir uns links, der Wegweiser »Waalweg Turnauna« steht hier erst ein paar Meter weiter direkt in der Kurve. Sucht man danach, ist er jedoch nicht zu übersehen. Wenig später überqueren wir den kleinen Tellabach. An dieser Stelle verlassen wir auch den befestigten Feldweg und wandern geradeaus auf dem Wiesenpfad weiter. Von nun an befinden wir uns auf dem sogenannten **Plurwaalweg ❸** und werden für die nächsten Kilometer fast ständig vom Plätschern des Waales, wie diese künstlichen Wasserläufe genannt werden, begleitet. Immer wieder laden aussichtsreiche Passagen zum Verweilen und Genießen ein. Nach etwa einer Viertelstunde endet der Waalweg an einer Forststraße, auf der wir nach links weiterwandern. Durch ein Gatter betreten wir eine Alm und kommen wenig später an eine Wegkreuzung. In Kehren führt uns ab hier der mit der Nr. 6A markierte Eselweg den Berg hinauf. Nach etwa einer halben Stunde ist der Anstieg geschafft, und wir wandern nach links auf einem schönen Waldweg Richtung Tellahöfe/Ruine Rotund. Bald treten wir aus dem Wald heraus, und es offenbart sich ein traumhafter Blick über das male-

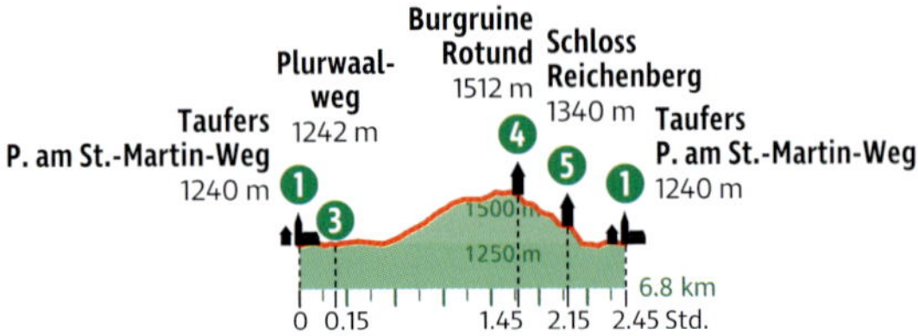

rische Münstertal hinüber zu den Graubündener Bergen. Nun geht es ohne größere Höhenunterschiede weiter bis zur **Burgruine Rotund** ❹. Von der um 900 erbauten und gegen Ende des 17. Jahrhunderts aufgegebenen Burganlage stehen heute nur noch der Turm und einige Mauerreste. Sie gilt als eine der höchstgelegenen Burgen Südtirols. Am Gartenzaun entlang führt uns der aussichtsreiche Wanderweg talwärts. Wir bleiben auf dem Weg Nr. 6A und erreichen nach weiteren zehn Minuten die zweite der beiden Burgruinen des Münstertales, das **Schloss Reichenberg** ❺. Sie ist benannt nach den Herren von Reichenberg, die hier im Mittelalter als Raubritter ihr Unwesen trieben. Auch Schloss Reichenberg wurde Ende des 17. Jahrhunderts dem Verfall preisgegeben. Gleich nach der Tränke, die am Eingang zur Burganlage steht, führt unser Wanderweg nach rechts in den Wald hinunter. Vorbei an einem sehr schön gelegenen Kruzifix erreichen wir nach etwa einer Viertelstunde den Plurwaalweg. Hier gehen wir nach rechts und auf bekanntem Weg zurück zum **Ausgangspunkt**.

Einst trieben auf Schloss Reichenberg Raubritter ihr Unwesen.

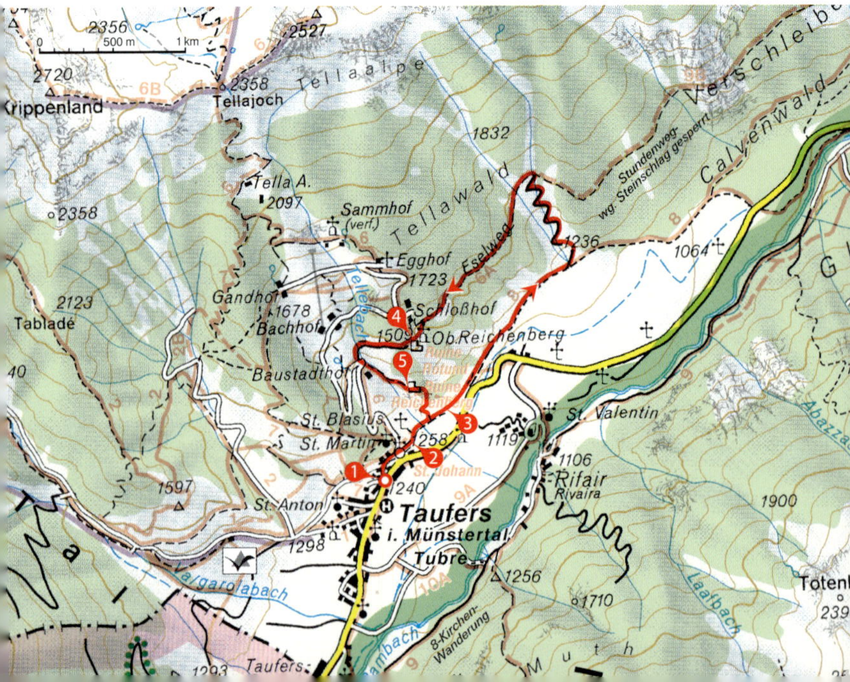

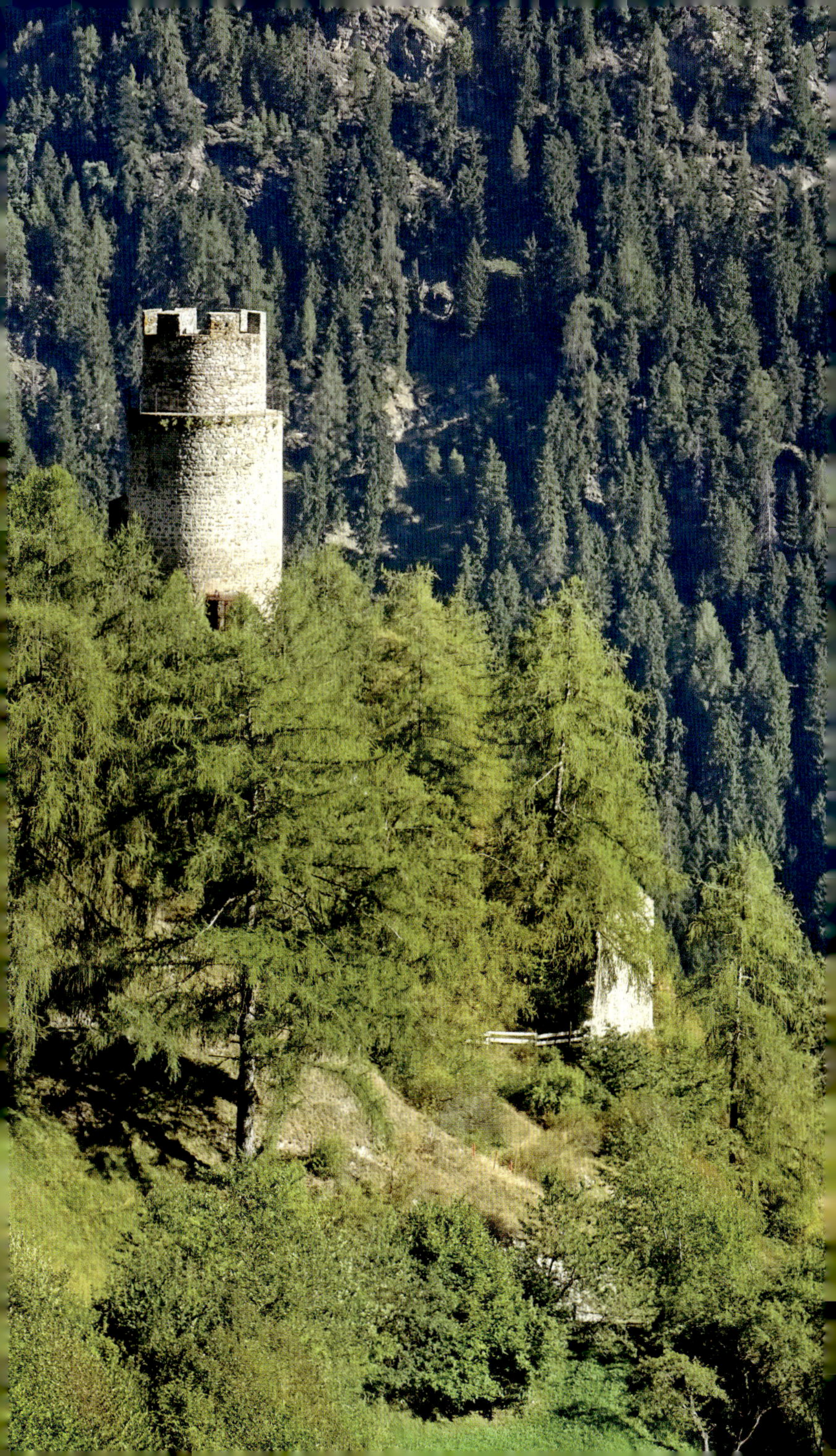

5 Münstertal, 1240 m

Von Laatsch nach Taufers im Münstertal

4.15 Std. | 12,8 km | ↗ 370 m | ↘ 370 m

Wunderschöne Wanderung auf dem Plurwaalweg

Ein idyllisches kleines Tal führt von Laatsch im Vinschgau hinauf ins schweizerische Graubünden – das Münstertal. Die Fahrstraße schlängelt sich durch die engen Gassen des Grenzstädtchens, und in den abgelegeneren Weilern scheint die Zeit stehengeblieben zu sein. Das Plätschern des Rambaches ist ständiger Begleiter auf der Wanderung hinauf nach Taufers, und auf dem Rückweg am Plurwaal, einem der typischen Südtiroler Bewässerungssysteme, kann man in malerischer Landschaft die herrliche Aussicht über das Tal genießen.

Talort: Mals (1050 m); Tourismusverein Mals, Schluderns, Taufers im Münstertal und Glurns, St. Benediktstr.1, 39024 Mals, Tel. +39 0473 831190, ferienregion-obervinschgau.it.
Ausgangspunkt: Laatsch, Sportplatz an der Calvenbrücke, 970 m (GPS: 46.669187, 10.515301).
Anfahrt: Im Vinschgau auf der SS38 bis Schluderns, dort Richtung Glurns/Taufers abbiegen; der SS41 für 5,5 km folgen und dann die kleine Straße nach rechts zum Sportplatz nehmen.
Öffentliche Verkehrsmittel: Bus von Mals Richtung Zernez bis Taufers im Münstertal/Calvenbrücke.
Anforderungen Mensch: Leichte Wanderung auf meist bequemen Wegen, ein kleines Teilstück verläuft auf der Landstraße, im Abstieg hinter Rifair ist Trittsicherheit erforderlich.
Anforderungen Hund: Auf dem Hinweg muss immer wieder mit Radfahrern gerechnet werden. An einigen Stellen hat der Rambach starke Strömung, Hunde daher nicht überall unkontrolliert ans Wasser lassen! Weidevieh auf dem Rückweg.
Wasserstellen: Auf dem Hinweg einige Trinkstellen am Rambach, Brunnen in Rifair und Taufers, Plurwaal auf dem Rückweg.
Einkehr: Gasthöfe und Hotels in Taufers im Münstertal.
Karte: Tabacco 043, Vinschgauer Oberland, 1:25.000; Freytag & Berndt WK S2 Vinschgau – Ötztaler Alpen, 1:50.000.

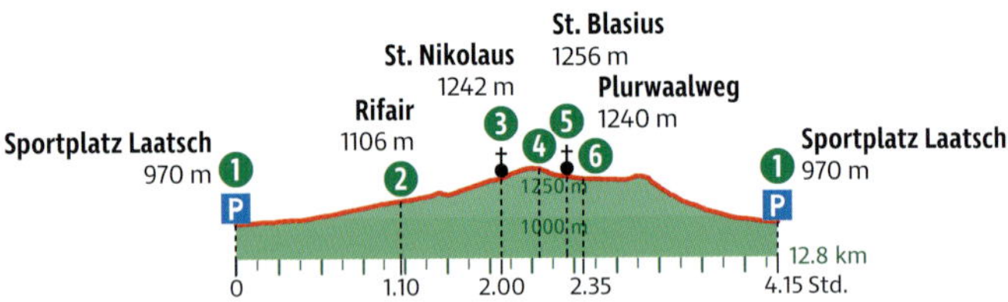

Vom Parkplatz am **Sportplatz Laatsch** ❶ aus überqueren wir am Fußgängerüberweg die Straße und wandern dann auf dem gut ausgebauten kombinierten Fuß-/Radweg Richtung Taufers i. M. Durch eine Unterführung queren wir die Landstraße und halten uns anschließend rechts. Zunächst noch auf Asphalt, wenig später jedoch auf einem bequemen Forstweg geht es nun immer am Wasser entlang flussaufwärts. Achtung, an vielen Stellen hat der Bach hier eine starke Strömung,

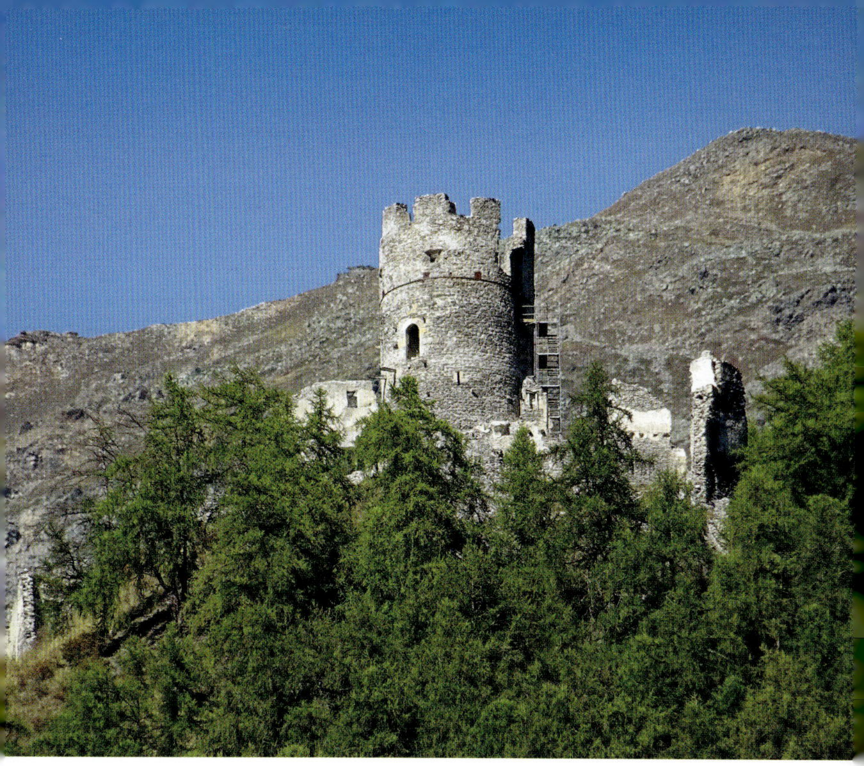

Hoch über dem Münstertal thront die Burgruine Rotund.

Hunde nicht überall ans Wasser lassen! Lehrpfadtafeln am Wegrand vermitteln allerlei Wissenswertes über das Münstertal. Nach etwa einer Stunde erreichen wir die Fraktion **Rifair** ❷, einen kleinen Weiler mit vielen alten Bauernhäusern. Am Dorfplatz bleiben wir auf dieser Seite des Baches und wandern, dem Weg Nr. 9 folgend, weiter Richtung Schweizer Grenze. Etwa 500 Meter nach den letzten Häusern befindet sich auf der rechten Seite eine kleine Sitzgruppe. Hier zweigt ein unscheinbarer Pfad in Richtung Taufers scharf rechts in den Wald ab und führt steil hinunter ans Wasser, das wir über eine schmale Holzbrücke überqueren. Gegenüber geht es dann genauso steil wieder nach oben, und an einem Zaun entlang führt uns der Pfad schließlich an einen Teerweg. Nach links schauen wir über Wiesen und Felder zu den mächtigen Gipfeln, die sich über dem schweizerischen Teil des Tales, hier Val Müstair genannt, erheben. Der Blick nach rechts reicht bis hinunter in den Vinschgau. Wenig später erreichen wir einen Abzweig. Der weiß-rot markierte Wanderweg führt uns nun nach rechts weiter in den Ortskern von Taufers. Wir folgen der Hauptstraße nach rechts. An der vor allem bei Motorradfahrern sehr beliebten Straße gibt es teilweise keine oder nur sehr schmale Fußwege, weshalb hier erhöhte Vorsicht geboten ist! Nach etwa 200 Metern kommen wir an das Kirchlein **St. Nikolaus** ❸. Das kleine, um 1400 errichtete Gotteshaus mit seinem gotischen Holzaltar und den sehr schönen Fresken sollte man sich unbedingt anschauen. Weiter geht es nun auf dem St.-Nikolaus-Weg, der am Kirchlein nach links von der Hauptstraße abzweigt und den Berg hinaufführt. Er stößt wenig später auf eine Querstraße, die wir nach links weitergehen. Wir befinden uns nun auf dem Mühlweg, wandern weiter bergauf und kommen nach ungefähr 400 Metern an einem hölzernen Wegkreuz abermals an eine Querstraße. Hier wandern wir nun nach rechts weiter. Ohne Höhenunterschiede bringt uns der Teerweg talauswärts, und wir genießen den Blick hinüber zu den Bergen die sich jenseits des Vinschgaus erheben. Unser Sträßlein führt uns am **Sportplatz** ❹ vorbei, dann leicht bergab, und etwa einen halben Kilometer nach dem Sportplatz stoßen wir auf eine schmale, gepflasterte Straße. Hier halten wir uns halb links und erreichen wenig später den Weg Nr. 8. Dieser führt uns zunächst unterhalb der großen Mauern, die die Pfarrkirche **St. Blasius** ❺ umgeben, entlang und mündet nach dem Parkplatz in einen Feldweg. An der folgenden Gabelung halten wir uns links, der Wegweiser »Waalweg Turnauna« steht zwar erst ein paar Meter weiter direkt in der Kurve, ist jedoch nicht zu übersehen. Wenig später überqueren wir den kleinen Tellabach. An dieser Stelle verlassen wir auch den befestigten Feldweg und wandern geradeaus auf dem Wiesenpfad weiter. Von nun an befinden wir uns auf dem mit der Wegnummer 8 markierten **Plurwaalweg** ❻ und werden für die nächsten Kilo-

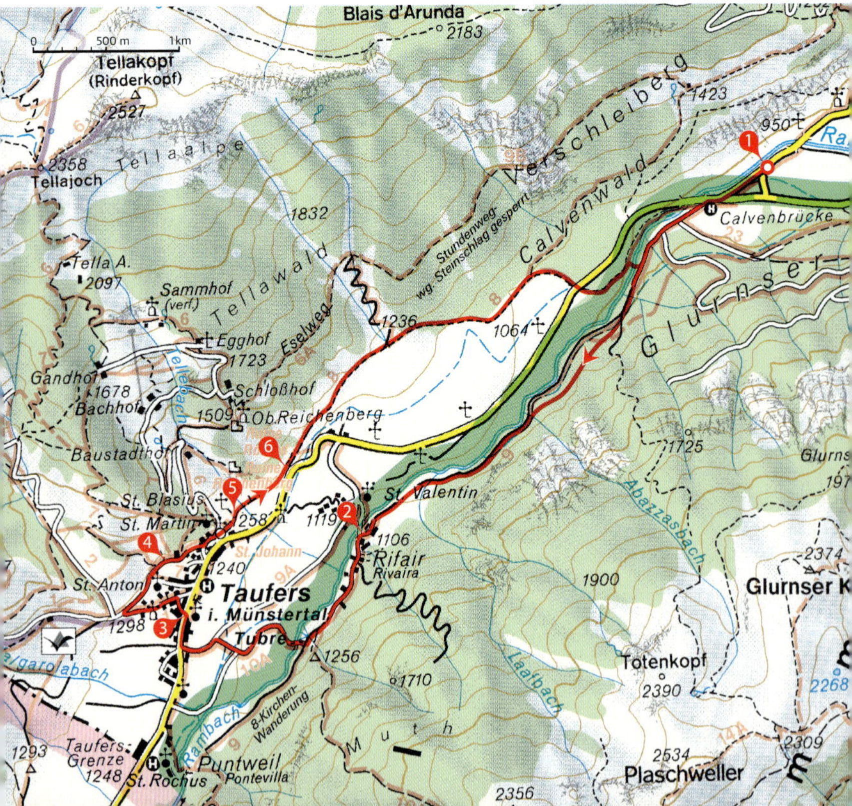

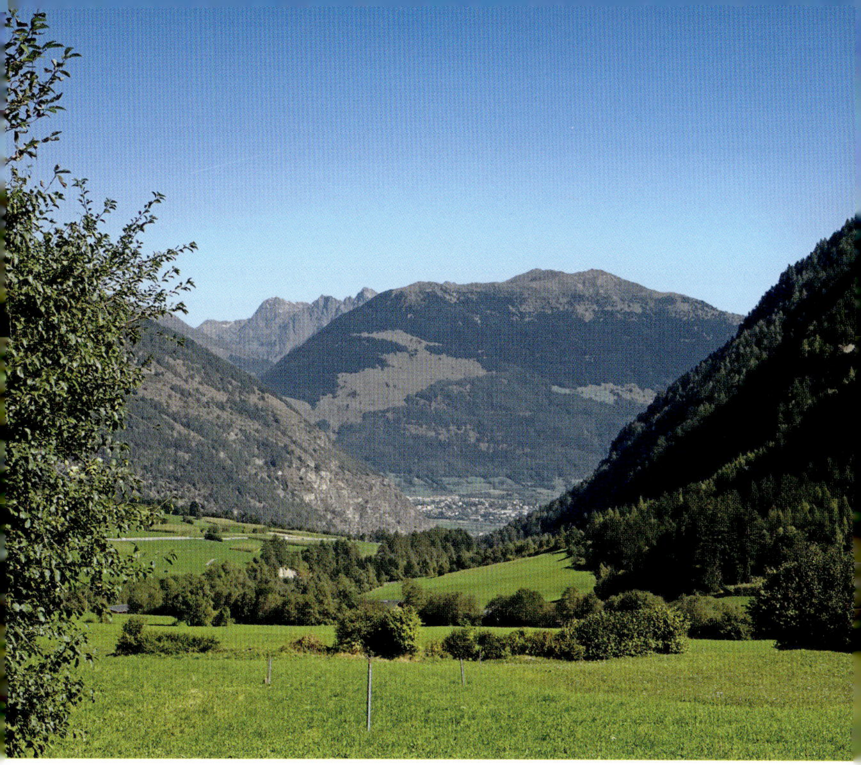

Saftige Wiesen im Münstertal.

meter vom Plätschern des Waales begleitet, wie diese künstlichen Wasserläufe genannt werden. Auf dem Waalweg laden immer wieder aussichtsreiche Passagen zum Verweilen und Genießen ein. Nach etwa einer Viertelstunde endet er an einer Forststraße. Hier wandern wir nach links weiter und folgen nun immer der Ausschilderung Richtung Calvenbrücke. Durch ein Gatter betreten wir eine Alm, wenig später führt der Wanderweg Nr. 8 durch lichten Lärchenbewuchs abwärts. Nach etwa 350 Metern ist etwas Aufmerksamkeit erforderlich. Der Wanderweg zweigt hier rechtwinklig nach links vom Fahrweg ab. Die Markierung dazu befindet sich an einer dicken Lärche etwas links des Weges. Wir wandern über eine kleine Holzbrücke in den Wald hinein. Den Abzweig des Weges nach Laatsch lassen wir links liegen und folgen der Nr. 8 weiter Richtung Calvenbrücke. Bald darauf erreichen wir die Landstraße. Wir gehen kurz nach rechts an der Straße entlang, überqueren diese dann und wandern gegenüber auf dem Wiesenweg abwärts. Nach etwa zehn Minuten endet der Wanderweg direkt an der Straße. Hier gehen wir abermals nach rechts und überqueren, der Landstraße folgend, den Fluss. Von nun an führt der Wanderweg immer am Rand der Straße entlang. Um dem Verkehr etwas zu entgehen, kann man nach der Brücke rechts über die Leitplanke steigen und auf dem Forstweg weiterwandern, der direkt neben der Straße verläuft. Von hier wandern wir nun auf bereits bekanntem Weg zurück zum **Ausgangspunkt**.

6

Hintere Schöntaufspitze, 3325 m

Über das Madritschjoch

4.00 Std. | 7,8 km | ↗ 720 m | ↘ 720 m

Atemberaubende Bergkulisse auf mehr als 3000 Meter Höhe

Diese Tour lockt mit der Gipfelbesteigung eines Dreitausenders. Vergleichsweise einfach zu besteigen, begeistert die Hintere Schöntaufspitze mit einer grandiosen Aussicht auf die wilde Bergkulisse um die gewaltigen, vergletscherten Gipfel von Monte Cevedale, Königspitze, Monte Zebrù und Ortler. Für Wanderer mit Hund erweisen sich die kurzen Kletterstellen am Felsbuckel vor dem Gipfelanstieg als besonders anspruchsvoll und lassen kraxelfreudige Zwei- und Vierbeiner auf ihre Kosten kommen.

Talort: Sulden (1906 m); Tourismusverband Sulden, Hauptstraße 72, I-39029 Sulden, Tel. +39 0473 613015, ortlergebiet.it, Talstation der Seilbahn Sulden, 1906 m (GPS: 46.515191, 10.596427).
Ausgangspunkt: Bergstation der Seilbahn Sulden, 2610 m.
Anfahrt: Im Vinschgau auf der SS38 bis Spondinig und am Hotel »Post« Richtung »Stilfserjoch« und »Sulden« abbiegen, dem Straßenverlauf für etwa 10 km folgen und in Gomagoi links Richtung »Sulden« fahren und dem Straßenverlauf bis zur Seilbahn in Sulden folgen.
Öffentliche Verkehrsmittel: Bus von Spondinig nach Stilfserjoch bis »Seilbahn Sulden«.
Anforderungen Mensch: Bequeme Wege bis zum Madritschjoch, am Beginn des Gipfelanstieges kleinere Kletterstelle, im Gipfelanstieg Trittsicherheit und etwas Orientierungssinn erforderlich, nur bei gutem Wetter gehen!
Anforderungen Hund: Kleine Kletterstelle am Beginn des Gipfelanstieges; Weidevieh (Kühe und Yaks zwischen Bergstation und Madritschhütte – zu den Yaks sollte ein Sicherheitsabstand von mindestens 30 Metern eingehalten werden); kaum Schatten.
Wasserstellen: Nur an der Madritschhütte Möglichkeit, Wasserflaschen zu füllen. Genügend Wasser mitnehmen!
Einkehr: Bergrestaurant Seilbahn (seilbahnsulden.it); Madritschhütte.
Karte: Tabacco 08, Ortlergebiet, 1:25.000.

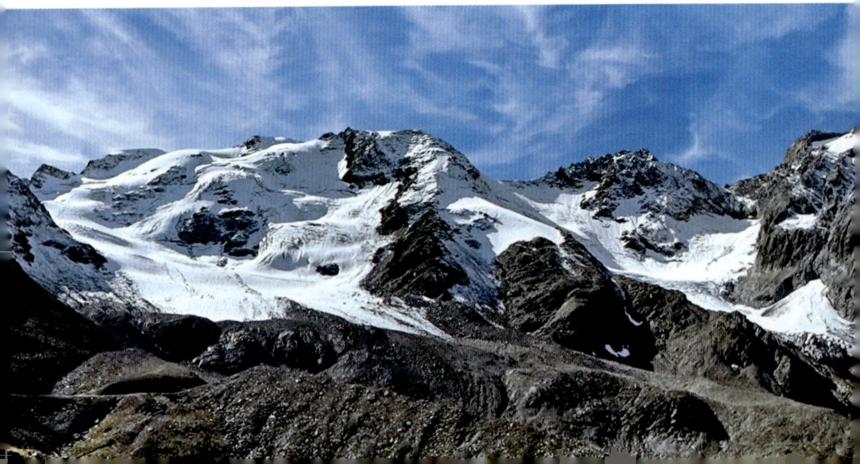

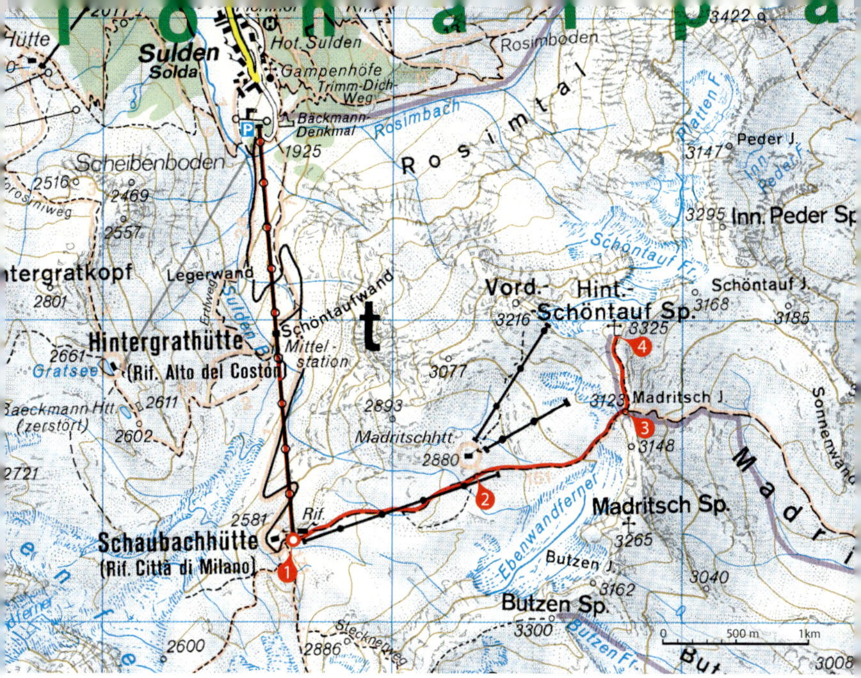

Von der **Bergstation** ❶ der Seilbahn aus nehmen wir zunächst den breiten Fahrweg, der links des Madritschliftes den Berg hinaufführt. Wenig später kommen wir an einen Wegweiser und folgen nun der Ausschilderung nach links in Richtung Madritschhütte. Ein bequemer Wanderweg führt uns teils etwas steiler, teils nur mäßig ansteigend aufwärts. Hinter uns erheben sich die mächtigen vergletscherten Gipfel von Ortler, Monte Zebrù und Königspitze, und nach etwa einer halben Stunde erreichen wir das kleine Bergrestaurant **Madritschhütte** ❷ mit dem markanten gläsernen Iglu, das im Winter als Après-Ski-Bar feierfreudige Skifahrer und Snowboarder in Party-Stimmung versetzt. Gegen-

Eine Welt aus Fels und Eis: die Königspitze im Ortlermassiv.

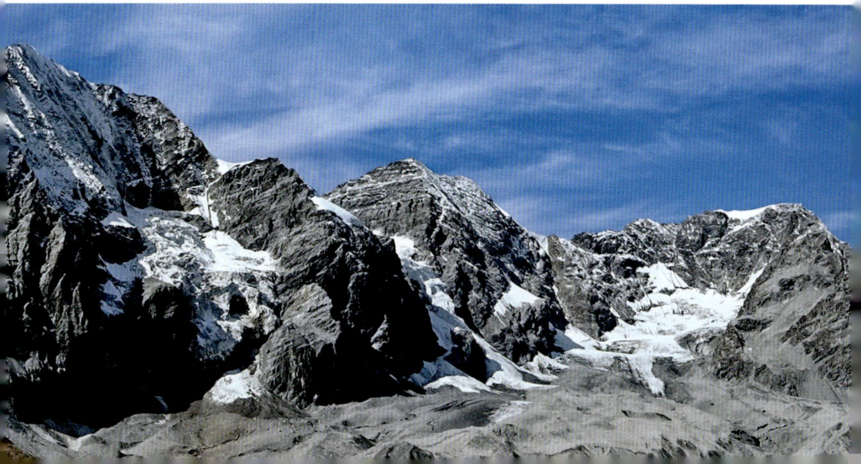

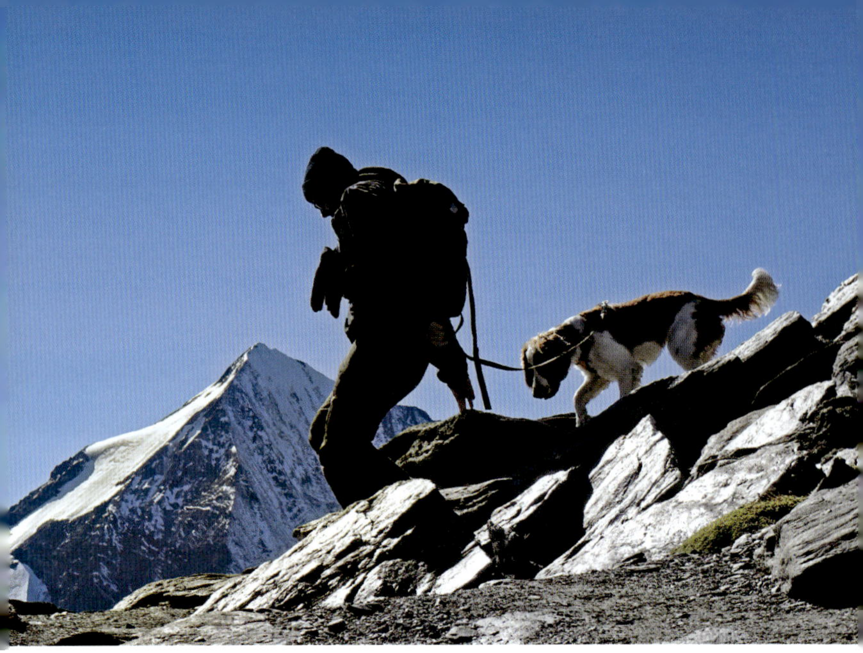

Am Gipfelgrat muss man gelegentlich die Hände zu Hilfe nehmen.

über der Hütte leitet uns jetzt der Weg Nr. 151 Richtung Madritschjoch. Wir folgen diesem und gelangen nach ungefähr einer Dreiviertelstunde an den 3123 Meter hoch gelegenen Übergang, wo sich uns ein wunderschöner Blick ins benachbarte Martelltal bietet. Vom **Madritschjoch** ❸ aus führt nun ein unmarkierter Steig nach links hinauf auf die Hintere Schöntaufspitze. Gleich am Anfang gilt es, eine leichte Kletterstelle zu überwinden, bevor sich der Pfad dann über Blockwerk und Geröll teils recht steil aufwärtswindet. Die Wegfindung ist mitunter recht schwierig, aber mit etwas Bergerfahrung und Orientierungssinn und vor allem Trittsicherheit gut zu bewältigen. Nach einer halben Stunde erreichen wir den **Gipfel** ❹ und werden mit einem fantastischen Panorama auf das ewige Eis der Ortlergruppe und weit in die Südtiroler Bergwelt belohnt. Zurück zum Ausgangspunkt geht es auf dem Aufstiegsweg.

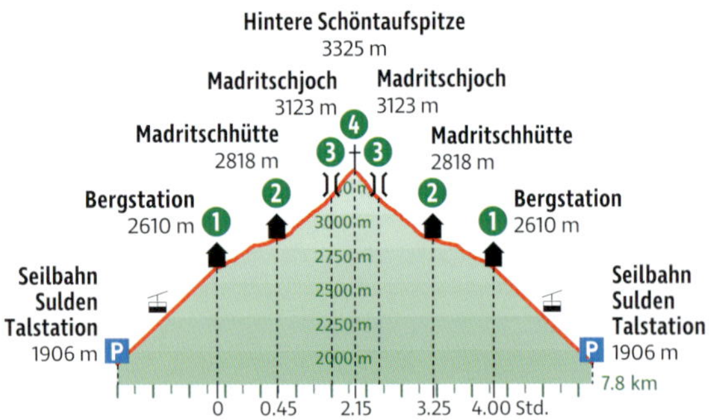

Marteller Hütte, 2610 m

Über die Zufallhütte zur Marteller Hütte

7

4.15 Std. | 9,1 km | ↗ 600 m | ↘ 600 m

Aussichtsreiche Wanderung am Gletscherlehrpfad

Diese wunderschöne Wanderung im Marteller Talschluss besticht durch eine herrliche, abwechslungsreiche Landschaft und fantastische Ausblicke. Auf den Tafeln entlang des Gletscherlehrpfades bekommt man allerlei Wissenswertes über die riesigen Eisströme vermittelt, die einst das Tal durchzogen. Die Aussichtskanzeln des neu errichteten Schluchtenweges, dem die Tour auf den letzten Kilometern folgt, erlauben atemberaubende Tiefblicke in die vom Gletscherwasser in den Fels gegrabene Plimaschlucht.

Talort: Martell (1312 m); Tourismusinformation Martell, Trattla 246, I-39020 Martell, Tel. +39 0473 745027, latsch.it.
Ausgangspunkt: Parkplatz Hintermartell, 2060 m (GPS: 46.488497, 10.687384).
Anfahrt: Bei Goldrain im Vinschgau Richtung »Martelltal« abbiegen bis zum Talschluss fahren. Der Parkplatz ist nach dem Gasthof Enzian.
Öffentliche Verkehrsmittel: Bus von Schlanders über Martell zur Enzianhütte.
Anforderungen Mensch: Teils steile Auf- und Abstiege erfordern Kondition und Trittsicherheit. Nur bei gutem Wetter gehen!
Anforderungen Hund: Künstlich angelegte Stufen im Auf- und Abstieg, eine steile Holztreppe im Abstieg, kurze Blockgeländequerung nach der Marteller Hütte, Weidevieh (je nach Jahreszeit Kühe fast im gesamten Bereich der Tour); kaum Schatten.
Wasserstellen: An den Hütten, Bach oberhalb der Plimamauer, nach der Marteller Hütte sowie unterhalb der Felswand mit dem Wasserfall, dennoch ausreichend Wasser mitnehmen!
Einkehr: Gasthof Enzian (gasthof-enzian.it), Tel. +39 333 7955610; Gasthof Schönblick (gasthof-schoenblick.it), Tel. +39 0473 744776; Zufallhütte (zufallhuette.com), Tel. +39 0473 744785; Marteller Hütte (martellerhuette.com),+39 335 6306603.
Karte: Tabacco 045, Latsch – Martell – Schlanders, 1:25.000.

Am Ende des **Parkplatzes** beginnt an einer **Infotafel** ❶ der Aufstieg zur Zufallhütte. Der Weg Nr. 151 führt uns durch lichten Lärchenwald aufwärts, und bereits nach einer knappen Dreiviertelstunde erreichen wir das **Schutzhaus** ❷, von dessen Sonnenterrasse aus man einen atemberaubenden Blick auf das ewige Eis des über 3000 Meter hohen Cevedalemassivs hat. An einer kleinen Kapelle beginnt der Weg Nr. 103, dem wir von nun an weiter folgen. Künstlich angelegte Treppen lassen uns die folgenden Steilstufen recht zü-

Zwei fröhliche Gesellen auf Tour.

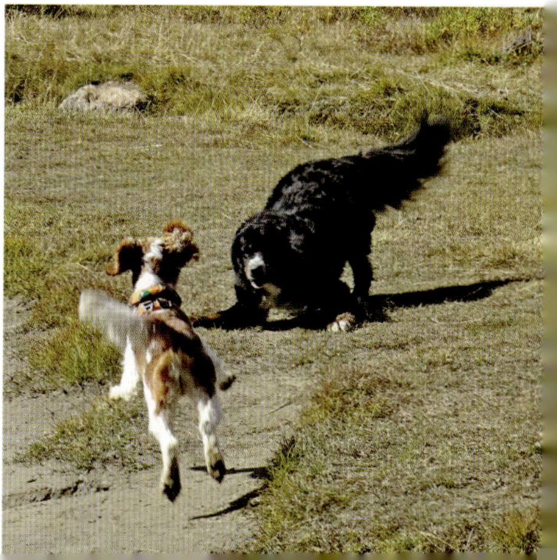

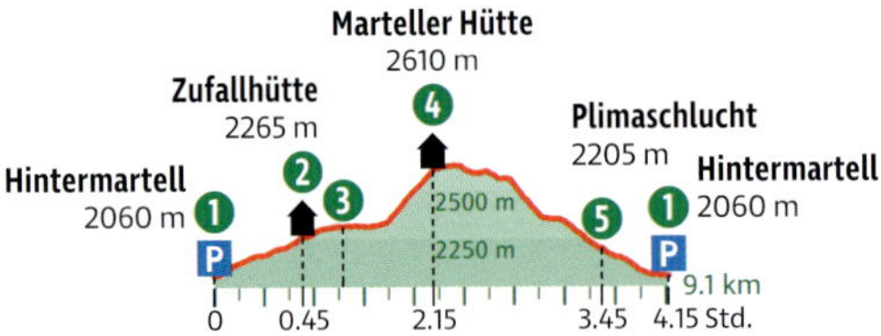

gig überwinden, und bald kommen wir zu einer langen Natursteinmauer, die sich quer durch das weite Hochtal zieht. Die **Plimamauer ❸** ist ein etwa 200 Meter langer Staudamm. Sie wurde Ende des 19. Jahrhunderts errichtet, um die Gefahr von Flutkatastrophen durch Gletschersee-Ausbrüche zu bannen, die in den vorangegangenen Jahrhunderten immer wieder das Tal und seine Bewohner heimgesucht haben. Unser Weg Nr. 103 führt uns zunächst über die Mauer und anschließend rechts über eine Holztreppe nach unten. Nun wandern wir immer am Bach entlang taleinwärts, bevor es nach etwa einem halben Kilometer nach links einen steilen, steinigen Pfad bergauf geht. Nach einer schweißtreibenden Dreiviertelstunde erreichen wir schließlich die **Marteller Hütte ❹**. Sie thront auf 2610 Meter Höhe über dem Martelltal und bietet nicht nur eine fantastische Aussicht bis hinunter in den Vinschgau, sondern auch ein beeindruckendes Panorama auf die umlie-

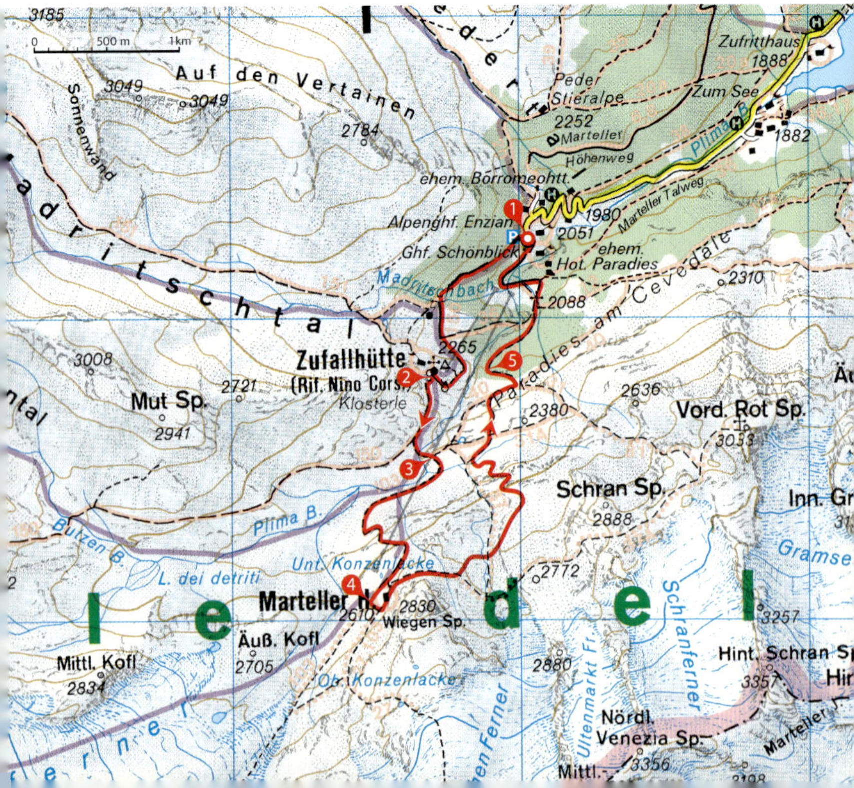

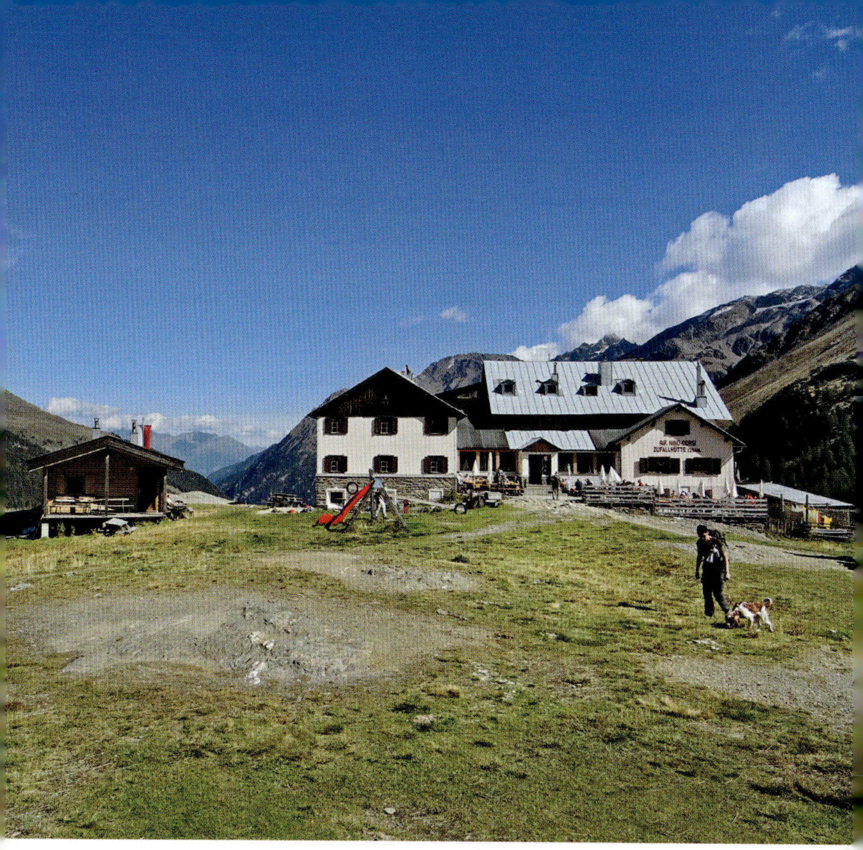

Die Zufallhütte, beliebter Ausgangspunkt für Berg- und Gletschertouren.

genden, meist über 3000 Meter hohen Berge, die das Martelltal beschließen. Der Weg Nr. 37 führt uns nun um die Hütte herum und anschließend mäßig ansteigend teils über karge Wiesen, teils über grobes Geröll. Künstlich gelegte Steinplatten erleichtern hier die Passage. Den Abzweig zum Vorderen Rotspitz lassen wir rechts liegen und wandern abwärts Richtung Enzianhütte weiter. Etwa zehn Minuten später mündet unser Pfad in einen steilen Abstieg, der Zwei- und Vierbeinern etwas Trittsicherheit abverlangt. Von hier hat man auch noch einmal einen sehr schönen Blick auf die Plimamauer, die wir im Aufstieg überquert haben. Unterhalb der Felswand, über die sich tosend ein Wasserfall ergießt, wird das Gelände wieder flacher. Am Wegweiser halten wir uns rechts und folgen immer dem Weg Nr. 37 weiter Richtung Enzianhütte. Wenig später erreichen wir wieder die Waldgrenze und kommen zur **Plimaschlucht 5**. Info-Tafeln weisen auf vier Erlebnispunkte hin, denen man unbedingt einen Besuch abstatten sollte. Sie bieten atemberaubende Tiefblicke in die Plimaschlucht, wo sich seit Jahrtausenden tosende Wasser ihren Weg ins Tal bahnen. Vorbei an der weithin sichtbaren roten Ruine des ehemaligen Hotels Paradiso gelangen wir schließlich zurück zum **Ausgangspunkt**.

8 Klumperplatte, 804 m

Über den Schalenstein zum Latschander Waalweg

2.45 Std. | 5,0 km | ↗340 m | ↘340 m

Auf den Spuren der Steinzeitmenschen

Versteckt in den trockenen Steppenwäldern des Vinschger Sonnenberges befindet sich ein geheimnisvoller Ort. War es eine Kultstätte? Vielleicht ein Grab? Oder diente die Steinplatte, die locker auf einer Felshöhle liegt und auf der man Klopfgeräusche hervorrufen kann, wenn man sie in Bewegung versetzt, als steinzeitliches Kommunikationsmittel? Die Wissenschaft ist sich hierüber nicht einig. Einen Besuch ist der spannende archäologische Wanderweg zu den Schalensteinen zwischen Latsch und Kastelbell auf jeden Fall wert, wartet er doch auch mit atemberaubenden Aussichten über den Vinschgau auf. Abgerundet wird diese sehr schöne Wanderung durch den Rückweg entlang des ruhig dahinplätschernden Wassers im Latschander Waal.

Talort: Latsch (639 m); Tourismusverein Latsch – Martell, Hauptstraße 38/a, I-39021 Latsch, Tel +39 0473 623109, latsch-martell.it.
Ausgangspunkt: Parkplatz beim Bahnhof in Latsch, 639 m (GPS: 46.621258, 10.866886).
Anfahrt: Von Meran auf der SS38 in den Vinschgau fahren und etwa 2,5 km nach Kastelbell am Kreisverkehr Richtung Latsch ausfahren. Der Parkplatz befindet sich nach 200 Metern auf der linken Straßenseite (direkt vorm Bahnübergang).
Öffentliche Verkehrsmittel: Zug von Meran nach Mals bis Latsch.
Anforderungen Mensch: Trittsicherheit, stellenweise Schwindelfreiheit.
Anforderungen Hund: Im Aufstieg zum Schalenstein mitunter recht hohe Stufen und wenig Schatten; Weidevieh; die heißen, sonnenbeschienenen Hänge des Sonnenberges bieten optimalen Lebensraum für Kreuzottern.
Wasserstellen: Keine Trinkgelegenheit für Hunde während des gesamten Aufstieges, daher etwas Wasser mitnehmen.
Einkehr: Keine.
Karte: Tabacco 04, Schnalstal - Naturns, 1:25.000; Freytag & Berndt WK S2 Vinschgau – Ötztaler Alpen, 1:50.000.

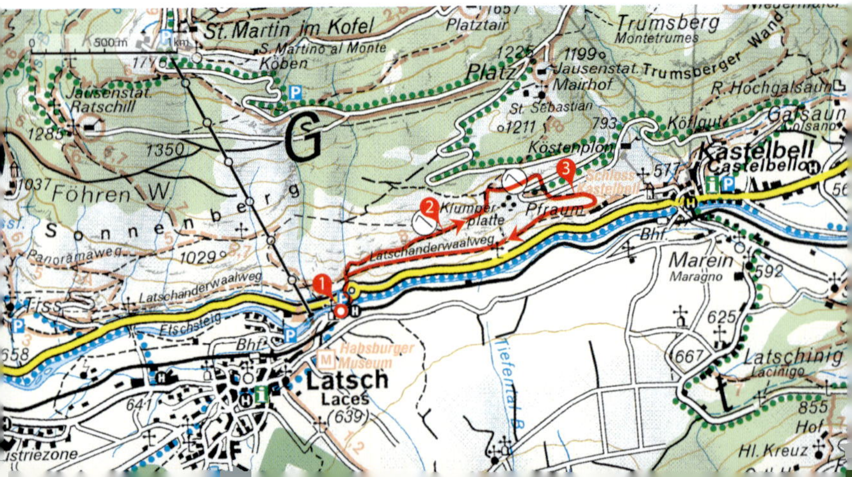

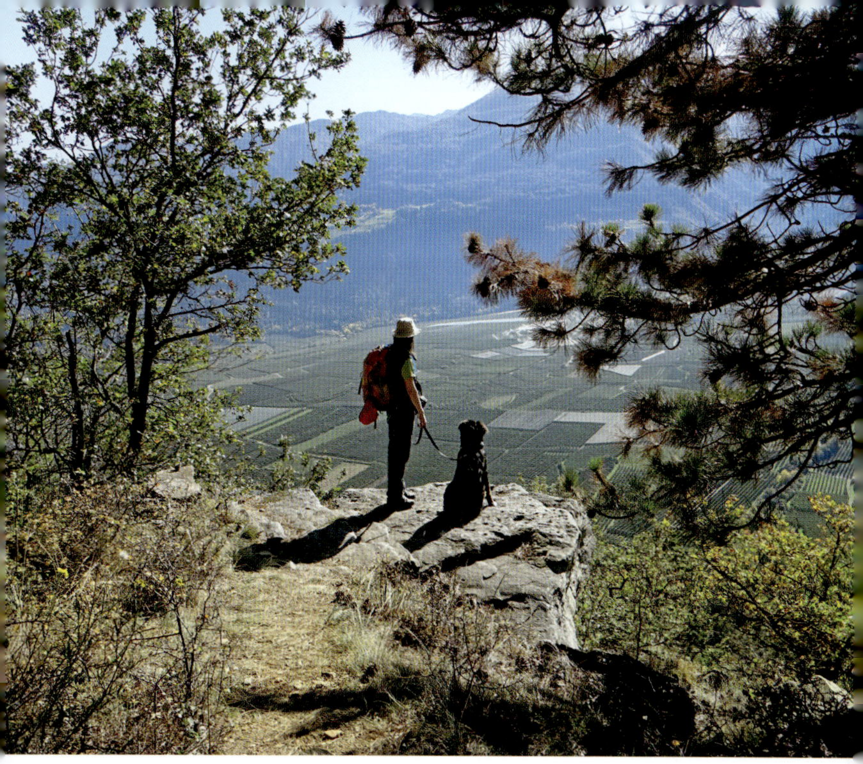

Herrliche Aussicht an der Unteren Grübelplatte.

Vom **Parkplatz ❶** aus laufen wir zunächst auf der Straße zurück zum Kreisverkehr und überqueren die Landstraße am Fußgängerüberweg. Gegenüber führt uns nun der Wanderweg (erst Nr. 7, wenig später Nr. 8A) hinauf zum Waalweg. Wir überqueren diesen und steigen auf dem Weg Nr. 8A steil hinauf in den trockenen Sonnenhang. Bereits nach kurzer Zeit bieten sich immer wieder tolle Ausblicke über den Vinschgau. Nach einer knappen Stunde erreichen wir bereits die erste Sehenswürdigkeit, die **Untere Grübelplatte ❷**. Von hier aus hat man nicht nur einen atemberaubenden Tiefblick, sondern dieser prähistorische Schalenstein weist mehrere kleine Vertiefungen auf, deren einstige Bedeutung der Wissenschaft bis heute Rätsel aufgibt. Wir wandern weiter den Berg hinauf. Den Abzweig des Vinschger Sunnenweges, der direkt nach einem schönen Aussichtspunkt kommt, lassen wir rechts liegen und folgen weiter dem Weg Nr. 8A Richtung Trumsberg. Nach etwa einer Viertelstunde stoßen wir schließlich auf den Weg Nr. 8. Hier gehen wir scharf rechts, der Ausschilderung nach Kastelbell folgend. Nun führt uns der Pfad wieder sanft talwärts. Zweimal überqueren wir die kleine Straße, die von Kastelbell hoch zu den verstreuten Höfen oberhalb des Vinschger Sonnenberges führt, und

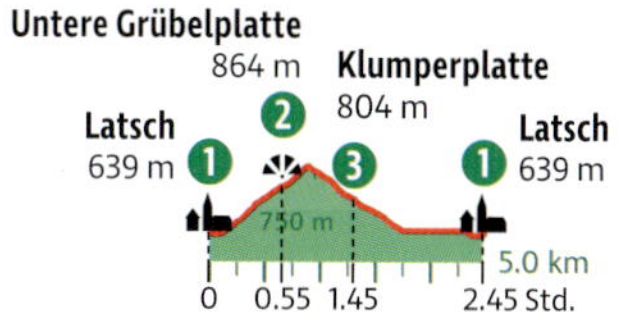

wandern durch den Wald weiter abwärts. Wir befinden uns jetzt wieder auf dem Vinschger Sunnenweg, der mit Lehrtafeln über die vorrömische Besiedelung des Sonnenberges informiert. Der Sunnenweg-Markierung folgend, erreichen wir schließlich das Ziel unserer Wanderung, die zum Naturdenkmal erklärte **Klumperplatte ❸**. Rechts des Weges befindet sich der Felsblock, auf dessen Talseite sich eine kleine Höhle verbirgt. Stellt man sich nun auf die darüberliegende, kleinere Felsplatte und versetzt diese in Bewegung, ertönt ein klopfendes Geräusch. Eine Theorie besagt, dass dieses »Klumpern« der Verständigung der Menschen im Tal diente – ähnlich dem heutigen Morsen. Wir folgen dem Weg nun weiter abwärts und stoßen in einer Kehre an einen Fahrweg. Diesen lassen wir jedoch links liegen und nehmen den schmalen Weg nach rechts. Ein hölzerner Wegweiser mit der Aufschrift »zum Waalweg« leitet uns zunächst immer am steilen Hang entlang und später in Kehren durch den Wald hinunter zum Latschander Waal, einer der jahrhundertealten Bewässerungsanlagen, die wir in Südtirol häufig finden. Wir folgen nun dem Waalweg nach rechts. Immer am Wassergraben entlang gelangen wir schließlich zum Abzweig nach Latsch, von wo aus wir auf bekanntem Weg zurück zum **Ausgangspunkt** gehen.

Rechts: Die Waalwege sind charakteristisch für Südtirol.
Unten: Auf dem Vinschger Sunnenweg.

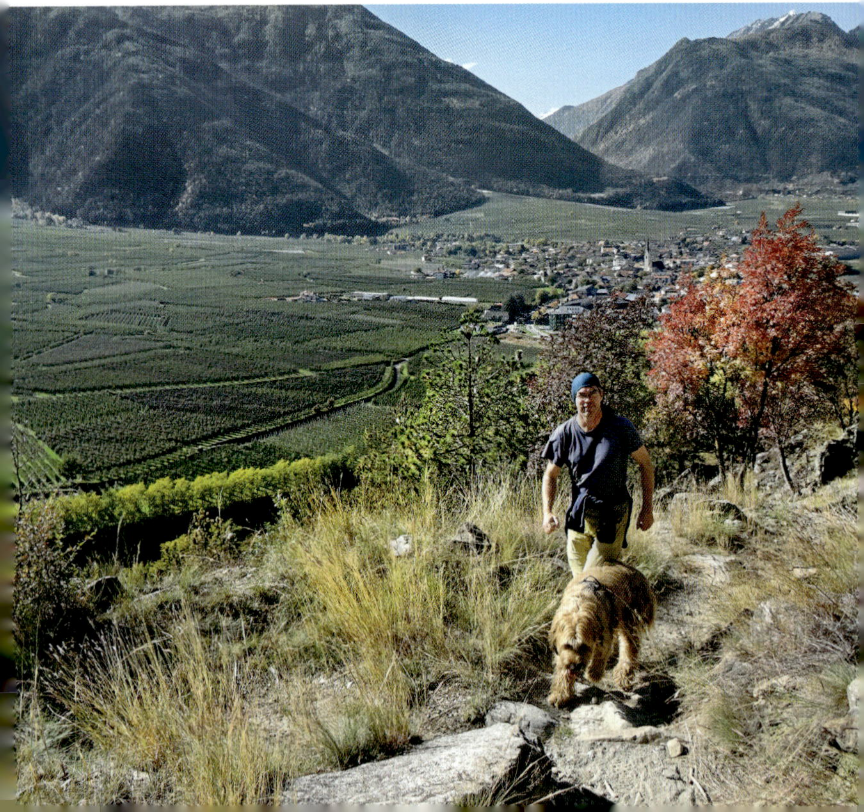

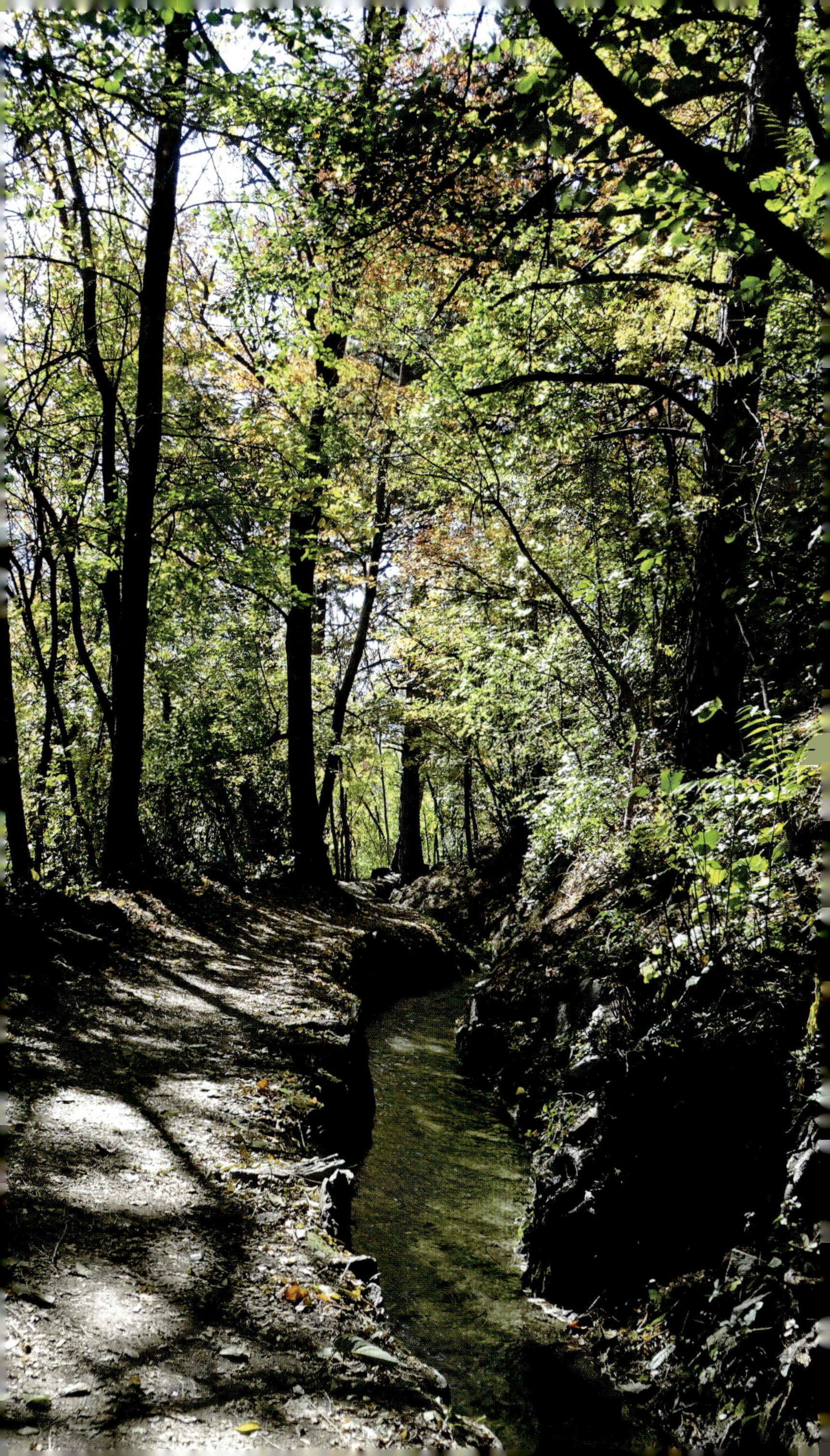

9 Trumsberg, 1352 m

Über den Latschander Waalweg

5.45 Std. | 10,8 km | ↗ 940 m | ↘ 940 m

Heiße Tour für kühle Tage

Wer sportliche Herausforderungen liebt, für den ist diese Wanderung am Vinschger Sonnenberg genau das Richtige. Der lange, sehr steile und schweißtreibende Aufstieg durch die Trumsberger Wand führt durch eine einzigartige Steppenvegetation und belohnt fast ständig mit grandiosen Aus- und Tiefblicken. Da der größte Teil des Weges im sonnigen Südhang verläuft, ist die Tour für warme Sommertage nicht zu empfehlen.

Talort: Tschars (587 m); Tourismusverein Kastelbell-Tschars, Staatsstraße 5, I-39020 Kastelbell-Tschars, Tel. +39 0473 624193, kastelbell-tschars.com.
Ausgangspunkt: Parkplatz in Tschars, 599 m (GPS: 46.637799, 10.938742).
Anfahrt: Von Meran auf der SS38 in den Vinschgau fahren und in Tschars Richtung Zentrum abbiegen. Der Parkplatz befindet sich nach 500 Metern auf der linken Seite.
Öffentliche Verkehrsmittel: Bus von Meran nach Schlanders bis »Abzweig Tschars« und dann die Hauptstraße in den Ort hinauflaufen.
Anforderungen Mensch: Trittsicherheit, stellenweise Schwindelfreiheit, langer und steiler, schweißtreibender Anstieg durch die »Trumsberger Wand« erfordert gute Kondition.
Anforderungen Hund: Weidevieh; die heißen, sonnenbeschienenen Hänge des Sonnenberges bieten optimalen Lebensraum für Kreuzottern; im Aufstieg wenig Schatten.
Wasserstellen: Unbedingt ausreichend Wasser mitnehmen! Trinkgelegenheit für Hunde am Waalweg im Vinschgau, am Gasthof Niedermair in Trumsberg sowie im Abstieg am Bach oberhalb des Brunnkofl und an einer Tränke am Abzweig des Weges nach Galsaun.
Einkehr: Hofschank Niedermair, Tel. +39 0473 624091.
Karte: Tabacco 04, Schnalstal - Naturns, 1:25.000; Freytag & Berndt WK S2 Vinschgau – Ötztaler Alpen, 1:50.000.

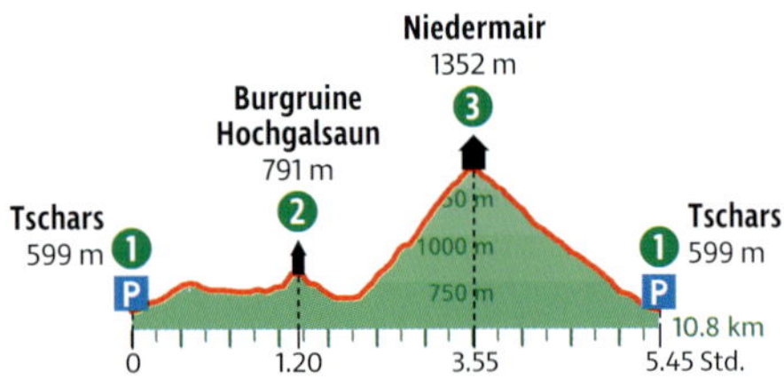

Wir starten unsere Tour am **Wanderparkplatz ❶** in **Tschars** und gehen zunächst die Hauptstraße bergauf. Oberhalb des Parkplatzes führt ein Zebrastreifen über die Straße und anschließend an den Häusern entlang weiter aufwärts. Wenig später leitet uns ein brauner Wegweiser nach rechts die Treppe zwischen den Häusern hinauf. Oben angekommen, folgen wir der Zebrastreifen-Markierung abermals nach rechts und folgen nun immer dem Weg Nr. 1A Richtung »Schnalser Waal-

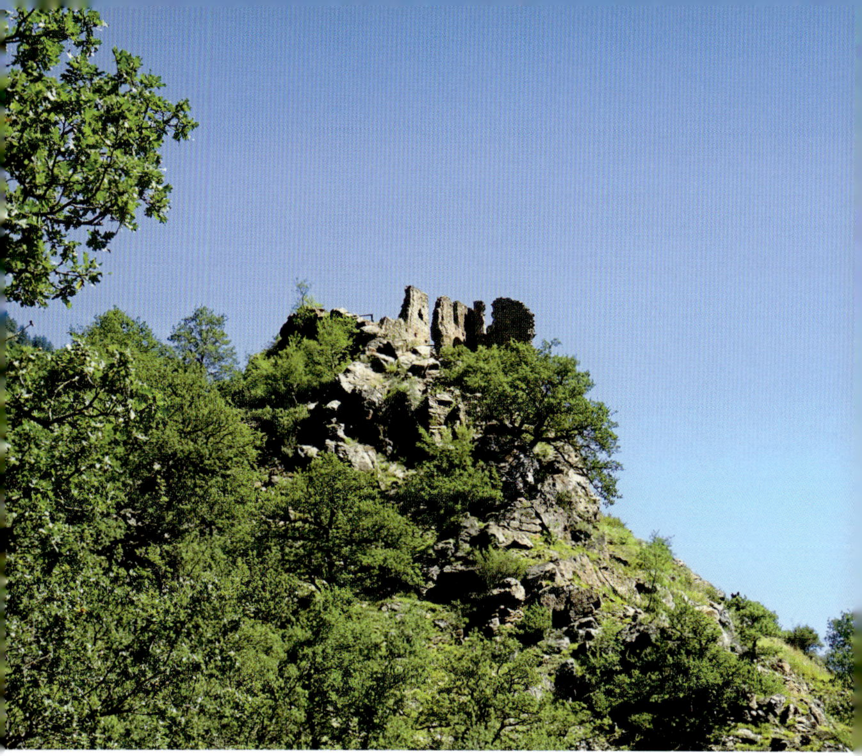

Burgruine Hochgalsaun bei Kastelbell.

weg«. Er führt uns eine schmale Gasse hinauf zur Kirche. An der Mauer entlang um den Friedhof herum wandern wir auf dem Garlweg weiter bergauf, bis wir zum Abzweig »Garlweg 5–7« kommen. Von nun an folgen wir dem Weg Nr. 3 Richtung »Kastelbell« nach links weiter. Von der kleinen Teerstraße aus haben wir einen wunderschönen Blick auf die gegenüberliegenden Berge, die den Vinschgau vom Ultental trennen. Nach einem alten Bauernhaus beginnt der Waalweg. Er zweigt nach einer Natursteinmauer als kleiner Pfad halb rechts vom Asphaltweg ab. Von nun an folgen wir für etwa eine halbe Stunde dem künstlichen Bewässerungsgraben, der seit Jahrhunderten die Felder, Weinberge und Obstgärten des Vinschgaus mit dem lebenswichtigen Nass versorgt. Wenige Minuten nach einem Rastplatz mit einer Informationstafel über die Waale zweigt ein steiniger Pfad Richtung »Schloss Hochgalsaun« nach rechts ab. Wir folgen dem »Hochgalsaunweg« durch einen Esskastanienhain aufwärts und erreichen bald darauf die gleichnamige **Burgruine ❷**. Ihre exponierte Lage über dem Vinschgau bietet einen wunderschönen Ausblick und lädt zum Rasten ein. Der »Hochgalsaunweg« führt uns nun recht steil wieder hinunter Richtung »Kastelbell«, und bereits nach einer Viertelstunde erreichen wir wieder den Waalweg, auf dem wir nun nach rechts weiterwandern. Wir überqueren eine Straße und folgen weiter dem Latschander Waal, bis der Weg Nr. 4 von Kastelbell heraufkommt. Diesem folgen wir nun nach rechts

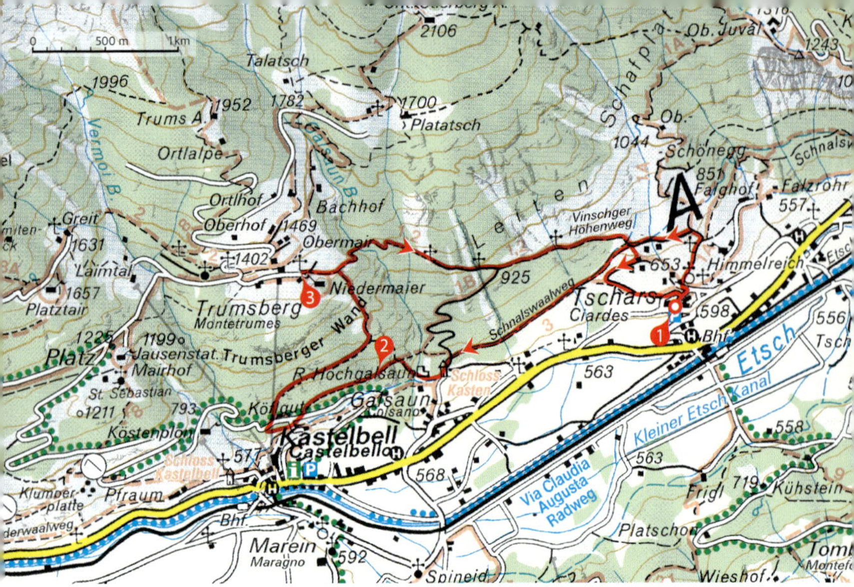

Richtung »Trumsberg«. Durch einen Kastanienhain gelangen wir zu den verfallenen Mauern eines alten Schießstandes und erreichen wenig später die Fahrstraße nach Trumsberg. Gegenüber leitet uns ein Wegweiser mit der Aufschrift »Trumsberg« einen Pfad hinauf. Hier beginnt nun der beschwerliche und anstrengende Aufstieg durch die sonnenbeschienene Flanke des Vinschger Sonnenberges. Wenig Niederschläge und hohe Temperaturen lassen hier Pflanzenarten gedeihen, die sonst

Der Blick über den Vinschgau entschädigt für die Mühen des Aufstieges.

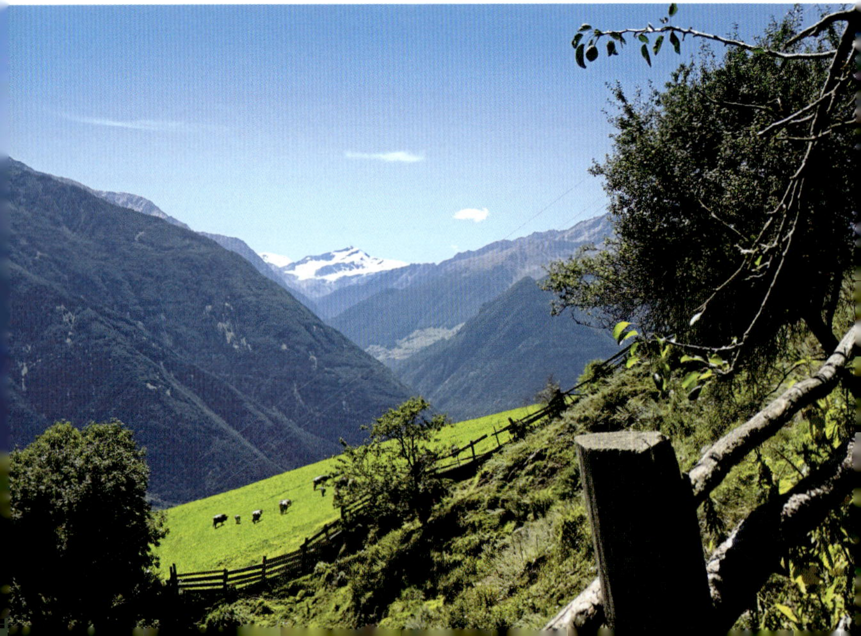

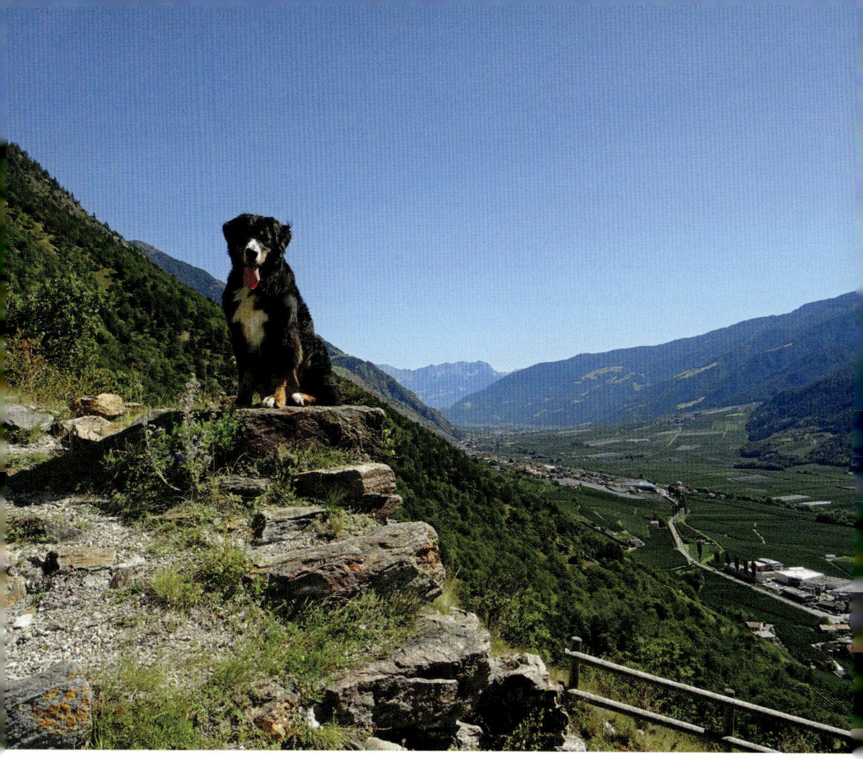

Vreni bei der Rast an der Burgruine Hochgalsaun.

nur in Steppenregionen heimisch sind. Für die nächsten zwei Stunden folgen wir dem Steig, der sich steil in Kehren durch Buschwerk und über Trockengräser hinaufwindet. Der atemberaubende Tiefblick, der sich immer wieder bietet, entschädigt für die Mühen des Aufstieges. Schließlich erreichen wir den mit der Nr. 2 markierten »Vinschger Höhenweg«. Bevor wir diesem jedoch nach rechts in Richtung »Tschars« folgen, gönnen wir uns noch einen Abstecher zum **Hofschank Niedermair** ❸ in Trumsberg, der sich nur wenige Gehminuten nach links befindet. Auf der Sonnenterrasse des Gasthauses kann man sich von den Strapazen des Anstieges erholen, den Ausblick genießen und sich mit leckeren regionalen Speisen und Getränken verwöhnen lassen. Anschließend geht es auf dem Weg Nr. 2 zurück zum Abzweig, durch das Gatter hindurch und auf dem Wiesenpfad entlang der Natursteinmauer talauswärts. Der aussichtsreiche Weg wird jedoch recht bald steiler und lässt uns rasch an Höhe verlieren. Im Wald überqueren wir einen kleinen Bach und kommen schließlich hinunter zum **Brunnkofl**, der auch den Beginn eines Kreuzweges darstellt. Wir wandern weiter abwärts und bleiben immer auf dem »Vinschger Höhenweg« (Weg Nr. 2) in Richtung Tschars. Nach dem etwa anderthalbstündigen Abstieg gelangen wir schließlich wieder an den Latschander Waalweg. Wir überqueren diesen und folgen weiter dem Weg Nr. 2 zur Kirche von **Tschars** und schließlich auf bekanntem Weg zurück zum **Parkplatz**.

10

Zirmtalsee und Zirmtalalm, 2114 m

Über die Marzoner Alm zur Zirmtalalm

4.45 Std. | 12,0 km | ↗720 m | ↘720 m

Bergidylle am Vinschger Nörderberg

Ein glasklarer Bergsee, überragt von den mächtigen Gipfeln des Zufrittkammes und eingebettet zwischen Lärchen und Zirben, an dessen Ufer die Wanderer und Gäste in einer kleinen urigen Alm mit regionalen Köstlichkeiten verwöhnt werden – das ist eine Bergidylle, wie man sie nicht allzu oft erleben kann. Eine Genusstour für alle Zwei- und Vierbeiner, die gern etwas abseits der ausgetretenen Touristenpfade unterwegs sind.

Talort: Kastelbell (600 m); Tourismusverein Kastelbell-Tschars, Staatsstraße 5, I-39020 Kastelbell-Tschars, Tel. +39 0473 624193, kastelbell-tschars.com.
Ausgangspunkt: Freiberger Säge, 1480 m (GPS: 46.602730, 10.923942).
Anfahrt: Von Meran auf der SS38 in den Vinschgau fahren und in Kastelbell direkt vor der Burg links Richtung Latschinig abbiegen, dem Straßenverlauf den Berg hinauffolgen, nach dem letzten Hof geht die Teerstraße in einen Forstweg über, diesem nun knapp zwei Kilometer bis zum ausgeschilderten Parkplatz »Freiberger Säge« folgen.
Öffentliche Verkehrsmittel: Keine.
Anforderungen Mensch: Mitunter recht steile Auf- und Abstiege erfordern Trittsicherheit und stellenweise auch Schwindelfreiheit, bei Nässe rutschig.
Anforderungen Hund: Teilweise steiler, steiniger Pfad im Aufstieg zur Zirmtalalm; Weidevieh (Kühe im Bereich der Marzoner Alm, der Zirmtalalm und der Alt Alm).
Wasserstellen: Während der gesamten Wanderung gibt es in regelmäßigen Abständen immer wieder Trinkgelegenheiten für Hunde (Bäche, Zirmtalsee, Almhütten).
Einkehr: Marzoner Alm (marzoneralm.it), Tel. +39 335 5605862; Zirmtalalm, Tel. +39 388 9898660; Alt Alm, Tel. +39 340 479 8242.
Karte: Tabacco 04, Schnalstal - Naturns, 1:25.000; Freytag & Berndt WK S2 Vinschgau – Ötztaler Alpen, 1:50.000.

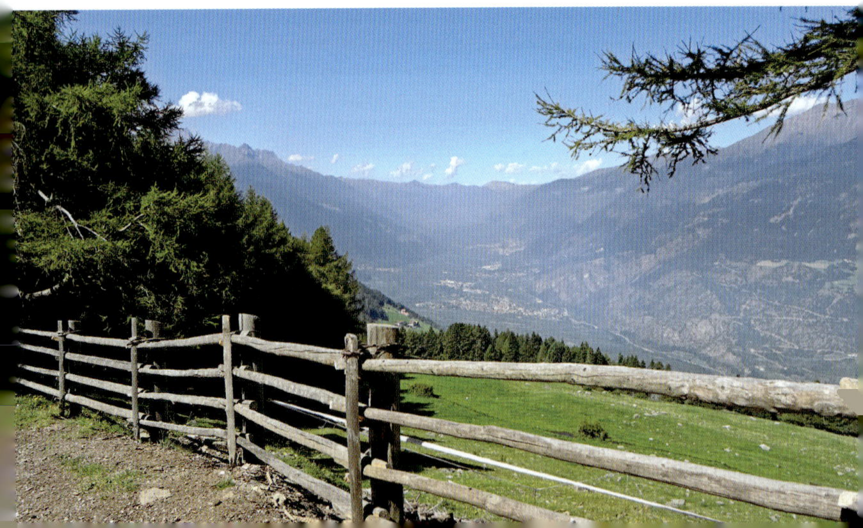

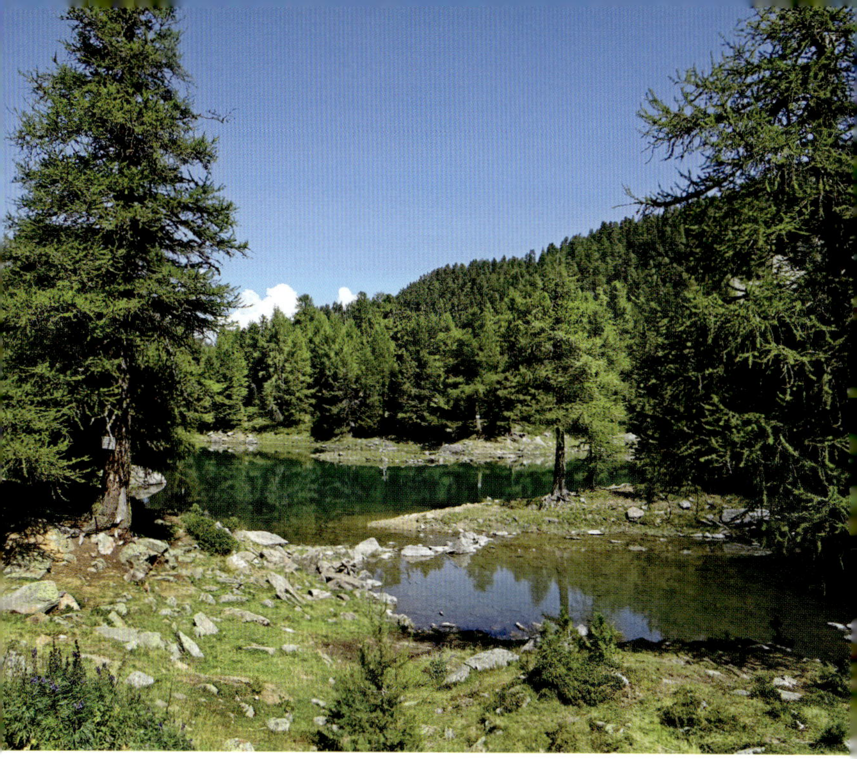

Oben: Der malerische Zirmtalsee ist ein wahres Kleinod der Natur.
Links: Aussicht an der Marzoner Alm.

Vom Parkplatz an der ehemaligen **Freiberger Säge ①** folgen wir der Forststraße zur **Marzoner Alm ②**. Von hier aus führt uns nun der Weg Nr. 18 weiter. Zunächst auf einem Almfahrweg, später auf einem teils steinigen Waldweg geht es Richtung »Zirmtalalm« aufwärts. Nach etwa einer halben Stunde erreichen wir eine kleine Lichtung mit einem Wegweiser. Hier, am sogenannten **Schweinstall ③**, nehmen wir den Pfad geradeaus und folgen weiter der Markierung Nr. 18. Nun begleitet uns fast ständig das Plätschern des Baches. Kürzere steilere Stücke wechseln sich mit ebenen Wegabschnitten ab und gestalten den Aufstieg durch den schattigen Wald recht angenehm. Nach einer knappen Stunde erreichen wir schließlich die malerisch am gleichnamigen See gelegene **Zirmtalalm ④**, an der es sich sehr gut rasten lässt. Weiter

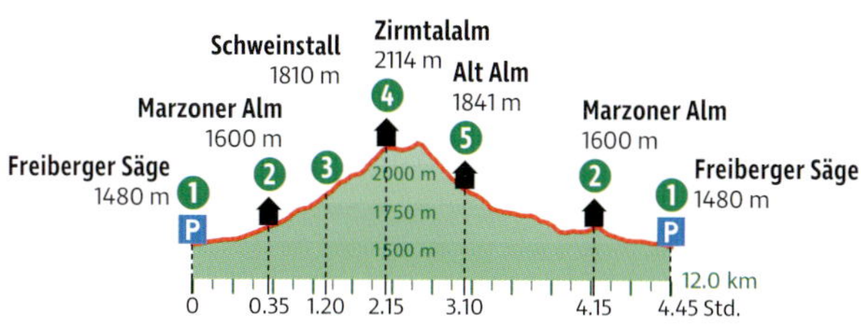

Vreni genießt das erfrischende Bad im Zirmtalsee.

geht es dann auf dem Weg Nr. 18A Richtung »Tomberger Alm/Alt Alm«. Ein schöner Pfad führt erst am Seeufer entlang, später durch den Wald wieder etwas bergauf, bis wir den höchsten Punkt der Tour erreichen. Schließlich geht es im aussichtsreichen Zickzack hinunter zur **Alt Alm** **5**, in einigen Karten und auf Wegweisern auch noch als Tomberger Alm bezeichnet. Vor dem Zaun, der die kleine Almhütte umgibt, wandern wir nun nach links weiter und folgen zunächst dem Fahrweg, den wir jedoch nach etwa 350 Metern bereits wieder verlassen. Ein Wegweiser mit der Aufschrift »P Schartegg/Marzoner Alm« leitet uns scharf rechts in den Wald hinunter, und auf dem schmalen Pfad verlieren wir rasch an Höhe. Wir kreuzen den Fahrweg einmal, bevor unser Pfad nach einem weiteren Steilstück durch den Wald schließlich abermals auf den Fahrweg stößt. Hier wandern wir nun nach links weiter und folgen der Ausschilderung »Marzoner Alm«. Wenig später verlässt unser als »Almenweg« markierter Wanderweg (links abbiegend) den Forstweg und führt als schmaler Pfad durch den Wald und über eine Wiesenlichtung weiter. Wir queren zweimal den Bachlauf, wobei es nach der zweiten Querung egal ist, ob wir den oberen oder unteren Weg nehmen, beide treffen nach circa 300 Metern wieder aufeinander. Wir folgen ab der Abzweigung immer der Ausschilderung »Marzoner Alm«, welche wir nach etwa 50 Minuten erreichen. Von den Zeitangaben auf den Wegweisern sollte man sich auf diesem Wegstück nicht verwirren lassen. Von der **Marzoner Alm** **2** wandern wir auf bekanntem Weg zurück zum **Ausgangspunkt**.

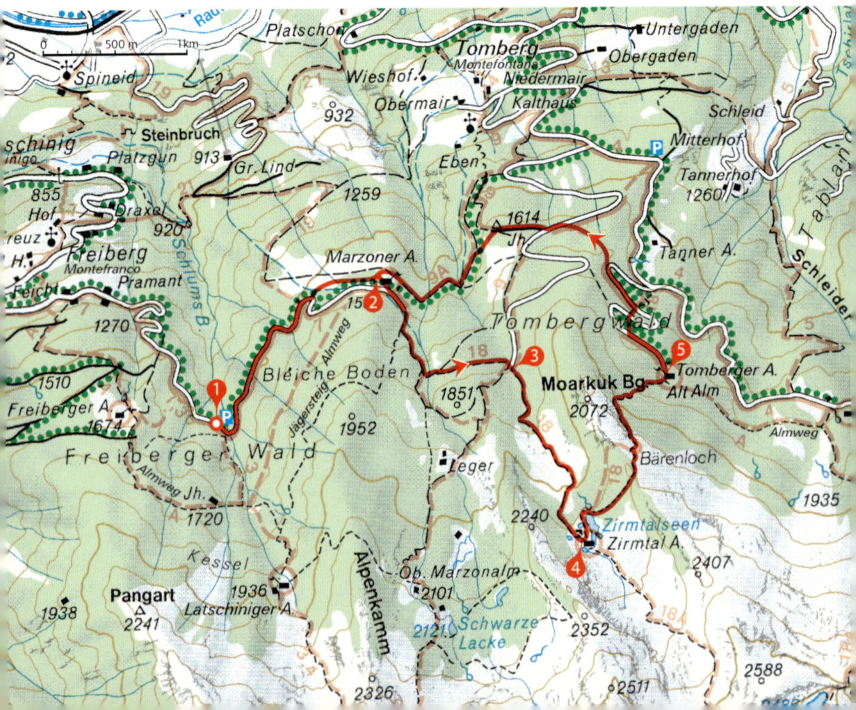

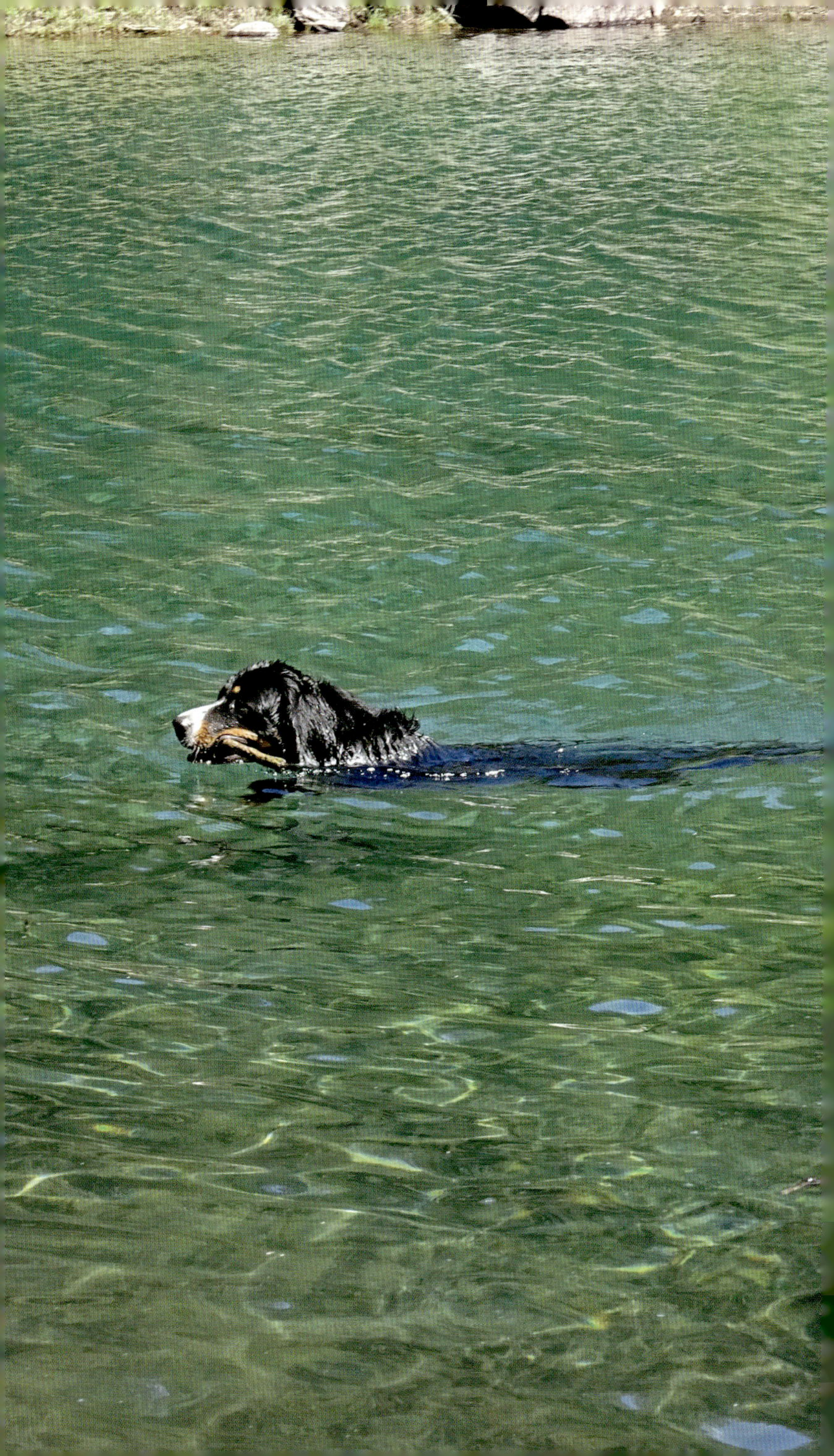

11 1000-Stufen-Schlucht, 1575 m

Von Unterstell nach Giggelberg

3.30 Std. | 10,5 km | ↗720 m | ↘490 m

Auf der spektakulärsten Etappe des Meraner Höhenweges

Eigentlich sind es gar keine 1000 Stufen auf dem Weg zwischen Unterstell und Giggelberg, sondern – wenn man den Aufzeichnungen glauben darf – »nur« 987. Aber auch die wollen überwunden sein. Im ständigen Bergauf und Bergab führt uns diese abwechslungs- und aussichtsreiche Wanderung an den sonnenbeschienenen Südhängen der Texelgruppe entlang. Dabei gilt es, Treppen und Hängebrücken zu überwinden, und für das leibliche Wohl wird entlang des Weges an mehreren Jausenstationen ebenfalls gesorgt.

Talort: Naturns (528 m); Tourismusverein Naturns, Rathausstr. 1, I-39025 Naturns, Tel. +39 0473 666 077, naturns.it.
Ausgangspunkt: Seilbahn Naturns-Unterstell – Bergstation, 1279 m.
Anfahrt: Um am Ende der Tour vom Busfahrplan unabhängig zu sein, empfiehlt es sich, an der Talstation der Texelbahn in Rabland zu parken (GPS: 46.679412, 11.064616). Von Meran auf der SS38 in den Vinschgau fahren und in Töll nach rechts Richtung Partschins und »Texelbahn« abbiegen. In Partschins dann immer der braunen Ausschilderung »Texelbahn« folgen. Direkt bei der Seilbahn befinden sich mehrere Parkplätze. Von hier mit dem Bus nach Naturns – Seilbahn Unterstell fahren.
Öffentliche Verkehrsmittel: Bus von Meran nach Schlanders bis »Kompatsch Seilbahn«.
Anforderungen Mensch: Trittsicherheit, stellenweise Schwindelfreiheit, in den Schluchten erhöhte Steinschlaggefahr.
Anforderungen Hund: Viele Stufen und Treppen, zum Teil recht hohe Steinstufen können kleineren Hunden Probleme bereiten (tragen möglich), steile Holz- und Metalltreppen (kein Gitter) im Auf- und Abstieg, hölzerne Hängebrücken, teilweise Weidevieh.
Wasserstellen: Außer an den Einkehrmöglichkeiten Bäche oder Viehtränken zwischen Innerforch und Galmein, nach dem Pirchhof sowie in den Schluchten. Aufgrund der erhöhten Steinschlaggefahr sollte man sich dort aber nicht länger aufhalten.
Einkehr: Gasthaus Unterstell (unterstellhof.com), Tel. +39 0473 667747; Jausenstation Innerforch, Jausenstation Galmein (pirchhof.com), Tel. +39 0473 668117; Hofschank Pirchhof, Tel. +39 0473 667812; Jausenstation Hochforch, Tel. +39 0473 66 77 48; Gasthaus Giggelberg (giggelberg.com), Tel. +39 0473 967566.
Karte: Tabacco 04, Schnalstal - Naturns, 1:25.000.

An der Bergstation der Seilbahn **Unterstell** ❶ nehmen wir den Weg Nr. 24A Richtung Texelbahn. Bereits nach zehn Minuten erreichen wir eine spektakuläre **Aussichtskanzel** ❷. Sie reicht 16 Meter ins Tal hinein, und mutige Zwei- und Vierbeiner können hier, fast 50 Meter über dem Boden, faszinierende Aus- und Tiefblicke in den Vinschgau genießen. Wenig später, an einer Infotafel, gabelt sich der Weg. Wir halten uns links und steigen durch den Wald hinauf zum eigentlichen Meraner

Etwas für Mutige – die Aussichtskanzel nahe dem Gasthaus Unterstell.

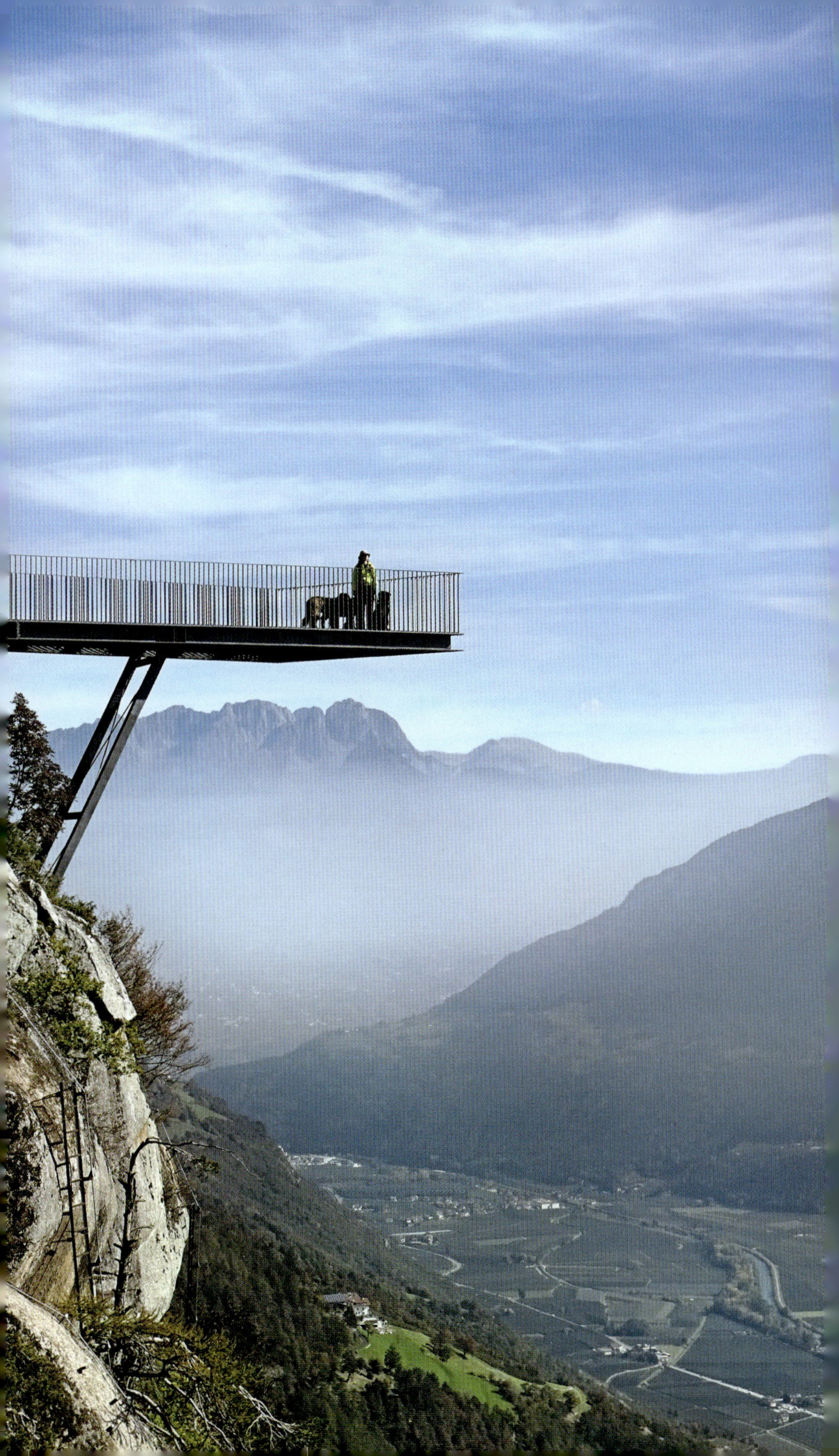

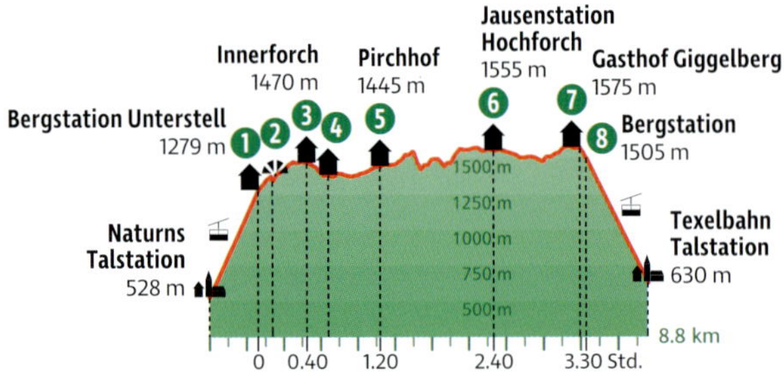

Höhenweg (Nr. 24). Diesem folgen wir nach rechts. Der Weg ist gut markiert und nicht zu verfehlen. Begleitet von einem eindrucksvollen Blick übers Tal erreichen wir schließlich die kleine **Jausenstation Innerforch** ❸ und etwa eine Viertelstunde später den **Galmein-Hof** ❹. Bald darauf gelangen wir zur ersten der beiden hölzernen Hängebrücken. Nachdem wir einen Bauernhof (Grub-Hof) durchquert haben, geht es zunächst auf einer schmalen Teerstraße aufwärts bis zum **Hofschank Pirchhof** ❺. Ab hier führt unser Weg nun wieder als schmaler, aussichtsreicher Pfad an der Bergflanke entlang, und wenig später gilt es, die ersten Stufen zu überwinden. Zunächst bergauf, später bergab gelangen wir in die erste Schlucht. Da der Lahnbach hier jedes Jahr aufs Neue Teile des Weges wegspült, wurde 2017 eine weitere Hängebrücke gebaut, auf der der hintere Teil der Schlucht gefahrlos umgangen werden kann. Wer

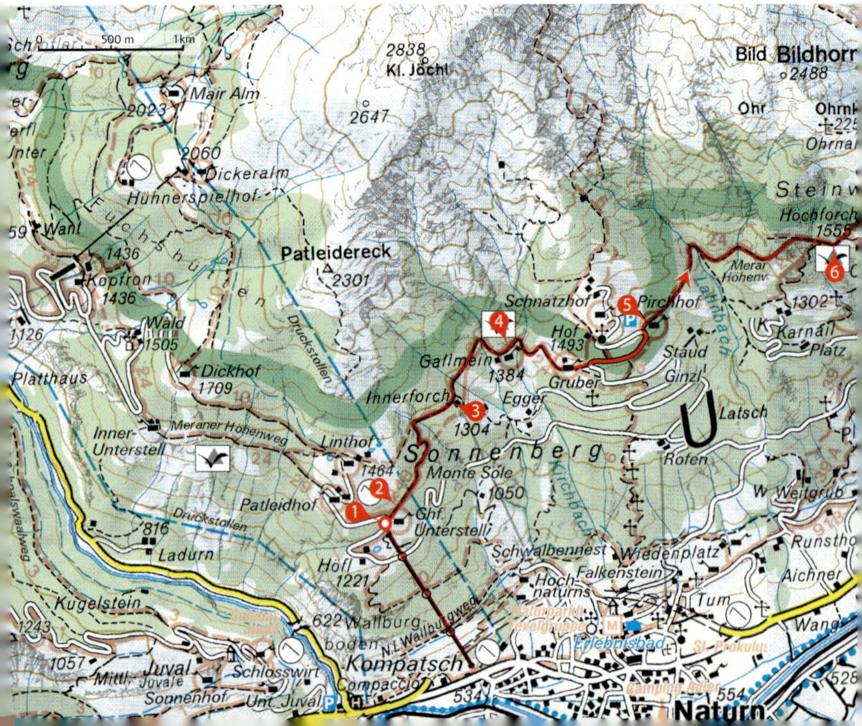

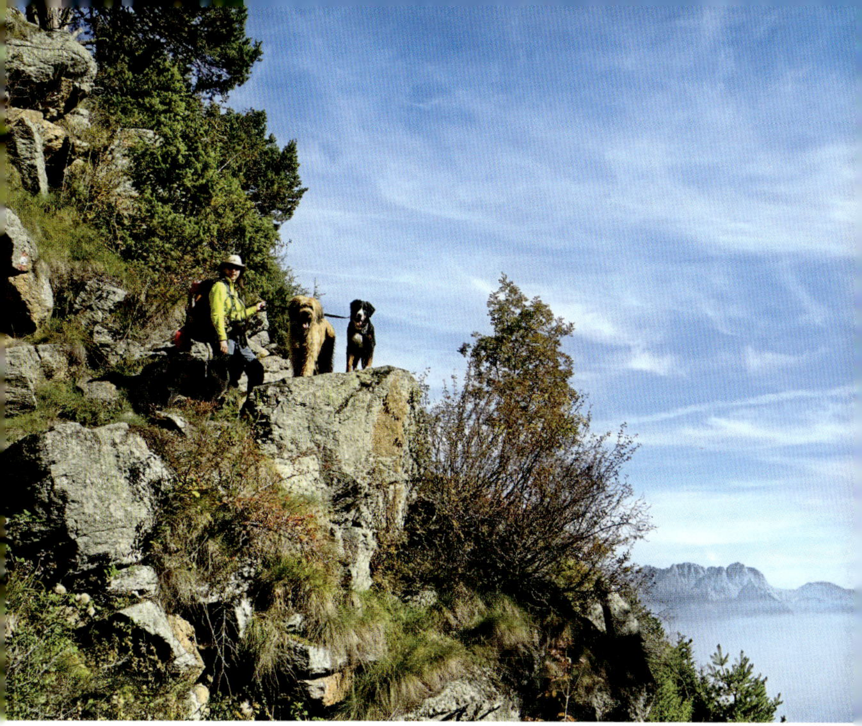

Der Meraner Höhenweg besticht immer wieder mit spannenden Ausblicken.

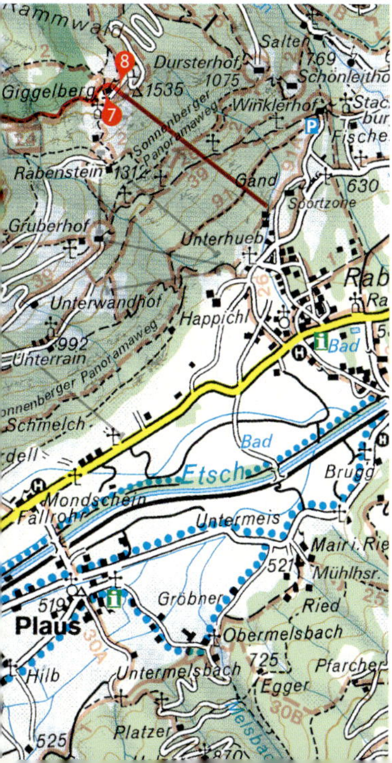

möchte und schwindelfrei ist, kann sich hier einige Treppen und Höhenmeter sparen. Gegenüber heißt es dann, wieder einen schweißtreibenden Anstieg hinter sich zu bringen, bevor wir, vorbei an einem Wasserfall, die 1000-Stufen-Schlucht endgültig verlassen. Nach einer reichlichen halben Stunde erreichen wir schließlich die **Jausenstation Hochforch ❻**. Etwas mehr als einen halben Kilometer folgt unser Weg nun der asphaltierten Hofzufahrt abwärts, bevor es schließlich wieder auf einem abwechslungsreichen Steig durch den Wald dem Ende unserer Tour zugeht. Nach circa 50 Minuten erreichen wir den **Gasthof Giggelberg ❼**, wo wir etwas unterhalb schon unser Ziel, die **Bergstation der Texelbahn ❽**, erblicken. An der **Talstation** wartet unser Auto auf uns.

12 Finailhof, 1973 m

Vom Vernagt-Stausee zum Finailhof

3.00 Std. | 8,4 km | ↗ 350 m | ↘ 350 m

Zum einst höchstgelegenen Kornhof Europas

Im Schnalstal findet man sie noch, die uralten Bauernhöfe mit ihren dunklen Holzhäusern. Einer von ihnen ist der Finailhof, Ziel und kulinarischer Höhepunkt dieser kleinen Wanderung. Bis Mitte des 20. Jahrhunderts wurde auf dem Hof noch Getreide angebaut, was ihn zum höchstgelegenen Kornhof Europas machte. Auf 1973 Meter Seehöhe gelegen, bietet er eine einzigartige Aussicht über den türkisfarbenen Vernagt-Stausee. Das Innere der hölzernen Stuben zieren Schnitzereien und Vertäfelungen. In der Jausenstation kann man sich mit leckeren Tiroler Bauern-Spezialitäten verwöhnen lassen, und auf der aussichtsreichen Sonnenterrasse lässt es sich wunderbar entspannen.

Talort: Unser Frau in Schnals (1500 m); Tourismusverein Schnals, Karthaus 42, I-39020 Schnalstal, Tel. +39 0473 679148, schnalstal.it.
Ausgangspunkt: Parkplatz neben der Staumauer des Vernagt-Stausees, 1698 m (GPS: 46.734925, 10.849589).
Anfahrt: Von Meran auf der SS38 in den Vinschgau fahren und bei Naturns nach rechts ins Schnalstal abbiegen. Dem Straßenverlauf bis zum Stausee folgen, der Parkplatz befindet sich dort, gleich nach der Staumauer auf der linken Seite.
Öffentliche Verkehrsmittel: Bus von Meran nach Kurzras bis Vernagt.
Anforderungen Mensch: Trittsicherheit, vor allem bei Nässe; die Querung der Hängebrücke erfordert etwas Schwindelfreiheit.
Anforderungen Hund: Ein Kuhgitter, schwingende Hängebrücke mit Holzboden, Stege mit Längsbohlen, wo vor allem für kleine Hunde Verletzungsgefahr besteht (langsam überqueren oder Hund ggf. tragen!).
Wasserstellen: Finailhof, Vernagt-Stausee.
Einkehr: Tisenhof; Finailhof (finailhof.com), Tel. +39 0473 669644.
Karte: Tabacco 04, Schnalstal - Naturns, 1:25.000; Freytag & Berndt WK S2 Vinschgau – Ötztaler Alpen, 1:50.000.

Wir starten diese Wanderung im Schnalstal am Parkplatz neben der **Staumauer des Vernagt-Stausees** ❶, überqueren als Erstes die Straße und wandern dann, dem Weg Nr. 2 folgend, auf dem Teersträßchen bergauf Richtung »Kurzras«. Bereits hier begleitet uns ein wundervoller Blick hinunter auf den türkisfarbenen Vernagt-Stausee, der – wie viele Stauseen in Südtirol – in den 50er- und 60er-Jahren des vergangenen Jahrhunderts angelegt wurde. Oben folgen wir dem Verlauf der Straße und des Weges Nr. 2 nach links und kommen bald zum **Tisenhof** ❷, einem der ältesten Bergbauernhöfe im Schnalstal. Hier verlassen wir auch den Weg mit der Nummer 2 und wandern von nun an auf dem Weg Nr. 7 nach links weiter Richtung »Kurzras«. Bereits nach ein paar Minuten erreichen wir einen weiteren Bauernhof. Hier, am **Raffeinhof** ❸, scheint die Zeit stehen geblieben zu sein. Was die alten, dunkelbraunen Holzhäuser wohl zu erzählen hätten, könnten sie sprechen? Kurz vor dem Wohnhaus zweigt ein schmaler Pfad scharf links ab und führt uns über

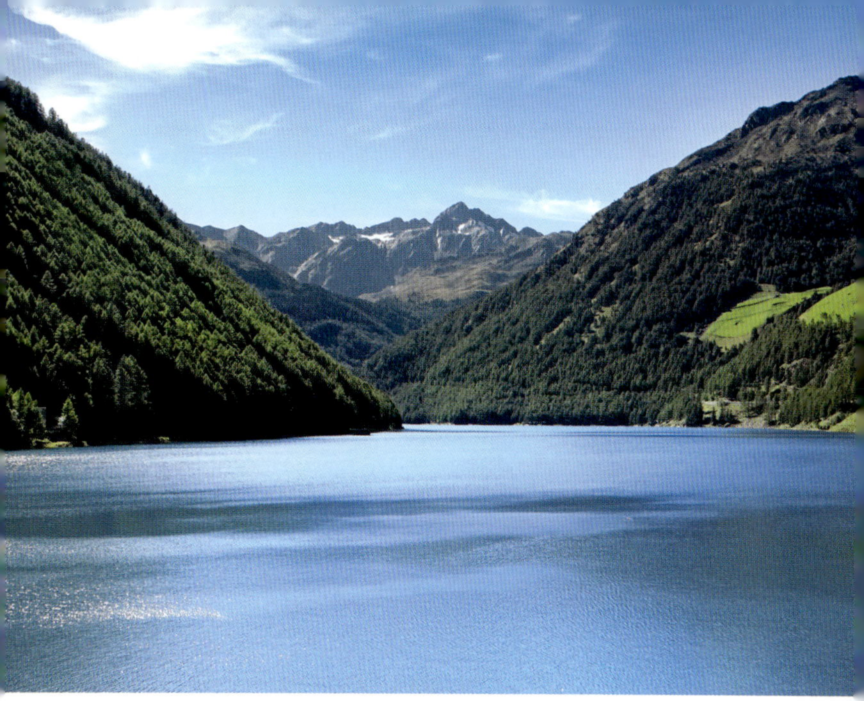

Eiskalt und wunderschön – der Vernagt-Stausee im Schnalstal.

Wiesen leicht bergauf. Rechts von uns steile Bergwiesen, schrofiges Felsgelände und lichte Lärchenwälder, links, tief unter uns, der türkisfarbene See – so führt dieser teilweise mit Holzgeländern gesicherte Pfad Nr. 7 uns nun zum **Finailhof 4**, den wir nach etwa einer halben

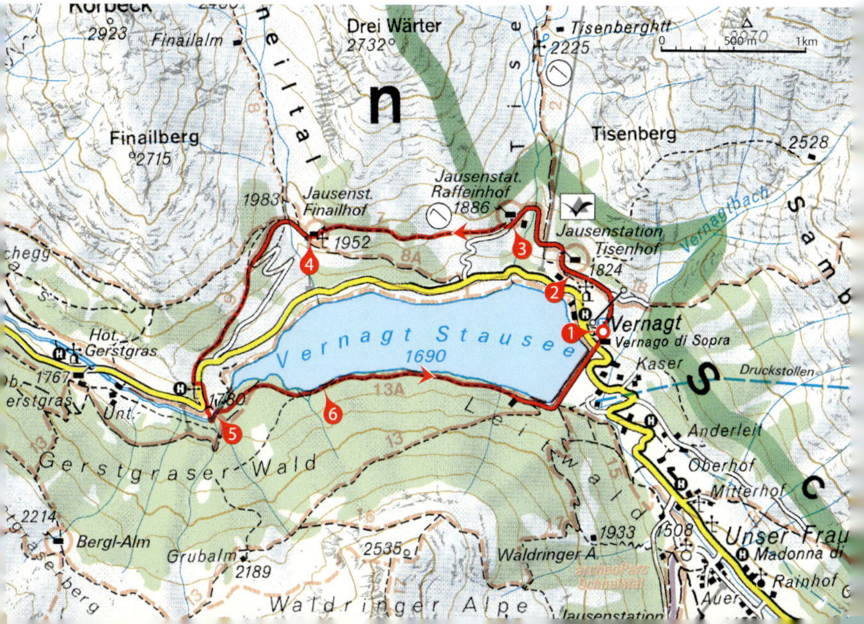

Stunde erreichen. Die Terrasse des Hofes liegt wie ein Balkon über dem See und lädt mit leckeren regionalen Delikatessen zu einer Rast. Oberhalb des Hofes wandern wir dann auf dem Weg Nr. 7 weiter, gehen zunächst die asphaltierte Zufahrtsstraße abwärts, überqueren den Bach und folgen dann in der nächsten Linkskehre der dem Weg Nr. 8 geradeaus in einen Wiesenweg, der uns in Richtung »Marcheggtal (Bus)« führt. Bald kommen wir in den Wald und steigen immer weiter abwärts, bis wir neben einer Bushaltestelle auf die Hauptstraße stoßen. Beim Überqueren ist nun etwas Vorsicht geboten, denn wir befinden uns direkt vor einer Straßenkurve. Wir folgen der Straße dann ein kleines Stück nach rechts und biegen direkt nach der Bushaltestelle links in den Parkplatz des Hochseilgartens »Ötzi-Rope-Park« ein. Von nun an folgen wir dem Seerundweg am südlichen Ufer des Stausees entlang. Dazu geht es zunächst auf dem Parkplatz entlang bis zum Eingang des **Hochseilgartens ❺**, anschließend folgen wir dem Wanderweg halb links abwärts und nehmen am nächsten Wegweiser den Seerundweg nach rechts. Erst über eine Holztreppe nach oben, später wieder abwärts, kommen wir zu einer Hängebrücke, die über eine tiefe Schlucht führt. Unter uns bahnt sich der Schnalserbach tosend seinen Weg durch die Felsen. Jenseits der Schlucht wandern wir weiter auf dem Rundweg Richtung Vernagt. An einigen Holzstegen mit Längsbohlen ist vor allem mit kleinen Hunden etwas Vorsicht geboten, denn in den Ritzen zwischen den Bohlen kann eine kleine Hundepfote schnell mal steckenblei-

Prächtiger Blumenschmuck am Finailhof.

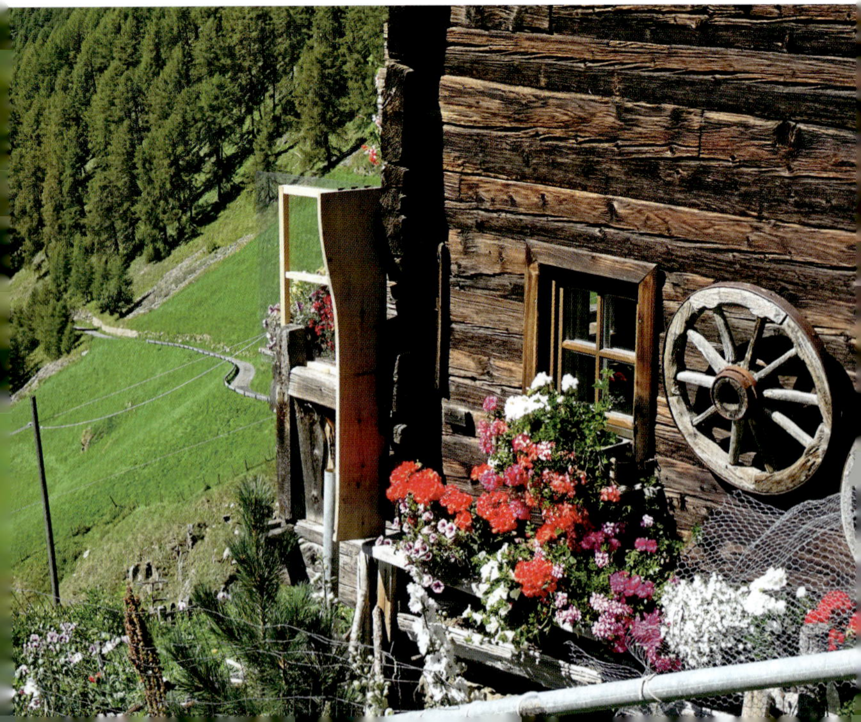

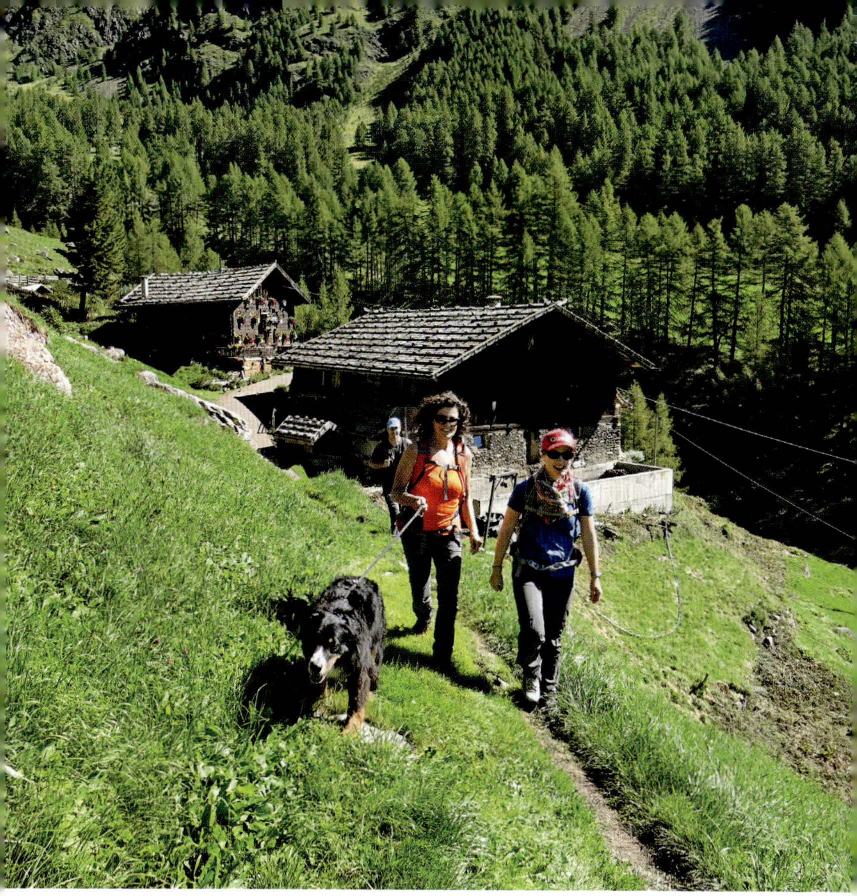

Uralte Bauernhäuser prägen das Bild im Schnalstal.

ben. Unser Weg führt zwar die meiste Zeit oberhalb des Sees durch den Wald, doch an einer Stelle kommen wir auch direkt unten am **Wasser 6** vorbei, wo sich die vierbeinigen Wanderer etwas abkühlen können – aber Vorsicht! Das Wasser des von Gletscherwasser gespeisten Sees ist sehr kalt, deshalb sollten sich Hunde nicht so lange darin aufhalten und auch nicht zu weit vom Ufer wegschwimmen! Anschließend führt uns der abwechslungsreiche Pfad wieder bergan, und Lücken im Bewuchs geben immer wieder den Blick über den See hinüber zu den Bergen frei. Nach etwa einer halben Stunde kommen wir schließlich zum Staudamm, überqueren diesen und gelangen so zurück zum Ausgangspunkt.

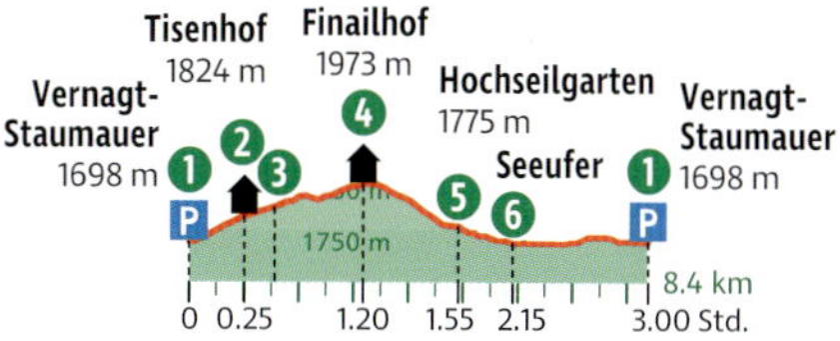

13 Pfossental, 2071 m

Von der Jägerrast zum Eishof

3.00 Std. | 9,9 km | ↗ 400 m | ↘ 400 m

Leichte Almwanderung durch eines der schönsten Täler Südtirols

Das Pfossental besticht durch seine Ursprünglichkeit. Keine Straßen, keine Lifte stören die Bergidylle. Nur das Rauschen des Baches und das Bimmeln der Kuhglocken begleiten den Wanderer auf seinem Weg durch die von Almen und Höfen geprägte Gebirgslandschaft. Um ein Haar hätte diese jedoch das gleiche Schicksal ereilt, wie viele andere Täler in Südtirol. Nur dem unermüdlichen Einsatz des Alpenvereins Südtirol und der Bürgerinitiative »Rettet das Pfossental und Zieltal« ist es zu verdanken, dass ein angedachtes Staudammprojekt in den 80er-Jahren des vergangenen Jahrhunderts hier nicht realisiert worden ist und wir heute diese traumhaft schöne Bergkulisse genießen dürfen.

Talort: Schnals (1290 m); Tourismusverein Schnals, Karthaus 42, I-39020 Schnalstal, Tel. +39 0473 679148, schnalstal.it.
Ausgangspunkt: Parkplatz am Gasthof Jägerrast, 1698 m (GPS: 46.734279, 10.926972).
Anfahrt: Von Meran auf der SS38 in den Vinschgau fahren und bei Naturns nach rechts ins Schnalstal abbiegen. Dem Straßenverlauf ca. 9 km folgen, dann rechts ab ins Pfossental und die kleine Straße bis zum Ende fahren.
Öffentliche Verkehrsmittel: Keine.
Anforderungen Mensch: Leichte Wanderung auf breiten Wegen.
Anforderungen Hund: Weidevieh (je nach Jahreszeit Kühe im gesamten Bereich der Wanderung); wenig Schatten.
Wasserstellen: Tränke nach der Jägerrast sowie mehrere Bäche.
Einkehr: Gasthof Jägerrast (jaegerrast.com), Tel. +39 0473 679230; Mitterkaser Alm (mitterkaseralm.it), Tel. +39 0473 420473; Rableid Alm (rableidalm.com), Tel. +39 0473 420631; Eishof (eishof.com), Tel. +39 0473 420524.
Karte: Tabacco 04, Schnalstal - Naturns, 1:25.000; Freytag & Berndt WK S2 Vinschgau – Ötztaler Alpen, 1:50.000.

Im weiten Talschluss des Pfossentales lädt der Eishof zur Einkehr.

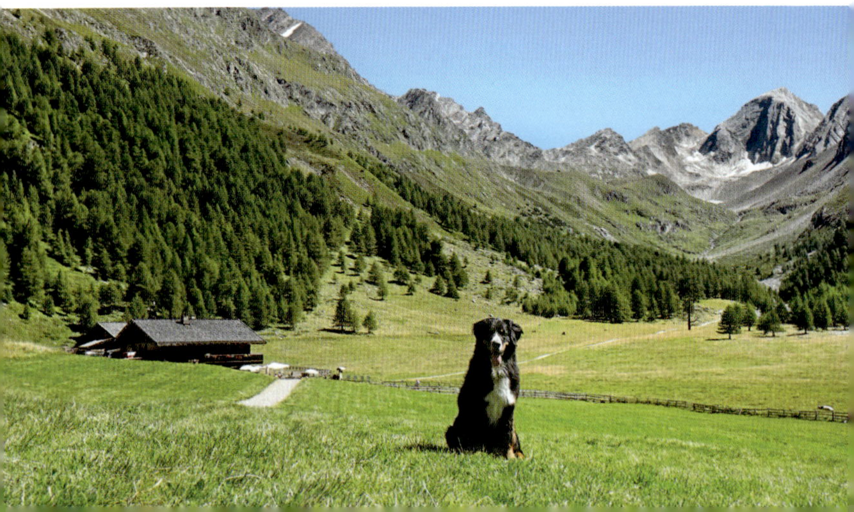

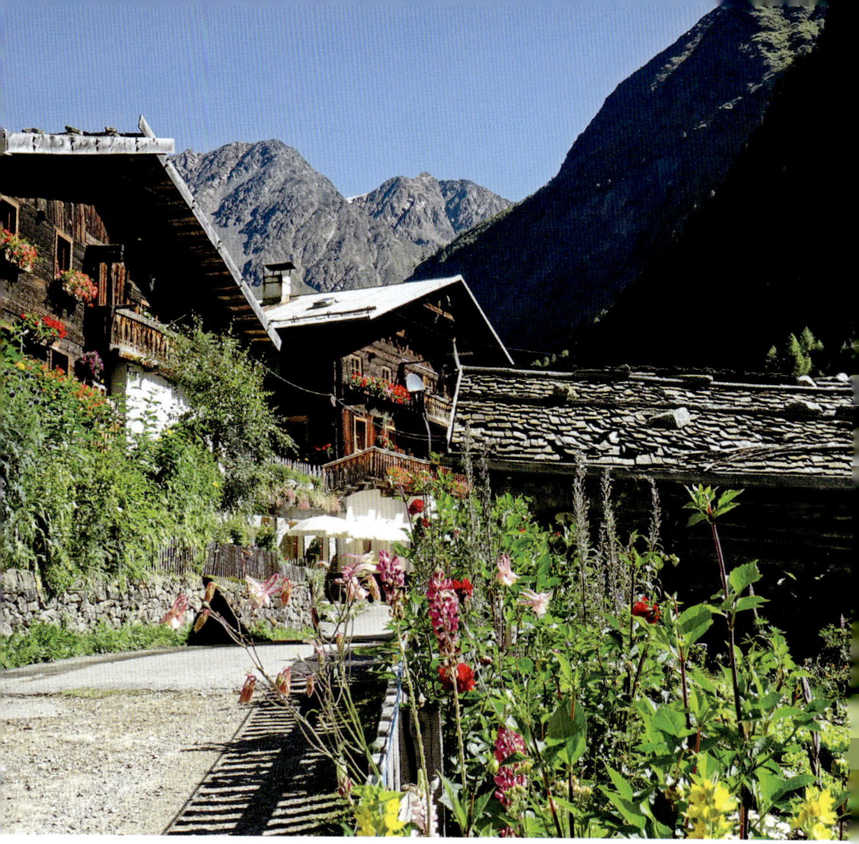

Der Gasthof Jägerrast – ein typischer Südtiroler Bauernhof.

Ausgangspunkt dieser schönen Wanderung durch das Pfossental ist der **Gasthof Jägerrast / Vorderkaser** ❶. Von hier führt uns der Weg Nr. 24 zunächst am Gasthof vorbei, dann auf der Forststraße aufwärts weiter ins Tal hinein. Begleitet werden wir dabei vom Rauschen des Pfossentalbaches, der sich, gespeist von Gletscherwasser und Gebirgsbächen, den Weg durch die steilen Berge hinunter bis ins Schnals- und schließlich ins Etschtal bahnt. Da die Strömung meist recht stark ist, empfiehlt es sich, Hunde nicht ins Wasser zu lassen. Das ist auch nicht nötig, denn im Verlauf der Tour kommen wir immer wieder an kleineren Bächen vorbei, aus denen Hunde gefahrlos trinken können. Nach etwa einer Dreiviertelstunde weitet sich das Tal, und unser Weg führt über Wiesen zur

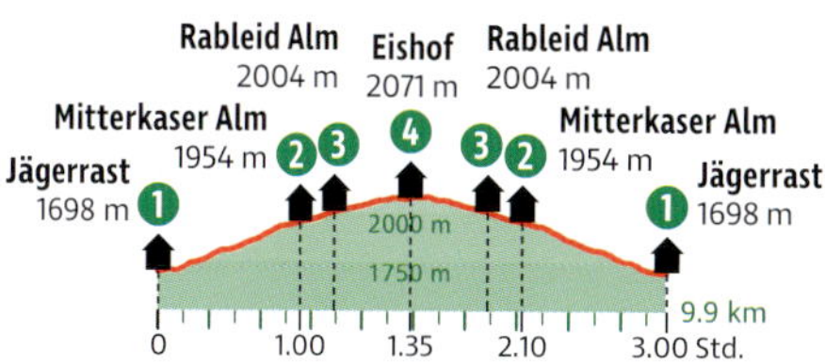

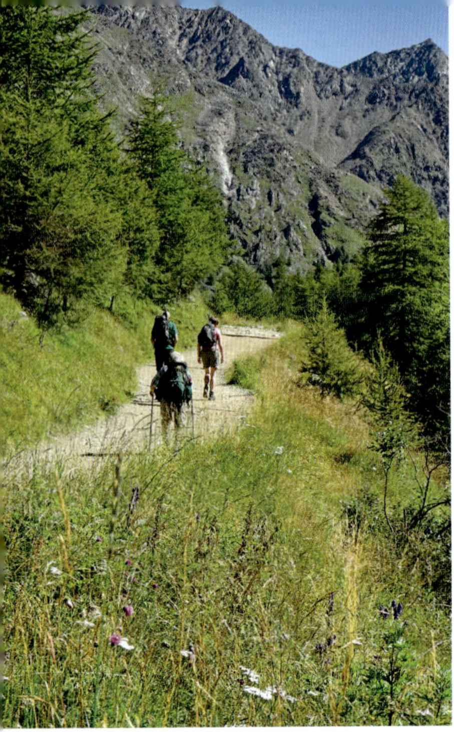

Der Meraner Höhenweg lockt auch Weitwanderer ins Pfossental.

Mitterkaser Alm ❷, die als erste der drei Pfossentaler Almen zur Rast lädt. Wenig später kommen wir bereits zur **Rableid Alm ❸**, welche ihre Gäste ebenfalls mit leckeren hausgemachten Speisen versorgt. Nun sind wir bereits auf einer Höhe von mehr als 2000 Metern. Wir folgen dem Fahrweg weiter taleinwärts, durchqueren einen lichten Lärchenwald und kommen nach etwa einer halben Stunde schließlich ans Ziel unserer Wanderung, den **Eishof ❹**. Eingebettet in sanfte Wiesen liegt er im Talboden des Pfossentales. Tische und Bänke bieten ausreichend Platz, um zu rasten und die leckeren regionalen Köstlichkeiten und den hausgemachten Käse zu genießen. Man kann auch in den Liegestühlen Platz nehmen und, begleitet vom fernen Rauschen des Baches, die einzigartige Bergwelt auf sich wirken lassen. Zurück zum **Ausgangspunkt** geht es auf dem Aufstiegsweg.

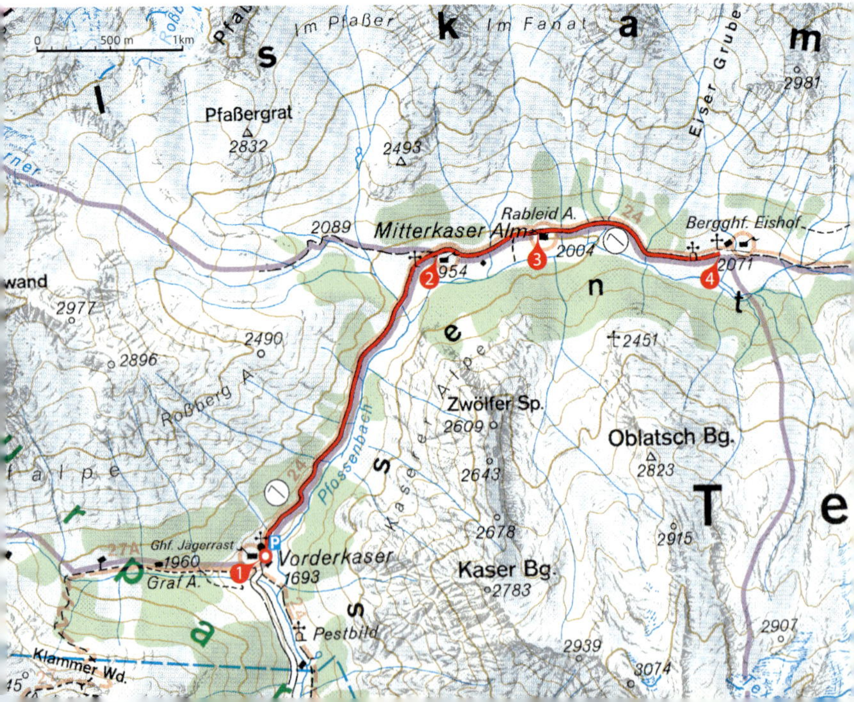

Spronser Seen, 2385 m

Von der Leiteralm zum Oberkaser

14

7.00 Std. | 13,4 km | ↗ 1190 m | ↘ 1190 m

Anspruchsvolle Rundwanderung im Naturpark Texelgruppe

Bereits die Anfahrt zu dieser sehr langen und anstrengenden, aber dafür wunderschönen und abwechslungsreichen Bergtour ist ein kleines Abenteuer. Ein Korblift bringt die Wanderer auf die 1522 Meter hoch gelegene Leiteralm. Hinauf zur größten hochalpinen Seenplatte geht es dann über einen anspruchsvollen, teilweise mit Ketten gesicherten Steig, auf dem kletterfreudige, trittsichere und schwindelfreie Zwei- und Vierbeiner sicher auf ihre Kosten kommen.

Talort: Algund (350 m); Tourismusverein Algund, Hans-Gamper-Platz 3, I-39022 Algund, Tel. +39 0473 448600, algund.info, Korblift Vellau – Talstation (GPS: 46.695506, 11.109610).

Ausgangspunkt: Bergstation Korblift Leiteralm, 1485 m.

Anfahrt: Von Meran auf der SS38 in den Vinschgau fahren und direkt vor dem großen Stauwehr der Etsch in Töll nach rechts Richtung »Vellau« abbiegen. Nun dem braunen Wegweiser »Vellau-Leiteralm« mit dem Korbliftsymbol folgen. Nach etwa 7 km am kleinen Gasthof Ladurner nach links Richtung »Parkplatz Leiteralm« abbiegen und den Teerweg bis zum Ende fahren.

Öffentliche Verkehrsmittel: Bus von Meran nach Vellau.

Anforderungen Mensch: Lange und anstrengende Bergtour. Sehr steile und lange An- und Abstiege, Kondition, Ausdauer, Schwindelfreiheit und Trittsicherheit erforderlich; schlechte Orientierung bei Nebel und Schnee; bei Nässe und Glätte gefährlich, nur bei gutem und sicherem Wetter gehen!

Anforderungen Hund: Korblift, Gitterrost-Hängebrücke auf dem Weg zum Hochganghaus, einige ausgesetzte und exponierte Stellen in der Hochgangscharte, eine schräge Eisenleiter mit 6 breiten Metallsprossen, die unteren Sprossen sind hierbei schon eher als Treppenstufen zu bezeichnen; Weidevieh (je nach Jahreszeit Kühe im Bereich der Oberkaser Alm); wenig Schatten.

Wasserstellen: Wasserstellen auf dem Weg zum Hochganghaus befinden sich in Schuttrinnen – wegen der Steinschlaggefahr sollte man sich dort nicht lange aufhalten! An den Hütten und in den Spronser Seen Trinkgelegenheiten für Hunde. Während des gesamten Auf- und Abstieges keine Trinkgelegenheit – unbedingt ausreichend Wasser mitnehmen!

Einkehr: Hochganghaus (hochganghaus.it), Tel. +39 0473 443310; Oberkaser Alm (oberkaseralm.com), Tel. +39 0473 923488; Leiteralm (ww.leiteralm.com), Tel. +39 338 3172484; Gasthaus Gasteiger an der Talstation des Korbliftes (gasteiger.it), Tel. +39 0473 448532.

Karte: Tabacco 011, Meran und Umgebung, 1:25.000; Freytag & Berndt WK S511 Meran und Umgebung, 1:25.000.

Von der **Bergstation des Korbliftes** ❶ aus gehen wir hinauf zur nur wenige Minuten entfernten **Leiteralm** ❷. Am Wegweiser unterhalb der Terrasse halten wir uns links und folgen dem mit der Nr. 24 markierten Wanderweg in Richtung »Hochganghaus«. Dieser verlässt oberhalb des Zaunes das Almgelände und führt uns wenig später in den Wald hinein.

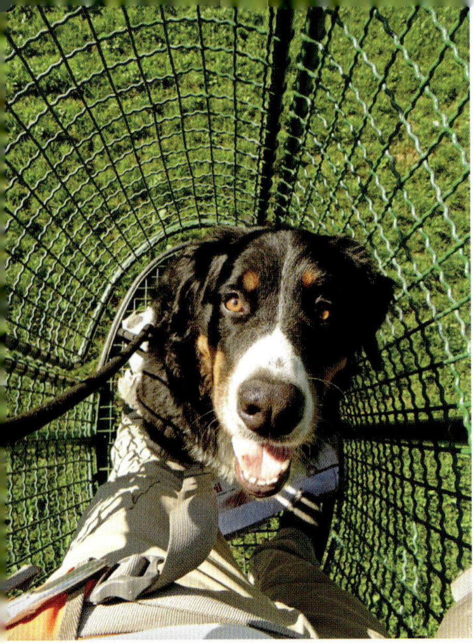

Die Fahrt mit dem Korblift ist nur etwas für Schwindelfreie.

Ein Tor mit der Aufschrift »Meraner Höhenweg« weist uns darauf hin, dass wir uns auf jenem beliebten Weitwanderweg befinden, der jedes Jahr Wanderer aus Nah und Fern zu einer Umrundung der Texelgruppe lockt. Wenig später kommen wir an einen Abzweig, wo wir dem Weg Nr. 24 geradeaus folgen. Immer am bewaldeten Hang entlang und stetig ansteigend, wandern wir weiter und kommen nach etwa einer halben Stunde an die erste Schlüsselstelle dieser Tour – eine Gitterrost-Hängebrücke, die beim Begehen durchaus ins Schaukeln gerät. Das 2011 eingeweihte, mehr als 50 Meter lange Bauwerk überspannt den Töllgraben, der vor allem nach starkem Regen und Gewittern meist sehr viel Wasser führt und Steinschläge und Murenabgänge hier nicht selten den früheren Wanderweg zerstört haben. Nun ist es nicht mehr weit bis zum **Hochganghaus ❸**, einem Schutzhaus, das seit über hundert Jahren Wanderern und Bergsteigern Quartier und Tagesgästen leckere Jausen bietet. Vor dem Hochganghaus zweigt unser Weg Nr. 7 in Richtung Hochgangscharte nach rechts ab, und an der darauf folgenden Gabelung halten wir uns abermals rechts. Vor uns erheben sich die steilen, sonnenbeschienenen Flanken der Spronser Rötelspitz, die wir in den nächsten zwei Stunden durchsteigen werden. Während der Weg im unteren Teil noch ohne größere Schwierigkeiten zu begehen ist, wird er, je höher man kommt, immer ausgesetzter und steiniger. Schwindelfreiheit und Trittsicherheit bei Mensch und Hund sind hier absolut erforderlich. Die

Beeindruckendes Panorama am Hochgangsteig.

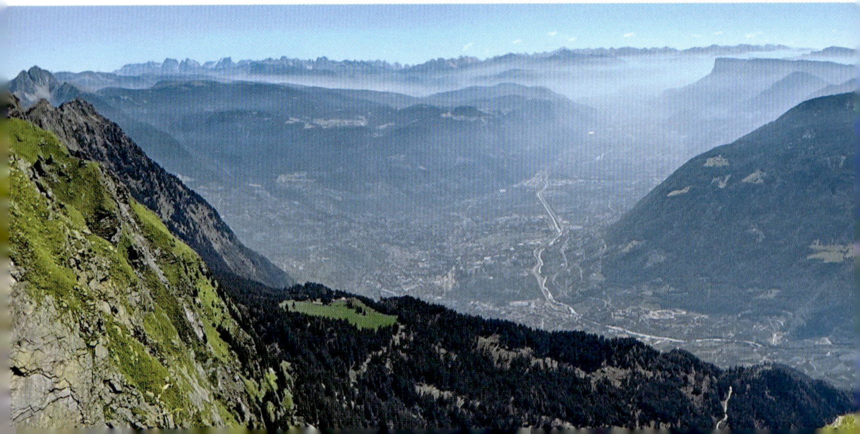

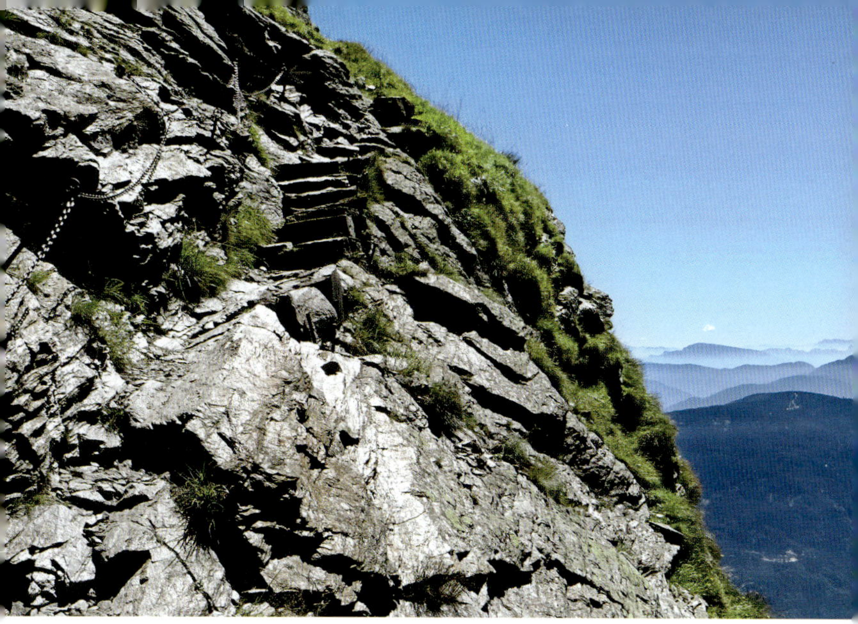

Nur für Geübte! Versicherter Steig im Aufstieg zur Hochgangscharte.

fantastische Aussicht hingegen lässt jede Verschnaufpause zum Erlebnis werden. Im oberen Bereich des Hochgangsteiges erleichtern Ketten zum Festhalten und künstlich angelegte Stufen sowie eine kurze, schräge Leiter den Aufstieg. Diese ist allerdings aufgrund der breiten, eckigen Sprossen auch für Hunde recht gut zu begehen. Nach dem langen, anstrengenden Aufstieg erreichen wir schließlich die 2441 Meter hohe **Hochgangscharte** ❹ und können zum ersten Mal in den kargen Talkessel mit dem in Geröll eingebetteten, tiefblau schimmernden Langsee auf der Nordseite des Grates blicken. Nun ist etwas Aufmerksamkeit erforderlich, um den Streckenverlauf zu erkennen. Wir folgen immer noch dem mit der Nr. 7 markierten Weg. Dieser führt uns nach der Scharte zunächst in westliche Richtung über einige Blöcke und Steine hinweg. Weiß-rote Markierungen an den Felsen erleichtern die Orientierung. We-

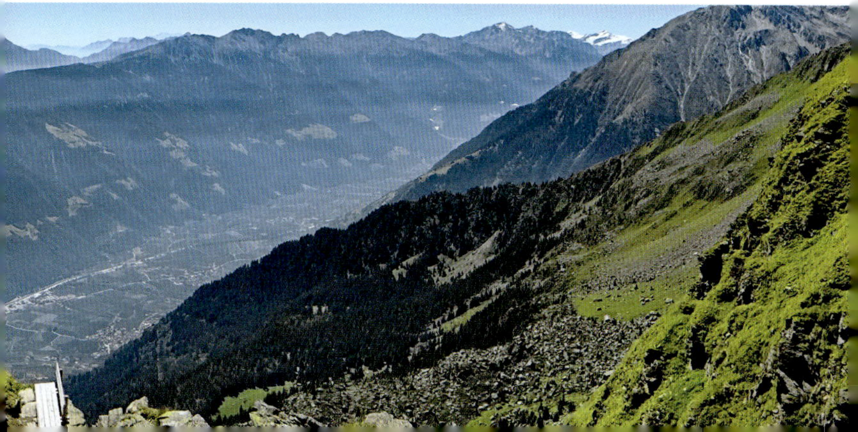

nig später ist der Pfad jedoch wieder gut erkennbar, und wir folgen diesem, bis wir abermals zu einem Wegweiser kommen. Hier nehmen wir nun den Weg Nr. 22 nach rechts, der uns zunächst am Ufer des **Langsees** ❺ entlangführt. Am Abfluss überqueren wir das Wasser und gehen gleich nach der Brücke halb links hinunter zum **Grünsee**. Auf dem Weg Nr. 22 weiter absteigend, erreichen wir schließlich die **Oberkaser Alm** ❻. Etwa zwei Drittel des Weges sind nun geschafft, und auf der Terrasse der kleinen Almwirtschaft kann man sich von den Strapazen des langen Aufstieges erholen und mit hausgemachten Köstlichkeiten verwöhnen lassen. Unser Wanderweg führt an der Hütte vorbei, und an der nächsten Weggabelung folgen wir der Ausschilderung in Richtung Mutspitz. Wir befinden uns noch immer auf dem Weg Nr. 22. Vorbei an idyllischen kleinen Bergseen und die Gipfel jenseits des Passeiertales vor Augen, geht es alsbald wieder bergauf. An einem großen Stein ist in weißen

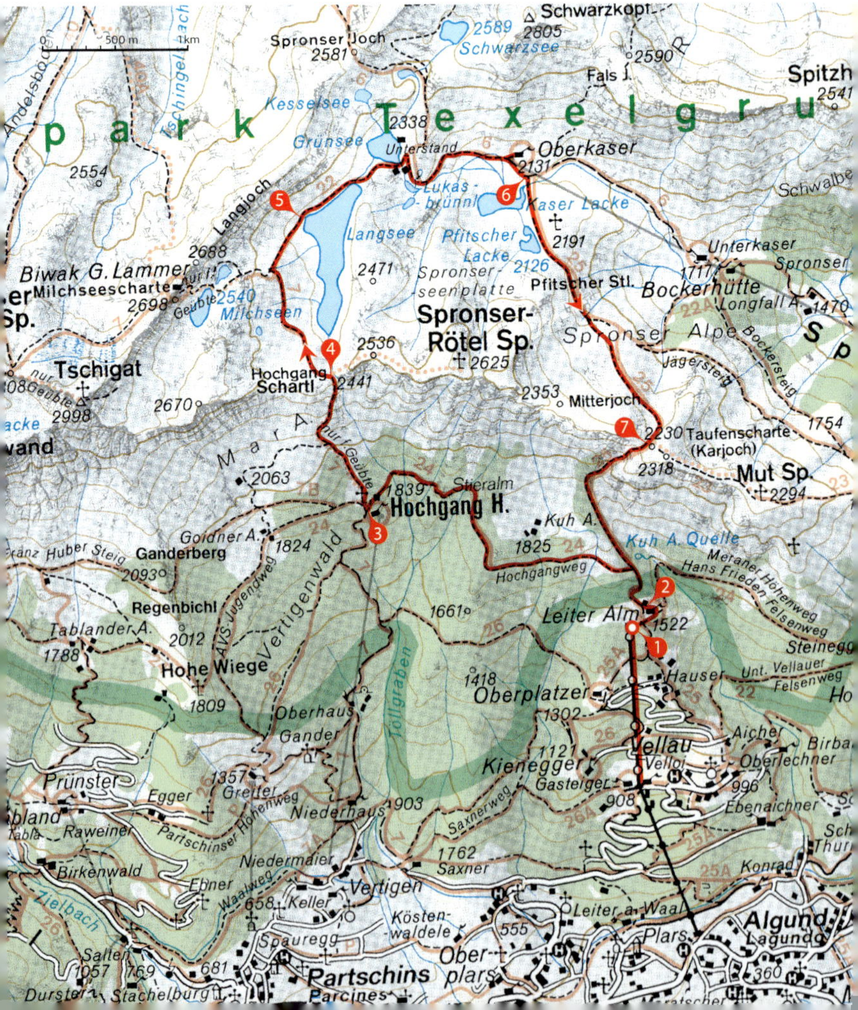

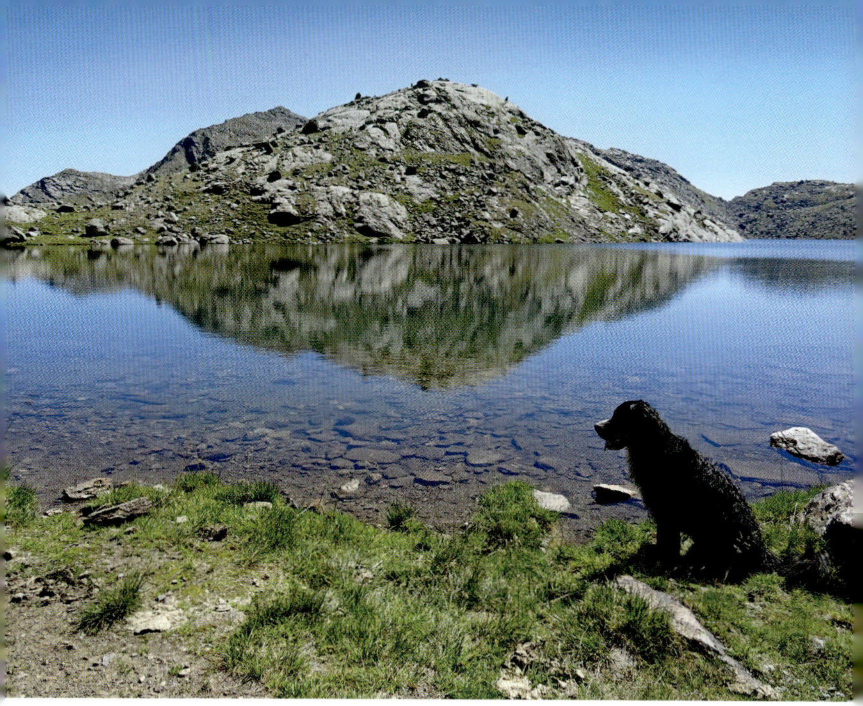

Der Langsee lädt zum Bade.

Lettern »Taufenscharte« angeschrieben und mit einem weiß-roten Pfeil nach rechts versehen. Wir folgen dieser Markierung und kommen kurz darauf an einen Wegweiser, wo wir wiederum rechts in Richtung »Taufenscharte/Mutspitz« wandern. Nun folgt der letzte Anstieg dieser Tour, bis wir nach etwa einer halben Stunde an die **Taufenscharte** ❼, einen schmalen Übergang hinüber ins Etschtal, kommen. Von hier führt uns der Weg Nr. 25 hinunter zur Leiteralm. Zuerst in engen Kehren die steile Grasrinne hinunter, später durch den Wald abwärts, stoßen wir nach circa einer Stunde wieder auf den Meraner Höhenweg, dem wir nach links zurück zum **Ausgangspunkt** folgen.

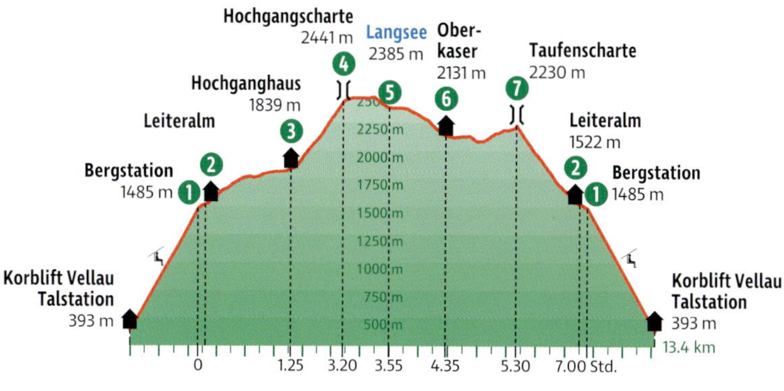

15 Gasthaus Kienegg, 1101 m

Von Vellau zum Kieneggerhof

2.15 Std. | 5,5 km | ↗ 320 m | ↘ 320 m

Entspannte Waldrunde mit großartiger Aussicht oberhalb von Vellau

Uralte Kastanienbäume, herrliche Ausblicke, abwechslungsreiche Bergwaldlandschaft und liebevoll geführte Gasthäuser begeistern auf dieser eher ruhigen Wanderung abseits des Touristentrubels am Sonnenhang über Meran.

Talort: Algund (350 m); Tourismusverein Algund, Hans-Gamper-Platz 3, I-39022 Algund, Tel. +39 0473 448600, algund.info.

Ausgangspunkt: Wanderparkplatz Vellau (910 m).

Anfahrt: Von Meran auf der SS38 in den Vinschgau fahren und direkt vor dem großen Stau-Wehr der Etsch in Töll nach rechts Richtung »Vellau« abbiegen. Nun dem braunen Wegweiser »Vellau-Leiteralm« mit dem Korbliftsymbol folgen. Nach etwa 7 km, direkt nach der Kurve am kleinen Gasthof Ladurner, befindet sich auf der linken Straße der Wanderparkplatz.

Öffentliche Verkehrsmittel: Bus von Meran nach Vellau.

Anforderungen Mensch: Leichte Wanderung auf überwiegend gut begehbaren Wegen, im Anstieg zum Kieneggerhof stellenweise Trittsicherheit erforderlich.

Anforderungen Hund: Im Herbst stachelige Kastanienhüllen im Kastanienhain unter dem Gasthaus Kienegg.

Wasserstellen: Am Gasthaus Kienegg.

Einkehr: Gasthaus Kienegg, Tel. +39 0473 448538; diverse Gasthäuser in der Ortslage Vellau.

Karte: Tabacco 011, Meran und Umgebung, 1:25.000; Freytag & Berndt WK S511 Meran und Umgebung, 1:25.000.

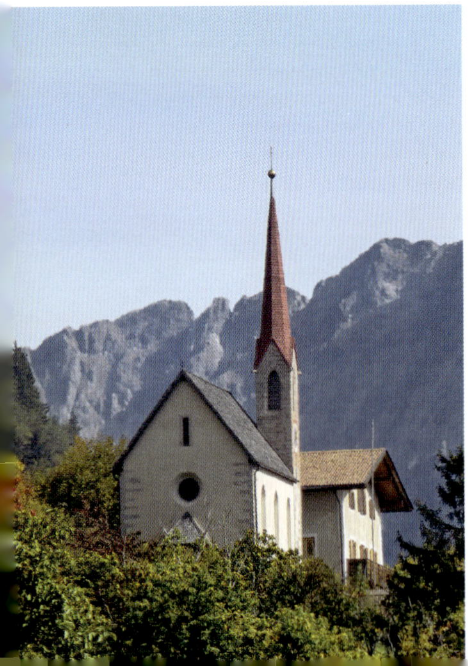

Vom Parkplatz in **Vellau** ❶ folgen wir der Wegmarkierung 26A des Saxnerweges auf der Straße westwärts. Nach etwa 200 Metern schlängeln wir uns zwischen der Talstation des Korblifts und dem Gasthaus Gasteiger hindurch und folgen dem Fahrweg noch circa 100 Meter. Am Waldrand halten wir uns halb links und wandern auf dem Pfad in den Wald hinein. Ohne größere Höhenunterschiede führt der schmale, aber gute Wanderweg am Südhang entlang. Einige Bänke laden zum kurzen Verweilen ein. Nach etwa 1,5 Kilometern treffen wir auf den Abzweig in den Kieneggerweg (Nr. 26). Hundert Meter weiter befindet sich der Sax-

Das Kirchlein zur Heiligen Dreifaltigkeit in Vellau.

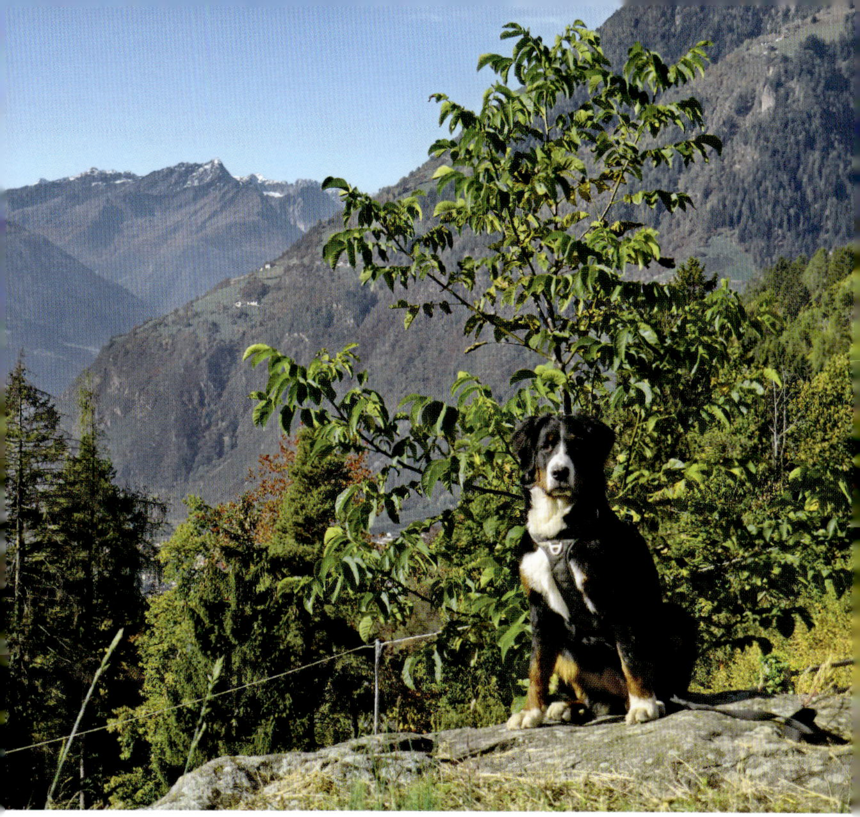

Auch mit jungen Hunden ist diese Wanderung gut zu bewältigen.

nerhof, ebenfalls eine kleine Wirtschaft. Wir biegen jedoch gleich scharf rechts in den **Kieneggerweg** ❷ ab, der uns zuerst steil bergan führt. Wenig später wendet der Weg sich nach rechts und führt nun für etwa zehn Minuten gemächlicher am Hang entlang, um anschließend durch einen eindrucksvollen, dichten Hochwald wieder steiler anzusteigen. Der mit Felsen gespickte Wanderweg erfordert auf diesem Stück erhöhte Aufmerksamkeit. Bald darauf verläuft der Steig nun rechts weiter, unterhalb einer Forststraße entlang, bis er letztlich in diese mündet. Wir folgen der Forststraße in gleicher Richtung weiter bis zum **Gasthaus Kienegg** ❸. Von der Sonnenterrasse aus werden wir mit einer unvergleichlichen Aussicht auf Meran und die umliegenden Berge für die Mühen des Aufstieges belohnt. Die Wirtschaft wird liebevoll als Familienbetrieb geführt und besticht durch ihre schmackhafte und bodenständige Küche sowie die verschiedenen selbst gemachten Säfte und leckeren Kuchen. Direkt am Haus entlang führt uns der mit der Nr. 26 markierte Wanderweg nun

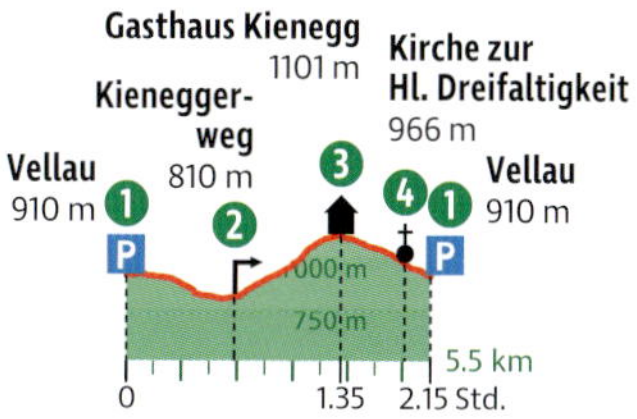

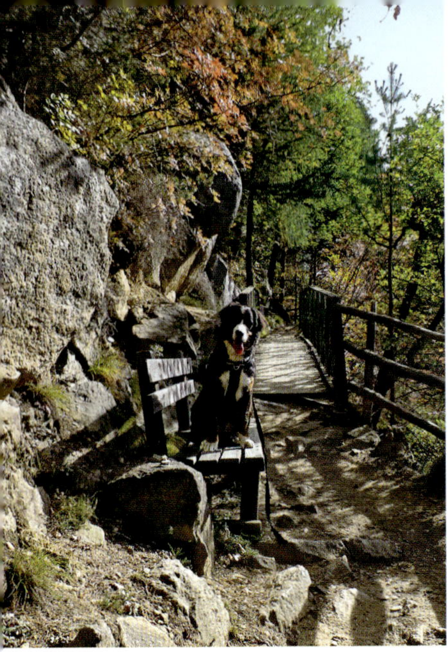

Auf dem Saxnerweg laden immer wieder Bänke zum Verweilen ein.

stetig abwärts. Kurz nach dem Kieneggerhof queren wir die Fahrstraße zum Hof, wo wir nochmal den schönen Blick genießen können, um dann wieder durch den Wald weiter abzusteigen. Bald überqueren wir nochmals eine Straße. Im folgenden Waldstück fallen die großen, alten Esskastanienbäume auf, die den Weg im Herbst mit ihren stachligen Kastanienhüllen überziehen. Nach wenigen Gehminuten verlassen wir den Wald und wandern auf einem Wiesenweg zu einem Bauernhof. Hier folgen wir der Ausschilderung durch die Häusergruppe hindurch nach rechts und vor der Wiese einem schmalen Steig nach links hinunter zum Vellauer Kirchlein zur **Hl. Dreifaltigkeit ❸**. Das kleine Gotteshaus wurde im Jahre 1895 geweiht, nachdem die alte Kirche für die ständig wachsende Bevölkerung zu klein geworden war. Am benachbarten Bauernhaus vorbei, stoßen wir auf die Zufahrtsstraße zum Gasthof Oberlechner. Hier beginnt auch der bekannte Vellauer Felsenweg, den wir jedoch links liegen lassen. Wir halten uns scharf rechts, folgen der Teerstraße bis zur nächsten Einmündung und nehmen dann das unscheinbare Steiglein unterhalb der Ferienpension Gilli hinunter zum **Ausgangspunkt**.

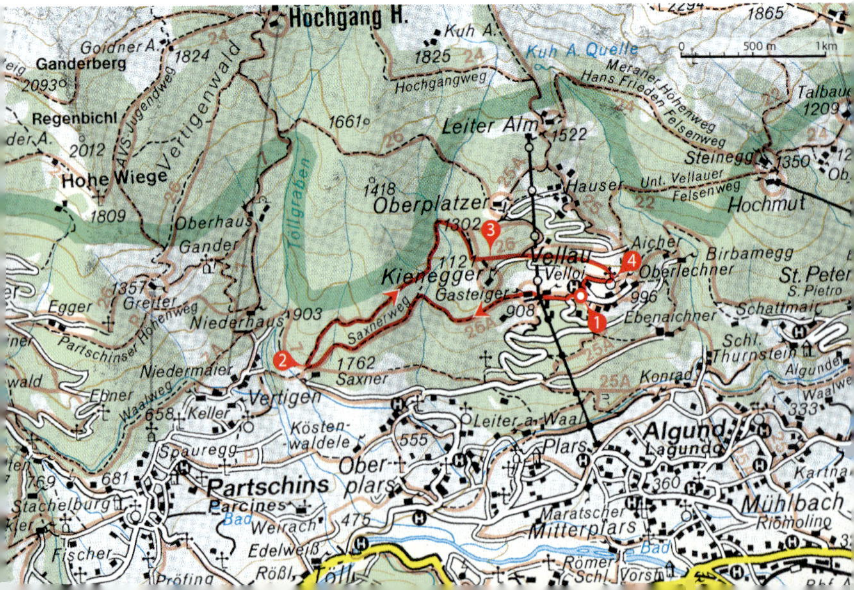

Mutspitze, 2294 m

Vom Gasthof Hochmuth auf die Mutspitze

16

5.45 Std. | 9,5 km | ↗1000 m | ↘1000 m

Gipfelglück hoch über Meran

Markant erhebt sich der zackige Kamm der Texelgruppe über dem Vinschgau. Sein südöstliches Ende bildet die Mutspitze, ein wunderschöner Aussichtsberg, der hoch über dem Meraner Talkessel thront. Bei gutem Wetter hat man hier einen grandiosen Rundblick vom Vinschgau mit den vergletscherten Gipfeln der Ortlergruppe über das Meraner Becken und das Etschtal hinunter bis Bozen und zu den Dolomiten.

Talort: Dorf Tirol (573 m); Tourismusverein, Hauptstraße 31, I-39019 Dorf Tirol, Tel. +39 0473 923314, dorf-tirol.it; Talstation der Seilbahn Hochmuth, 650 m (GPS: 46.696409, 11.152437).

Ausgangspunkt: Seilbahn Hochmuth, Bergstation, 1361 m.

Anfahrt: Von Meran auf der SS44 (Jaufenstraße) Richtung Tirol/Jaufenpass/Timmelsjoch fahren und nach dem Ortsausgang Meran links nach Dorf Tirol abbiegen. Die Seilbahnstation befindet sich am Ende des Orts auf der linken Seite.

Öffentliche Verkehrsmittel: Bus von Meran nach Dorf Tirol bis »Tirol Busbahnhof«, dann zu Fuß bis zur Seilbahn Hochmuth.

Anforderungen Mensch: Vor allem zwischen Mutspitze und Taufenscharte stellenweise Trittsicherheit und Schwindelfreiheit erforderlich, an einer Stelle Abstieg über 8 in den Fels gehauene Eisenklammern; auf dem Weg zwischen Leiteralm und Gasthaus »Steinegg« Schwindelfreiheit erforderlich. Bei Nässe und Glätte gefährlich, schlechte Orientierung bei Nebel und Schnee, nur bei gutem Wetter gehen!

Anforderungen Hund: Wenig Schatten und Trinkgelegenheiten; kurz vorm Gipfel der Mutspitze sowie auf dem Weg zwischen Mutspitze und Taufenscharte teilweise ausgesetzter und abschüssiger Steig; Schlüsselstelle ist ein knapp 1,5 Meter hoher Absatz mit Klammern im Fels, im Abstieg zu überwinden, Hunde können die Stelle über Felsblöcke neben den Eisenklammern umgehen und dabei im Geschirr gehalten werden; im Bereich des Gipfels weiden häufig Schafe.

Variante: Abstieg von der Mutspitze auf dem Aufstiegsweg. In dem Fall beträgt die Gesamtgehzeit etwa 4.30 Std. Die Schwierigkeit ist dann sowohl für Menschen, als auch für Hunde rot.

Wasserstellen: Trinkgelegenheit für Hunde nur an den Gasthäusern und auf einer Almwiese oberhalb des Berggasthauses »Mutkopf« – ausreichend Wasser mitnehmen!

Einkehr: Gasthof Hochmuth (hochmuth.it), Tel. +39 333 2668484; Gasthaus »Steinegg«, (steinegg.it), Tel. +39 338 9004531; Berggasthaus Mutkopf; Leiteralm (leiteralm.com), Tel. +39 338 3172484.

Karte: Tabacco 011, Meran und Umgebung, 1:25.000.

Da dies keine Viehtränke ist, darf Senta ihre Füße darin kühlen.

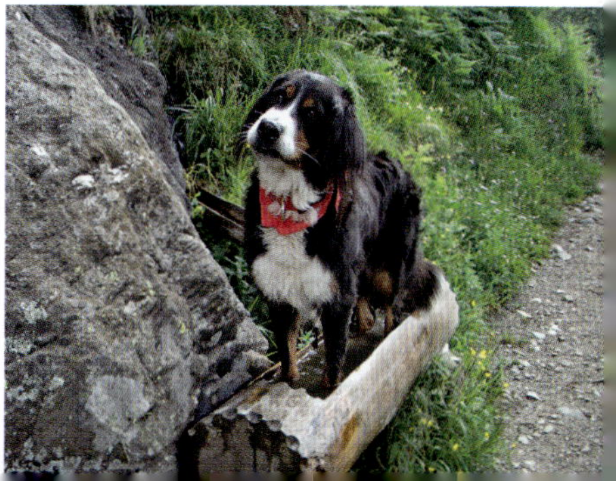

An der **Bergstation der Seilbahn** ❶ nehmen wir den Weg in Richtung »Mutkopf«. Zuerst geht es ein paar Stufen hoch, dann auf einem aussichtsreichen Pfad unterhalb einer Natursteinmauer weiter. Dem Pfad folgen wir bis zu einem Kuhstall, gehen vorm Stallgebäude links empor (Ausschilderung »Mutkopf«), dann hinten rechts um das Gebäude herum und den Berg hinauf. Ein gepflasterter Steig führt uns nun durch duftende Bergwiesen aufwärts. Am Kruzifix, wo müde Wanderer schon eine erste Verschnaufpause einlegen können, halten wir uns rechts und wandern nun auf einem schönen Weg durch den Wald. Immer wieder geben Lücken im Bewuchs den Blick auf die tief unter uns liegende Kurstadt Meran frei. Unser Weg führt uns stetig bergan, und nach etwa einer halben Stunde gelangen wir an einen Wegweiser. Hier begegnen wir zum ersten Mal der Ausschilderung unseres Gipfelzieles »Mutspitz«. Wir folgen dem Weg Nr. 23 nach links und kommen wenig später an das **Berggasthaus Mutkopf** ❷. Links des Weges befindet sich ein Holzhaus. Wir gehen um dieses herum und anschließend gleich noch einmal nach links den Berg hinauf. Ein überwiegend mit Feldsteinen gepflasterter

Am Gipfelkreuz der Mutspitze.

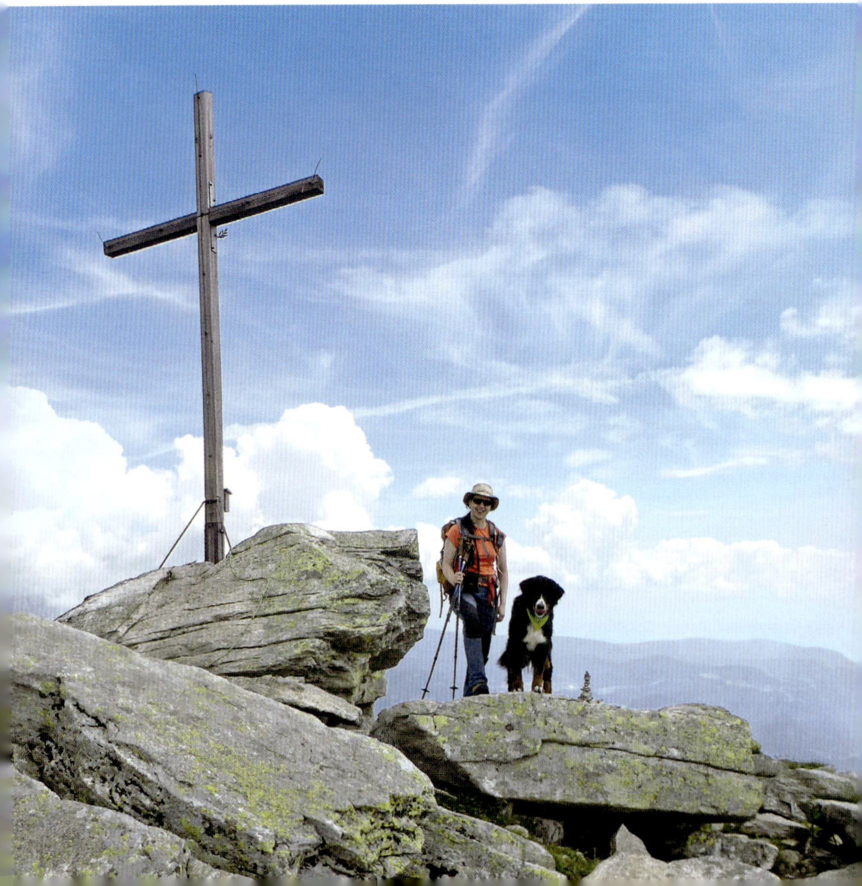

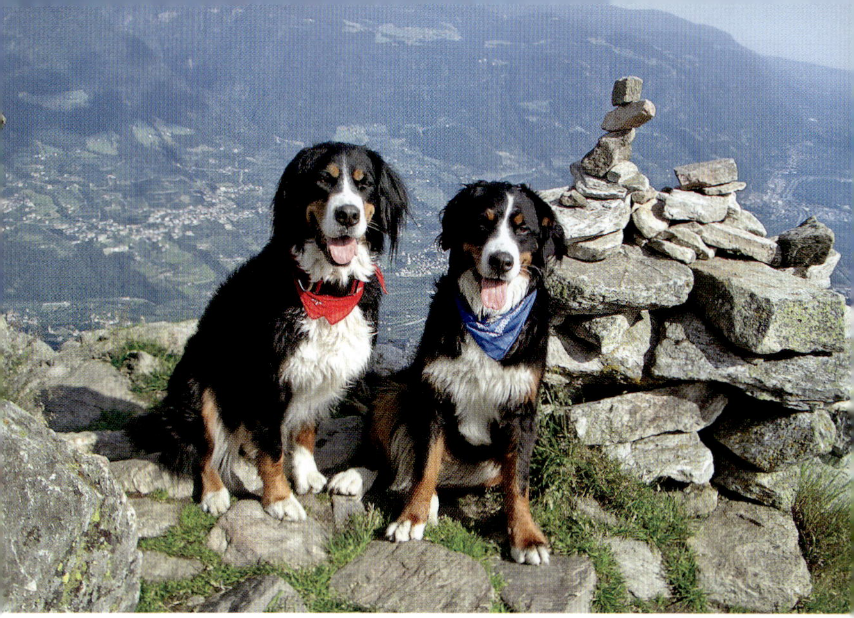

Rast auf der Mutspitze.

Weg, gesäumt von Holzgeländern, führt uns über duftende Bergwiesen aufwärts. Der Baumbestand wird lichter und der Weg merklich steiler, und nach circa einer halben Stunde kommen wir abermals an einen Wegweiser. Die Ausschilderung »Mutspitz« leitet uns nach links. Über Steinstufen geht es immer steiler bergan. Es bieten sich wunderbare Ausblicke nach rechts ins Spronsertal und nach links ins Etschtal, das Gipfelkreuz der Mutspitze scheint in greifbarer Nähe. Bald enden die Holzgeländer, und der Weg wird etwas ausgesetzter. Künstlich angelegte Stufen erleichtern den Aufstieg, bevor wir wenig später das Gipfelkreuz der **Mutspitze** ❸ erreichen. Das grandiose Panorama lädt zum Genießen und Verweilen ein, bevor wir uns auf den Weg zur Taufenscharte machen. Wir überqueren den Gipfel in nordwestlicher Richtung. Ein rot-weißer Pfeil und die Aufschrift »Taufenscharte«, die auf eine Steinplatte aufgebracht sind, weisen uns die Abstiegsrichtung. Der Weg ist durch künstlich angelegte Stufen gut zu begehen, allerdings ist unbedingt Schwindelfreiheit erforderlich. Es ist empfehlenswert, Hunde direkt hinter sich laufen und nicht vom Weg abgehen zu lassen, da hier an vielen Stellen Absturzgefahr besteht. Nach etwa 10 Minuten erreichen wir die Schlüsselstelle dieses Abstiegsweges. Die Überwindung eines knapp 1,5 Meter hohen Absatzes wurde für Menschen durch einige Eisenklammern im Fels erleichtert. Hunde können mit etwas Unterstützung im Geschirr über Felsblöcke neben den Eisenklammern vorsichtig hinuntergeführt werden. Etwa

An der Taufenscharte beginnt der steile Abstieg ins Tal.

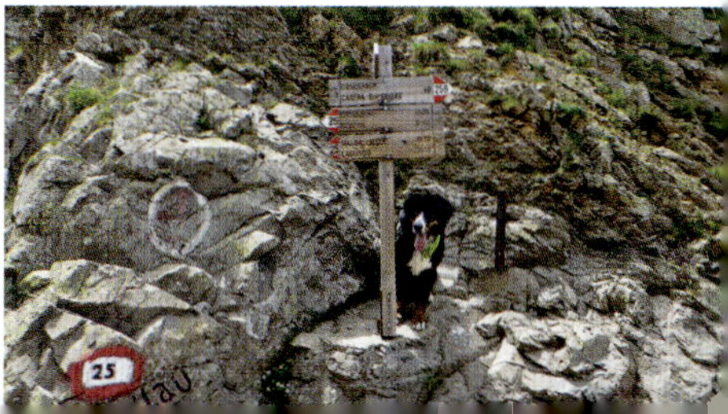

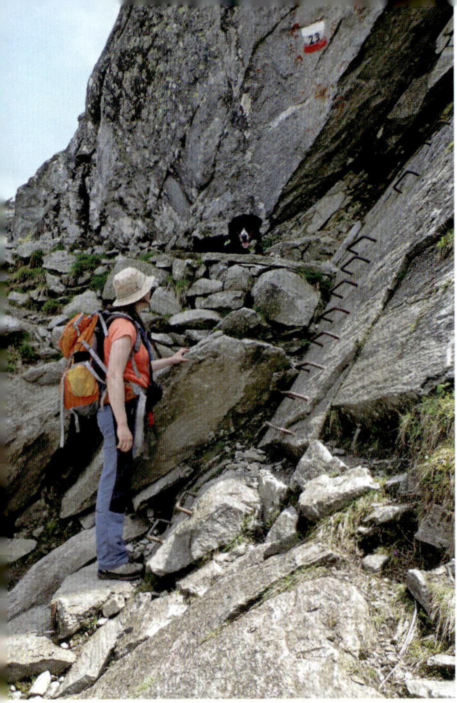

Hier benötigt unser vierbeiniger Bergkamerad unsere Hilfe.

20 Minuten später erreichen wir die **Taufenscharte ❹**, den Übergang zwischen Spronsertal und Etschtal. Der Weg Nr. 25 führt uns nach links. In engen Kehren schmiegt sich der Pfad an die steile, grasbewachsene Rinne, und wir verlieren rasch an Höhe. Nach etwas mehr als einer Stunde stoßen wir auf einen Querweg, den wir nach links weitergehen, und erreichen wenig später die **Leiteralm ❺**. Die exponierte Lage dieser hübschen Almwirtschaft hoch über Meran lädt geradezu ein, sich bei einer kühlen Buttermilch vom beschwerlichen Abstieg zu erholen, bevor wir den letzten Wegabschnitt dieser abwechslungsreichen Wanderung in Angriff nehmen. Dazu gehen wir unterhalb der Sonnenterrasse vorbei bis zum Zaun, wo man einen wundervollen Ausblick auf Meran und die umliegenden Berge hat. Am Zaun wenden wir uns nach links, lau-

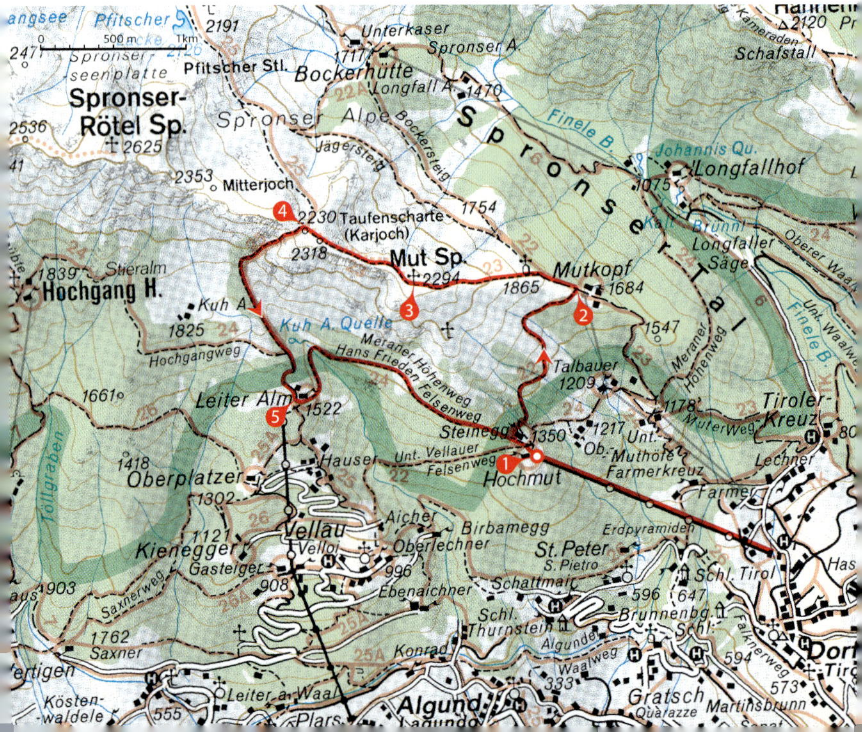

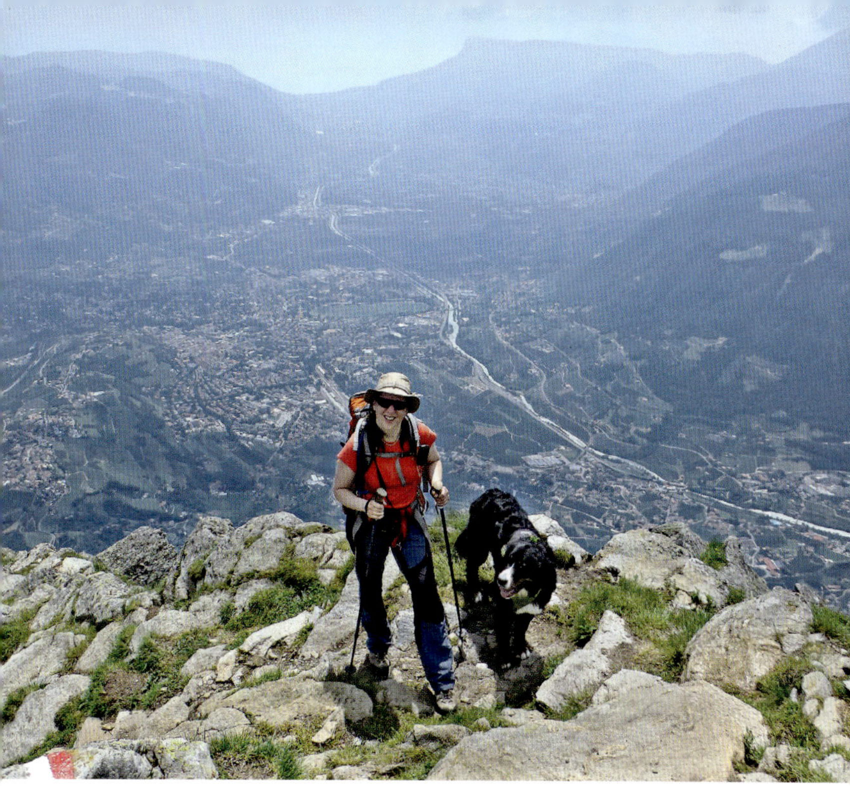

Aufstieg zum Gipfel – tief unter uns der Talkessel von Meran.

fen unter dem Schild »Meraner Höhenweg« hindurch und befinden uns nun auf dem Hans-Frieden-Felsenweg. Dieser teilweise in den Fels geschlagene Höhenweg bietet immer wieder atemberaubende Aus- und Tiefblicke. Absolute Schwindelfreiheit ist hier erforderlich. Achtung, Hunde unbedingt anleinen, neben dem Weg besteht Absturzgefahr! Nach etwa einer halben Stunde erreichen wir die Wegkreuzung mit dem Kruzifix, unterhalb des **Gasthauses Steinegg**, an der wir am Anfang unserer Tour abgebogen sind. Das letzte Stück wandern wir nun auf dem bereits bekannten Aufstiegsweg zurück zur **Bergstation**.

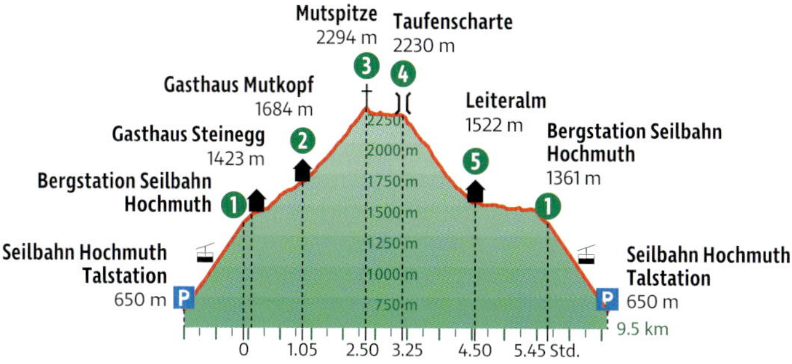

17

Passerschluchtenweg, 780 m

Von St. Leonhard nach Moos i. Passeier

2.45 Std. | 8,2 km | ↗ 440 m | ↘ 110 m

Auf Gitterstegen über tosende Wasser

Im Jahre 2015 wurde die wilde Passerschlucht zwischen St. Leonhard und Moos für Wanderer durchgehend begehbar gemacht. Ein spannender Weg, der immer wieder auf Gitterstegen und über Gitterbrücken hoch über den tosenden Fluten der Passer entlangführt, wartet vor allem an warmen Tagen mit einem kühlen, erfrischenden Klima auf. Für Hunde, die kein Problem mit Gitterrosten haben, ist diese Tour daher besonders an heißen Sommertagen sehr empfehlenswert.

Talort: St. Leonhard in Passeier (689 m); Tourismusverein Passeiertal, Passeirerstraße 40, I-39015 St. Leonhard in Passeier, Tel. +39 0473 656 188, passeiertal.it.
Ausgangspunkt: Touristinformation St. Leonhard, 690 m (GPS: 46.811057, 11.245825).
Anfahrt: Von Meran auf der SS44 (Jaufenstraße) Richtung Tirol/Jaufenpass/Timmelsjoch bis nach St. Leonhard fahren. Direkt unter der Touristinformation auf der linken Straßenseite befindet sich ein Parkhaus (Einfahrt vor dem Spar-Markt).
Öffentliche Verkehrsmittel: Bus von Meran nach St. Leonhard bis »St. Leonhard Busbahnhof«.
Anforderungen Mensch: Einfache Wanderung auf überwiegend gut begehbaren Wegen, einige kürzere, teils recht steile Anstiege.
Anforderungen Hund: Schattige Schluchtenwanderung, Gitterbrücken, -treppen und -stege im gesamten Tourverlauf.
Wasserstellen: Während der gesamten Wanderung immer wieder Trinkgelegenheiten für Hunde.
Einkehr: In St. Leonhard und Moos.
Karte: Tabacco 039, Passeiertal, 1:25.000.

Neben dem Eingang zur **Touristinformation** ❶ befindet sich das stählerne Treppenhaus zur Tiefgarage. Wer sich nicht sicher ist, ob sein vierbeiniger Begleiter problemlos die Gitterwege in der Passerschlucht bewältigen wird, kann dies hier bereits einmal auf den Gitterrosttreppen testen. Zwischen Touristinformation und Treppenhaus führt unser Weg über eine überdachte Holzbrücke, unter der die rauschenden Fluten des Wanser Baches ihrer Mündung in die Passer entgegenströmen. Wir überqueren das Wasser, der Ausschilderung »Passerschlucht / Moos« (Weg Nr. 1) folgend. Durch eine kleine Einkaufsstraße kommen wir zur Raiffeisenkasse. Hier leitet uns der Wegweiser nach links in die Andreas-

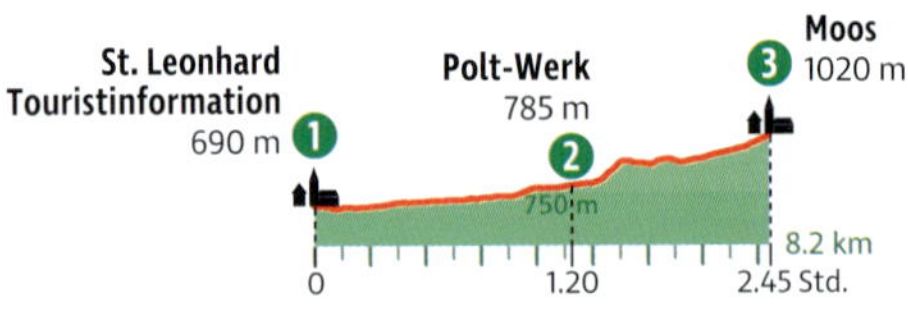

Über Jahrmillionen formte das Wasser diesen beeindruckenden Canyon.

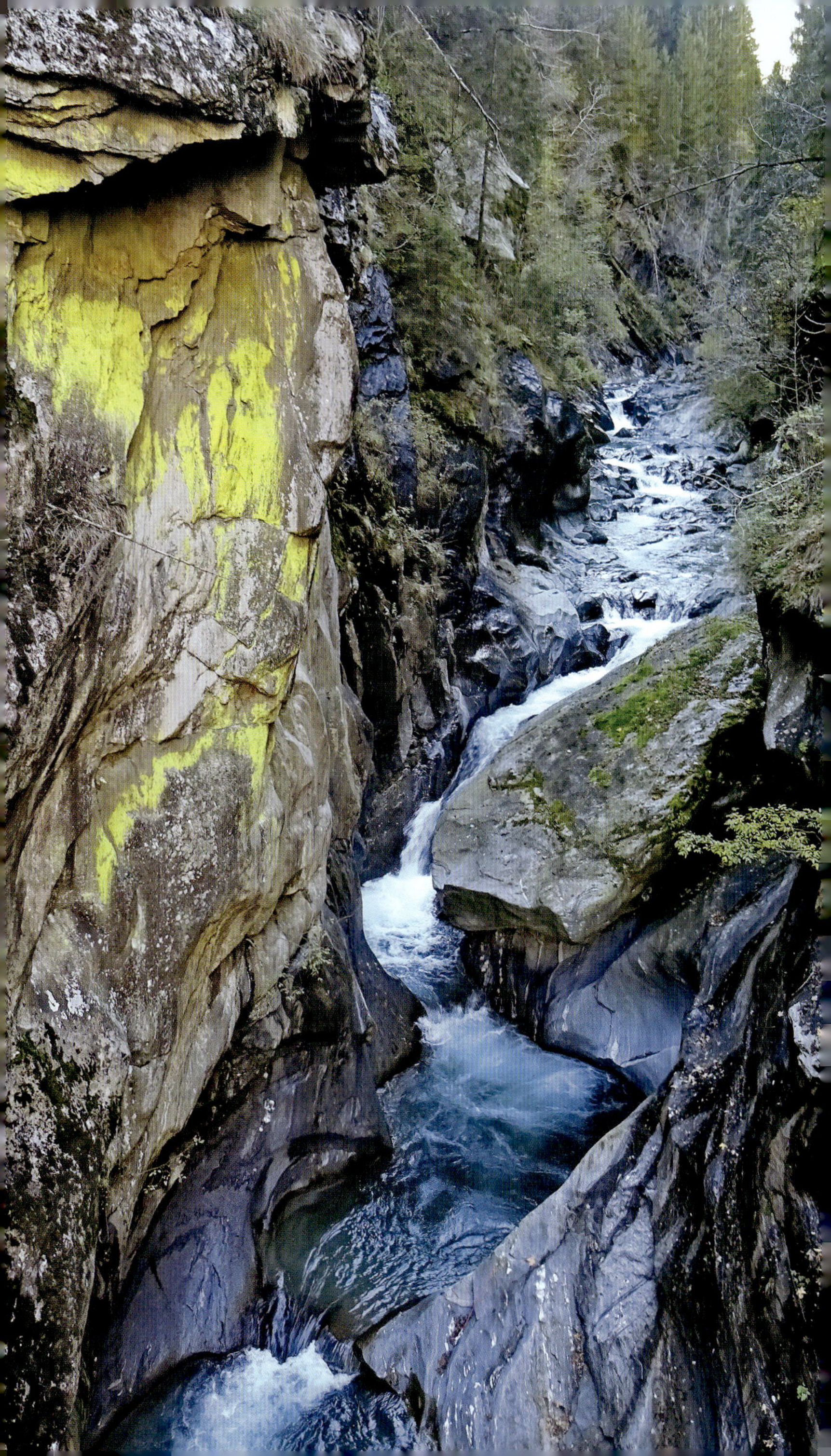

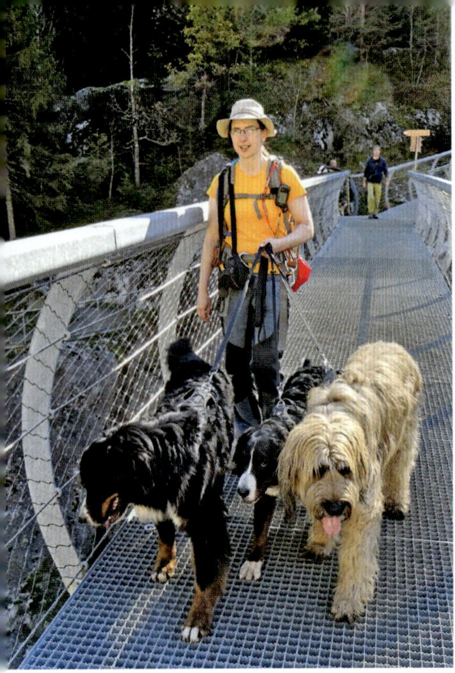

Schwindelfrei sollte man hoch über der Schlucht auf jeden Fall sein.

Hofer-Straße, an deren Ende wir nach rechts weiterwandern. Eine schmale Gasse führt uns am Recyclinghof vorbei, und wir kommen wenig später an einen Kreisverkehr. Gegenüber erblicken wir schon einen braunen Wegweiser zum Campingplatz. Dort führt uns auch der Weg Nr. 1 hin. Vorbei an den Sportplätzen und an besagtem Campingplatz verlassen wir schließlich die Ortslage und wandern in einem idyllischen Wiesental flussaufwärts. Nach etwa einer halben Stunde überqueren wir zum ersten Mal die Passer, und am gegenüberliegenden Ufer führt uns nun der **Passerschluchtenweg** immer weiter taleinwärts. Lehrtafeln am Wegrand geben in regelmäßigen Abständen Auskunft über Natur, Geologie und Geschichte an und in der Schlucht. So kann man zum Beispiel das stillgelegte **Polt-Werk** ❷ besichtigen, das von 1955 bis in die 70er-Jahre des 20. Jahrhunderts die umliegenden Gemeinden mit Strom versorgte. Nach dem Polt-Werk be-

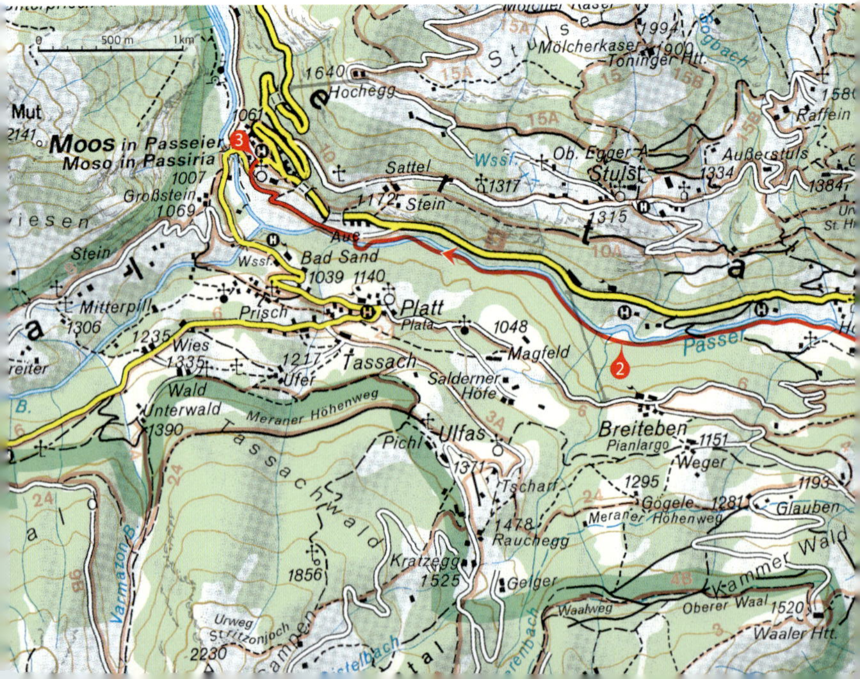

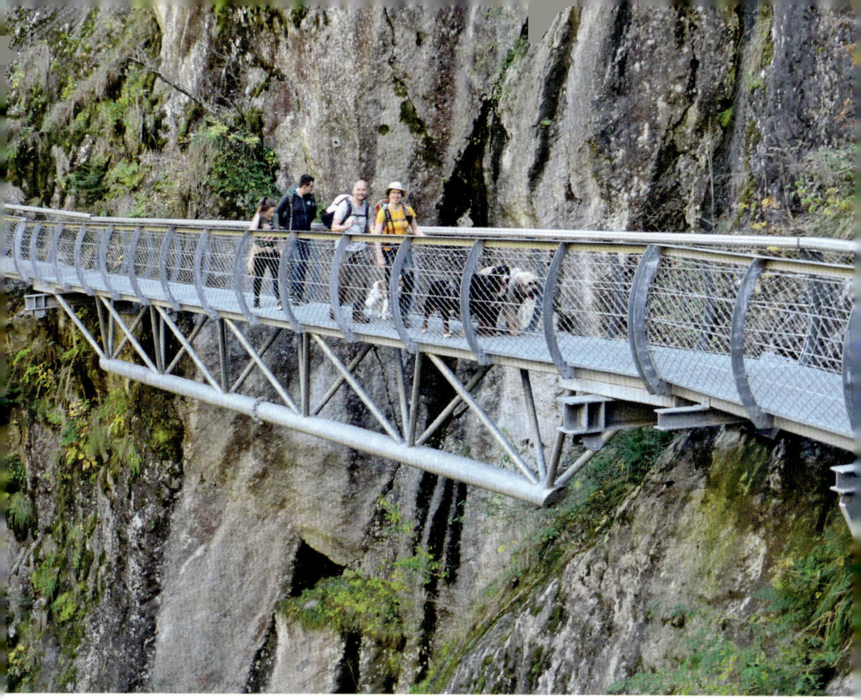

Auf Gitterstegen und -brücken geht es durch die Passerschlucht.

ginnt bald das spannendste Stück des Weges. Hoch über dem tosenden Wasser geht es auf am Fels befestigten Gitterstegen oder über abenteuerliche Gitterbrücken durch die Schlucht, bis wir schließlich an einem Flutschutzwall die letzte große Brücke überqueren. Gegenüber führt der Weg an einem kleinen Imbiss vorbei rechts hinauf und anschließend sogleich wieder nach links. Wir passieren eine kleine Kapelle und stoßen wenig später in einer Kehre auf einen befestigten Weg. Hier halten wir uns rechts. Unter hohen Felsen entlang gelangen wir schließlich zu den ersten Häusern von **Moos**. Wir folgen der Teerstraße bis hinauf zur Kirche und nehmen dann den Fußweg neben der Hauptstraße nach rechts ins **Ortszentrum** ❸. Gegenüber dem Café Maria befindet sich die Bushaltestelle für die Rückfahrt nach St. Leonhard. Der Bus hält in **St. Leonhard** am Busbahnhof, direkt neben der **Touristinformation**.

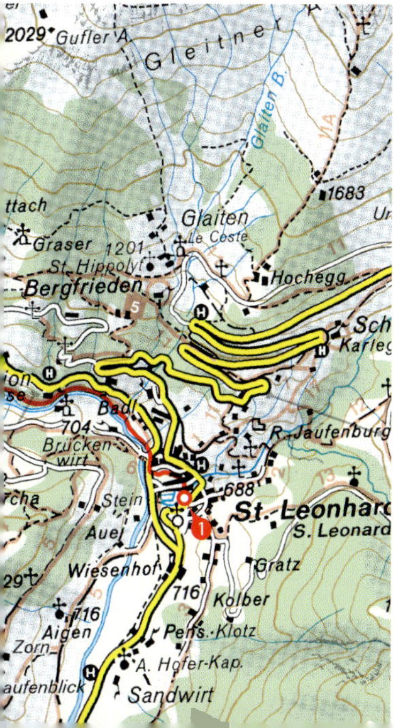

18 Hirzerhütte, 1983 m

Über die Mahd-Alm zur Hirzerhütte

2.45 Std. | 7,0 km | ↗ 410 m | ↘ 410 m

Almwanderung im Schatten des Hirzers

Hoch über dem Passeiertal, am Fuß des Hirzers, erstreckt sich eine liebliche Almlandschaft, die mit einer Seilbahn sehr gut zu erreichen ist. Mehrere bewirtschaftete Hütten verwöhnen ihre Gäste mit allerlei Köstlichkeiten aus eigener Produktion, und der abwechslungsreiche Weg wartet immer wieder mit wunderschönen Ausblicken auf die spitzen Gipfel der Texelgruppe und weit über das Etschtal auf.

Talort: Saltaus (490 m); Tourismusverein Passeiertal, Passeirerstraße 40, I-39015 St. Leonhard in Passeier, Tel. +39 0473 656 188, passeiertal.it; Mittelstation der Hirzer Seilbahn, 1404 m (GPS: 46.734424, 11.227434). Man kann auch an der Talstation in Saltaus parken, doch sind da die Parkplätze immer recht schnell belegt, und die Bahn ist auf dem ersten Teilstück meist sehr voll.
Ausgangspunkt: Hirzer Seilbahn, Bergstation Klammeben, 1980 m.
Anfahrt: Von Meran auf der SS44 (Jaufenstraße) Richtung Tirol/Jaufenpass/Timmelsjoch fahren und nach der Ortsdurchfahrt Saltaus rechts Richtung Tall abbiegen. Der schmalen Bergstraße für 9,5 km folgen. Der Parkplatz befindet sich nach dem Kirchlein von Prenn auf der rechten Seite.
Öffentliche Verkehrsmittel: Bus von Meran nach St. Leonhard bis »Saltaus«, dann zu Fuß zur Talstation der Hirzer-Seilbahn.
Anforderungen Mensch: Einfache Wanderung auf überwiegend gut begehbaren Wegen und Pfaden, in den Wäldern teilweise Wurzeln und Steine, die bei Nässe rutschig sein können und etwas Trittsicherheit erfordern.
Anforderungen Hund: Weidevieh (je nach Jahreszeit Kühe im gesamten Bereich der Wanderung); wenig Schatten.
Wasserstellen: Während der gesamten Wanderung immer wieder Bäche und Viehtränken.
Einkehr: Mahd-Alm, Tel. +39 348 7934572; Hintereggalm (hintereggalm.it), Tel. +39 389 248 9167, Tallner-Alm und Hirzerhütte (hirzerhuette.com), Tel. +39 330 515900.
Karte: Tabacco 011, Meran und Umgebung, 1:25.000.

Gegenüber dem Ausgang der **Bergstation** ❶ leitet uns ein Wegweiser mit der Aufschrift »Gompm Alm« nach links. Wir gehen durch die kleine Tür im hölzernen Weidezaun und halten uns sofort links. Zunächst ist der Pfad etwas schlecht zu erkennen, doch nur ein paar Meter weiter sieht

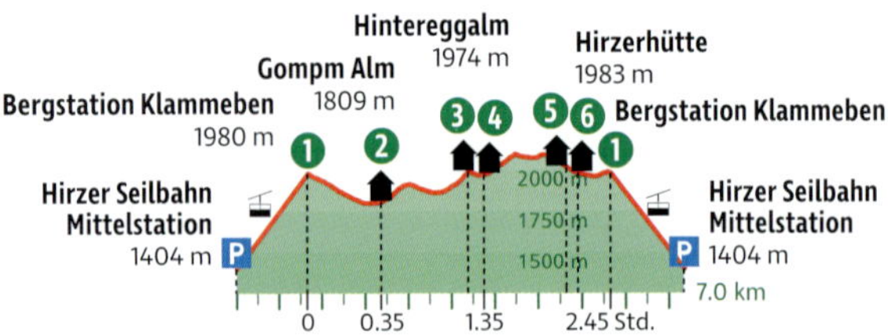

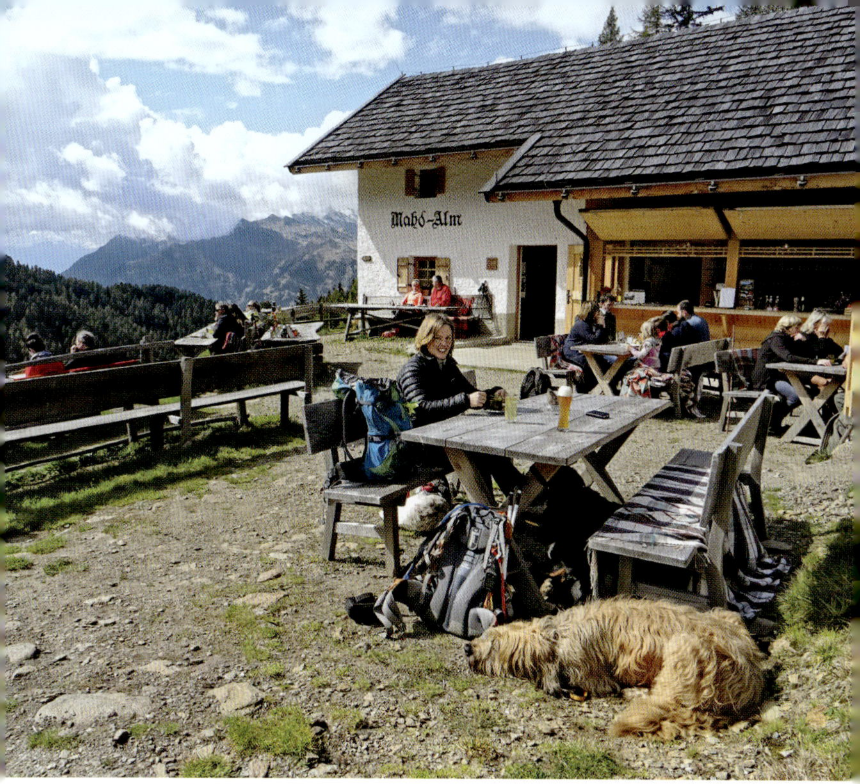

Eine Rast an der urigen Mahd-Alm sollte man sich nicht entgehen lassen.

man sowohl den Wegverlauf, als auch einen etwas weiter unten stehenden Wegweiser mit einer Bank daneben. Hier halten wir uns weiter an die Ausschilderung »Gompm Alm«. Durch den lichten Nadelwald führt unser Pfad zunächst abwärts und stößt wenig später an einen Querweg, der mit der Nummer 2 markiert ist. Wir gehen nach rechts, überqueren einen Bach und kommen bald zum Eingang der **Gompm Alm ❷**. Unter dem großen hölzernen Schild, das zwischen zwei Bäumen angebracht ist, wandern wir hindurch zur etwas weiter hinten gelegenen, bewirtschafteten Almhütte. An deren Giebelseite steigen wir links die Treppe hinunter und wandern dann unten am Haus vorbei. Zwischen zwei Holzhütten hindurch führt uns nun ein Pfad über die Wiese bergan bis zu einem hölzernen Weidezaun, den wir durchqueren und anschließend an ihm entlang nach links weitergehen. Unser Weg Nr. 4 führt nun durch den Wald bergan, und bereits nach einer halben Stunde treffen wir wieder auf Weideland. Hier teilt sich nun der Weg. Wir folgen dem Wiesenpfad, der geradeaus steil bergan zur **Mahd-Alm ❸** führt. Eine Rast an dieser urigen kleinen Almwirtschaft sollte man sich nicht entgehen lassen. Auf der Sonnenterrasse kann man herrlich entspannen und das wunderbare Bergpanorama auf sich wirken lassen. Nun folgen wir ein kleines Stück dem Europäischen Fernwanderweg E5. Er führt zunächst auf dem Almfahrweg, wenig

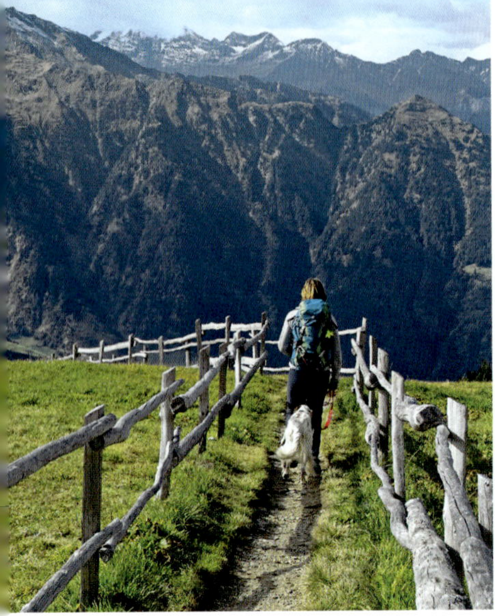

Ein aussichtsreicher Wanderweg führt hinunter zur Hirzerhütte.

später auf einem Pfad zur **Hintereggalm** ❹. Kurz nach der Almhütte verlassen wir den E5 doch sogleich wieder und nehmen den Pfad, der nach links hinauf Richtung Tallner Alm führt. Er schlängelt sich im Zickzack den mit Almrosen bewachsenen Hang hinauf und stößt nach einer Viertelstunde auf den sogenannten Almenweg, einen aussichtsreichen Höhenweg, dem wir nun nach rechts folgen. An der **Tallner Alm** ❺ gelangen wir wieder auf den E5. Neben einem Holzschuppen mit Infotafel gehen wir durch ein kleines Türchen im Zaun und folgen dem E5 zur nur wenige Minuten entfernten **Hirzerhütte** ❻. Alpenüberquerer und Tagesgäste werden hier mit Käse aus eigener Herstellung sowie hausgemachtem Speck und Kaminwurzen verwöhnt. An der Rückseite des Schutzhauses nehmen wir nun den Fahrweg nach links Richtung Klammeben. Nach einer Viertelstunde erreichen wir wieder die **Bergstation** ❶ der Hirzer Seilbahn.

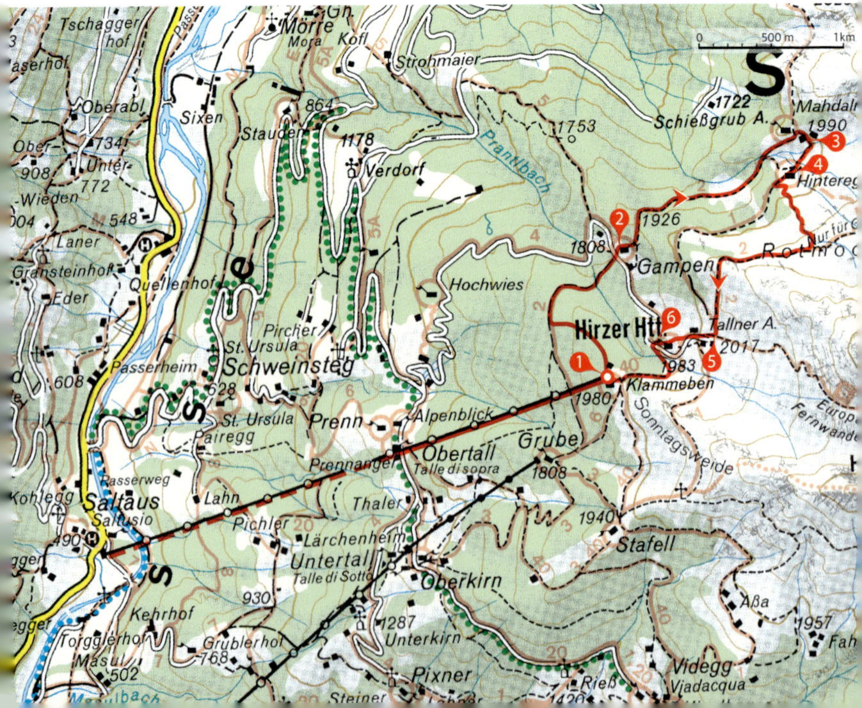

Laugenspitze, 2434 m

Vom Gampenpass auf den Großen Laugen

19

5.30 Std. | 9,6 km | ↗ 930 m | ↘ 930 m

Aussichtsreiche Gipfeltour hoch über dem Etschtal

Diese anspruchsvolle Bergtour führt auf den höchsten Gipfel der Nonsberger Alpen. Die Laugenspitze begeistert durch ein grandioses Panorama, welches den Wanderer dann auch auf seinem Weg über den teils etwas ausgesetzten Südostgrat begleitet. Abgerundet wird diese abwechslungsreiche Wanderung durch eine Einkehr in der urigen Laugenalm, wo man sich mit traditionellen Almgerichten für die Mühen der Tour belohnen lassen kann.

Talort: Lana (310 m); Tourismusverein Lana und Umgebung, Andreas-Hofer-Straße 9/1, 39011 Lana, Tel. +39 0473 561770, lana.info.

Ausgangspunkt: Gampenpass, 1518 m (GPS: 46.529821, 11.112014).

Anfahrt: Von Lana die SS238 (Gampenstraße) bis zum Gampenpass fahren, der Parkplatz befindet sich auf der Passhöhe links an der Straße.

Öffentliche Verkehrsmittel: Bus von Meran oder Lana Richtung Fondo bis »Gampenpass«.

Anforderungen Mensch: Sehr steile, teils felsige Bergpfade, kurze Kletterstellen im Abstieg zur Laugenalm, Kondition und Trittsicherheit erforderlich, nur bei stabilem Wetter gehen!

Anforderungen Hund: Gipfelaufstieg steinig und steil, Abstieg zur Laugenalm mehrere kurze Kletterpassagen, Weidevieh (Kühe zwischen Südostgrat und Laugenalm); kaum Schatten.

Wasserstellen: Keine Trinkgelegenheit bis zum Laugensee (Wasser mitnehmen!), auf dem Weg zur Laugenalm kleiner Teich und ein Bach, an der Laugenalm, Bach im Abstieg von der Laugenalm.

Einkehr: Laugenalm, +39 348 6699795; Gasthof Gampenpass, Tel. + 39 0463 886148.

Karte: Tabacco 042, Ultental – Deutschnonsberg, 1:25.000.

Am **Gampenpass** ❶ leitet uns der Zebrasteifen auf die andere Straßenseite, und wir folgen dem Forstweg in nördlicher Richtung. Nach der ersten Kehre zweigt der Weg Nr. 133 Richtung Laugensee nach rechts hinauf in den Wald ab. Ein Zusatzschild mit der Aufschrift »steil« verspricht nicht zu viel, denn der Bonacossa-Steig, dem wir nun hinauf zum Laugensee folgen, wird auch gern als die »Direttissima« bezeichnet. Und in der Tat verläuft dieser gut markierte Weg im ersten Drittel nahezu ohne

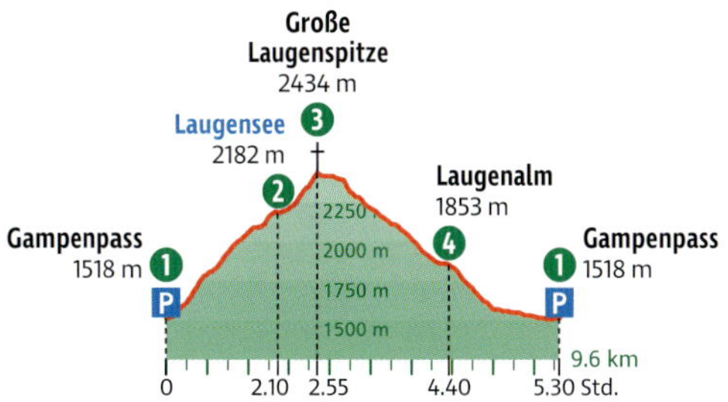

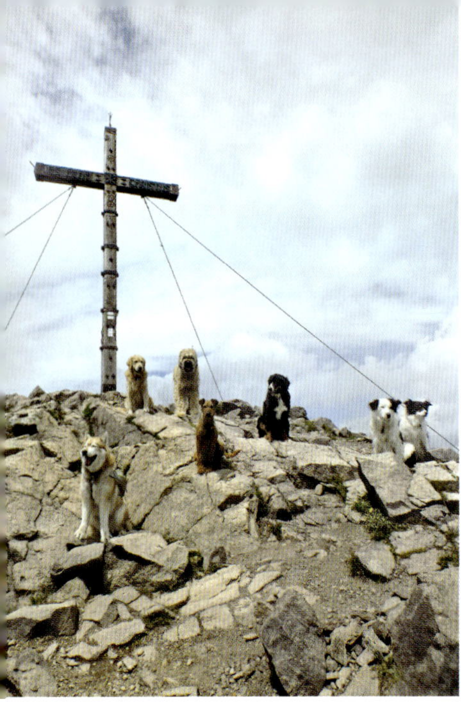

Geschafft! Stolz posieren unsere Bergkameraden vorm Gipfelkreuz.

Umwege den Berg hinauf. Künstlich angelegte Treppen erleichtern an einigen Stellen das Steigen, und wir gewinnen rasch an Höhe. Nach ungefähr einer Stunde kommen wir an die Baumgrenze. Links des Weges befindet sich eine kleine Jagdhütte, an der man bei einer Rast die grandiose Aussicht auf das Etschtal genießen kann. Immer weiter führt unser Pfad über die steilen, mit Almrosen bewachsenen Grashänge aufwärts, und nach etwa einer Dreiviertelstunde erreichen wir den **Laugensee** ❷. Er bietet unseren vierbeinigen Begleitern Trinkgelegenheit und eine willkommene Abkühlung. Wir folgen der rot-weißen Wegmarkierung mit der 133, die uns vor dem See vorbei auf die Flanke der Großen Laugenspitze leitet. Hier nehmen wir den Weg Nr. 10 nach rechts und starten mit dem Gipfelanstieg. Ein schmaler Steig mit künstlich angelegten Treppen und Stufen führt die letzten 200 Höhenmeter steil hinauf zum Gipfelkreuz der **Großen Laugenspitze** ❸. Hier oben entlohnt uns ein einzigartiger Rundblick für die Strapazen des Aufstieges. Vorm Gipfelkreuz führt uns erst der Weg Nr. 8A, später der

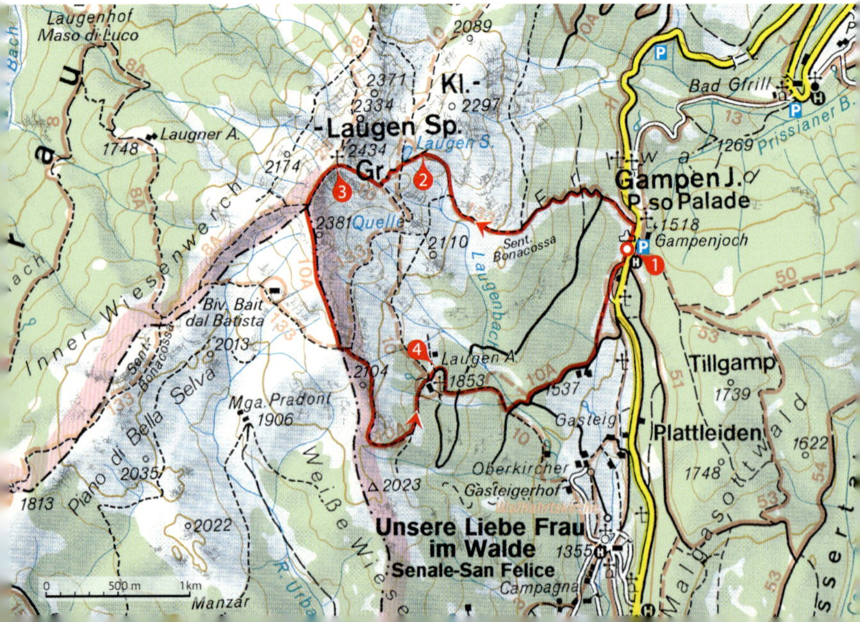

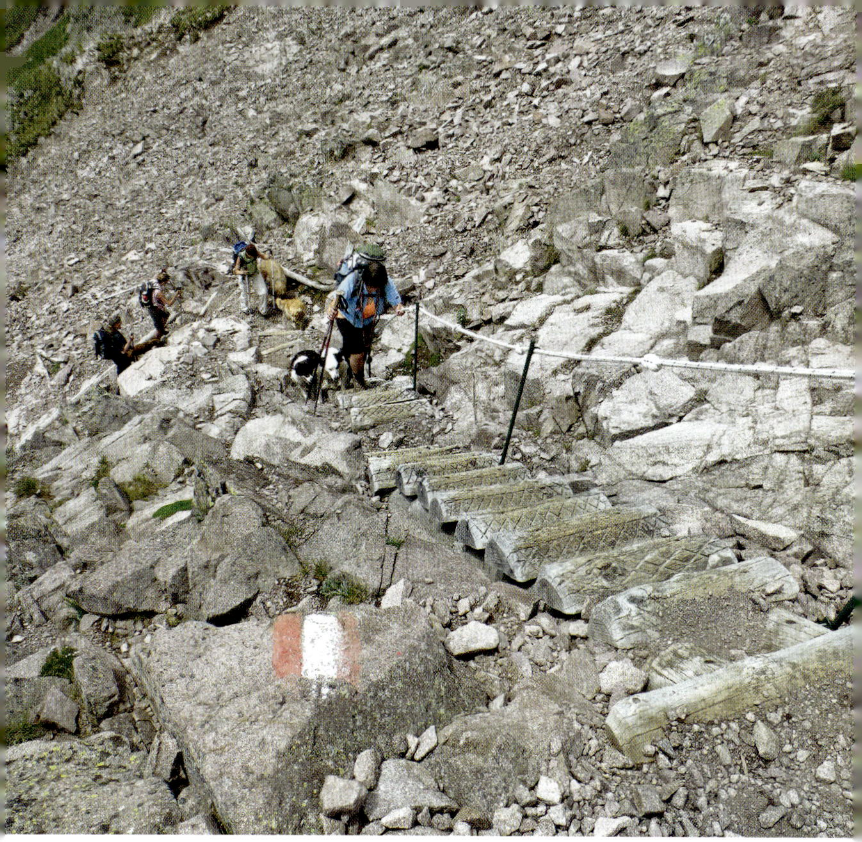

Steile Treppen erleichtern den Aufstieg zur Laugenspitze.

Weg Nr. 10A immer am grasbewachsenen Grat entlang in südlicher Richtung. Ständig begleitet werden wir dabei von der wunderbaren Aussicht auf das Ultental und die Ortlerregion zur Rechten und zu den Dolomiten zur Linken. An zwei kleineren Kletterstellen sind Aufmerksamkeit und Trittsicherheit erforderlich. Es empfiehlt sich dabei, den Hund oben absitzen zu lassen, dann vorsichtig rückwärts abzuklettern und den Hund anschließend hinunterzuleiten. Der Pfad mit der Nummer 10A führt uns in der Ostflanke des Grates bis hinab zur 1853 Meter hoch gelegenen **Laugenalm** ❹. Unterwegs bieten sich für Hunde noch zwei Trinkgelegenheiten. Von der Terrasse vor der Almhütte hat man einen wunderbaren Blick bis hinüber zu den bleichen Felsen der Dolomiten. Unser Abstiegsweg beginnt unterhalb der Hütte. Erst über die Wiese, später steil hinunter durch den Wald kürzt der Weg Nr. 10 Richtung »Gampenpass« die Kehren des Wirtschaftsweges zur Laugenalm ab. Nach einer knappen halben Stunde kommen wir an einen Wegweiser. Hier teilt sich der Weg Nr. 10. Nach rechts führt er in das Dorf Unsere Liebe Frau im Walde, wir wandern geradeaus weiter und folgen nun wieder der Nummer 10A in Richtung Gampenpass, wo wir nach einer weiteren halben Stunde den **Ausgangspunkt** erreichen.

20

Felixer Weiher, 1600 m

Von St. Felix zum Felixer Weiher

2.00 Std. | 5,5 km | ↗ 240 m | ↘ 240 m

Leichte Wanderung zu einem wunderschön gelegenen Badesee

Der Felixer Weiher ist wahrlich ein Kleinod. Eingebettet in Lärchenwiesen liegt er oberhalb des Örtchens St. Felix mitten in den ausgedehnten Wäldern des Mendelkammes. Aufgrund seiner umfangreichen Flora und Fauna ist der See zum geschützten Biotop erklärt worden, Baden ist hier jedoch trotzdem gestattet. Vor allem im Hochsommer bietet daher diese kleine Wanderung wasserfreudigen Vier- und Zweibeinern eine willkommene Abkühlung inmitten einzigartiger Natur.

Talort: Unsere Liebe Frau im Walde – St. Felix (1280 m); Tourismusverein Deutschnonsberg, Dorf Nr. 2, 39040 Laurein, Tel. +39 0463 530 088, deutschnonsberg.it.
Ausgangspunkt: Parkplatz Klammeben bei St. Felix, 1400 m (GPS: 46.495944, 11.141402).
Anfahrt: Von Lana die SS238 (Gampenstraße) über den Gampenpass bis St. Felix fahren, in St. Felix scharf links Richtung »Felixer Weiher« abbiegen und dem Straßenverlauf für etwa einen Kilometer folgen. Der Parkplatz befindet sich am Ende der Straße.
Öffentliche Verkehrsmittel: Bus von Meran oder Lana Richtung Fondo bis »St. Felix«, dann die »Via Klamm« bis zum Ausgangspunkt laufen (etwa 20 Minuten).
Anforderungen Mensch: Leichte Wanderung auf bequemen Wegen.
Anforderungen Hund: Weidevieh (Kuhbegegnungen möglich).
Wasserstellen: Felixer Weiher und Felixer Alm.
Einkehr: Felixer Alm (facebook.com/FelixerAlm), Tel. +39 348 3975406.
Karte: Tabacco 042, Ultental – Deutschnonsberg, 1:25.000.

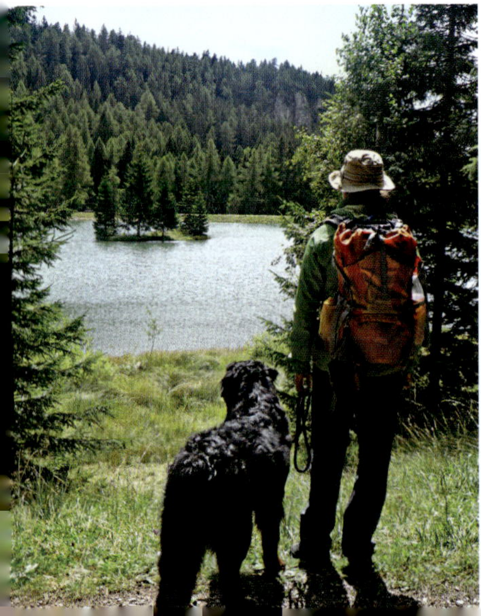

Wir starten diese kleine Wanderung am **Parkplatz Klammeben** ❶ oberhalb von **St. Felix** und gehen rechts an der Info-Tafel vorbei bis zum Ende des Parkplatzes. Hier leitet der Weg Nr. 9 nach links in Richtung »Felixer Weiher«. Wir steigen einen schmalen Steig hinauf, der bei Nässe etwas rutschig sein kann. Wenig später überqueren wir den Fahrweg und wandern geradeaus weiter. Der Weg Nr. 9 führt uns durch Wälder und über sanfte Lärchenwiesen direkt zum Ufer des **Felixer Weihers** ❷. Hier angekommen, gehen wir nach rechts

Der kleine See liegt eingebettet in die Wälder des Mendelkammes.

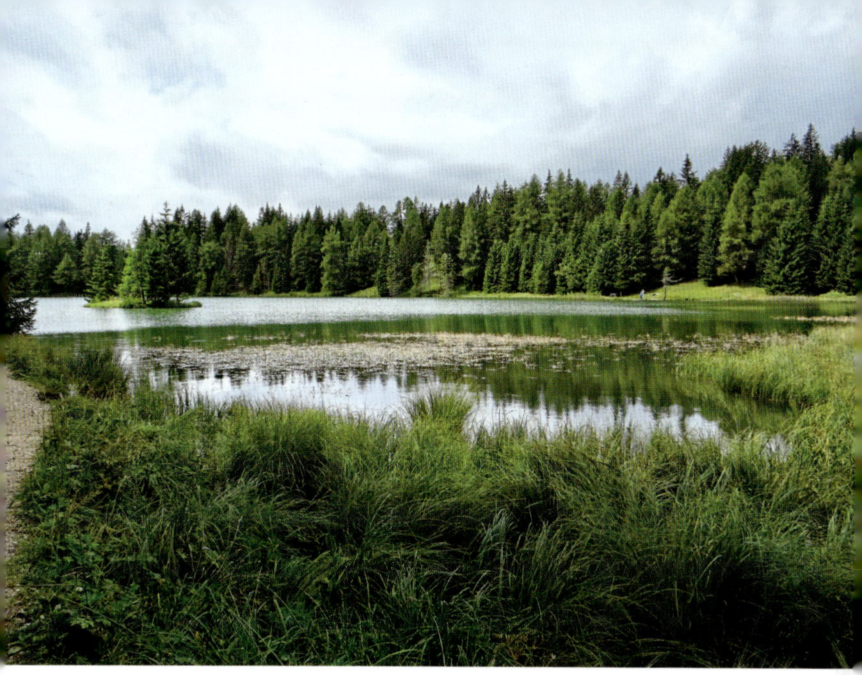

Der idyllische Felixer Weiher ist Biotop und Badesee.

und umrunden den See, an dessen Ufer viele idyllische Plätze zum Verweilen und Entspannen einladen. Lehrtafeln informieren über die Flora und Fauna dieses Naturdenkmals. Am Nordufer des Sees leitet uns schließlich ein Wegweiser zu unserem nächsten Zwischenziel, der **Felixer Alm** ❸. In der kleinen, familiär geführten Almwirtschaft kann man sich mit leckeren regionalen Köstlichkeiten verwöhnen lassen. Nun wandern wir auf dem Weg Nr. 49 weiter in Richtung »Lochmannbrücke«. Nach etwa 1,5 Kilometern passieren wir ein kleines Wasserhäuschen, das sich links des Weges befindet. Kurz darauf, direkt nach einer lang gezogenen Rechtskurve, zweigt gegenüber dem Wegweiser »Lochmannbrücke / Felixer Alm« ein unmarkierter, relativ breiter Weg nach links ab. Wir schlagen diesen Weg ein und stoßen nach einer Viertelstunde auf einen von links kommenden Fahrweg, den wir nun geradeaus weiterwandern. Wenig später kreuzt der Wanderweg Nr. 9, und wir folgen diesem nach rechts zurück zum **Ausgangspunkt**.

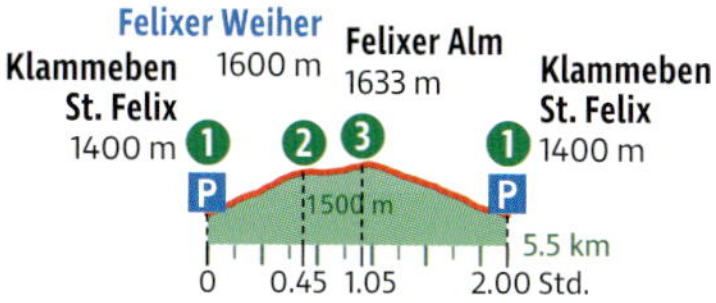

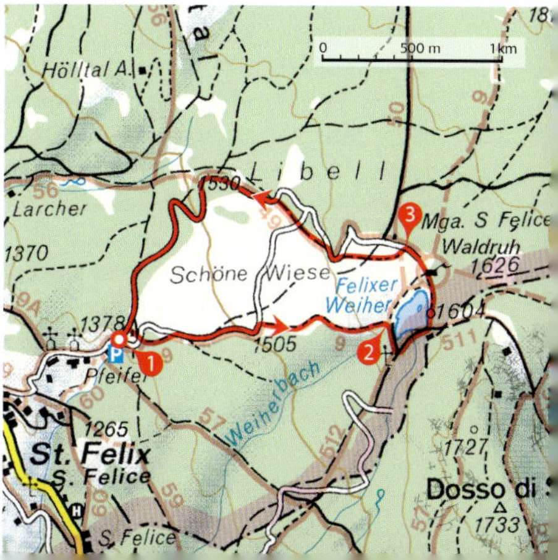

21 Laureiner Alm, 1763 m

Über den Erlebniswanderweg Proveis

4.45 Std. | 12,5 km | ↗ 690 m | ↘ 690 m

Almwanderung durch Deutschnonsberg

Durch die hohen Berge des Ultner Kammes vom Ultental getrennt, waren die deutschsprachigen Gemeinden Proveis, Laurein und Unsere Liebe Frau im Walde / St. Felix lange Zeit geografisch vom restlichen Teil Südtirols abgeschnitten. Erst mit dem Bau eines Tunnels am Hofmahdjoch Ende des 20. Jahrhunderts wurde Deutschnonsberg, wie diese kleine Südtiroler Enklave im italienischen Trentino auch genannt wird, an das Südtiroler Straßennetz angeschlossen. Dennoch sind die kleinen Dörfer auch heute noch recht abgeschieden und werden nur langsam touristisch erschlossen.

Talort: Proveis (1420 m); Tourismusvereinigung Ultental / Proveis, Hauptstraße 154. 39016 St. Walburg / Ulten, Tel. +39 0473 795387.
Ausgangspunkt: Parkplatz »Hofmahd« an der Straße vom Ultental nach Proveis, 1690 m (GPS: 46.506674, 11.044252).
Anfahrt: Von Lana aus die Ultner Straße ins Ultental fahren und nach 15 km links Richtung Proveis / Laurein abbiegen. Der Parkplatz befindet sich direkt nach dem 1712 Meter langen Tunnel Nr. 4, der auch die Passhöhe dieser Straße darstellt, auf der linken Seite.
Öffentliche Verkehrsmittel: Bus von Lana nach Proveis bis Clozner Alm.
Anforderungen Mensch: Vor allem zwischen Matzlaun und der Laureiner Alm Orientierungssinn und etwas Trittsicherheit beim Überqueren des Baches erforderlich.
Anforderungen Hund: Zwischen Matzlaun und Laureiner Alm muss ein Bach gequert werden, was wasserscheuen Hunden Probleme bereiten könnte; Weidevieh (je nach Jahreszeit immer wieder Kuhweiden im gesamten Bereich der Wanderung).
Wasserstellen: Außer an den Almen Trinkgelegenheit für Hunde an der Quelle kurz vorm Hofmahdjoch sowie an diversen Bächen.
Einkehr: Clozner Alm, Tel. +39 348 2124868; Revó Alm, Tel. +39 349 8071607; Untere Kesselalm, Tel. +39 338 6774402; Laureiner Alm, +39 340 7871828.
Karte: Tabacco 042, Ultental – Deutschnonsberg, 1:25.000.

Am Ende des **Parkplatzes** ❶ nehmen wir zunächst den Forstweg, der scharf rechts Richtung »Laureiner Alm« führt. Nach etwa 400 Metern zweigt in einer Rechtskurve der Weg Nr. 26 geradeaus in den Wald ab. Wir folgen diesem Weg für etwa eine Viertelstunde und kommen abermals an einen **Abzweig**. Ungewöhnlich sind die zwei Wegweiser, die hier direkt nebeneinander stehen – ein holzfarbener des Alpenvereins Südtirol und ein weißer, der die italienischen Bezeichnungen des CAI (Club Alpino Italiano) enthält. Wir wandern hier nach links weiter, der Ausschilderung mit der Nr. 26A Richtung Hofmahd / Passo di Castrin folgend. Ein schöner Pfad bringt uns nach zehn Minuten an eine weite Hochfläche. Wir folgen dem markierten Wanderweg nach rechts und stoßen wenig später auf einen Forstweg. Hier, am »Pra del Signor« biegen wir links ab. Nach einer kleinen Quelle und einer Kapelle am Wegrand kom-

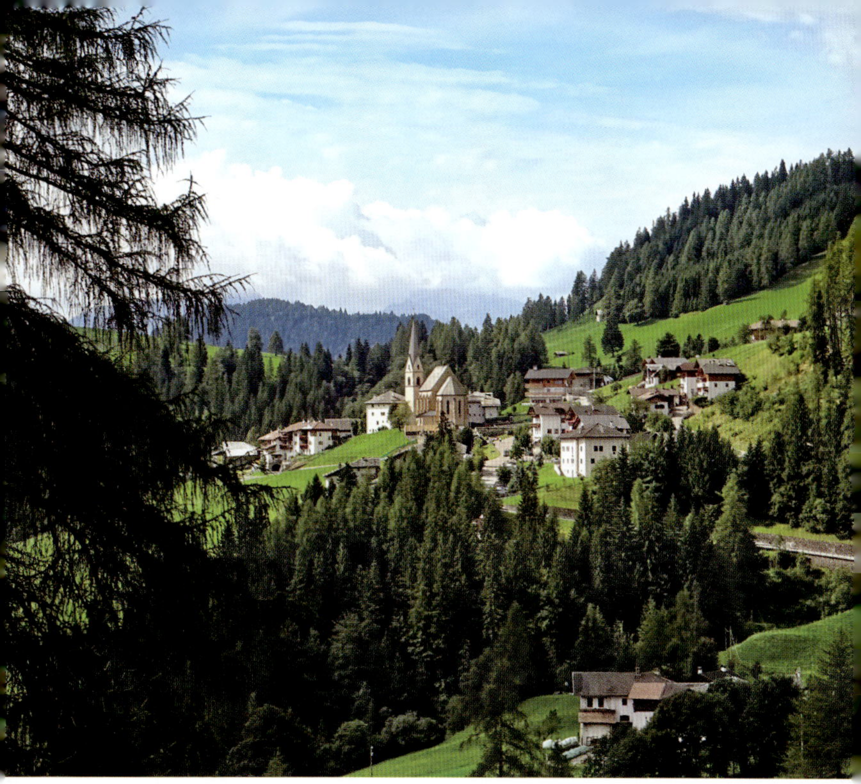

Proveis ist eine der drei deutschsprachigen Gemeinden am Nonsberg.

men wir zu einer Gabelung, wo wir halb links weiterwandern. Vor uns erhebt sich imposant der Kleine Kornigl über dem grünen Sattel. Wir durchqueren die Senke und kommen auf der gegenüberliegenden Seite wieder auf einen breiteren Weg, welchen wir nach links weiterwandern. Die rot-weiße Markierung des »Sentiero A. Bonacossa« (Weg Nr. 133) bringt uns nun langsam aber stetig aufwärts. Der Name dieses Steiges erinnert an Graf Aldo Bonacossa, einen italienischen Bergsteiger und Berg- und Wanderbuchautor. Die Aussicht auf die umliegenden Berge ist beeindruckend. Nach dem etwa halbstündigen Aufstieg haben wir am Wegpunkt **»Malghetto di Cloz«** **2** den höchsten Punkt unserer Wanderung gerade überschritten. Wir verlassen hier den Weg Nr. 133 und steigen zur Clozner Alm ab, die wir wenig später bereits erblicken. Der

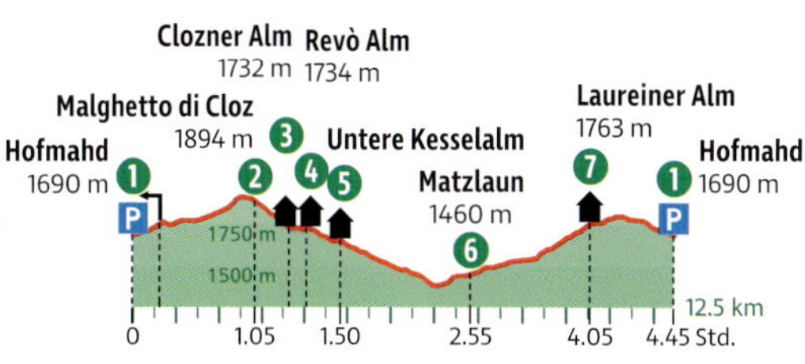

Wiesenpfad dahin ist nicht immer gut zu erkennen, führt aber stets links des Baches entlang. Direkt vor den Gebäuden der **Clozner Alm** ❸ führt unser Weg nun nach rechts und stößt wenig später auf den befestigten Zufahrtsweg. Hier halten wir uns abermals rechts und gehen zur nur wenige Gehminuten entfernten **Revò Alm** ❹. Am Rand des als Lehrpfad ausgebauten Weges informieren Tafeln über die Region Proveis, die seit jeher das Grenzgebiet zwischen dem deutschsprachigen Südtirol und dem italienischen Trentino darstellt. An der Revò Alm bleiben wir weiterhin auf dem Lehrpfad (Weg Nr. 9), der uns auf einem bequemen Weg zur **Unteren Kesselalm** ❺ bringt. Von hier wandern wir auf dem Weg Nr. 11, der weiterhin mit dem Lehrpfad einhergeht, talwärts. An der Lehrtafel Nr. 9 (»Der Wasserwaal«) folgen wir der Forststraße geradeaus bis ins Tal. Nach etwa 800 Metern kommen wir an eine Teerstraße, die wir zunächst nach rechts weitergehen. Am nächsten Abzweig leitet uns ein Wegweiser mit der Aufschrift »Matzlaun« scharf links. Wir befinden uns nun auf dem mit der Nr. 3 markierten »Proveiser Steig«. Dieser führt uns durch eine Senke über eine Holzbrücke und anschließend halb links an einer Natursteinmauer den Berg hinauf. Oben wandern wir auf einem Wiesenweg unterhalb einer Baumgruppe entlang. Von hier hat man einen sehr schönen Blick hinüber auf das kleine Örtchen Proveis. Seine Pfarrkirche ist dem heiligen Nikolaus geweiht. Der unscheinbare Pfad führt nun immer links an der Natursteinmauer entlang und schließlich über eine Wiese hinauf an die Straße, welche wir dann nach rechts weitergehen. Wenig später kommen wir durch den kleinen Weiler **Matzlaun** ❻, wo nun auch unser nächstes Ziel, die Laureiner Alm bereits ausgeschildert ist. Wir folgen immer dem Weg Nr. 3 und stoßen nach etwa einer Viertelstunde in einer Kehre auf die Hauptstraße, die aus dem Ultental herüberführt. Dieser Straße folgen wir für 300 Meter bergauf, und in einer Lücke in der Leitplanke zweigt nun unser Wanderweg halb rechts ab. Der Wegweiser am linken Straßenrand zeigt uns, dass wir hier richtig sind. Nun folgt ein abenteuerlicher Wegabschnitt. Der Pfad ist – je nach Jahreszeit – von Gräsern und Stauden überwuchert. Die blauen Blüten des Eisenhutes, der hier in großen Mengen gedeiht, sind zwar sehr schön anzusehen, jedoch sollte man diese Pflanzen nicht berühren! Eisenhut zählt zu den giftigsten Pflanzen Europas. Wir lassen uns nicht beirren und folgen dem kaum sichtbaren Weg, bis wir auf einen

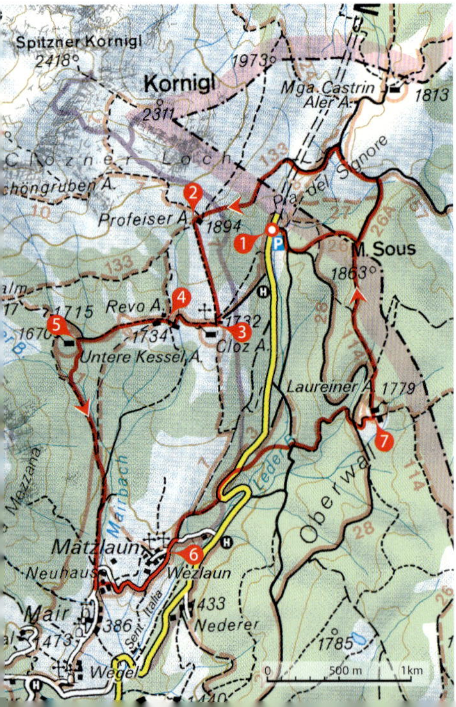

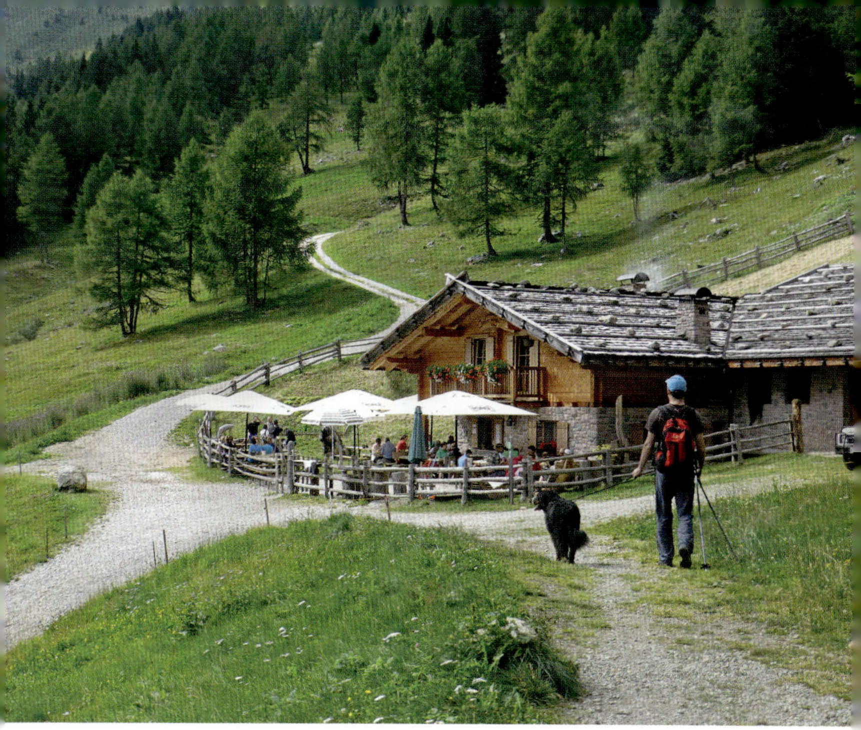

Auf dem Weg zur Unteren Kesselalm.

Bach stoßen. Links des Wegs befindet sich ein Stein mit rot-weißer Markierung. Über Steine und feuchte Hölzer balancieren wir auf die andere Seite des Wassers, wo der aufmerksame Wanderer den unscheinbaren Pfad erkennen kann. Wenig später gibt die rot-weiße Markierung an einem Baum Sicherheit, dass man sich noch auf dem rechten Weg befindet. Oben angekommen, stoßen wir auf einen breiten Weg, auf dem wir nach rechts weiterwandern. Bald darauf zweigt jedoch unser Weg zur Laureiner Alm wieder als schmaler Steig halb links in den Wald hinauf ab. Am Weidegatter halten wir uns rechts und gehen immer am Zaun entlang, wo sich wenig später ein Durchgang befindet, der uns nach links in das Almgelände lässt. Nun geht es über steiles Grasland aufwärts, und wieder ist etwas Aufmerksamkeit erforderlich, damit man den Abzweig des Pfades nach rechts in den Wald nicht verpasst. Wir überqueren ein Bächlein, treten bald darauf aus dem Wald heraus und erblicken links oben einen Wegweiser. Über die Wiese steigen wir steil bergauf, bis wir die Gebäude der Laureiner **Alm** **7** erreichen. Hier wandern wir nun nach links weiter, verlassen jedoch den befestigten Zufahrtsweg gleich wieder und folgen dem unscheinbaren Pfad, der vom Fahrweg halb rechts hinauf auf die Wiese führt. Nach wenigen Minuten erblicken wir die auf Steinen angebrachten Wegmarkierungen mit der Nr. 114 und der Nr. 26. Ein sehr schöner Waldweg bringt uns nun zum bereits bekannten **Abzweig** mit den zwei Wegweisern, von wo aus wir dem Weg Nr. 26 nach links zum **Parkplatz »Hofmahd«** **1** folgen.

22

Spitzneralm, 1847 m

An der Flanke des Hochwartmassivs

5.45 Std. | 14,0 km | ↗910 m | ↘910 m

Verschlafene Almen und beeindruckende Ausblicke über dem Ultental

Ausgedehnte Wälder bedecken die steilen Nordhänge im Ultental, kaum vorstellbar, dass es auch auf dieser Talseite Almen gibt. Und in der Tat muss man auch etwas danach suchen. Dafür sind die kleinen Weideflächen mit ihren urigen Hütten um ein Vielfaches beschaulicher als die viel besuchten, großen Almen an den sonnigen Südhängen. Verbunden werden sie durch einen abwechslungsreichen Steig inmitten lichter Lärchen-, Zirben- und Fichtenwälder, der immer wieder durch beeindruckende Ausblicke besticht. Eine wunderschöne Wanderung für ruhesuchende und ausdauernde Geher, die sich von dem beschwerlichen Aufstieg durch wilde, nahezu unberührte Natur nicht abschrecken lassen.

Talort: St. Walburg 1190 m), Tourismusbüro St. Walburg, St. Walburg Nr. 104, I-39016 St. Walburg; ultental.it.
Ausgangspunkt: Parkplatz am Staudamm des Zoggler Stausees, 1140 m (GPS: 46.542281, 10.988118).
Anfahrt: Von Lana aus die Ultner Straße ins Ultental fahren, Parkplatz befindet sich am Ortsausgang St. Walburg an der linken Straßenseite.
Öffentliche Verkehrsmittel: Bus von Meran nach St. Gertraud bis St. Walburg, dann zu Fuß zum Staudamm.
Anforderungen Mensch: Bergpfade und steinige Steige, steiler und langer Aufstieg; Kondition, Trittsicherheit und Schwindelfreiheit erforderlich.
Anforderungen Hund: Überwiegend schattige Waldwanderung, zwischen den Almen teilweise Blockgelände mit aus Steinen gelegtem Steig, steile Holztreppen im Abstieg zur Spitzneralm, Weidevieh (Kühe im Bereich der Seegrubenalm, Spitzneralm, Holzschlag Alm).
Wasserstellen: Zwei Tränken im Aufstieg, im weiteren Tourverlauf mehrere Bäche und Tränken, dennoch etwas Wasser mitnehmen!
Einkehr: Spitzneralm (de-de.facebook.com/Spitzneralm/), Tel. +39 345 4789858.
Karte: Tabacco 042, Ultental – Deutschnonsberg, 1:25.000.

Vom **Parkplatz** ❶ aus überqueren wir den Staudamm des Zoggler Stausees und wandern auf der anderen Seite nach rechts taleinwärts. Geeignete Hundebadestellen gibt es hier kaum, denn das Ufer ist sehr hoch und steil. Nach etwa einer Viertelstunde erreichen wir kurz hinter einer Kneippanlage den Abzweig unseres Wandweges Nr. 20, der uns zur Seegrubenalm führen wird. Erst auf einem relativ breiten Weg, später auf einem schmalen, sehr steilen Waldpfad gewinnen wir rasch an Höhe. Nach etwas mehr als einer halben Stunde bietet eine kleine Tränke neben einem **Kruzifix** ❷ am Wegrand die erste Gelegenheit für Hunde, ihren Durst zu stillen. Zehn Minuten später kommen wir an einen Forstweg, den wir ein kleines Stück nach links gehen und dann sofort wieder rechts hinauf in den Wald abbiegen. Steil windet sich unser Steig weiter aufwärts, und nach etwa einer Stunde kommen wir endlich zur kleinen **Seegrubenalm** ❸. Hier gibt es zwar keinen Ausschank, aber man hat ei-

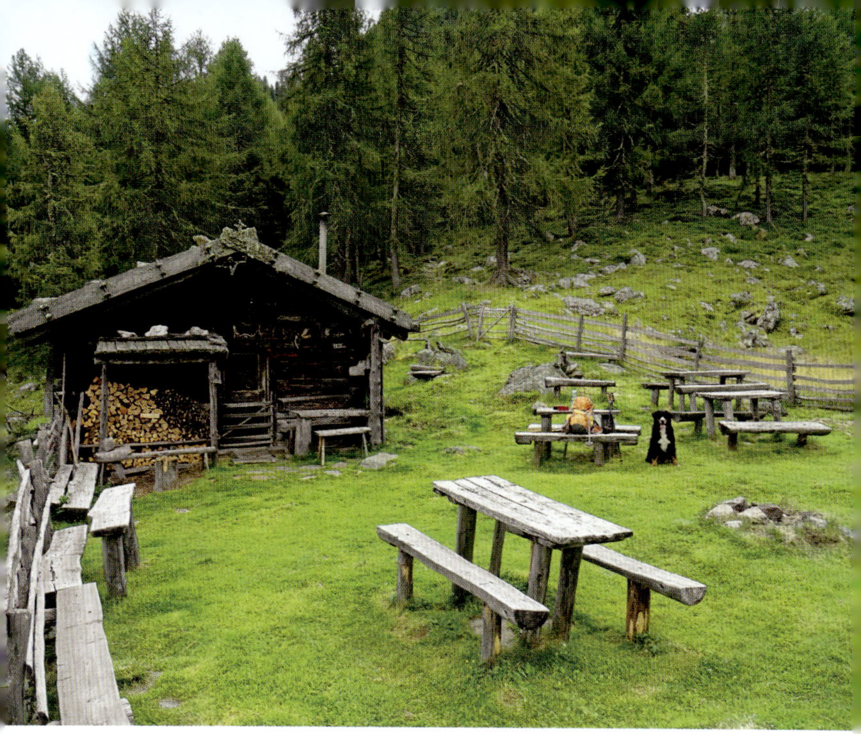

Die unbewirtschaftete Pfandlalm eignet sich gut für eine einsame Rast.

nen tollen Blick über das Ultental hinüber zum Schwemmalm-Skigebiet mit dem alles überragenden, mehr als 3250 Meter hohen Hasenohr, dem östlichsten Gipfel der Ortlergruppe. Nun biegen wir nach links in den Weg Nr. 23 ab, der uns zur Pfandlalm führen wird. Der sehr schöne, abwechslungsreiche Steig erfordert an manchen Stellen allerdings etwas Trittsicherheit und Schwindelfreiheit. Immer wieder bieten sich beeindruckende Aus- und Tiefblicke. Bald kommen wir zur idyllisch an einem Bächlein gelegenen **Pfandlalm 4**. Diese Alm ist ebenfalls nicht bewirtschaftet. Ihr kleiner Garten mit den zahlreichen Sitzgelegenheiten und einem weiten Ausblick bis hinüber zu Ifinger und Hirzer, die sich bereits jenseits des Etschtales befinden, eignet sich jedoch ausgezeichnet für eine Rast. Der Weg Nr. 23 führt uns nun durch das Gärtchen an der Almhütte vorbei hinauf in den Lärchenwald. Über einige Treppen und Brücken erreichen wir bald einen breiteren Wanderweg,

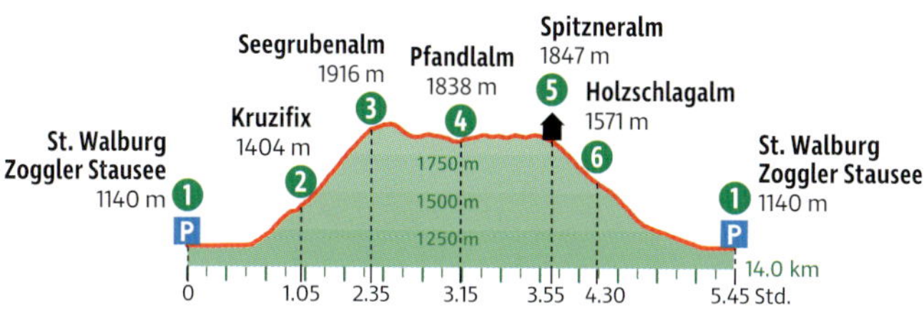

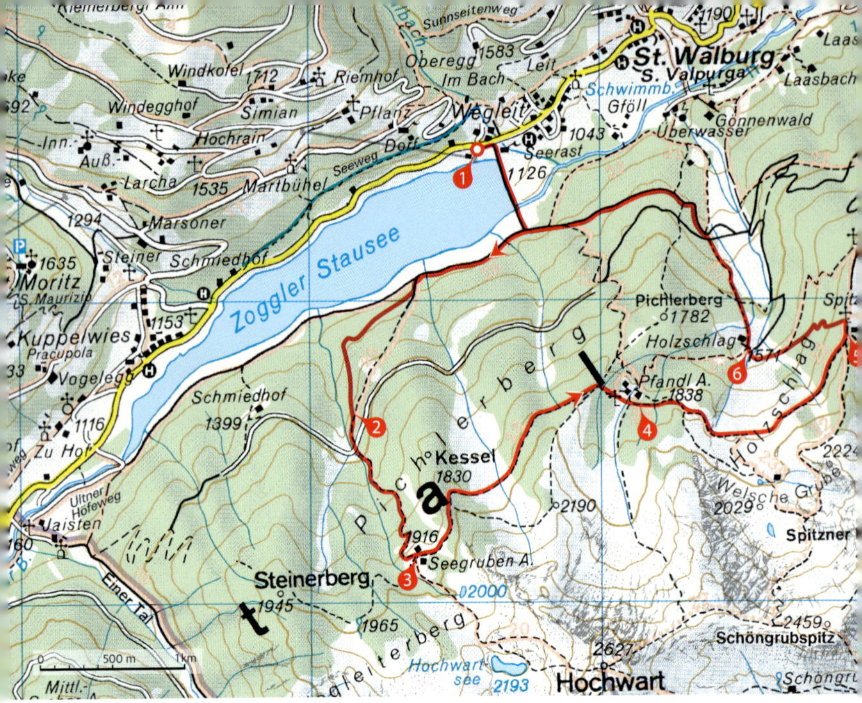

welchem wir weiter Richtung »Spitzneralm« folgen. Nach etwas mehr als einer Viertelstunde treten wir aus dem Wald heraus. Unter uns erblicken wir die silbrigen Holzdächer der **Spitzneralm ❺**. Die bewirtschaftete Hütte wartet nicht nur mit allerlei regionalen Köstlichkeiten, sondern auch mit einem wunderschönen Ausblick auf. Wir durchqueren den Garten und nehmen dann den Weg Nr. 21A, der unterhalb der Alm als Pfad erst über die Wiese, später in den Wald hinein talwärts führt. Bereits nach einer halben Stunde kommen wir zur kleinen **Holzschlagalm ❻**. Hier ist etwas Aufmerksamkeit erforderlich, damit man den Abstiegsweg nach St. Walburg (Nr. 21), der jenseits des Baches direkt am Ufer entlangführt, nicht übersieht. Die rot-weiße Markierung an einigen Steinen erleichtert die Wegfindung. Bald überqueren wir den Zufahrtsweg, verlassen das Almgelände und steigen, dem Weg Nr. 21 folgend, steil durch den Wald ab. Nach etwa einer Viertelstunde stoßen wir auf eine Forststraße. Gegenüber führt unser Pfad wieder ganz unscheinbar, jedoch rot-weiß markiert, in den Wald hinein. Wenig später kommen wir abermals an die Forststraße, und nun leitet uns ein Wegweiser nach links Richtung St. Walburg (Zoggler Stausee). Wir folgen dieser Forststraße, die erst mit der Nr. 27A, später mit der Nr. 27 gekennzeichnet ist, und erreichen nach etwa einer halben Stunde den Damm des Zoggler Stausees, von wo wir auf bekanntem Weg zurück zum Ausgangspunkt gelangen. Wer seinem Hund jedoch vorher noch ein Badevergnügen gönnen möchte, der kann ein Stück dem Seeweg Richtung Kuppelwies folgen. Nach ca. zwanzig Minuten findet man einige günstige Stellen, wo Hunde gefahrlos baden gehen können.

Tarscher Jochwaal, 2523 m

Vom Ultental aufs Latscher Joch

23

3.30 Std. | 7,1 km | ↗ 650 m | ↘ 650 m

Zum höchstgelegenen Jochwaal der Ostalpen

Wasser ist seit eh und je das Lebenselixier für Mensch und Tier. Nicht immer war es in ausreichenden Mengen verfügbar, so auch in der Gegend um Tarsch im Vinschgau. Daher erschuf man in der Mitte des 19. Jahrhunderts eine künstliche Wasserleitung, einen sogenannten Waal, der das Gletscherwasser des Hasenohrferners aus 2600 Meter Höhe an der Südseite des Berges entlang über das Latscher Joch bis hinunter zu den »Sieben Brunnen« oberhalb von Tarsch beförderte. Der Waal bestand aus hölzernen Leitungen, die entweder in gepflasterten Gräben oder auf Trockenmauern geführt wurden. Er war allerdings nur etwa 40 Jahre in Betrieb und wurde bereits um die Jahrhundertwende aufgegeben, da es immer wieder zu Schäden durch Lawinen und Geröllrutsche an den instabilen Berghängen kam. Heute kann man die Reste dieser einstigen Wasserleitungsanlage als stumme Zeitzeugen bei einer Wanderung auf dem Waalweg bestaunen.

Talort: Kuppelwies (1145 m); ultental-valdultimo.com/de/kuppelwies.html.
Ausgangspunkt: Parkplatz Kuppelwieser Alm, 1980 m (GPS: 46.553365, 10.901933).
Anfahrt: Von Lana aus auf der Ultner Straße ins Ultental fahren, am Ortseingang Kuppelwies rechts abbiegen Richtung Schwemmalm (Sessellift), an der Talstation des Sesselliftes (nach ca. 4 km) in Richtung Steinrast fahren (ca. 2,6 km). An der Almwirtschaft Steinrast beginnt die Privatstraße zur Kuppelwieser Alm. Die Privatstraße darf uneingeschränkt befahren werden, jedoch hat man hier keinen Versicherungsschutz. Nach 1,2 km an der Gabelung sich rechts halten und der Straße bis zum Ende folgen.
Öffentliche Verkehrsmittel: Keine.
Anforderungen Mensch: Bergpfade und steinige, teils steile Steige, auf dem Waalweg stellenweise Schwindelfreiheit erforderlich; vor allem der Waalweg und der Abstieg vom Tarscher Pass erfordern immer wieder Trittsicherheit, bei Nässe rutschig; nur bei gutem Wetter gehen!
Anforderungen Hund: Weidevieh (je nach Jahreszeit Kühe im gesamten Bereich der Wanderung); kein Schatten.
Wasserstellen: Bäche im Auf- und Abstieg, dennoch etwas Wasser mitnehmen.
Einkehr: Kuppelwieser Alm am Ende der Tour.
Karte: Tabacco 042, Ultental – Deutschnonsberg, 1:25.000; Freytag & Berndt WK S2 Vinschgau – Ötztaler Alpen, 1:50.000.

Einmalig in den Ostalpen: ein Waalweg auf über 2000 Meter Höhe.

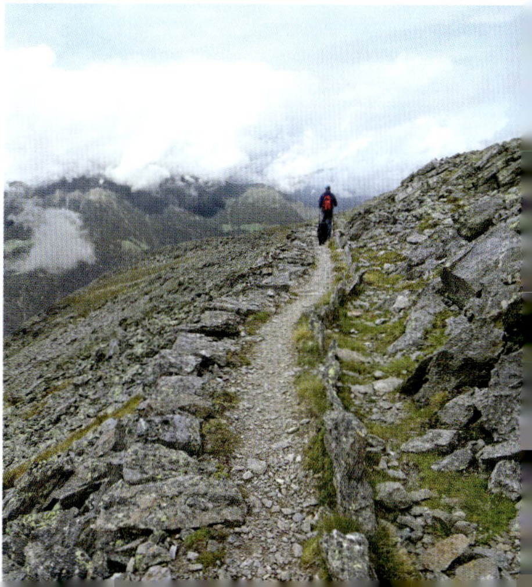

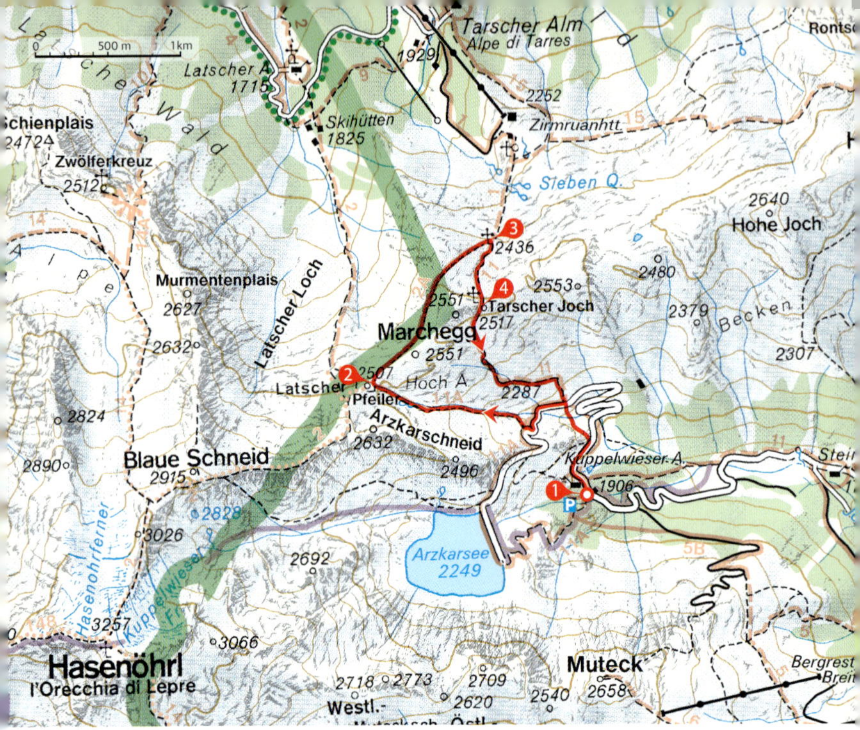

Ausgangspunkt dieser Wanderung ist der **Parkplatz** an der **Kuppelwieser Alm** ❶. Wir wandern zunächst auf dem Almfahrweg aufwärts, gehen an der Schranke vorbei und nehmen dann den Pfad, der an einem Wegweiser halb links den Berg hinauf abzweigt. Unser erstes Ziel, das Latscher Joch, ist hier bereits ausgeschildert. In Kehren windet sich unser Steig den steilen Hang hinauf, bis wir abermals auf den Almfahrweg stoßen. Auch hier hilft uns ein Wegweiser bei der Orientierung. Wir gehen nach links und folgen dem Weg Nr. 11B in Richtung »Latscher Joch«, der den Fahrweg bald wieder verlässt und über die steilen, steinigen Almwiesen nach oben führt. Begleitet werden wir dabei immer vom Plätschern des Baches. Ein Blick zurück gibt uns die Sicht auf die Südtiroler Bergwelt bis hinüber zu den Dolomiten in ihrer ganzen Schönheit

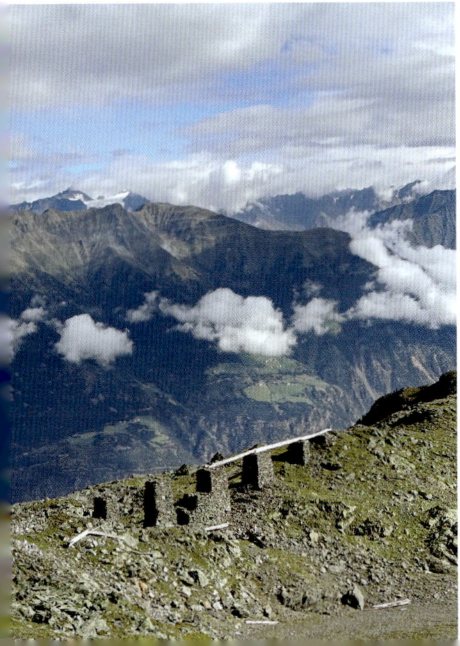

Der Tarscher Jochwaal hoch überm Vinschgau.

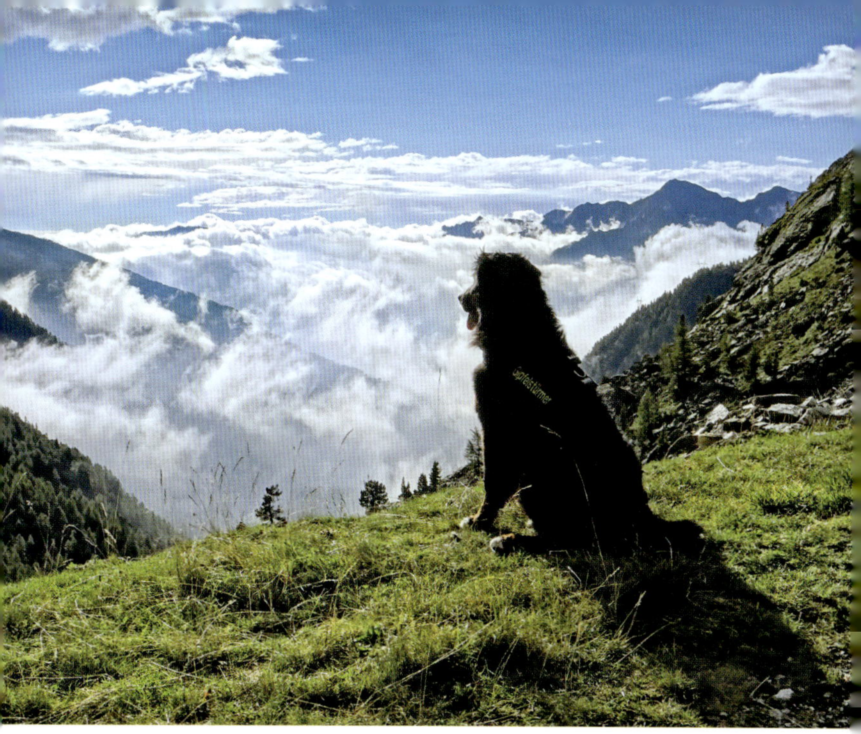

Blick übers Ultental.

frei. Nach etwa einer Stunde kommen wir ans **Latscher Joch ❷**, einen der Übergänge, die Ultental und Vinschgau verbinden. Wir erblicken hier die Reste des **Tarscher Jochwaals**, der historischen Wasserleitung, die einst angelegt wurde, um Wasser von der Ultner Seite des Hasenöhrls hinüber in den Vinschgau zu leiten. Dem Verlauf dieser alten Trasse werden wir nun ein ganzes Stück folgen und wandern dazu auf dem Weg Nr. 2 nach rechts weiter in Richtung Tarscher Alm. Ohne größere Höhenunterschiede und mit beeindruckendem Aus- und Tiefblick über den Vinschgau bis hinüber zu den Ötztaler Alpen führt uns dieser Pfad bis zu einem markanten **Wetterkreuz ❸**. Nun wenden wir uns nach rechts und steigen über die sanften Wiesen hinauf zum **Tarscher Pass ❹**, den wir nach etwa zehn Minuten erreichen. Gönnen wir uns einen letzten Blick zurück über den Vinschgau, bevor uns der Weg Nr. 11 als steiler, steiniger Pfad hinunter zur **Kuppelwieser Alm ❶** führt.

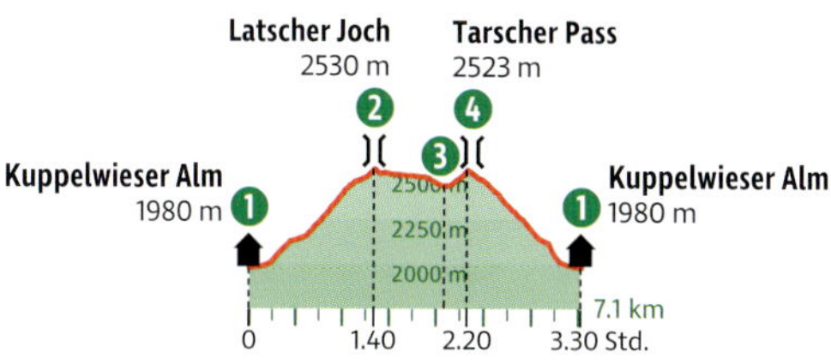

24

Schwemmalm, 2142 m

Von St. Moritz auf die Schwemmalm

4.30 Std. | 11,0 km | ↗700 m | ↘700 m

Aussichtsreiche Almwanderung auf der Sonnenseite des Ultentals

Die Schwemmalm ist das wintersportliche Herz des Ultentals. Durch eine Bergbahn gut zu erreichen, ist sie auch im Sommer ein beliebtes Ausflugsziel für Einheimische und Urlauber. Dennoch führen große Teile dieser Wanderung durch wenig begangene, fast einsame Bergwälder und lassen sie so zu einem echten Erlebnis für wanderfreudige Zwei- und Vierbeiner werden.

Talort: Kuppelwies (1145 m); ultental-valdultimo.com/de/kuppelwies.html.
Ausgangspunkt: Wanderparkplatz in St. Moritz, 1632 m (GPS: 46.536437, 10.948486).
Anfahrt: Von Lana aus Ultner Straße ins Ultental fahren und in St. Nikolaus rechts Richtung St. Moritz abbiegen. Dem Straßenverlauf bis zum kleinen Kirchlein St. Moritz folgen. Der Parkplatz befindet sich gleich neben der Kirche.
Öffentliche Verkehrsmittel: Keine.
Anforderungen Mensch: Überwiegend gut begehbare Wege und Pfade.
Anforderungen Hund: Weidevieh (Kühe im gesamten Almgebiet), zwei Wege mit Kuhgittern; kein Schatten im Mittelteil der Tour.
Wasserstellen: Mehrere Bäche und Viehtränken sowie Restaurants und Almhütten, die Wasser bereitstellen.
Einkehr: Ausserschwemmalm (www.schwemmen.it), Tel. +39 389 6439013; Innerschwemmalm; Gasthof St. Moritz, Tel. +39 348 6445519.
Karte: Tabacco 042, Ultental – Deutschnonsberg, 1:25.000; Freytag & Berndt WK S2 Vinschgau – Ötztaler Alpen, 1:50.000.

Steinmänner auf dem Wanderweg über die Schwemmalm.

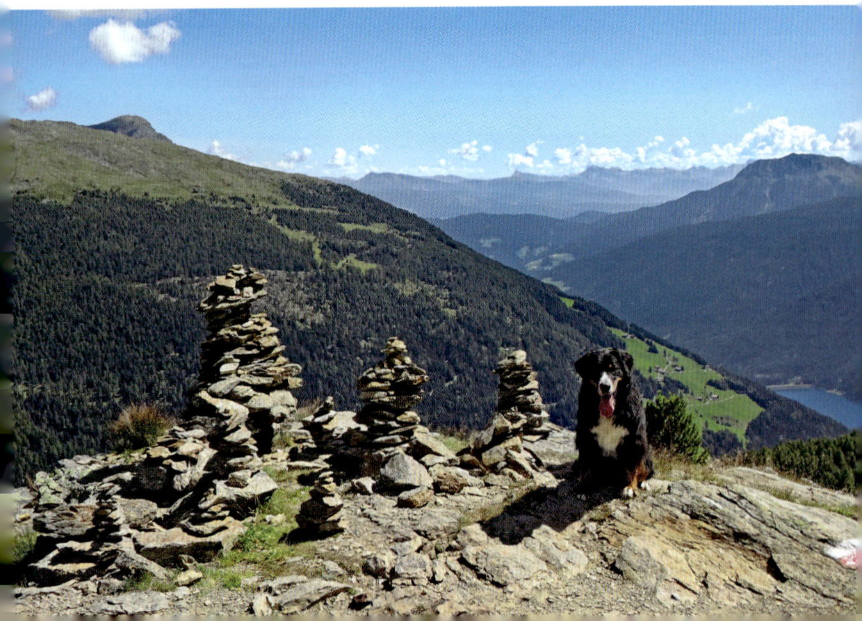

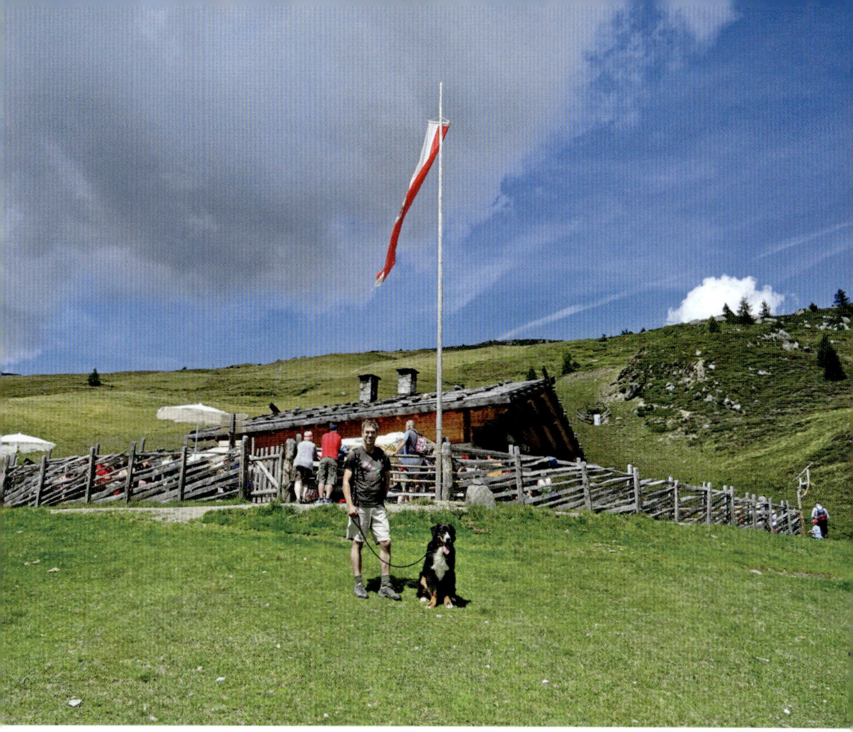

In den Ferien gut besucht: die Innerschwemmalm.

Am Parkplatz unterhalb des kleinen Kirchleins in St. **Moritz** ❶ nehmen wir den steilen Pfad mit der Wegmarkierung Nr. 6, der links hinauf in den Wald führt. Nach etwa fünf Minuten stoßen wir auf einen Querweg und wandern nun, dem Weg Nr. 5 folgend, nach rechts in Richtung Asmolalm. Zunächst geht es relativ allmählich, später etwas steiler durch den Wald hinauf, bis wir nach 20 Minuten auf eine der zahlreichen Skipisten stoßen, die von der Schwemmalm ins Tal führen. Die rot-weiße Wegmarkierung führt uns den Skihang hinauf und in der Linkskurve der Piste dann geradeaus in den Wald hinein. Rasch gewinnen wir an Höhe, überqueren einen kleinen Bach und befinden uns wenig später an dem verfallenen Stadel der **Asmolalm** ❷. Steil windet sich der Pfad nun durch den lichten Lärchenwald aufwärts. An dem Stein mit der Aufschrift »220 KV« folgen wir der weißroten Markierung nach rechts und kommen bald an die Baumgrenze. Nun beginnt der aussichtsreichste

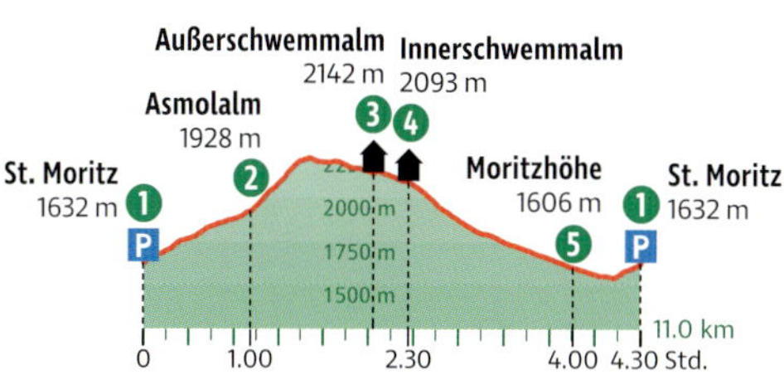

Teil dieser Wanderung. Am Abzweig zur Kuppelwieser Alm wandern wir nach links weiter und folgen unserem Weg Nr. 5 weiter bergan. Der Blick übers Ultental zu den mächtigen Gipfeln der Großen Laugenspitze und des Ultener Hochwarts laden immer wieder zum Staunen und Verweilen ein. Unten im Tal liegt, eingebettet in die steilen, bewaldeten Bergflanken, der Zoggler Stausee. Nach einem Rastplatz direkt nach einigen Steinmännern kommen wir nun in den Bereich des Schwemmalm-Skigebietes. Viele mehr oder weniger breite Wege führen über die Hochalm, wir folgen immer dem Weg Nr. 5 und gelangen so zur Bergstation der Kabinenbahn. Wir laufen am Fahrkartenschalter vorbei und nehmen dann den Weg Nr. 6 zur **Außerschwemmalm ❸**. Direkt unterhalb der Almhütte gabelt sich der Weg, und wir gehen halb links weiter. Den abgestorbenen Baum mit der Wetterfahne oben drauf lassen wir rechts liegen. Ein geschotterter Wanderweg führt uns hinunter zur **Innerschwemmalm ❹**. Beide Almen eignen sich hervorragend für eine Mittagsrast. Nun leitet der Weg Nr. 13, der unterhalb der Almhütte als Wiesenpfad in Richtung St. Nikolaus führt, für uns den Rückweg ein. Schon bald lassen wir den Trubel der Almhütte hinter uns und folgen der weiß-roten Markierung, die immer wieder auf Steinen auf dem Boden aufgebracht ist, talwärts. Nachdem wir schon eine Weile im Wald abgestiegen sind, gelangen wir an eine Forststraße mit einem Wegweiser. Hier biegt der Wanderweg Nr. 13 nach links in die Forststraße ein. Etwa zehn Gehminuten nach dem rechts des Weges befindlichen Hof Neuwies kommen wir abermals zu einem Wegweiser. Hier verlassen wir

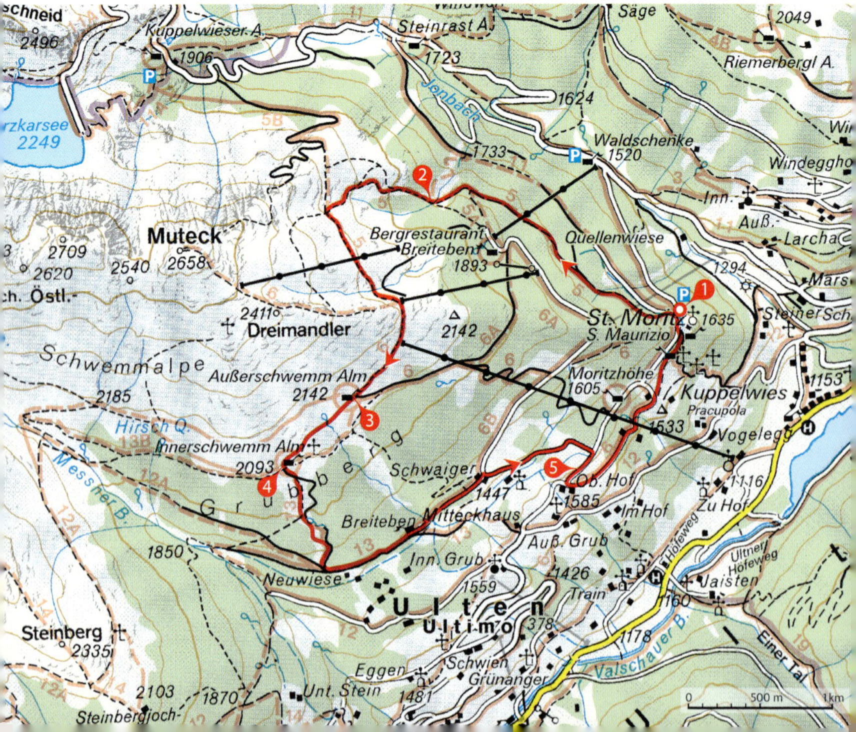

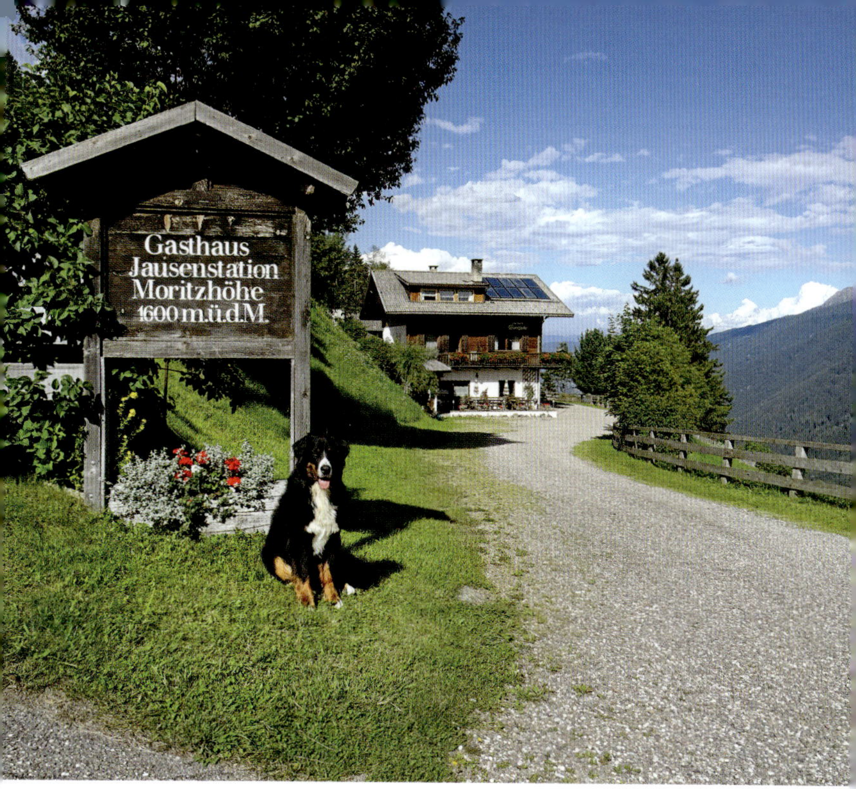

Von der Jausenstation Moritzhöhe hat man einen schönen Blick ins Tal.

den Weg Nr. 13 und folgen der Nr. 6B in Richtung St. Moritz. An einem Kuhgitter ist für unsere vierbeinigen Begleiter Vorsicht geboten. Nach rechts geben Lücken im Bewuchs immer wieder den Blick ins Tal hinunter zum Zoggler Stausee frei. Schließlich stoßen wir in einer Kehre auf eine Teerstraße, welcher wir halb rechts den Berg hinunter folgen. Den Wegweiser nach St. Moritz ignorieren wir. Dem Sträßlein folgen wir nun für etwas mehr als einen Kilometer, bis wir an eine etwas breitere Straße kommen. Hier wandern wir nach rechts weiter, und passieren wenig später die ehemalige Jausenstation **Moritzhöhe 5**, von der sich ein sehr schöner Blick hinunter ins Tal bietet. Von der Moritzhöhe aus wandern wir noch ein kleines Stück die Straße entlang talwärts und biegen dann direkt nach dem Zaun scharf links in einen Teerweg ein. Wir folgen hier zunächst der Ausschilderung nach Kuppelwies, verlassen aber bereits in der nächsten Kehre den markierten Weg wieder und gehen geradeaus weiter. Unter der Kabinenbahn hindurch erreichen wir bald den sehr schön gelegenen Tumpf Hof. Wir folgen dem Asphaltweg durch den Hof durch und wandern unterhalb des Wohnhauses auf dem Weg Nr. 6 Richtung St. Moritz weiter, der nach dem Bauernhof wieder mäßig bergan führt. Zehn Minuten später stoßen wir nach einem Gatter auf einen Kreuzweg, welcher von Kuppelwies herauf zum Kirchlein St. Moritz kommt, und erreichen bald darauf unseren **Ausgangspunkt**.

25 Äußere Pilsbergalm, 2128 m

Über die Pilshöfe zu den Pilsbergalmen

3.15 Std. | 7,4 km | ↗ 560 m | ↘ 560 m

Auf den Spuren der Ultner Bergbauern

Dunkel, ja fast schwarz, ist das Holz der jahrhundertealten Bauernhäuser. Die hölzernen Dachschindeln schimmern silbrig in der Sonne. Die Pilshöfe im Ultental zählen zu den ältesten Bergbauernhöfen Südtirols und sind ein architektonisches Kleinod bäuerlicher Baukunst. Ihren Namen verdanken sie dem Berg, an dessen steile Flanke gebettet sie hoch über St. Gertraud liegen. Diese sehr schöne Tour entführt die Wanderer in die Ursprünglichkeit des Ultentals und wartet mit herrlichen Ausblicken auf.

Talort: St. Gertraud (1519 m); ultental-valdultimo.com/de/st-gertraud.html.
Ausgangspunkt: Parkplatz Weißbrunnsee, 1878 m (GPS: 46.484517, 10.827926).
Anfahrt: Von Lana aus die Ultner Straße ins Ultental fahren, in St. Gertraud weiter Richtung Weißbrunn, die Straße endet direkt am Parkplatz.
Öffentliche Verkehrsmittel: Bus von Meran nach St. Gertraud, dann mit dem Wanderbus von St. Gertraud nach Weißbrunnsee.
Anforderungen Mensch: Vor allem im steilen Anstieg zur Äußeren Pilsbergalm Kondition erforderlich, steiniger Pfad zwischen Äußerer und Innerer Pilsbergalm erfordert Trittsicherheit, bei Nässe rutschig!
Anforderungen Hund: Überwiegend schattige Wege und Steige, steiniger Steig zwischen den Almen; Weidevieh (je nach Jahreszeit Kühe bei den Pilsbergalmen möglich).
Wasserstellen: Keine Trinkgelegenheit im Aufstieg von den Pilshöfen zur Äußeren Pilsbergalm, sonst immer wieder Bäche und Viehtränken.
Einkehr: Am Parkplatz Berggasthaus Knödlmoidl (weissbrunn.com), Tel. +39 0473 798107; auf der Wanderung keine Einkehrmöglichkeit.
Karte: Tabacco 042, Ultental – Deutschnonsberg, 1:25.000.

An der Äußeren Pilsbergalm stoßen wir auf den Ultner Höhenweg.

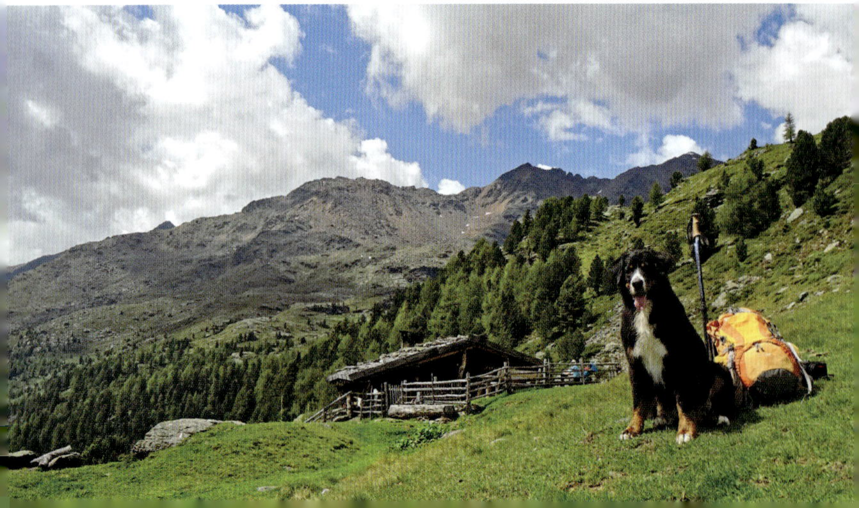

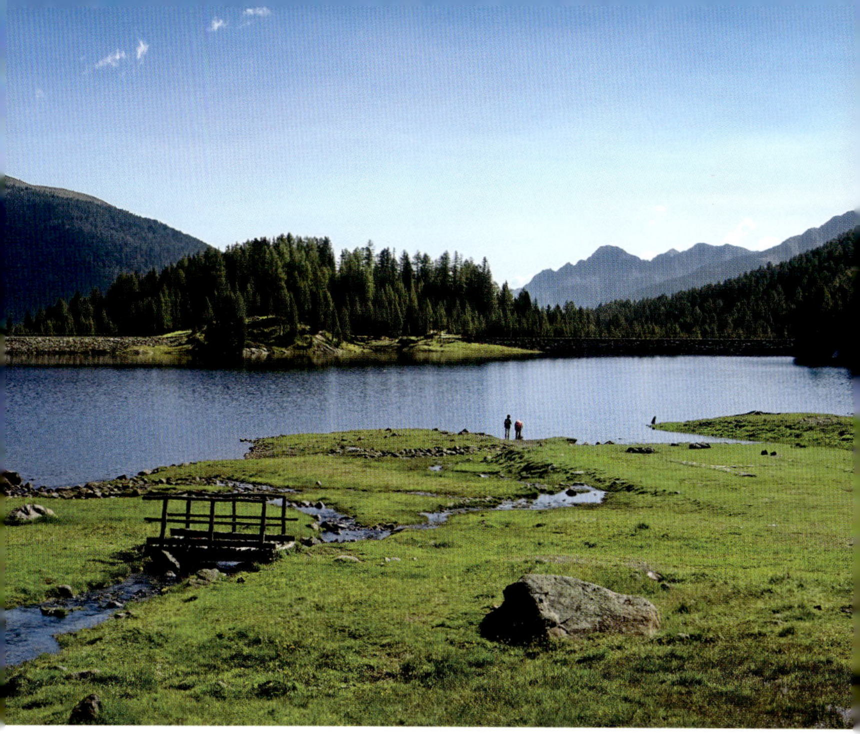

Weißbrunnsee im Ultental.

Vom **Parkplatz** ❶ aus laufen wir auf der Zufahrtsstraße zurück, gehen am See vorbei und wandern auf der Straße weiter talwärts. Nach etwa 300 Metern verlassen wir diese dann und nehmen den Wanderweg mit der Nummer 140 halb rechts hinunter Richtung »St. Gertraud«. In mäßigem Gefälle geht es nun abwärts. Lücken im Bewuchs geben immer wieder den Blick ins obere Ultental frei. Nach knapp einer halben Stunde treten wir aus dem Wald heraus, und ein von Zäunen gesäumter Wiesenweg führt uns hinunter zu den **Pilshöfen** ❷. Die kleine, malerisch gelegene Gruppe aus mehreren Höfen zählt zu den ältesten erhaltenen Bauernhäusern im Ultental. Gleich vor dem ersten Haus wandern wir einen steilen Wiesenweg links hinauf und treten wenig später gegenüber einem hölzernen Kruzifix auf eine schmale Teerstraße. Diese laufen wir nun nach rechts und kommen bald darauf in Höhe einer Bushaltestelle an die Hauptstraße, welcher wir nach links den Berg hinauffolgen. Knapp 300 Meter weiter zweigt dann der mit der Nummer 142 markierte Wanderweg zum Äußeren Pilsberg halb rechts in den Wald hinauf ab.

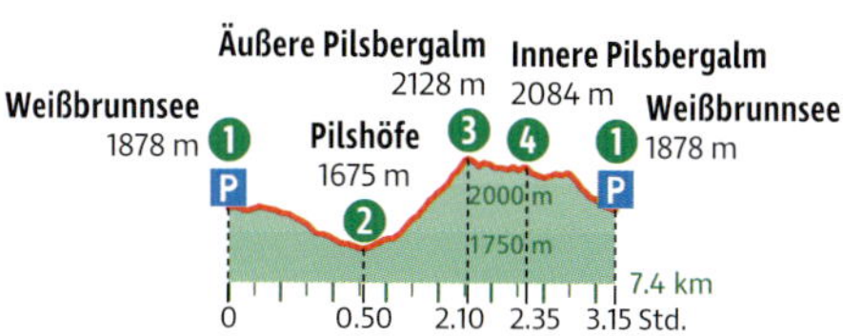

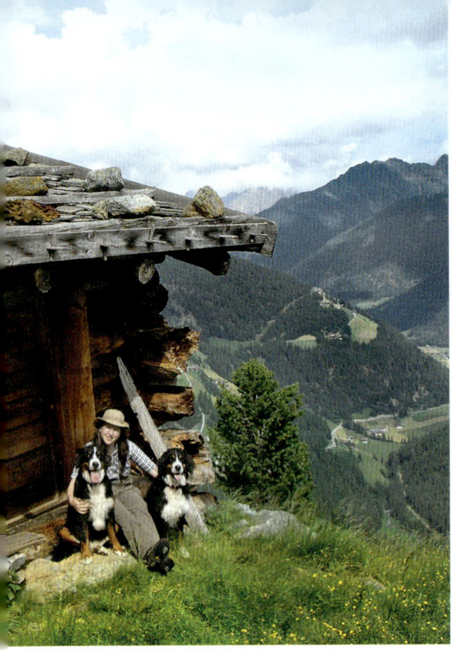

Links: Rast an den verlassenen Hütten der Inneren Pilsbergalm.
Rechts: Die Pilshöfe – ein Ensemble uralter Ultner Bauernhäuser.

Für die nächsten 400 Höhenmeter schlängelt sich nun unser Steig steil nach oben, bis wir die Baumgrenze erreichen. Wenig später stehen wir dann bereits an der **Äußeren Pilsbergalm ❸**. Zwar gibt es an der Hütte keinen Ausschank, aber die herrliche Lage hoch überm Tal lädt dennoch zu einer Rast ein. Direkt hinter der Almhütte stoßen wir auf den Ultner Höhenweg, mit der Wegnummer 12 gekennzeichnet. Ihm folgen wir nach links und wandern nun auf einem steinigen Steig, die zahlreichen talwärts strebenden Bäche auf hölzernen Brücken und Stegen überwindend, immer leicht bergab, bis wir zur **Inneren Pilsbergalm ❹** kommen. Die verlassenen Hütten und das Stallgebäude, von dem nur noch die Grundmauern stehen, erinnern an längst vergangene Zeiten, der Ausblick jedoch ist unverändert atemberaubend. Unser Weg führt uns nun wieder in den Wald hinein, und nach einer massiven Lawinenverbauung gelangen wir an eine Gabelung. Hier geht es nun auf dem Weg Nr. 102 hinunter nach Weißbrunn. Wir verlieren rasch an Höhe und erreichen nach etwa einer Viertelstunde wieder unseren **Ausgangspunkt**.

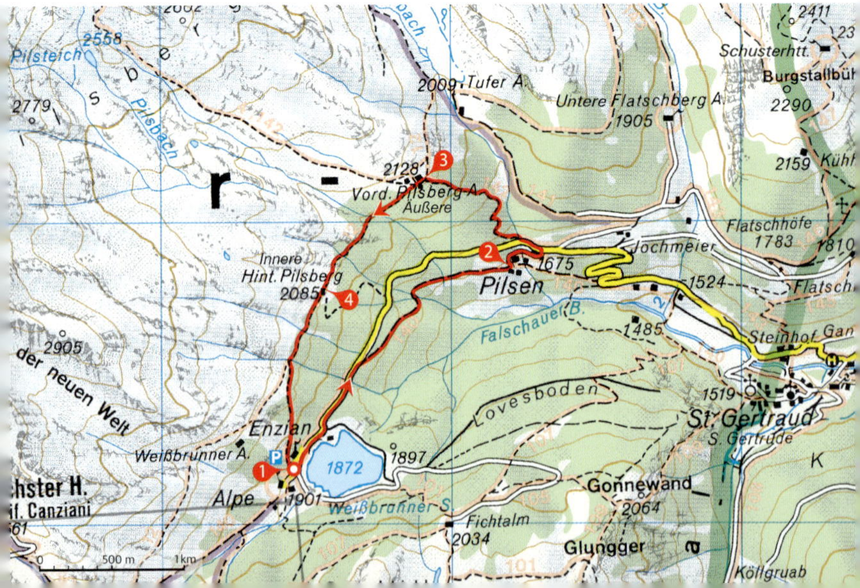

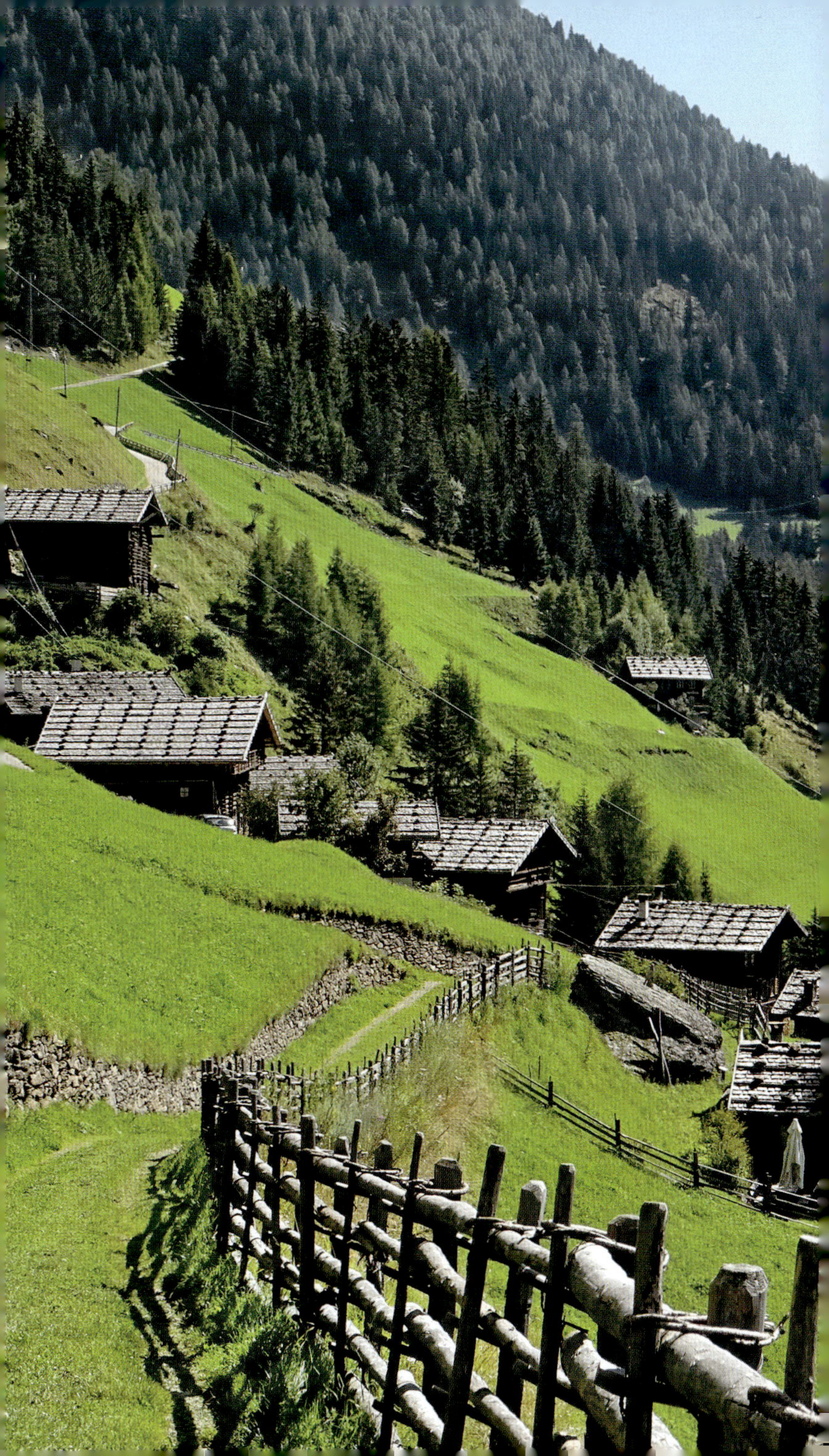

26

Fischersee, 2068 m

Von Oberweißbrunn zum Fischersee

2.00 Std. | 4,6 km | ↗230 m | ↘230 m

Auf romantischen Steigen zur Fiechtalm

Der Ultner Talschluss ist geprägt von lichten Nadelwäldern, klaren Bergseen und fröhlich plätschernden Gebirgsbächen. Alpenrosen überziehen jedes Jahr im Frühsommer die Berghänge mit einem rosaroten Blütenteppich, und der idyllisch zwischen grünen Wiesen und Bergflanken eingebettete Fischersee lädt zum stillen Schauen ein. Eine kleine, kurzweilige Wanderung, die nicht nur durch wunderschöne Natur begeistert, sondern auf einem luftigen Felsenweg durch blockiges Gelände auch atemberaubende Tiefblicke bietet.

Talort: St. Gertraud (1519 m); ultental-valdultimo.com/de/st-gertraud.html.
Ausgangspunkt: Parkplatz Weißbrunnsee, 1878 m (GPS: 46.484517, 10.827926).
Anfahrt: Von Lana auf der Ultner Straße ins Ultental fahren, in St. Gertraud weiter Richtung Weißbrunn, die Straße endet direkt am Parkplatz.
Öffentliche Verkehrsmittel: Bus von Meran nach St. Gertraud, dann mit dem Wanderbus von St. Gertraud nach Weißbrunnsee.
Anforderungen Mensch: Bergpfade und steinige Steige, zwischen Fischersee und Fiechtalm Schwindelfreiheit, v.a. im Abstieg von der Fiechtalm stellenweise Trittsicherheit erforderlich.
Anforderungen Hund: Überwiegend schattige Wege und Steige, auf denen teilweise etwas höhere Absätze zu überwinden sind; Weidevieh (je nach Jahreszeit Kühe im gesamten Bereich der Wanderung).
Wasserstellen: Während der gesamten Wanderung immer wieder Bäche und Seen.
Einkehr: Fiechter Alm/Fiechtalm (fiechter-alm.it), Tel. +39 348 750 7502; am Parkplatz Berggasthaus »Knödlmoidl« (weissbrunn.com), Tel. +39 0473 798107.
Karte: Tabacco 042, Ultental – Deutschnonsberg, 1:25.000.

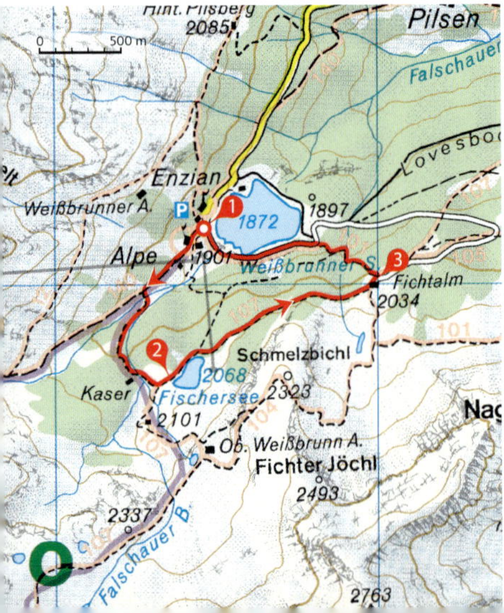

Diese Wanderung beginnt am Parkplatz hinter dem **Weißbrunnsee ❶**. Am Wegweiser neben der Infotafel startet unser Wanderweg in Richtung »Fischersee«. Zunächst vorbei am Gasthaus Knödlmoidl geht es wenig später durch lichten Lärchenwald, bis wir an eine hölzerne Brücke kommen. Hier wandern wir nach links weiter, laufen über die Brücke und folgen nun dem Weg Nr. 103. Ein steiniger Pfad führt uns den Berg hinauf, und nach etwa einer Viertelstunde kommen wir an eine Holzhütte. Direkt dahinter teilt sich der Weg, und wir wandern nach links weiter (Weg Nr. 107) Richtung **Fi-**

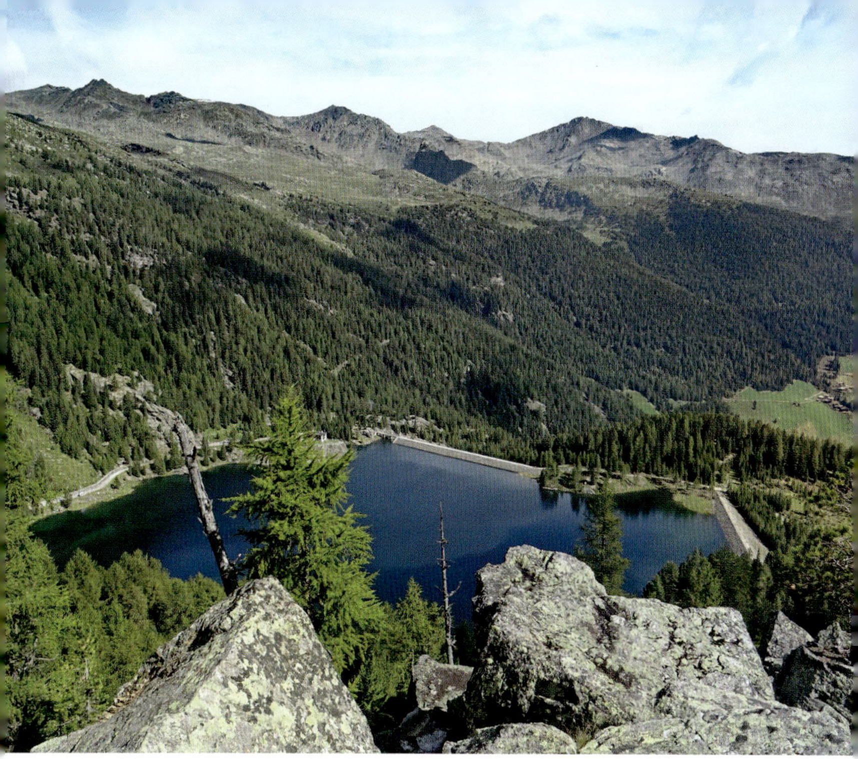

Am Weg zur Fiechtalm eröffnen sich immer wieder spannende Tiefblicke.

schersee ❷, den wir bereits nach wenigen Minuten erreichen. Der kleine Stausee ist Teil des 1963 ans Netz gegangenen Pumpspeicherwerkes Weißbrunn. Am linken Seeufer entlang führt unser Weg zur Staumauer, die wir überqueren und anschließend der Ausschilderung zur »Fiechtalm« folgen. Erst geradehin auf einem Damm verlaufend wird der Weg bald steiniger und abenteuerlicher. Die steil abfallenden Hänge und einmaligen Tiefblicke auf den Weißbrunnsee sind nichts für schwache Nerven. Immer wieder laden kleine Pausenplätze zum Staunen und Verweilen ein, bevor wir schließlich unter uns die **Fiechtalm** ❸ erblicken. Mit ihrer eigenen Käserei sowie vielen regionalen Köstlichkeiten ist die beliebte Almwirtschaft der ideale Platz für eine Jause. Für den Abstieg nach Weißbrunn nehmen wir den Weg Nr. 101. Dieser führt uns oberhalb der Almhütte nach links, und durch ein kleines hölzernes Tor verlassen wir das Almgelände. Nun windet sich unser Pfad steil nach unten. Nach etwa 20 Minuten stoßen wir auf einen Forstweg, dem wir nach links zurück zum Parkplatz am **Weißbrunnsee** ❶ folgen.

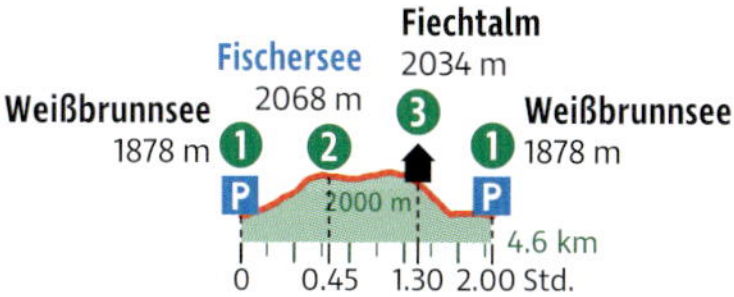

27

Höchster Hütte, 2561 m

Von Weißbrunn zum Grünsee

4.45 Std. | 10,6 km | ↗ 740 m | ↘ 740 m

Alpine Aussichtswanderung im Ultner Talschluss

Hoch oben, unterhalb des Weißbrunnferners wurde im Jahre 1909 ein Schutzhaus eröffnet, die Höchster Hütte. Das von der Sektion Höchst errichtete Haus diente Bergsteigern als Unterkunft und Ausgangspunkt für ihre Unternehmungen. Es musste Anfang der 60er-Jahre des vergangenen Jahrhunderts dem aufgestauten Grünsee weichen und wurde an etwas höher gelegener Stelle neu errichtet. Heute gehört die Höchster Hütte, als die die Rifugio Canziani nach wie vor bekannt ist, zum italienischen Alpenverein CAI. Sie ist nicht nur eine Bergsteigerunterkunft, sondern verwöhnt auch Tagesgäste mit einheimischen Köstlichkeiten. Von der Terrasse der Hütte bietet sich ein schöner Blick hinüber zur hinteren Eggenspitze, die sich im türkisfarbenen Wasser des Grünsees spiegelt.

Talort: St. Gertraud (1519 m); ultental-valdultimo.com/de/st-gertraud.html.
Ausgangspunkt: Parkplatz Weißbrunnsee, 1878 m (GPS: 46.484517, 10.827926).
Anfahrt: Von Lana aus die Ultner Straße ins Ultental fahren, in St. Gertraud weiter Richtung Weißbrunn, die Straße endet direkt am Parkplatz.
Öffentliche Verkehrsmittel: Bus von Meran nach St. Gertraud, dann mit dem Wanderbus von St. Gertraud nach Weißbrunnsee.
Anforderungen Mensch: In den steinigen Wegpassagen Trittsicherheit erforderlich, vor allem zwischen Grünsee und Langsee mitunter Steinschlaggefahr; nur bei stabilem Wetter gehen!
Anforderungen Hund: Wenig Schatten, teilweise höhere Absätze auf den steinigen Pfaden könnten kleineren Hunden etwas Schwierigkeiten bereiten, Weidevieh (je nach Jahreszeit Kühe im Bereich sämtlicher Almen).
Wasserstellen: Tränke im Aufstieg zur Höchster Hütte, an der Höchster Hütte, diverse Seen und Bäche beim Abstieg, vor allem an warmen Tagen dennoch Wasser mitnehmen!
Einkehr: Höchster Hütte, (rifugiocanziani.it), Tel. +39 0473 798120; Untere Weißbrunnalm; am Parkplatz Berggasthaus »Knödlmoidl« (weissbrunn.com), Tel. +39 0473 798107.
Karte: Tabacco 042, Ultental – Deutschnonsberg, 1:25.000.

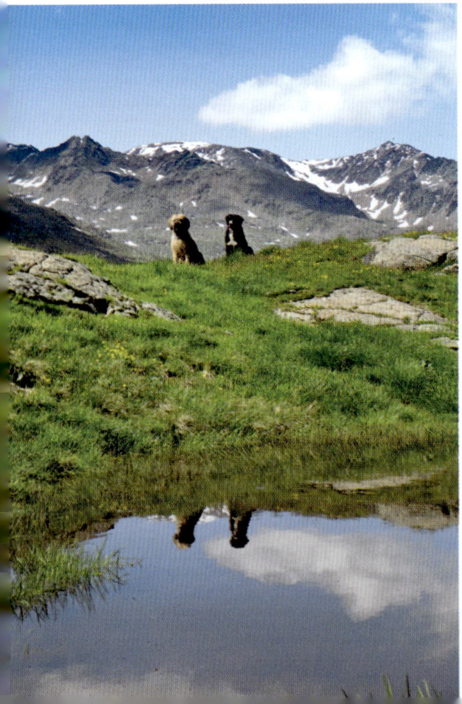

Klare Seen und Bergbäche prägen den zweiten Teil dieser Tour.

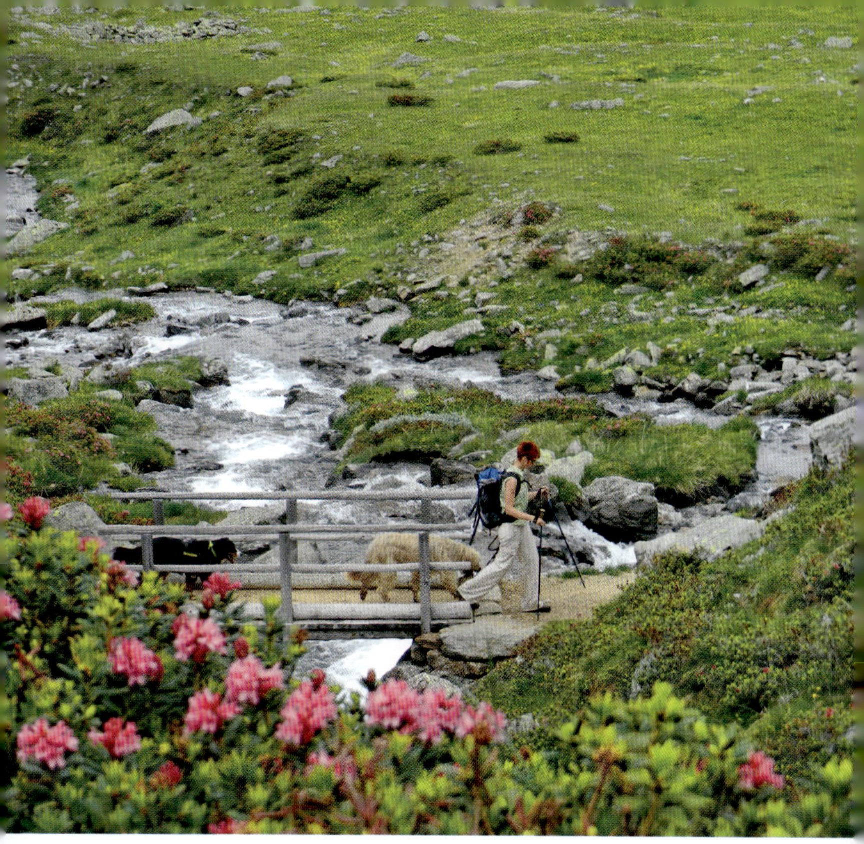

Immer wieder führt der Weg über den noch jungen Falschauer Bach.

Vom Parkplatz **Weißbrunnsee** ❶ nehmen wir den Weg Nr. 140, der am Wegweiser neben der Infotafel in Richtung »Höchster Hütte« führt. Zuerst geht es oberhalb am Berggasthaus Knödlmoidl vorbei, später durch lichte Zirben- und Lärchenbestände stetig bergauf. Begleitet werden wir dabei anfangs vom Tosen des Falschauer Baches. Im Sommer weiden hier auf den Wiesen der Weißbrunnalm Ziegen und Kühe. Nach kurzer Zeit gelangen wir an einen Abzweig, lassen die Holzbrücke links liegen und folgen weiter dem Weg Nr. 140 geradeaus den Berg hinauf. Nach und nach wird unser steiniger Pfad immer steiler, Almrosen säumen den Weg. Etwa eine halbe Stunde Gehzeit liegt hinter uns, und wir erreichen einen **Rastplatz** ❷ mit einer kleinen **Tränke**. Diese ist die für

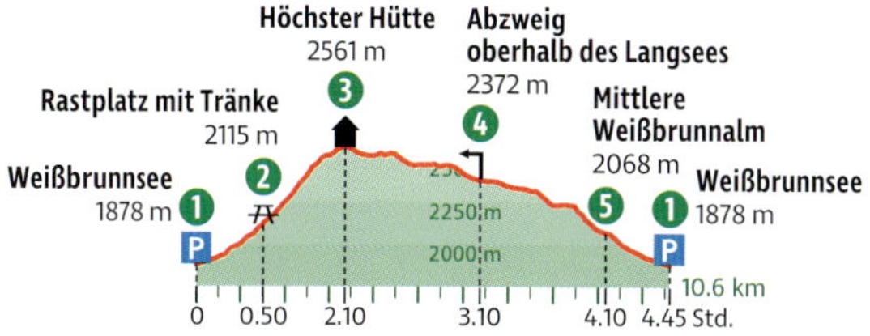

Hunde einzige Trinkgelegenheit während des Aufstieges. Am nächsten Abzweig wandern wir abermals geradeaus, der Ausschilderung zur »Höchster Hütte« folgend. Wir erreichen bald die Baumgrenze, und im steinigen Südhang windet sich unser Steig in steilen Kehren aufwärts. An einigen Stellen erleichtern künstlich angelegte Stufen den Aufstieg. Den Weg Nr. 12 in Richtung Langsee, der kurz vor der Bergstation der Materialseilbahn abzweigt, lassen wir zunächst links liegen und gehen geradeaus weiter zur **Höchster Hütte 3**, die wie auf einem Balkon über dem Grünsee thront. Hier, auf mehr als 2500 Meter Höhe mit einem fantastischen Blick auf den türkisfarbenen See und die hintere Eggenspitze kann man sehr gut rasten, bevor es auf dem Ultner Höhenweg weiter Richtung Langsee geht. Dazu laufen wir zurück bis zur Materialseilbahn und nehmen dann den Weg Nr. 12 nach rechts hinunter zum Staudamm. Wir überqueren diesen und bald wird unser Weg schmaler und steiniger. In den Geröllfeldern ist Vorsicht geboten, wegen der Steinschlaggefahr sollte man sich hier nicht lange aufhalten! Bald lassen wir diesen Teil des Weges jedoch hinter uns und betreten die weiten Wiesen der Hinteren Weißbrunnalm. Ein Wiesenpfad führt uns abwärts, und an der **Wegkreuzung** oberhalb des **Langsees 4** gehen wir scharf nach links weiter und folgen von nun an dem Weg Nr. 107 in Richtung Ober-

Auch die Hunde genießen die Bergtour.

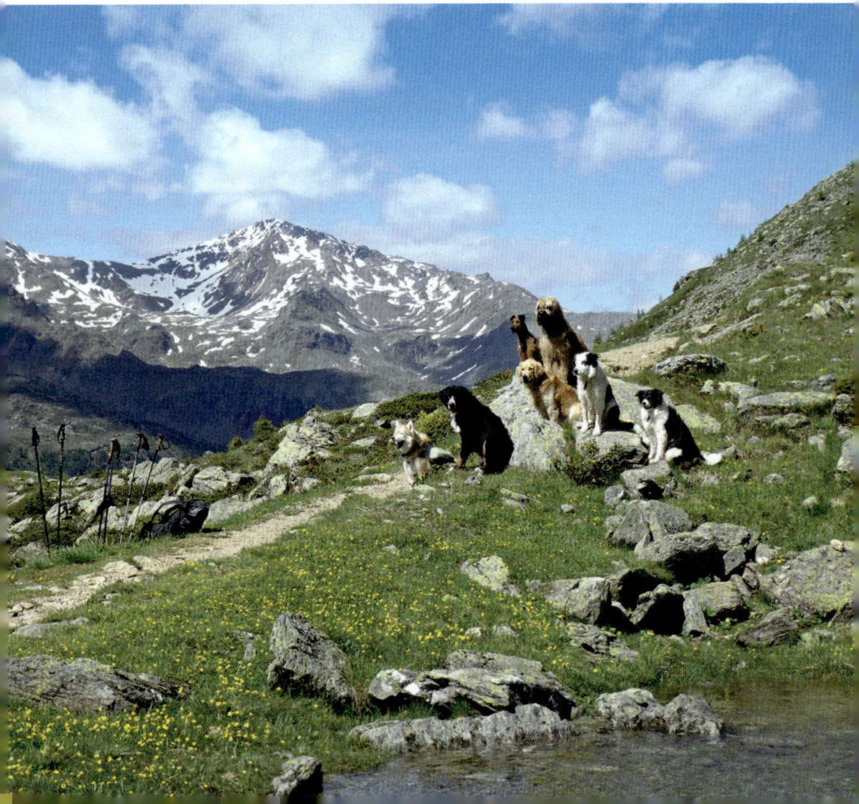

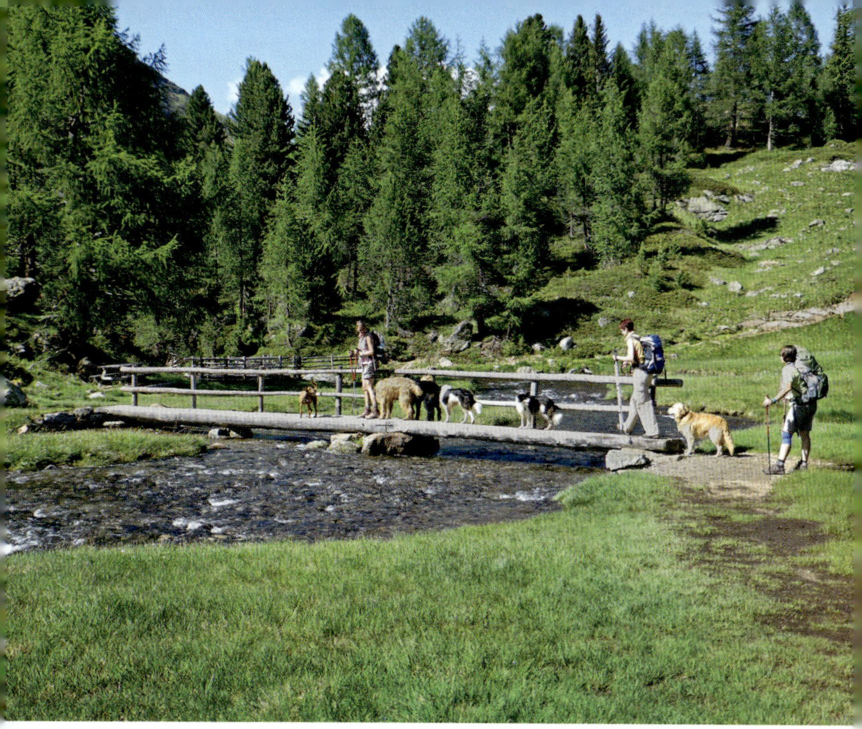

Wandern mit Hund macht auch in der Gruppe Spaß.

weißbrunn. Den Blick übers Ultental hinüber zu Tuferspitz und Hasenöhrl ständig vor Augen, wandern wir nun allmählich abwärts. Immer wieder laden Bäche und klare Bergseen unsere Vierbeiner zu einer Abkühlung ein. Nach der Oberen Weißbrunnalm neigt sich unser Weg nach links und führt steil hinunter zur **Mittleren Weißbrunnalm ❺**. Hier verlassen wir den Weg Nr. 107 und wandern auf dem Weg Nr. 103 geradeaus weiter. Wir haben nun wieder die Baumgrenze erreicht, und auf unserem steinigen Pfad, der immer am Falschauer Bach entlang verläuft, verlieren wir rasch an Höhe. Bald kommen wir zu einer Holzbrücke, die uns über den tosenden Grünsee-Bach leitet. Auf der anderen Seite stoßen wir auf unseren Aufstiegsweg, dem wir nach rechts zurück zum **Ausgangspunkt** folgen.

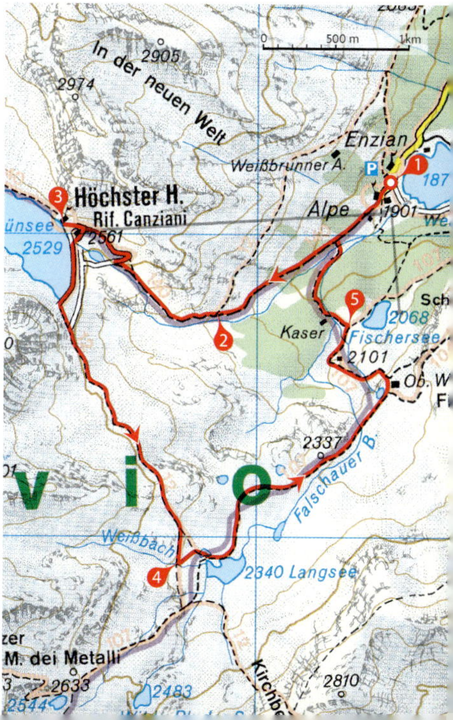

28 Knottnkino, 1465 m

Über die Leadner Alm auf den Rotsteinkogel

3.15 Std. | 9,3 km | ↗ 460 m | ↘ 460 m

Das wahrscheinlich ungewöhnlichste Kino der Welt

Einen Kinobesuch der ganz besonderen Art bietet diese abwechslungsreiche Wanderung zum Knottnkino bei Vöran, hoch über dem Etschtal. Die Leinwand ist schier unendlich, die Handlung folgt dem Lauf des Tages und der Jahreszeiten, und Öffnungszeiten gibt es keine. Nehmen Sie in einem der Kinosessel Platz, und lassen Sie die atemberaubende Kulisse auf sich wirken!

Talort: Vöran (1205 m); Tourismusverein Hafling – Vöran – Meran 2000 St. Kathreinstr. 2b, 39010 Hafling, Tel. +39 0473 279457, merano-suedtirol.it/de/hafling-voeran-und-meran-2000.
Ausgangspunkt: Parkplatz Leadner Alm, 1322 m (GPS: 46.608950, 11.238192).
Anfahrt: Von Meran die SP98 nach Vöran fahren und etwa 1 km nach der Ortsdurchfahrt am Gasthof »Zum Grünen Baum« links Richtung Parkplatz Leadner Alm (brauner Wegweiser) abbiegen. Der Parkplatz befindet sich nach 150 Metern auf der linken Seite.
Öffentliche Verkehrsmittel: Bus von Meran nach Vöran bis »Grüner Baum«.
Anforderungen Mensch: Leichte Wanderung auf überwiegend bequemen Wegen, Auf- und Abstieg zum Gasthof Waldbichl und am Knottnkino recht steil, hier etwas Trittsicherheit erforderlich.
Anforderungen Hund: Bequeme Wege, überwiegend im Schatten, Weidevieh (Kühe an der Leadner Alm, Ausweichmöglichkeit siehe Wegbeschreibung).
Wasserstellen: Außer an den Einkehrmöglichkeiten wenig Trinkgelegenheiten für Hunde am Weg, daher etwas Wasser mitnehmen.
Einkehr: Gasthof Waldbichl (waldbichl.com), Tel. +39 0473 278 113; Leadner Alm (leadner-alm.com), Tel. +39 0473 278136.
Karte: Tabacco 011, Meran und Umgebung, 1:25.000.

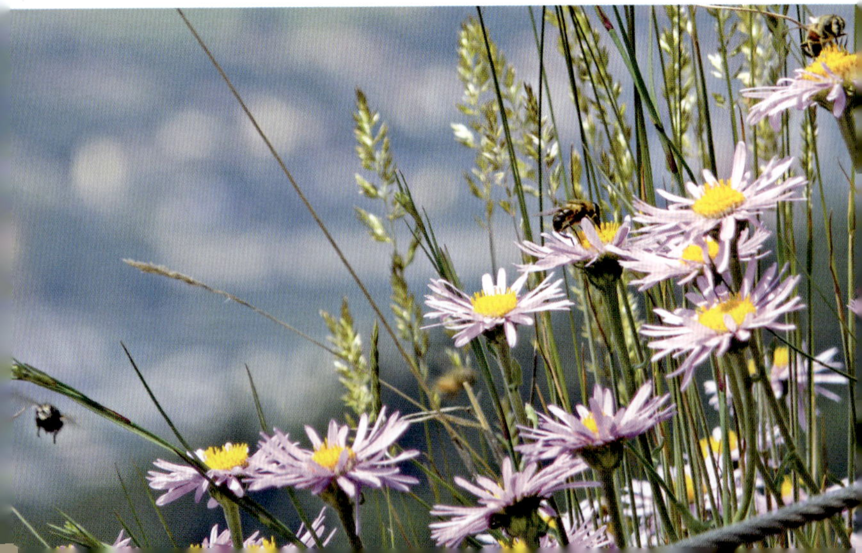

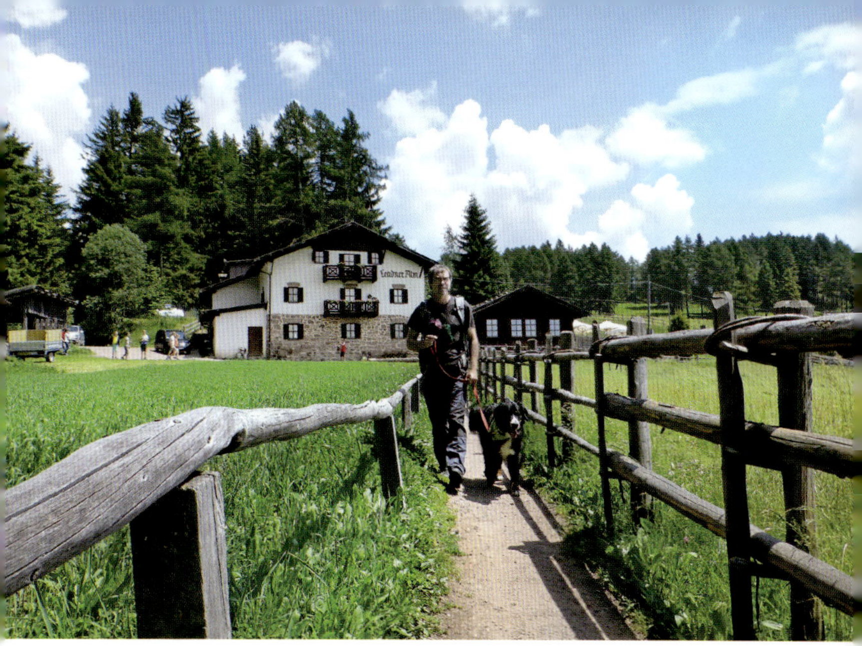

Oben: Die Leadner Alm ist ein beliebtes Ausflugsziel.
Links: Die Bienen freuen sich über die Alpen-Astern am Knottnkino.

Gegenüber der Einfahrt zum **Parkplatz ①** befindet sich eine Infotafel. Direkt daneben führt der mit der Nummer 16 markierte Wanderweg als schmaler Steig durch den Wald hinauf. Oben erreichen wir eine kleine Asphaltstraße, der wir nach rechts folgen. Unser Weg führt teils neben, teils auf dem Sträßchen entlang, und nach circa 400 Metern ist etwas Aufmerksamkeit erforderlich. Wir verlassen den Weg Nr. 16 und wandern nun auf dem mit der Nr. 15 markierten schmalen Pfad, der auf der rechten Straßenseite hinunter in den Wald Richtung »Waldbichl« führt, weiter. Nach knapp zehn Minuten stoßen wir auf einen Teerweg, dem wir ein kurzes Stück nach rechts folgen, um ihn wenig später in einer Rechtskurve geradeaus zu verlassen. Nun führt unser Weg Nr. 15 als steiler Pfad in den Wald hinauf. Entlang einer Kuhweide steigen wir stetig bergan und kommen schließlich wieder an eine kleine Straße, auf deren gegenüberliegender Seite sich der **Gasthof Waldbichl ②** befindet. Wer Begegnungen mit Weidevieh im Bereich der nordwestlich gelegenen Leadner Alm ausschließen möchte, kann hier der Straße nach links folgen und nach etwa 600 Metern nach rechts Richtung Leadner Alm gehen. Unser Weg führt uns jedoch am Parkplatz des Gasthofes Waldbichl

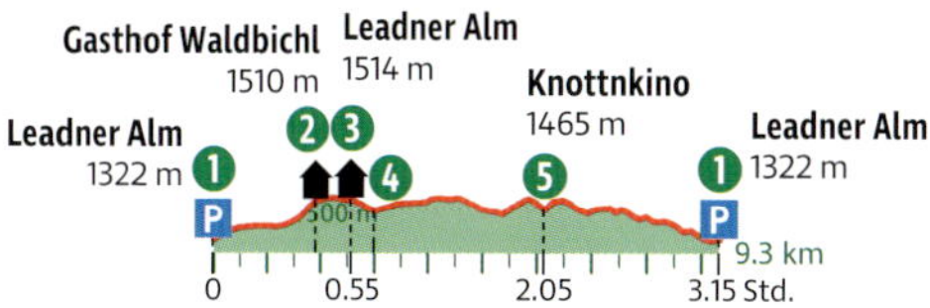

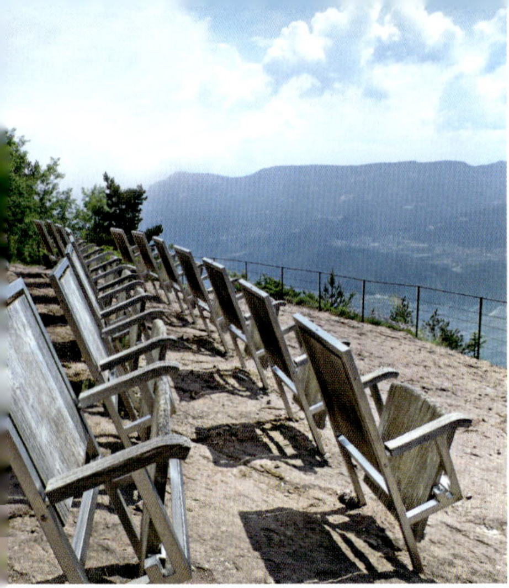

Das wohl ungewöhnlichste Kino der Welt auf dem Rotsteinkogel.

vorbei und dann, dem breiten Wanderweg Nr. 38 folgend, weiter bergan. Wenig später erreichen wir ein Gatter und betreten das Almgelände. Erst durch lichten Lärchenwald, später über eine Almwiese führt uns der Weg nun zur **Leadner Alm ❸**. Der 1514 Meter hoch gelegene Hof ist mit leckeren regionalen Speisen, einer tollen Aussicht und einer großen Liegewiese der ideale Platz für eine gemütliche Rast. An der Giebelseite des Hauses beginnt ein schmaler, von Holzzäunen gesäumter Weg. Unser heutiges Ziel, das Knottnkino, ist hier bereits ausgeschildert, und so wandern wir auf dem Pfad westwärts, überqueren im Wald einen Forstweg und steigen anschließend hinunter zur Straße. Dieser folgen wir für ein kurzes Stück geradeaus, bis wir rechter Hand einen kleinen **Weiher ❹**, vor dem eine riesige Hölzerne Harke steht, erreichen. Gleich danach gehen wir nach rechts und

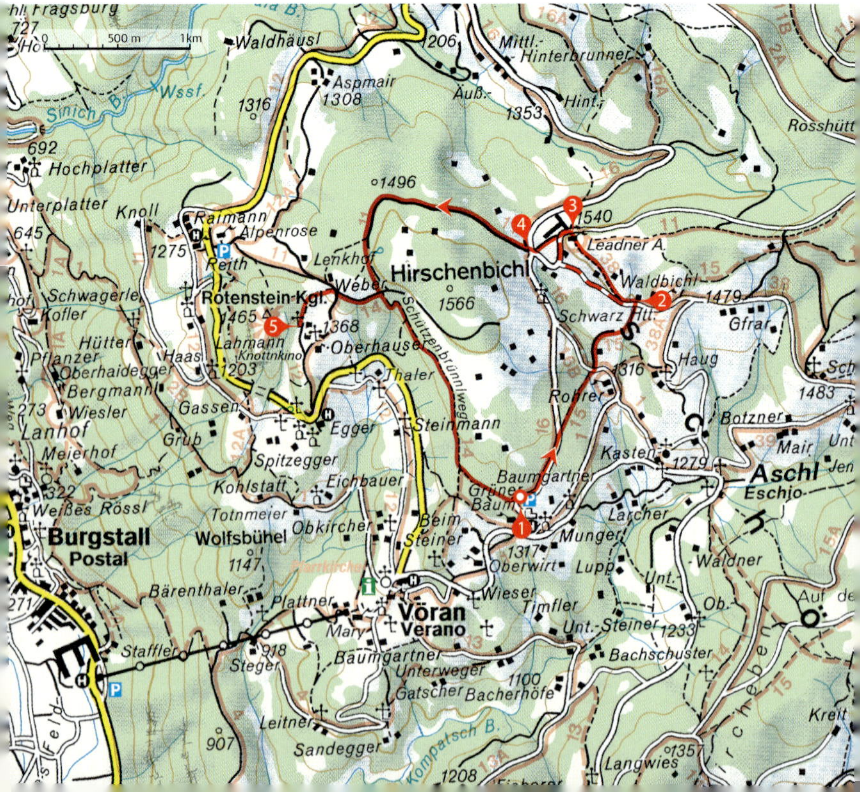

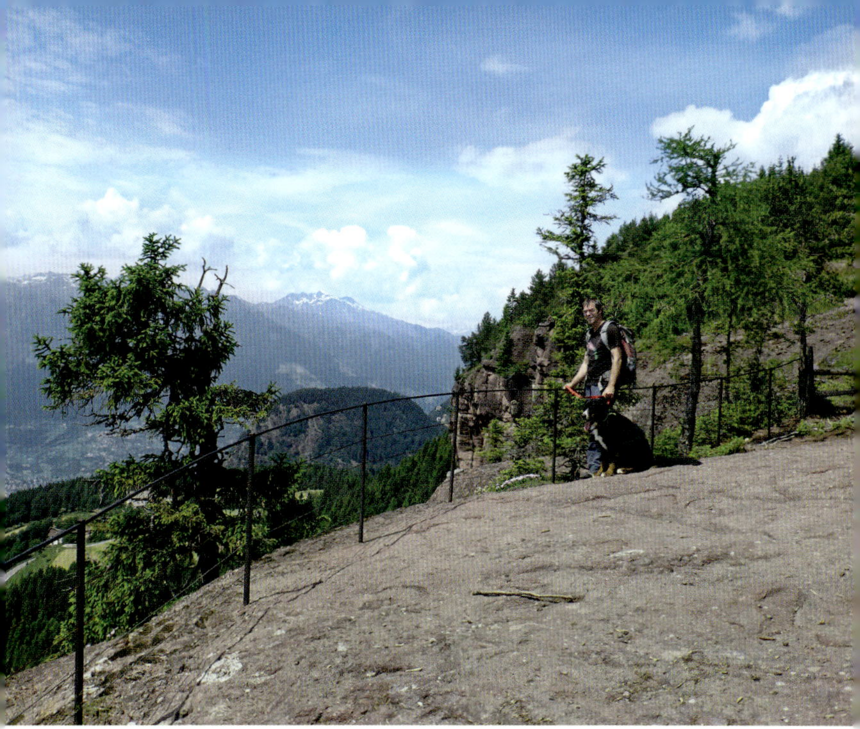

Dem roten Porphyrgestein verdankt der Rotsteinkogel seinen Namen.

halten uns an der nächsten Gabelung links, dem Wegweiser mit der Aufschrift »Knottn Kino« folgend. Wir wandern auf dem Weg Nr. 11 durch den Wald und stoßen nach etwa einem Kilometer auf einen Querweg hinter einer großen Wiese. Hier gehen wir nun nach rechts in Richtung Knottnkino weiter. Wenig später geht unser Weg in ein Teersträßchen über und führt vorbei an einem eingezäunten Wasserbecken durch einen kleinen Bauernhof hindurch. An der darauffolgenden Kreuzung halten wir uns links und biegen sogleich wieder rechts in einen von Holzzäunen gesäumten Wiesenweg ab. Nun steigen wir steil durch den Wald hinauf auf den roten Tafelberg. Oben angekommen, nehmen wir den etwas breiteren Waldweg geradeaus, der Ausschilderung Knottnkino folgend. Achtung – ringsum am Waldrand gibt es steil abfallende Felswände – Hunde unbedingt anleinen! Wenig später erreichen wir das wohl ungewöhnlichste Kino der Welt, das **Knottnkino** ❺. Wir nehmen auf den Kinostühlen Platz und lassen die Kulisse auf uns wirken. Anschließend wandern wir auf demselben Weg zurück bis hinunter zur Teerstraße, gehen dort links und gleich wieder rechts, durchqueren den kleinen Bauernhof und wandern am Wasserbecken vorbei bis zur bereits bekannten Wegkreuzung. Hier gehen wir nun geradeaus den kleinen, für Fahrräder gesperrten Pfad hinunter. Mit mäßigem Gefälle und immer wieder tollen Ausblicken führt uns der »Schützenbrünnlweg« durch den Wald. Nach etwa 10 Minuten stoßen wir auf eine Forststraße und gehen diese nach links zurück zum **Ausgangspunkt**.

29 Vöraner Alm, 1873 m

Über die Wurzer Alm zur Vöraner Alm

5.00 Std. | 14,6 km | ↗ 610 m | ↘ 610 m

Drei-Almen-Wanderung bei Hafling

Umgeben von saftigen Wiesen liegt Hafling am nordwestlichen Rand der Tschöggelberg-Hochfläche. Hier liegt auch die Wiege der Haflinger-Pferde, kein Wunder also, dass man die robusten Kleinpferde auf den Almen rund um Hafling auch recht häufig antrifft. Auf dieser sehr schönen Wanderung lässt sich der Almsommer hautnah erleben, und gleich drei Hütten locken mit regionalen Köstlichkeiten und laden zur Einkehr.

Talort: Hafling (1300 m); Tourismusverein Hafling – Vöran – Meran 2000 St. Kathreinstr. 2b, 39010 Hafling, Tel. +39 0473 279457, merano-suedtirol.it/de/hafling-voeran-und-meran-2000.
Ausgangspunkt: Hafling Dorf, Großer Parkplatz, 1280 m (GPS: 46.644207, 11.225619).
Anfahrt: Von Meran die SP98 Richtung Vöran fahren, in Hafling an der Tankstelle vorbeifahren, dann über die Brücke und direkt nach dem Tunnel rechts auf den großen Parkplatz abbiegen.
Öffentliche Verkehrsmittel: Bus von Meran nach Vöran bis »Hafling Dorf«.
Anforderungen Mensch: Überwiegend bequeme Wanderwege, stellenweise Pfade mit Steinen und Wurzeln erfordern etwas Trittsicherheit.
Anforderungen Hund: Bequeme Wege, überwiegend im Schatten, Weidevieh (Kühe an allen drei Almen, vor allem die Pferde an der Leadner Alm sind sehr neugierig!).
Wasserstellen: Außer an den Almhütten unterwegs verschiedene Trinkgelegenheiten für Hunde, besonders auf dem Weg von der Vöraner zur Leadner Alm.
Einkehr: Wurzer Alm (wurzer-alm.com), Tel. +39 338 5005784; Vöraner Alm, Tel. +39 360 320469; Leadner Alm (leadner-alm.com), Tel. +39 0473 278136.
Karte: Tabacco 011, Meran und Umgebung, 1:25.000.

Am **Parkplatz ❶** überqueren wir die Straße und wandern den Hinterdorferweg hinauf. Die Wegmarkierung Nr. 2A in Richtung Wurzer Alm führt uns am nächsten Abzweig scharf links in den Wurzerweg. In der nächsten Kehre folgen wir weiter der Asphaltstraße nach rechts und verlassen diese dann nach etwa 400 Metern scharf links in den Wald hinauf, der Ausschilderung 16B (Wurzer Alm) folgend. Oben angekommen, stoßen wir auf einen Querweg, in welchen wir nach rechts einbiegen. Von nun an leitet uns die Weg-Nr. 2 erst ein Stück auf der Teerstraße entlang, dann wieder auf einem Forstweg und schließlich auf einem teils steinigen und wurzeligen Steig bis hinauf zur **Wurzer Alm ❷**. Eine Einkehr in der beschaulichen, kleinen Wirtschaft der Alm, in der es allerlei Tiere gibt, sollte man sich nicht entgehen lassen, wird man hier doch sehr nett mit leckeren Köstlichkeiten aus eigener Herstellung verwöhnt. Von der Wurzer Alm aus führt uns der Weg Nr. 2 nach rechts an einem Bretterzaun entlang und schließlich in den Wald hinein. Langsam, aber stetig geht es aufwärts, bis wir nach etwas mehr als einer halben Stunde die **Vöraner Alm ❸** und damit den höchsten Punkt dieser Wanderung

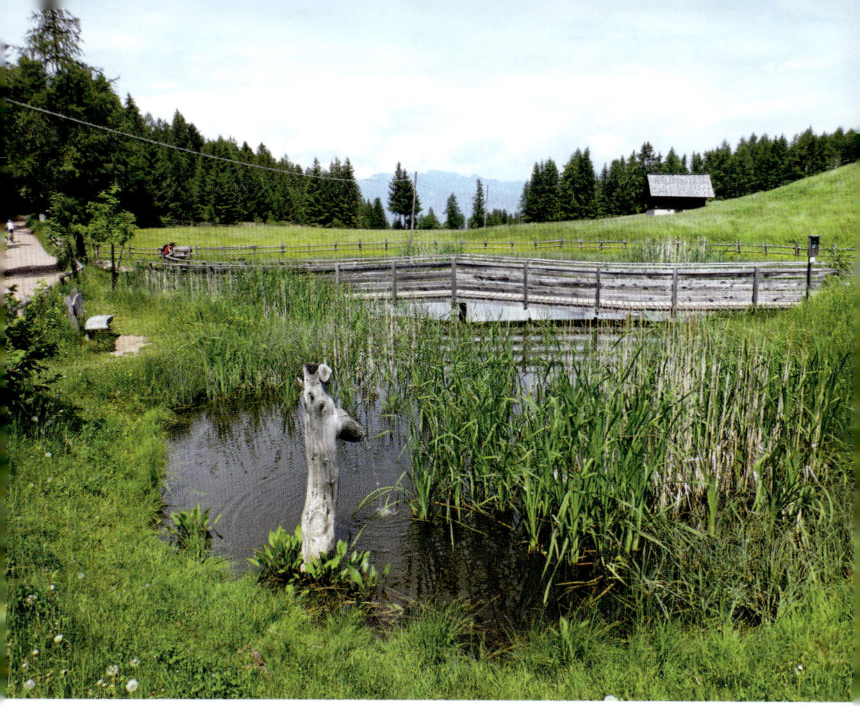

Der Weiher Bruggen ist Heimat zahlreicher Fische, Lurche und Insekten.

erreichen. Bei gutem Wetter hat man hier oben einen beeindruckenden Blick über die Südtiroler Bergwelt. Der Abstieg führt uns über den Weg Nr. 11A, zunächst neben der Hüttenterrasse die Treppe hinunter, dann nach rechts um das Haus herum und schließlich nach links über einen Wiesenweg talwärts. Bald kommen wir wieder in den Wald hinein. Wir überqueren einen Forstweg und folgen weiter dem Weg Nr. 11A. Nach der Rosshütte, einem kleinen Holzhäuschen, das auf einer Waldwiese rechts des Weges steht, stoßen wir auf eine breite Forststraße, die die mit der Nummer 2A markierte direkte Verbindung von der Wurzer Alm zur Leadner Alm darstellt. Hier gehen wir halb links, überqueren den Bach und folgen nun immer dem Weg Nr. 11. Teils auf, teils neben der Forststraße und schließlich über eine Weide, auf der häufig neugierige Pferde stehen, gelangen wir zu unserem nächsten Ziel, der **Leadner Alm** ❹. Auch hier lässt es sich auf der Hüttenterrasse und der großen Liegewiese wunderbar rasten und entspannen. Unterhalb der Almge-

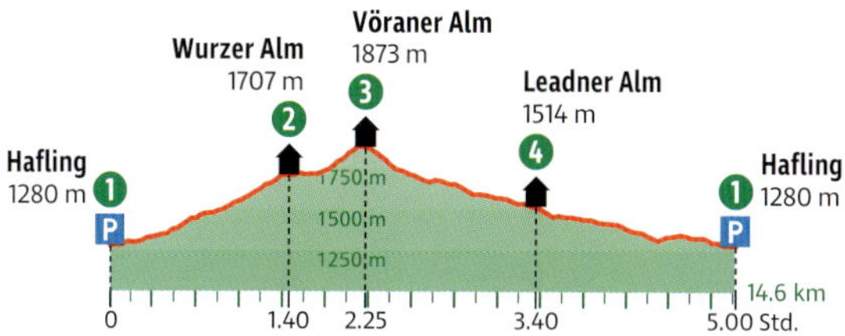

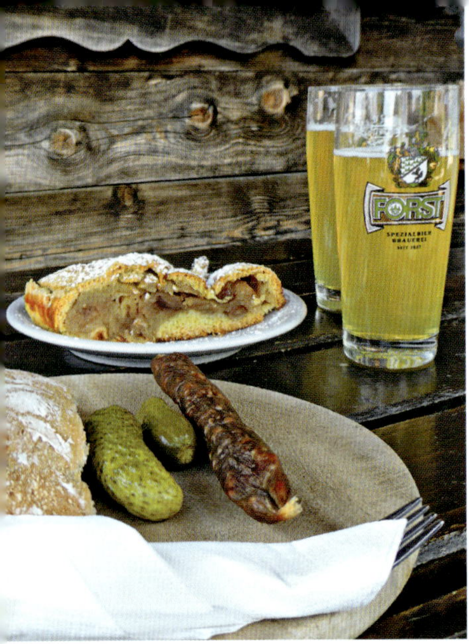

Der kulinarische Genuss kommt auf dieser Almwanderung nicht zu kurz.

bäude führt unser von Zäunen gesäumter Weg Nr. 11 zum Wald. Wir überqueren die Almzufahrt und wandern gegenüber steil bergab, bis wir an eine Teerstraße gelangen. Diese gehen wir für ein kurzes Stück nach rechts weiter. Nach dem Weiher Bruggen, einem kleinen Teich mit einer Schutzhütte, führt uns ein befestigter Weg nun abermals nach rechts. Ab hier folgen wir der Markierung Nr. 16, halten uns an der nächsten Gabelung rechts und gelangen schließlich nach etwa einer Stunde zurück zum **Ausgangspunkt** in Hafling.

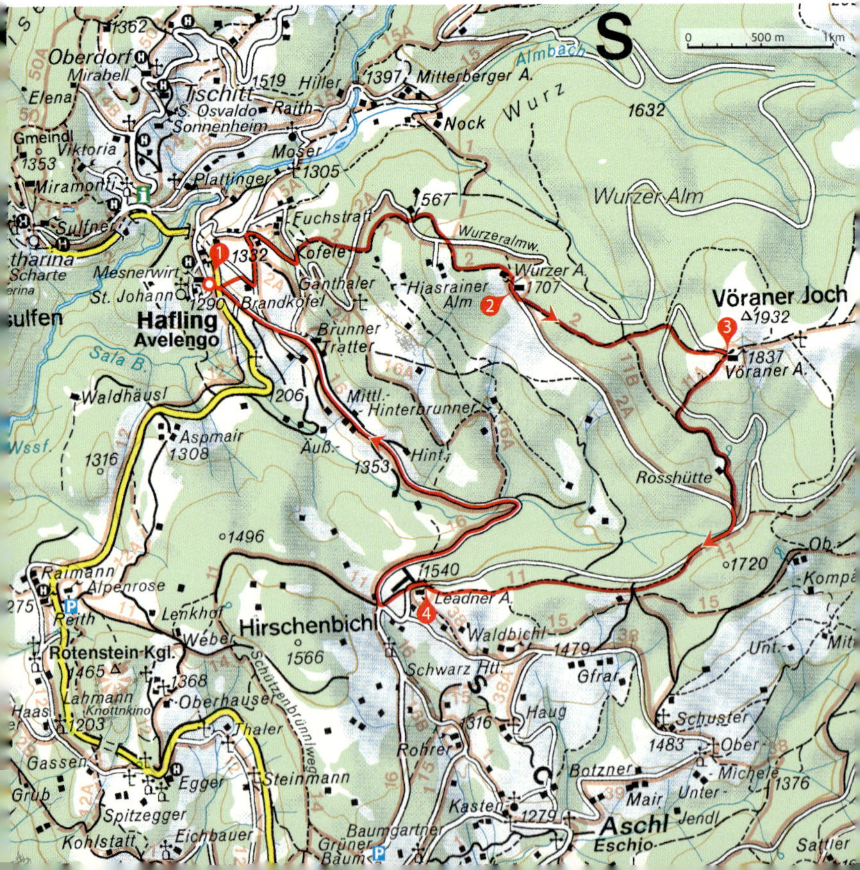

Langfenn, 1527 m

Über den Gschnoferstall nach Langfenn

30

3.45 Std. | 12,2 km | ↗ 480 m | ↘ 480 m

Malerische Almen und duftendes Blumenmeer am Tschöggelberg

Zwischen Bozen und Meran, östlich des Etschtales, erstreckt sich der Tschöggelberg. Seine sanften Hügel laden zu zahlreichen Wald- und Almwanderungen ein. Eine der schönsten unter ihnen führt über verträumte Lärchenwiesen zum kleinen Kirchlein St. Jakob auf Langfenn. Ganz besonders reizvoll ist diese Wanderung, wenn der Frühsommer die Almwiesen in ein duftendes Wildblumenmeer verwandelt oder die Bäume in der bunten Farbenpracht des Herbstes erstrahlen.

Talort: Mölten (1145 m); Tourismusverein, Möltnerstraße 1, I-39010 Mölten, Tel. +39 471 668282, moelten.net.
Ausgangspunkt: Parkplatz im Ortskern von Mölten, oberhalb der Touristinformation, 1150 m (GPS: 46.587617, 11.254688).
Anfahrt: Auf der Schnellstraße zwischen Bozen und Meran die Ausfahrt »Terlan/Andrian« nehmen, dann immer der Ausschilderung nach Mölten folgen.
Öffentliche Verkehrsmittel: Bus von Bozen nach Schlaneid bis Mölten »Rathaus«.
Anforderungen Mensch: Leichte Tour auf meist bequemen Forstwegen.
Anforderungen Hund: Keine; überwiegend schattige Wanderung, auf dem Tschöggelberg zeitweise sonnig, mehrere beweidete Almen (Kühe am Gschnofer Stall).
Wasserstellen: Trinkgelegenheit für Hunde nur am Gschnoferstall und am Gasthaus Langfenn, ausreichend Wasser mitnehmen!
Einkehr: Gschnoferstall Alm (malgagschnoferstall.it), Tel. +39 346 1746045; Gasthaus »Langfenn am Salten« (langfenn.it), Tel. +39 471 668218.
Karte: Tabacco 034, Bozen – Ritten – Salten, 1:25.000.

Auf den Lärchenwiesen des Tschöggelberges kann man gut entspannen.

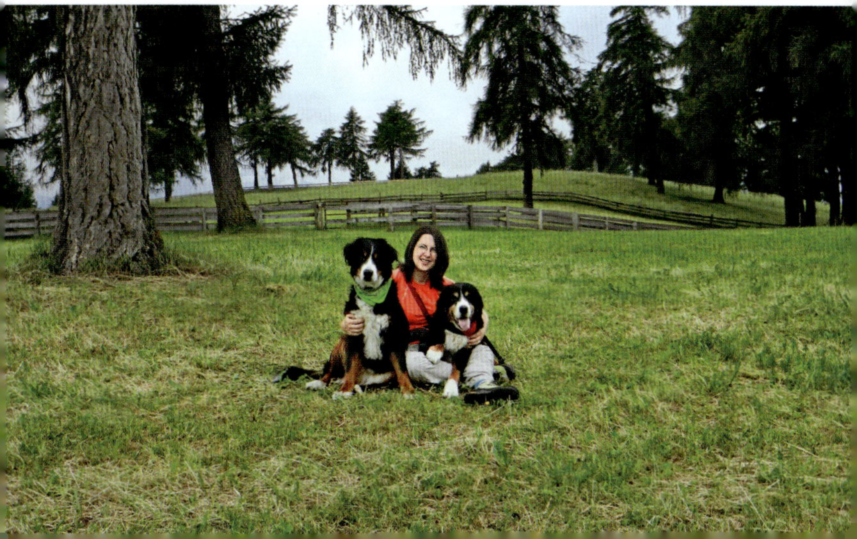

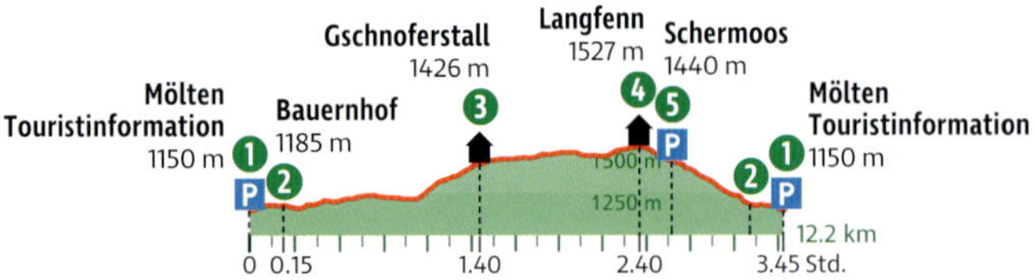

Wir starten unsere Wanderung am **Parkplatz ❶** im Ortskern von **Mölten**, oberhalb der **Touristinformation**. Von hier aus folgen wir der kleinen Straße »Via Professor Josef Schwarz« den Berg hinauf. Wir passieren die Sektkellerei und halten uns an der Straßengabelung bei der Metzgerei halb rechts. Wir folgen dem Teersträßchen und wandern am nächsten Abzweig geradeaus den Berg hinunter. In der Senke gehen wir rechts über eine Brücke, durchqueren den **Bauernhof ❷** – Achtung, freilaufender Hund! – und folgen danach der Ausschilderung »Gschnofer Stall/Verschneid«, die uns geradeaus leitet. Auf dem befestigten Forstweg wandern wir nun für etwa 2,5 Kilometer, dann befindet sich links oberhalb des Weges ein eingezäunter Teich. Wenig später stoßen wir auf eine Teerstraße, der wir ein kleines Stück nach rechts hinunter folgen, bevor uns der Wegweiser mit der Aufschrift »Gschnofer Stall« scharf links den Berg hinaufleitet. Auf dem steilen Wanderweg

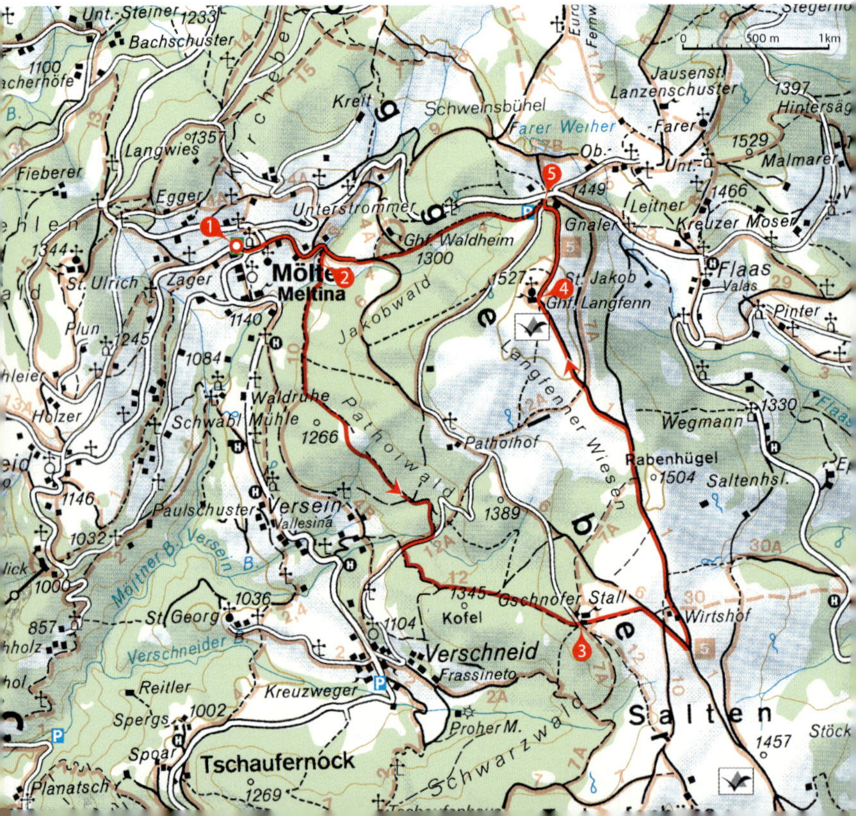

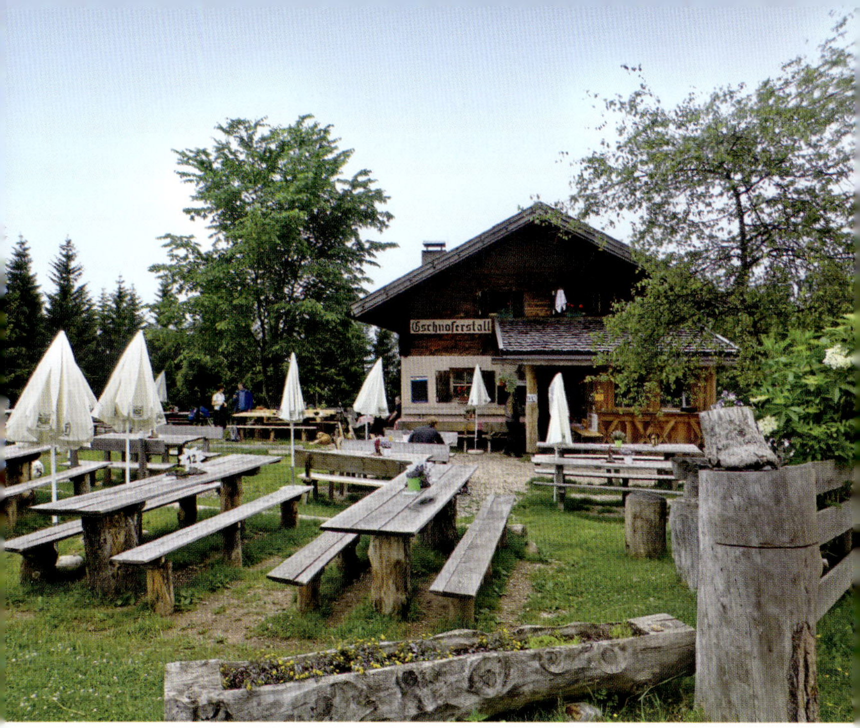

Die Almhütte Gschnoferstall lockt mit hausgemachten Köstlichkeiten.

Nr. 12 gewinnen wir rasch an Höhe und erreichen etwa eine halbe Stunde später ein Gatter. Nun befinden wir uns auf der Alm **Gschnoferstall** ❸. Oben am Fahrweg gehen wir nach rechts und entdecken bald links am Zaun zwei Wegweiser. Ab hier folgen wir dem Weg Nr. 12B Richtung »Jenesien«. Wir durchqueren zwei Holzzäune, folgen dem Pfad über die Wiese und gehen abermals durch einen Holzzaun. Nun wandern wir über eine Wiese mit vereinzelten Lärchen, uns leicht links haltend und immer der rot-weißen Markierung folgend, bis zu einem befestigten Weg. Diesen gehen wir nach rechts weiter und folgen ihm so lange, bis er im spitzen Winkel auf einen Querweg stößt. Hier halten wir uns nun scharf links in Richtung »Langfenn (E5)«. Der bequeme Weg führt nun ohne größere Höhenunterschiede auf dem grasbewachsenen Rücken des idyllischen Tschöggelberges bis zum kleinen Kirchlein Langfenn, das wir nach etwa einer Dreiviertelstunde erreichen. Der Rundblick am dem Apostel Jakobus geweihten Gotteshaus und der Freisitz der benachbarten Wirtschaft laden zum Verweilen ein. Vor dem Gasthof **Langfenn** ❹ gehen wir nordostwärts weiter und folgen der Ausschilderung Richtung »Schermoos P«. Vom **Parkplatz Schermoos** ❺ aus gehen wir die Straße nach links weiter und folgen dieser für etwa 200 Meter. Nun wandern wir auf dem Weg Nr. 4 in Richtung »Mölten«. Nach etwa einer halben Stunde erreichen wir das kleine **Gehöft** ❷, das wir bereits am Anfang unserer Tour durchquert haben. Von hier gehen wir auf dem bekannten Weg zurück zum **Ausgangspunkt**.

31 Eislöcher, 550 m

Von St. Michael zu den Eislöchern

2.15 Std. | 6,3 km | ↗ 260 m | ↘ 260 m

Kältekammern mitten im Wald

Versteckt in den Wäldern bei Eppan findet sich ein Naturphänomen der ganz besonderen Art, sogenannte Eislöcher. Durch Spalten und Löcher, die sich zwischen den Porphyrblöcken eines Felssturzes gebildet haben, strömt warme Luft nach unten und kühlt sich dabei am kalten Fels ab. So kann es sein, dass man selbst in heißen Sommern unter den Felsblöcken noch Eis entdecken kann. Die kalte Luft strömt unten aus den Löchern aus und sammelt sich in einer Senke im Wald. Das hat zur Folge, dass hier unten auf etwa 500 Meter Seehöhe Pflanzen gedeihen, die sonst nur in höheren Gebirgsregionen beheimatet sind, wie beispielsweise die Rostblättrige Alpenrose, die Alpenrebe oder die Vogelbeere.

Talort: St. Michael (415 m); Tourismusverein Eppan, Rathausplatz 1, I-39057 Eppan, Tel. +39 0471 662206, eppan.com.
Ausgangspunkt: Pfarrkirche, Kapuziner Straße, St. Michael, 415 m (GPS: 46.455477, 11.257886). Die Pfarrkirche St. Michael befindet sich ca. 100 m westlich des Rathausplatzes.
Anfahrt: Von Bozen auf der SS42 Richtung Mendelpass/Kaltern, vor der Tunneleinfahrt rechts halten Richtung St. Michael/Girlan/Montiggl (nicht in den Tunnel fahren!) und anschließend am Kreisverkehr erste Ausfahrt Richtung St. Michael - Zentrum nehmen, in der Ortsmitte befinden sich mehrere große Parkplätze.
Öffentliche Verkehrsmittel: Bus von Bozen nach Kaltern bis »St. Michael Eppan Zentrum«.
Anforderungen Mensch: Leichte Wanderung auf überwiegend bequemen Wegen.
Anforderungen Hund: Wenig Schatten zwischen St. Michael und dem Gasthof Steinegger.
Wasserstellen: Brunnen in St. Michael, Tränke am Gasthof Steinegger, Brunnen in Pegeno.
Einkehr: Gasthof Steinegger (steinegger.it), Tel. +39 0471 662248.
Karte: Tabacco 049, Südtiroler Weinstraße, 1:25.000.

Wir starten unsere Wanderung an der **Pfarrkirche ❶** in **Eppan** und wandern durch die Kapuzinerstraße zur Raiffeisenhalle. Ein Pfeil mit der Aufschrift »Zur Gleifkirche« leitet uns die breite Treppe empor und zwischen Eisstadion und Raiffeisenhalle

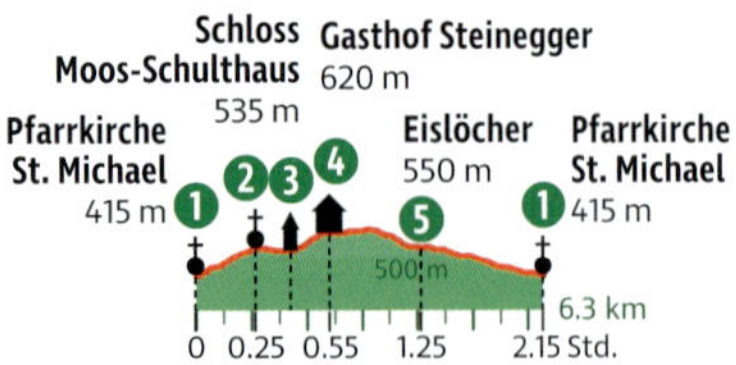

hindurch. Nun folgen wir dem Weg Nr. 8B, der sich als Kreuzweg in Kehren erst durch den Wald, später durch Weinberge hinauf zur **Gleifkirche ❷** schlängelt. Die Barockkapelle wurde 1718 bis 1720 erbaut und bildet den Abschluss des Eppaner Kalvarienberges. Die drei Altäre und die Kanzel im Inneren des Kirchleins sind mit sehr schönen Stuckarbeiten aus der Mitte des 18. Jahrhunderts verziert. Von hier oben hat man einen atemberaubenden Blick über den Bozner Talkessel hinüber zu den

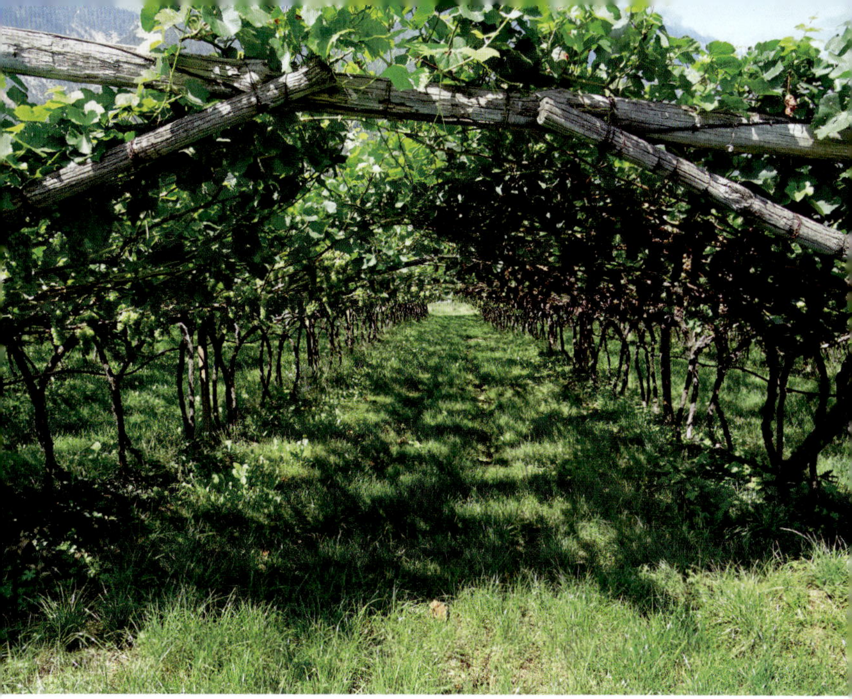

Weinreben und Obstplantagen prägen das Bild dieser Wanderung.

Dolomiten. Direkt hinter der Kirche befindet sich das Naturdenkmal Gleifhügel. Auf dem roten Porphyr-Gestein erkennt man hier noch deutlich die Spuren, die der einst mächtige Etschgletscher hinterließ, als er seine Eismassen Richtung Süden schob. Wir folgen dem Kiesweg, der von der Gleifkirche in die Weingärten führt und stoßen nach etwa 400 Metern auf eine Straße. Hier wandern wir nun nach links weiter. Wenig später, am **Schloss Moos-Schulthaus ❸**, folgen wir dem Weg Nr. 540 nach rechts Richtung »Steinegger«. Umgeben von Weinreben und Obstbäumen, vorbei an kleinen Höfen wandern wir das Sträßlein hinauf. Im Wald, direkt nach einem Spielplatz, zweigt nun der mit der Nr. 7A markierte Weg zu den Eislöchern nach links ab. Bevor wir diesen einschlagen, gehen wir jedoch auf der Teerstraße weiter zum **Gasthof Steinegger ❹**, dessen große Aussichtsterrasse ein perfekter Pausenplatz ist. Zurück am Abzweig wandern wir nun auf dem Weg Nr. 7A weiter. Im Schatten des Waldes folgen wir immer der Ausschilderung »Eislöcher« (erst Nr. 7A, später Nr. 15). Nach etwa einer halben Stunde kommen wir zu einer Senke im Wald. Moosbewachsene Felsbrocken liegen links und rechts des Weges, und ein kühler Luftstrom umgibt uns. Hier, in den **Eislöchern ❺**, ist es auch an heißen Sommertagen angenehm kühl. An der Informationstafel kehren wir wieder um und folgen am nächsten Wegweiser der Ausschilderung »Stroblhof«, die uns nach halb rechts leitet. Wenig später kommen wir abermals an einen Wegweiser, wo uns der Weg zum Stroblhof nun nach links führt. Am nächsten Abzweig uns rechts haltend wandern wir weiter auf dem Weg Nr. 15 und

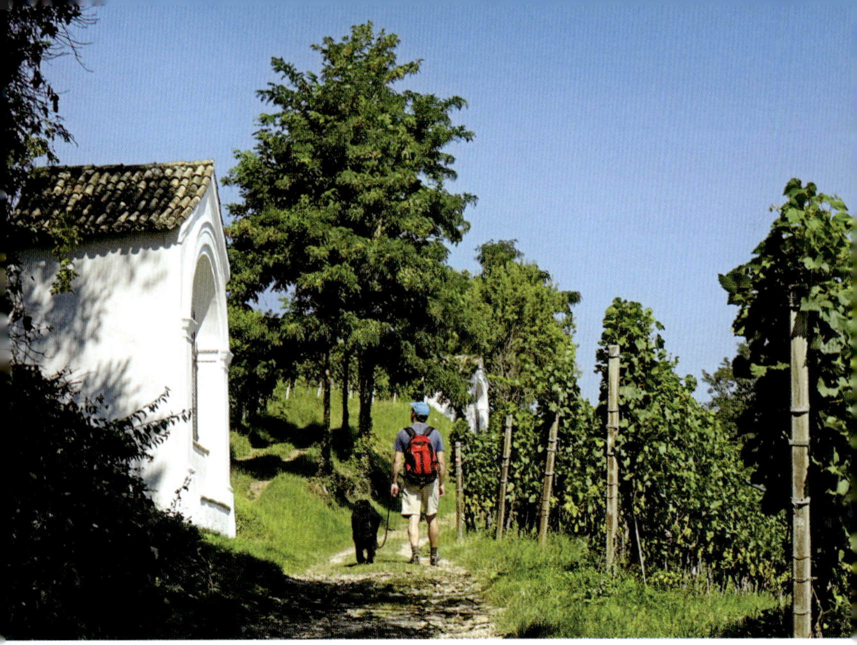

Am Eppaner Kalvarienberg erzählen Bildstöcke vom Leidensweg Christi.

treten bald darauf aus dem Wald heraus. An Weinreben vorbei kommen wir zu einer schmalen Straße. Diese gehen wir nach rechts und wandern von nun an auf dem Weg Nr. 540 weiter. Nach dem Weingut Stroblhof und dem spätgotischen Schloss

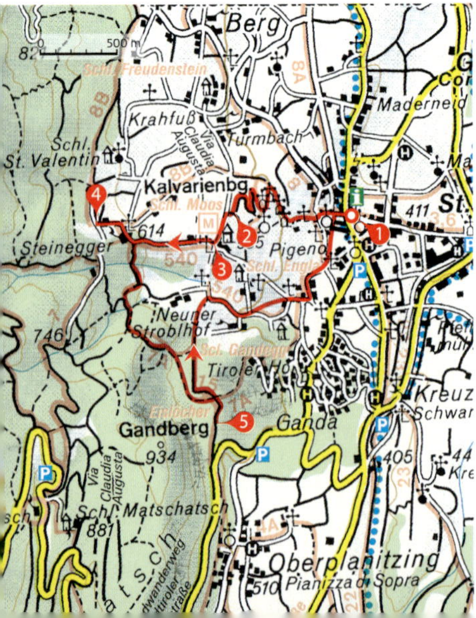

Englar verlässt unser Wanderweg die Straße und führt halb links an einer Natursteinmauer entlang talwärts. Achtung, links des Weges befindet sich ein gemauerter Graben, der auch Wasser führt! Hunde nicht hineinlassen, denn sie kommen dort alleine nicht wieder heraus! Wir kommen nun nach Pigeno, einen Ortsteil von St. Michael. An einem Brunnen bietet sich für unsere vierbeinigen Begleiter die Möglichkeit einer Erfrischung. Wir wandern hinter dem Brunnen vorbei und gegenüber in die schmale Straße hinein. Dem aufmerksamen Wanderer entgeht nicht die Wegmarkierung an der Häuserecke. Vorbei am Ansitz Gleifheim folgen wir anschließend weiter dem Bachlauf und nehmen an der nächsten Kreuzung den Fußweg, der halb links an einem Spiel- und Bolzplatz vorbei bis zur Raiffeisenhalle führt. Hier gehen wir nach rechts und auf bekanntem Weg zurück zum **Ausgangspunkt**.

Penegal, 1737 m

Vom Mendelpass auf den Penegal

32

3.15 Std. | 7,9 km | ↗ 430 m | ↘ 430 m

Aussichtsreiche Tour hoch über dem Bozner Talkessel

Westlich der Etsch bei Bozen erheben sich gigantische, teils bis zu 600 Meter hohe Felswände über dem Tal. Diese markanten Abbrüche bilden den östlichen Rand des Mendelkammes und bieten atemberaubende Tief- und Weitblicke. Besonders auffällig ist der Penegal, der aufgrund seiner Aufbauten, die mehrere Radio- und Fernseh-Sendemasten sowie einen ehemaligen Aussichtsturm umfassen, auch aus größerer Entfernung auszumachen ist. Er gilt als einer der schönsten Aussichtsberge Südtirols und gestattet Fernblicke zu den Dolomiten, der Brentagruppe und den vergletscherten Gipfeln der Ortlergruppe.

Talort: St. Michael (415 m); Tourismusverein Eppan, Rathausplatz 1, I-39057 Eppan, Tel. +39 0471 66 22 06, eppan.com.
Ausgangspunkt: Mendelpass, mehrere Parkplätze neben der Mendelstraße, 1362 m (GPS: 46.4169975, 11.2071028).
Anfahrt: Von Bozen auf SS42 Richtung Mendelpass / Kaltern fahren und der Straße bis auf den Mendelpass folgen.
Öffentliche Verkehrsmittel: Bus von Bozen nach St. Nikolaus bis »St. Anton, Mendelbahn« und von da mit der Mendelbahn zum Mendelpass.
Anforderungen Mensch: Schwindelfreiheit und teilweise Trittsicherheit erforderlich.
Anforderungen Hund: Ungesicherter Weg teilweise recht nahe an der Felskante, Absturzgefahr! Hunde unbedingt an der Leine führen!
Wasserstellen: Einzige Trinkgelegenheit für Hunde besteht am Panoramahotel Penegal, ausreichend Wasser mitnehmen!
Einkehr: Panoramahotel Penegal (penegal.it), Tel. +39 0471 200 769, mehrere Restaurants am Mendelpass.
Karte: Tabacco 049, Südtiroler Weinstraße, 1:25.000.

Pause an der Ferdinandshöhe.

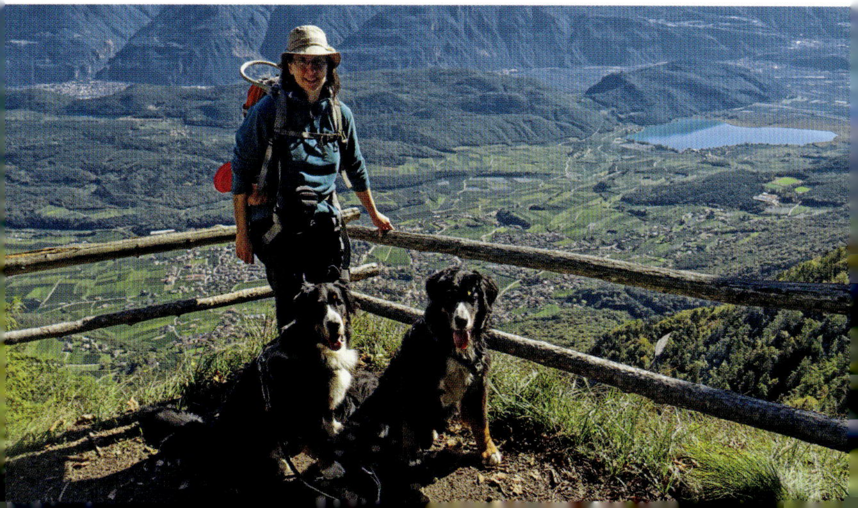

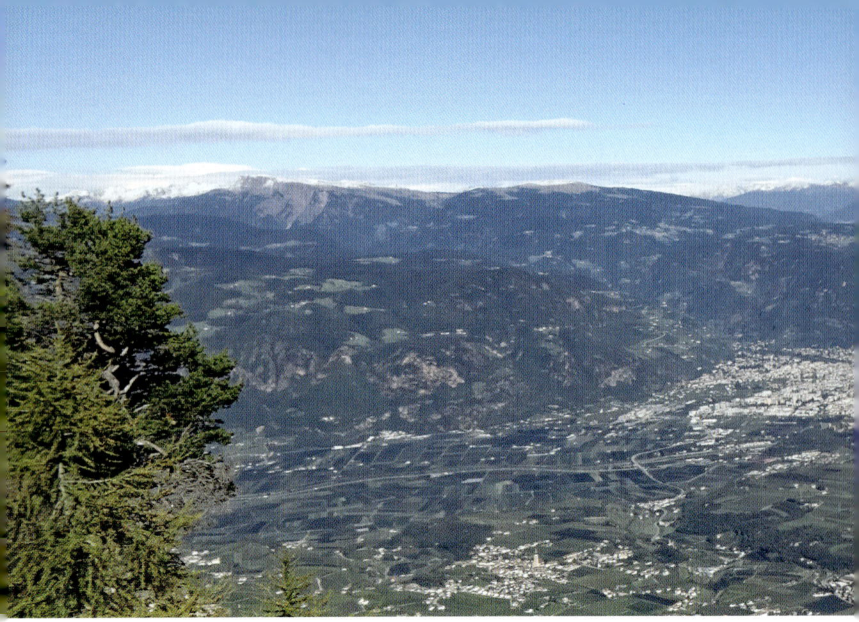

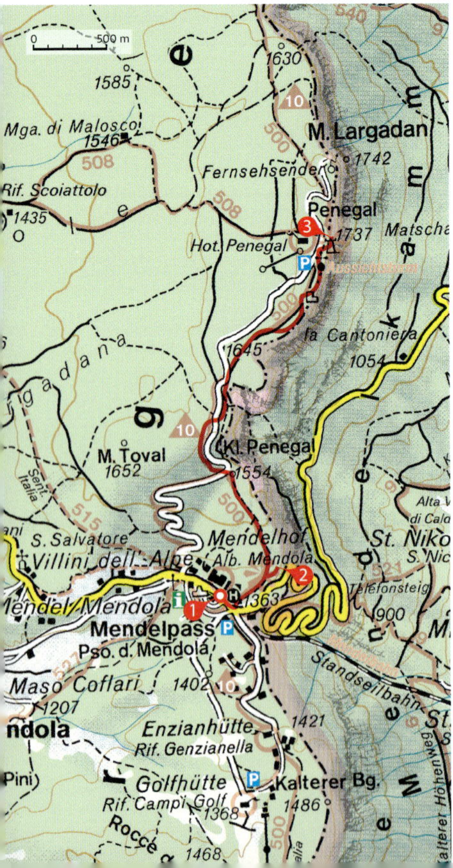

Die Wanderung beginnt am **Mendelpass** ❶, der hier durch eine braune Tafel gekennzeichnet ist. Wir folgen zunächst dem Straßenverlauf Richtung Bozen und nehmen dann den Weg Nr. 500 Richtung Penegal. Er verlässt nach dem Hotel Dolomiti die Fahrstraße und führt nach links den Berg hinauf. Schon bald geht es in den Wald hinein und nun immer oberhalb der Abbruchkante des Mendelgebirges entlang. Immer wieder bieten sich atemberaubende Ausblicke ins Etschtal und auf den Kalterer See. Ein kleiner, markierter Abstecher bringt uns zur **Ferdinandshöhe** ❷. Wo einst Erzherzog Franz Ferdinand die Ausblicke genoss, lädt uns heute eine kleine Schutzhütte zum Rasten und Genießen ein. Zurück am Wanderweg folgen wir diesem nun weiter stetig aufwärts und erreichen nach etwa 1,5 Stunden den **Penegal** ❸. Der Gipfel befindet sich oberhalb des gleichnamigen Berghotels. Zurück geht es nun auf unserem Aufstiegsweg hinunter zum **Mendelpass** ❶.

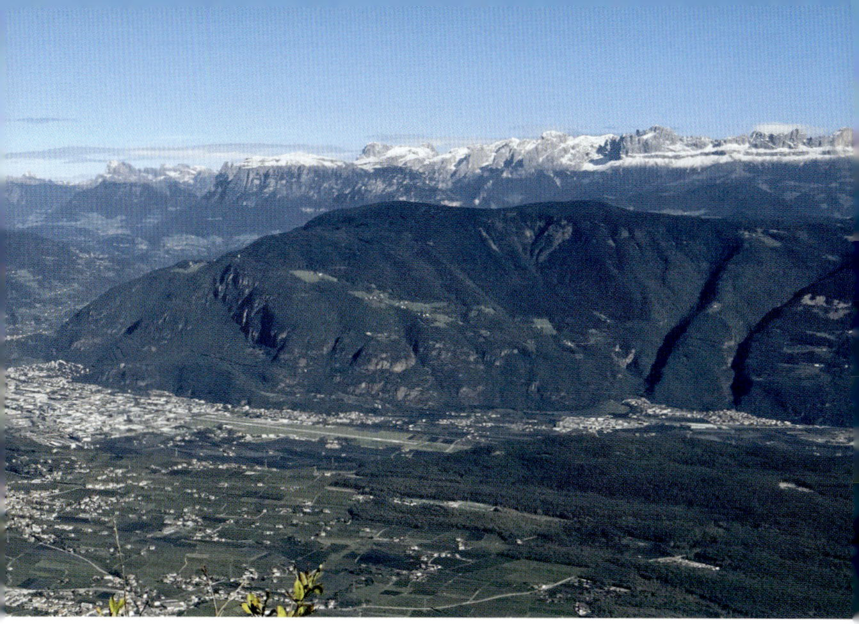

Atemberaubender Blick über den Bozner Talkessel.

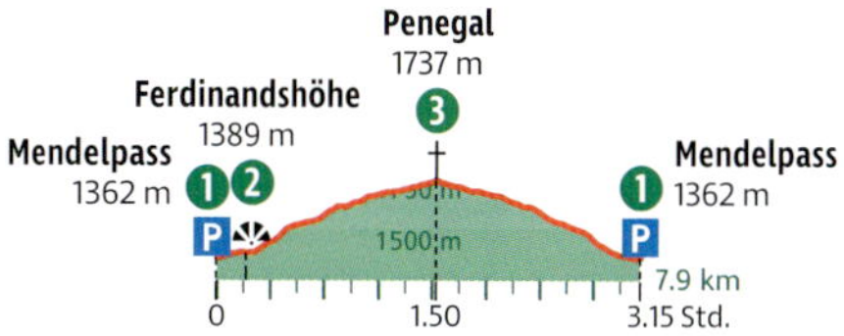

Am aussichtsreichen Wanderweg.

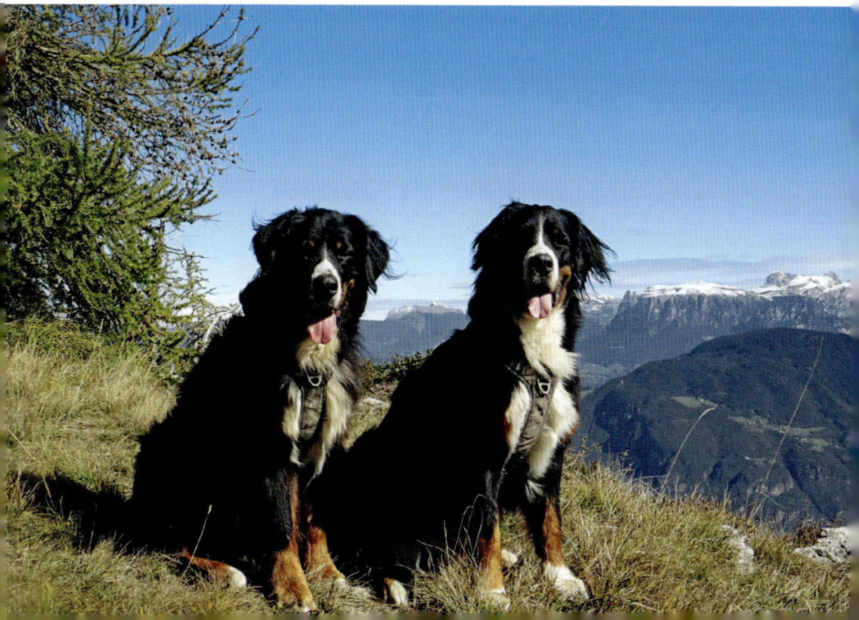

33 Bletterbachschlucht, 1450 m

Durch die Bletterbachschlucht bei Aldein

1.45 Std. | 4,0 km | ↗240 m | ↘240 m

Lebendige Erdgeschichte

Wohl an keinem anderen Ort in Südtirol kann man Jahrmillionen währende Erdgeschichte so hautnah erleben wie in der Bletterbachschlucht am Weißhorn. Der Grand Canyon Südtirols, wie diese imposante Schlucht auch genannt wird, wird eingerahmt von gigantischen Felswänden, deren Gesteinsstrukturen Geschichten aus 280 Millionen Jahren des Werdens und Vergehens unserer Erde erzählen. Ein Naturerlebnis, das man sich nicht entgehen lassen sollte!

Talort: Aldein (1225 m); Tourismusverein Aldein Radein Jochgrimm, Dorf 34, I-39040 Aldein, Tel. +39 0471 886800, aldein-radein.com.

Ausgangspunkt: Besucherzentrum Geoparc Bletterbach, 1543 m (GPS: 46.366313, 11.406835).

Anfahrt: Von Bozen auf der SS12 oder der Autobahn bis Auer fahren und von da die SS48 Richtung Cavalese / Montan nehmen. Nach der Ortsdurchfahrt Montan links Richtung Geoparc Bletterbach (Brauner Wegweiser) abbiegen und dieser Ausschilderung bis zum Parkplatz folgen.

Öffentliche Verkehrsmittel: Bus von Aldein nach Geoparc Bletterbach.

Anforderungen Mensch: Eintrittsgebühr (9 €, Stand 2023); aufgrund von Steinschlaggefahr Helmpflicht in der Bletterbachschlucht; Helme können kostenlos am Besucherzentrum ausgeliehen werden, die Benutzung eigener Helme ist selbstverständlich auch statthaft; wasserfeste Schuhe, da immer wieder der Bach gequert wird; Trittsicherheit im schottrigen Bachbett.

Anforderungen Hund: Gittertreppen mit relativ kleinlöchrigen Rosten im Ab- und Aufstieg.

Wasserstellen: In der gesamten Schlucht.

Einkehr: Laneralm (laneralm.com), Tel. +39 0471 886778.

Karte: Tabacco 029, Schlern – Rosengarten – Latemar, 1:25.000.

An der Infotafel neben dem **Parkplatz ❶** nehmen wir den Weg Nr. 3 nach rechts Richtung Bletterbachschlucht. Zunächst auf einem bequemen Weg durch den Hochwald wandernd, gelangen wir bereits wenig später an den Rand der Schlucht, in deren gesamten Verlauf verschiedene bebilderte Lehrtafeln über die Erdgeschichte und Geologie dieses einzigartigen Naturdenkmales informieren. Der gut ausgebaute Weg führt über Stein- und Holzstufen sowie einige Gittertreppen hinunter in

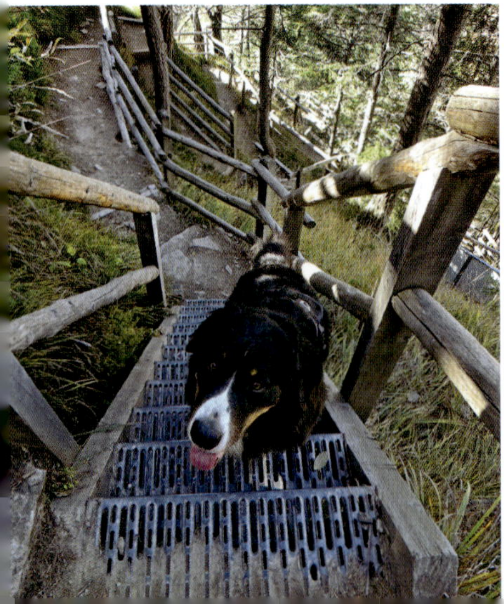

Gittertreppen in der Bletterbachschlucht.

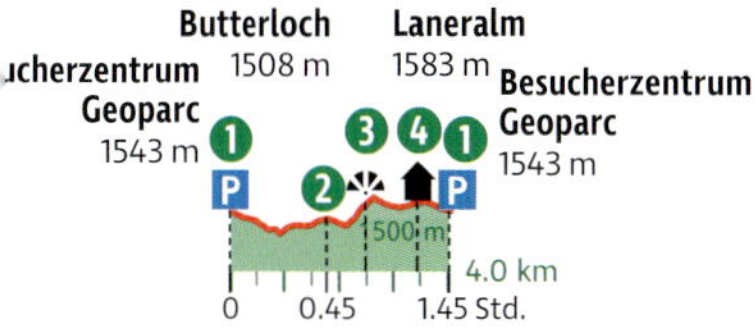

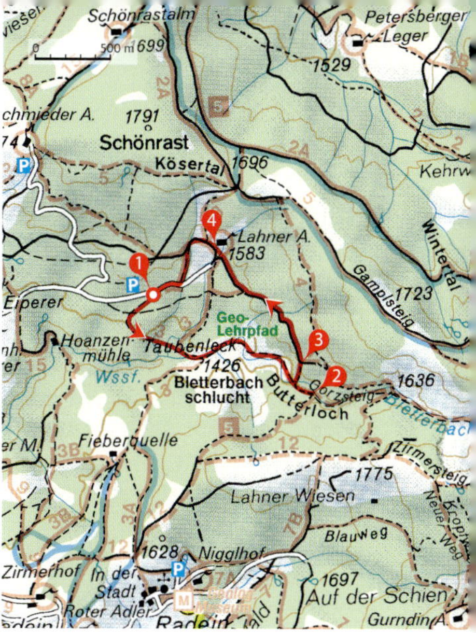

die Talsohle der Schlucht. Nun wandern wir auf dem Weg Nr. 3A immer im Bett des Bletterbaches bachaufwärts. Nach etwa einer Dreiviertelstunde kommen wir zum sogenannten **Butterloch** ❷. Hier stürzt das Wasser des Bletterbaches mit einer Fallhöhe von 30 Metern in die Tiefe, und die bis heute andauernde Erosion, mit der der Bach den Canyon geformt hat, ist hier besonders deutlich zu erkennen. An dieser Stelle endet der Weg in der Bletterbachschlucht, und wir wandern im Bachbett wieder zurück, bis der Jägersteig uns nach rechts hinaufführt. Abermals gilt es, einige Gittertreppen zu überwinden. Nach einem kurzen, knackigen Anstieg, der immer wieder wunderbare Tiefblicke bietet, gelangen wir an einen **Aussichtspunkt** ❸ mit einer Bank. Von hier aus hat man einen schönen Blick zum hellen Kalksteingipfel des Weißhorns, an dem die Bletterbachschlucht ihren Ursprung hat. Allmählich führt uns nun unser Wanderweg weiter aufwärts, und wenig später erreichen wir einen etwas breiteren Querweg. Hier wandern wir nach links weiter, der Ausschilderung zum Besucherzentrum folgend. Nach etwa 600 Metern zweigt rechts der Waldlehrpfad ab, der uns wenig später zur **Laneralm** ❹ bringt. Hier kann man bei guter Südtiroler Küche die lehrreiche Wanderung noch einmal Revue passieren lassen, bevor es dann auf dem Weg Nr. 3 zurück zum Ausgangspunkt, dem **Parkplatz am Besucherzentrum** ❶, geht.

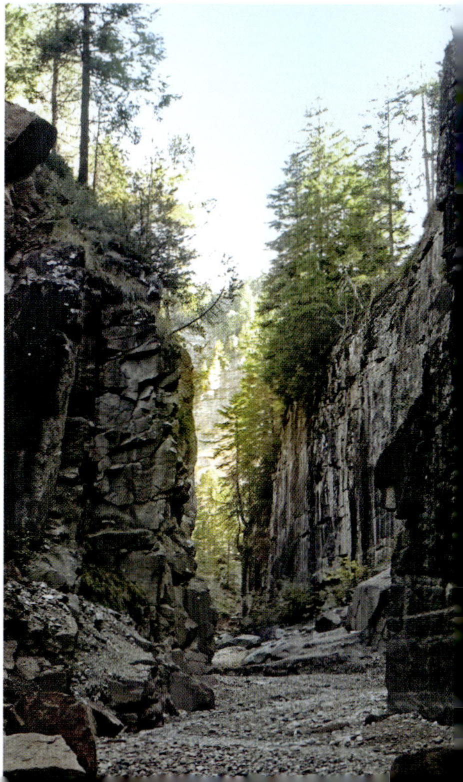

Der »Grand Canyon Südtirols« – die Bletterbachschlucht.

34

Weißhorn, 2316 m

Durch die Bletterbachschlucht auf das Weißhorn

6.00 Std. | 13,4 km | ↗1010 m | ↘1010 m

Spannende Zeitreise vor atemberaubender Kulisse

Es gibt viele Wege, auf denen man das markante Weißhorn, das wie sein benachbarter »Bruder«, das Schwarzhorn, weithin zu erkennen sind, erklimmen kann. Diese Tour beschreibt einen gleichermaßen spannenden und erdgeschichtlich äußerst interessanten Aufstieg, nämlich den durch das UNESCO-Welterbe Geoparc Bletterbach. Die abwechslungs- und aussichtsreiche Wanderung führt durch 280 Millionen Jahre Erdgeschichte, beginnend im Bachbett des Bletterbaches bis hinauf auf den Gipfel des Weißhorns, wo er seinen Ursprung hat. Ein atemberaubendes Panorama mit Blick zur Brenta, den Dolomitenmassiven Latemar, Rosengarten und Schlern sowie zu den Ötztaler Alpen und der Ortlergruppe rundet diese wunderschöne Wanderung ab.

Talort: Aldein (1225 m); Tourismusverein Aldein Radein Jochgrimm, Dorf 34, I-39040 Aldein, Tel. +39 0471 886800, aldein-radein.com.
Ausgangspunkt: Besucherzentrum Geoparc Bletterbach, 1543 m (GPS: 46.366313, 11.406835).
Anfahrt: Von Bozen auf der SS12 oder der Autobahn bis Auer fahren und von da die SS48 Richtung Cavalese / Montan nehmen. Nach der Ortsdurchfahrt Montan links Richtung Geoparc Bletterbach (brauner Wegweiser) abbiegen und dieser Ausschilderung bis zum Parkplatz folgen.
Öffentliche Verkehrsmittel: Bus von Aldein nach Geoparc Bletterbach.
Anforderungen Mensch: Lange, anstrengende Wanderung, Kondition, Trittsicherheit und Schwindelfreiheit erforderlich; Eintrittsgebühr für die Schlucht (9 € Stand 2023); aufgrund von Steinschlaggefahr Helmpflicht in der Bletterbachschlucht; Helme können kostenlos am Besucherzentrum ausgeliehen werden, die Benutzung eigener Helme ist jedoch empfehlenswert, damit man nicht auf die Schließzeit des Besucherzentrums angewiesen ist; wasserfeste Schuhe, da in der Schlucht immer wieder der Bach gequert wird; keine Einkehrmöglichkeit, unbedingt ausreichend Verpflegung mitnehmen, Kalkstein am Gipfel bei Nässe rutschig.
Anforderungen Hund: Überwiegend schattige, aber lange und anstrengende Wanderung, Gittertreppen mit relativ kleinlöchrigen Rosten in der Bletterbachschlucht, teilweise ausgesetzte Passagen am Gipfelaufstieg, die jedoch für bergerfahrene Hunde kein Problem darstellen sollten; höhere Stufen könnten kleinen Hunden etwas Schwierigkeiten bereiten; Kuhgitter im Kösertal; Weidevieh (je nach Jahreszeit Kühe unterhalb des »Panorama Bletterbach«, auf dem Höhenweg um das Weißhorn sowie im Bereich der Grassnerwiese); Anmerkung: Die Route wurde bewusst so gewählt, da der Nordaufstieg über den Weg Nr. 5 auf das Weißhorn einige Kletterstellen beinhaltet und daher mit Hunden nicht empfehlenswert ist.
Wasserstellen: In der Bletterbachschlucht, eine Quelle und eine Viehtränke im Auf- und zwei Viehtränken im Abstieg, unbedingt ausreichend Wasser mitnehmen!
Einkehr: Laneralm (laneralm.com), Tel. +39 0471 886778.
Karte: Tabacco 029, Schlern – Rosengarten – Latemar, 1:25.000.

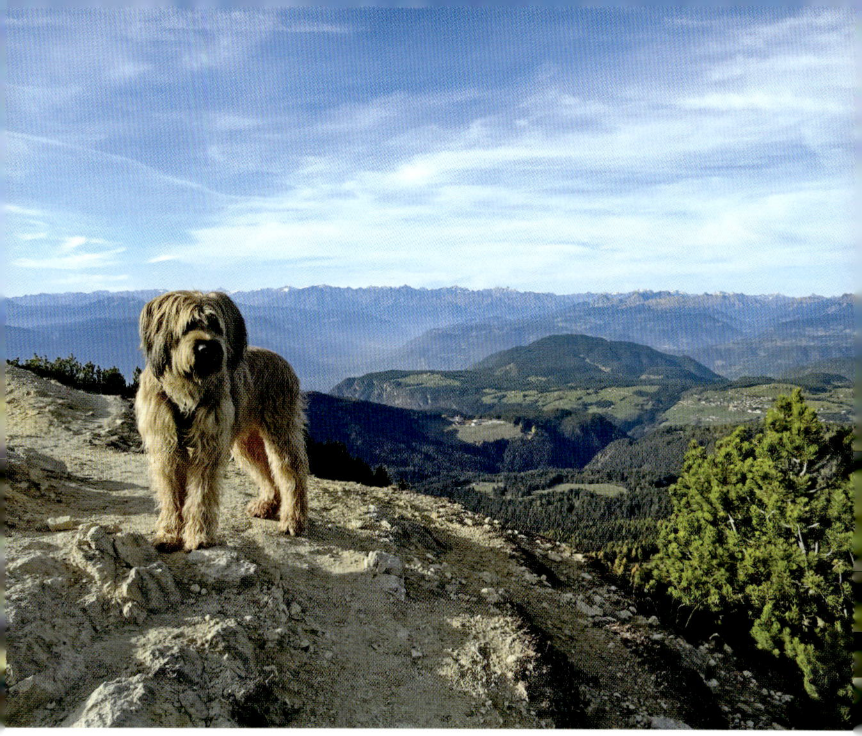

Aussichtsreicher Weg auf der markanten Westflanke des Weißhorns.

Vom **Besucherzentrum** ❶ wandern wir wie bei Tour 33 durch die Bletterbachschlucht bis zum Ende des Jägersteiges. Hier gehen wir nach rechts, der Ausschilderung Radein und Weißhorn folgend. Nach kurzer Zeit kommen wir zu einer kleinen Quelle mit mehreren Wegweisern und einer Infotafel. Hier folgen wir nun dem mit einem G markierten Weg Richtung Talschluss und Weißhorn. Zunächst geht es durch den Wald, und nach einiger Zeit gelangen wir wieder an den Rand der Schlucht. Ein kleiner **Aussichtspunkt** ❷ gibt den Blick auf unser Gipfelziel, das Weißhorn, frei. In der Infotafel werden die einzelnen Gesteins- und Sedimentschichten, die hier sehr gut zu erkennen sind, erklärt. Über einige Stufen geht es nun wieder hinunter ins Bachbett. Wir gehen ein kleines Stück über den Schotter bachaufwärts und nehmen wenig später den Pfad Richtung Weißhorn (G), der uns halb rechts aus dem Tal herausführt. Nun geht es teils steiler, teils allmählicher durch den Wald

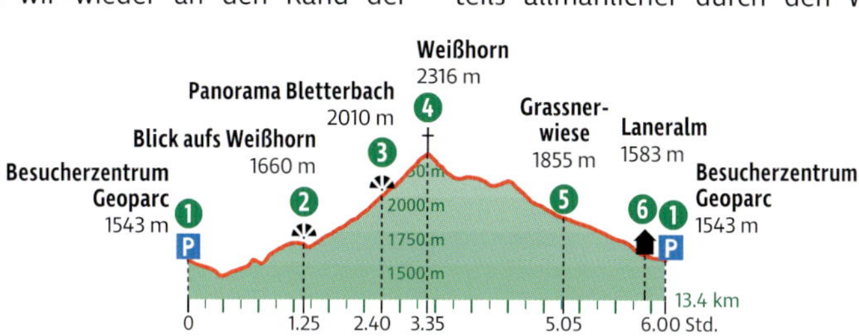

aufwärts. Am Ende des Ausstieges angekommen, nehmen wir nun den mit einem W markierten Weg Richtung Weißhorn. Der wurzelige Waldpfad führt uns scharf links auf einem Bergrücken stetig aufwärts und ist nicht zu verfehlen, wenn man sich immer an die rot-weiße Markierung hält. Nach etwa zehn Minuten kommen wir an eine wunderschöne Waldlichtung mit einem kleinen Bildstock. Bänke laden zum Verweilen und Genießen ein. Kurz nach der Lichtung gabelt sich der Weg. Wir folgen weiter geradeaus dem Gipfelaufstieg und kommen nach etwa 20 Minuten zum **Panorama Bletterbach** ❸, einem atemberaubenden Aussichtspunkt direkt am Rand des gigantischen Abbruchs an der Westflanke des Weißhorns, der den Beginn der Bletterbachschlucht darstellt. Eine Panoramatafel informiert über die umliegenden Bergketten und die Gesteinsschichten in der Schlucht. Achtung, der Aussichtspunkt ist nicht gesichert, es besteht Absturzgefahr! Nun folgt der letzte Teil des Aufstieges. Unser Weg schlängelt sich durch Krüppelkiefern aufwärts. Den (recht gefährlichen) Gamplsteig (H) lassen wir dabei links liegen, wir bleiben auf dem Weg Nr. 12W. Begleitet werden wir dabei von einem wunderbaren Ausblick auf die umliegende Bergwelt. Kurz unterhalb des Gipfels erfordert der Weg dann nochmals etwas Trittsicherheit. An einer Gabelung halten wir uns links Richtung »Weißhornspitz« (rote Schrift auf weißem Stein), passieren ein kurzes seilgesichertes, aber recht unspektakuläres Wegstück und stehen wenig später auf dem Gipfel des **Weißhorns** ❹. Eine einmalige Rundsicht belohnt uns für die Mühen des langen Aufstieges. Unser Abstieg führt uns zunächst zurück zur Gabelung unterhalb des letzten Gipfelanstieges und von hier weiter in südlicher Richtung, der Markierung »Jochgrimm« folgend. Nach etwa einer Viertelstunde stoßen wir schließlich auf den etwas breiteren, mit einem H markierten Höhenweg. Auf diesem wandern wir

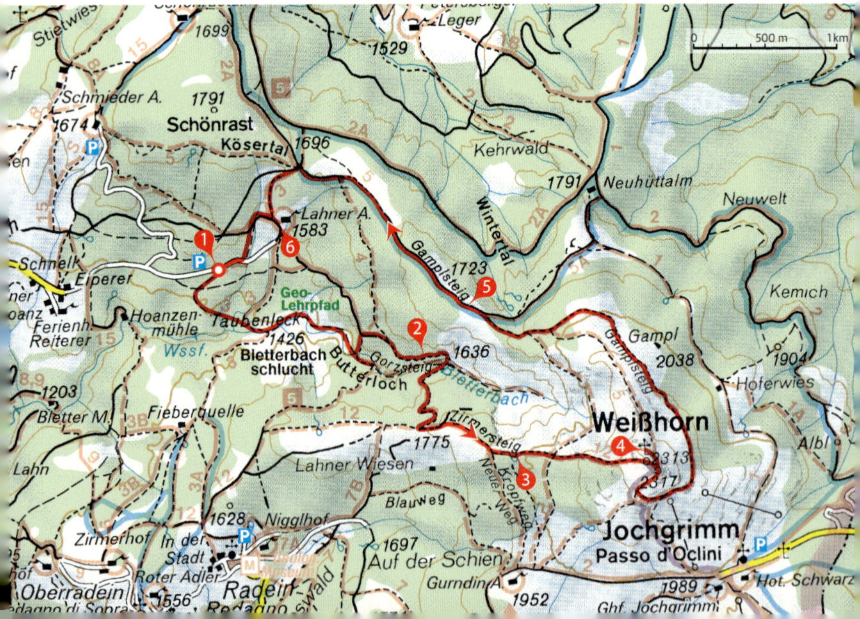

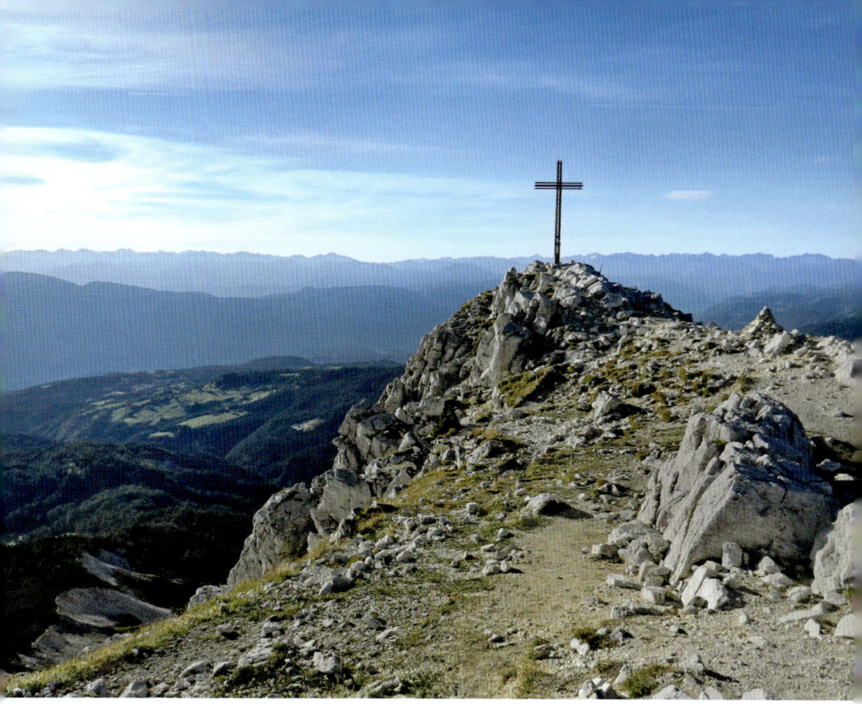

Das Weißhorn bei Aldein ist ein wunderschöner Aussichtsberg.

nach links weiter. Wir unterqueren den Sessellift und gehen nun in leichtem Auf und Ab, begleitet von einem wunderschönen Dolomitenpanorama, westlich um den Gipfel des Weißhorns herum. Nach einer knappen halben Stunde gelangen wir wieder an die Abbruchkante. Der Weg Nr. 5 führt uns nun nach rechts, immer am gigantischen Geröllkessel entlang, abwärts. Nach ein paar Minuten verlassen wir schließlich die Abbruchkante und folgen dem Wanderweg, der uns nach rechts über eine Almwiese hinunter in den Wald führt. Am Ende des Waldes betreten wir abermals Weideland. Inmitten der idyllischen **Grassnerwiese 5** entdecken wir ein Wetterkreuz und ein Kruzifix und gönnen uns einen letzten atemberaubenden Blick auf den hellen Kalksteingipfel des Weißhorns. Nun wandern wir auf dem mit der Nr. 5 markierten Fahrweg Richtung Besucherzentrum. Nach knapp zwei Kilometern stoßen wir an einem Wasserhäuschen auf die Forststraße im Kösertal. Wir gehen links und nehmen nach dem Kuhgitter den Pfad, der uns halb links hinunter zur nur zehn Gehminuten entfernten **Laneralm 6** führt. Kurz vor der Almhütte wandern wir dann scharf rechts auf dem Weg Nr. 3 zurück zum **Besucherzentrum 1**.

Herbst auf der Grassnerwiese am Weißhorn.

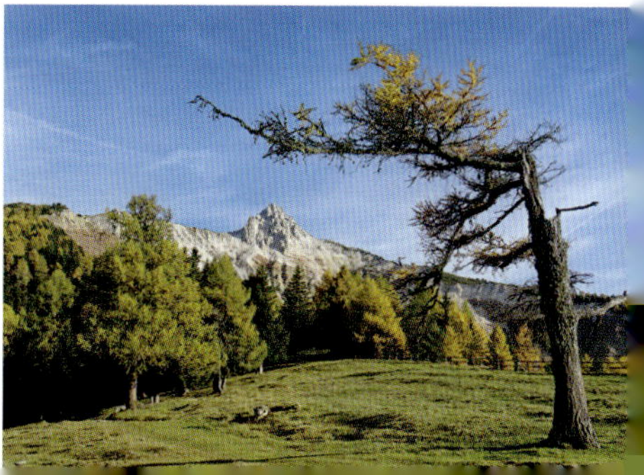

35

Rotwand, 1062 m

Über die Rotwand zum Göllersee

3.00 Std. | 9,1 km | ↗ 310 m | ↘ 310 m

Aldeiner Genussrunde

Diese wunderschöne Rundwanderung auf dem Hochplateau des Reggelberges bietet vor allem an heißen Sommertagen viel Schatten und eine willkommene Abkühlung im idyllischen Göllersee. Oberhalb der gigantischen Abbruchkante an der Rotwand kann man spektakuläre Aus- und Tiefblicke in das mehr als 800 Meter tiefer gelegene Etschtal erleben.

Talort: Aldein (1225 m); Tourismusverein Aldein Radein Jochgrimm, Dorf 34, I-39040 Aldein, Tel. +39 0471 886800, aldein-radein.com.
Ausgangspunkt: Aldein, Parkplatz unterhalb des Rathauses, 1231 m (GPS: 46.367491, 11.354213).
Anfahrt: Von Bozen auf der SS12 oder der Autobahn bis Auer fahren und von da die SS48 Richtung Cavalese / Montan nehmen. Nach der Ortsdurchfahrt Montan links Richtung Aldein abbiegen und dem Straßenverlauf für etwa fünf Kilometer folgen; unterhalb von Aldein schließlich rechts Richtung Zentrum abbiegen. Der Parkplatz befindet sich in der Ortsmitte auf der rechten Seite.
Öffentliche Verkehrsmittel: Bus von Neumarkt Richtung Weißenstein bis »Aldein, Kirche«.
Anforderungen Mensch: Leichte Wanderung, auf dem mit einem geländergesicherten Steig entlang der Abbruchkante etwas Trittsicherheit erforderlich.
Anforderungen Hund: Überwiegend schattige Waldwanderung ohne größere Schwierigkeiten, Weidevieh (Kühe beim Eggerhof).
Wasserstellen: Bach nach dem Eggerhof, Hirschenloch-Brunnen, Göllersee.
Einkehr: Mehrere Restaurants und Cafés in Aldein.
Karte: Tabacco 029, Schlern – Rosengarten – Latemar, 1:25.000;

Vom **Parkplatz** ❶ aus wandern wir zunächst auf dem Baderweg bergab, bis wir neben einem Spielplatz auf den Messnerweg stoßen. Diesen gehen wir nach rechts weiter und nehmen dann nach 100 Metern links die Einfahrt hinunter in eine Wohnsiedlung. Gegenüber einer Tiefgarageneinfahrt führt uns wenig später ein kleines Teersträßchen zwischen den Häusern hindurch zum Waldrand. Nun wandern wir im Wald entlang, folgen an der nächsten Kreuzung dem Weg nach links hinauf (nicht scharf links abbiegen!) und überqueren wenig später eine Wiese, an deren Ende wir auf einen Teerweg stoßen. Hier wandern wir nun nach rechts weiter und gehen an der nächsten Einmündung sogleich wieder links. Eingebettet in Pferdekoppeln bringt uns das Asphaltsträßchen nach etwa zehn Minuten an einen Abzweig. Hier, am Eggerhof, halten wir uns rechts und folgen der Ausschilderung »Göllersee«. Vor dem Hühnerstall leitet uns die Markierung nach links und anschließend direkt rechts am Zaun entlang in den Wald hinein. Nun folgen wir einem wunderschönen, mit der Nummer 17 markierten Waldpfad, bis wir an einen Wegweiser kommen. Wir bleiben auf dem Weg Nr. 17 und wandern nach rechts weiter. Am Aldeiner Hof überqueren wir die Landstraße. Vor

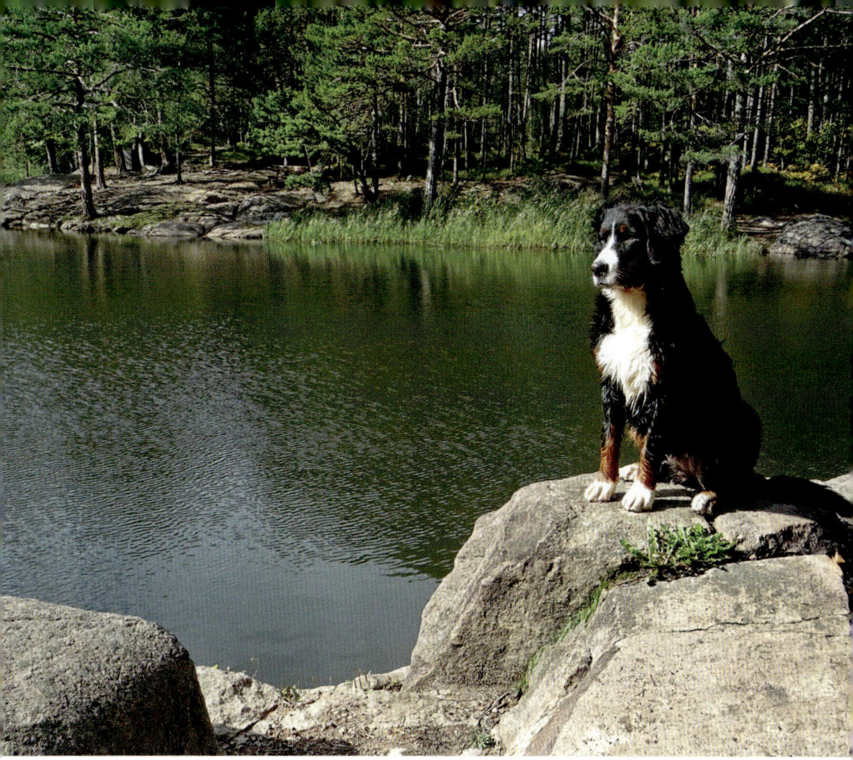

Das erfrischende Bad im Göllersee hat Selma sich nicht entgehen lassen.

der gegenüberliegenden Bushaltestelle führt uns dann ein Forstweg in den Wald hinein. Wenig später, an einer Gabelung, halten wir uns halb links Richtung Burgstalleck. An Obstgärten vorbei kommen wir wieder in den Wald und erreichen nach kurzer Zeit das spannendste Stück dieser Wanderung. Oberhalb der steil abfallenden Wände, den Blick immer wieder in die Tiefen des Etschtales freigebend, führt unser Pfad nun immer an der Abbruchkante entlang. An besonders exponierten Stellen ist er dabei durch Geländer gesichert. Nach einiger Zeit neigt sich unser Weg ostwärts, und wir stoßen am **Hirschenloch-Brunnen** ❷ auf einen Forstweg. Hier wandern wir nun nach links weiter. Kurze Zeit nach einem Bauernhof führt der markierte Wanderweg halb links in den Wald und kürzt damit eine Kurve des Fahrweges ab, auf den wir nach etwa 150 Metern wieder stoßen und dem wir dann nach links weiter folgen. Den Abzweig zum Göllersee lassen wir rechts liegen, denn unser nächstes Ziel, die Rotwand, ist geradeaus ausgeschildert. Nach einem halben Kilo-

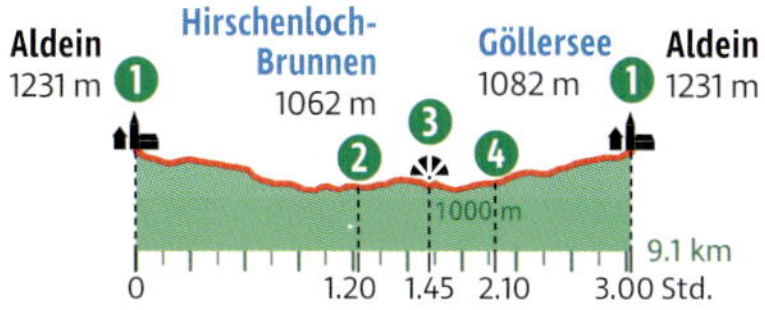

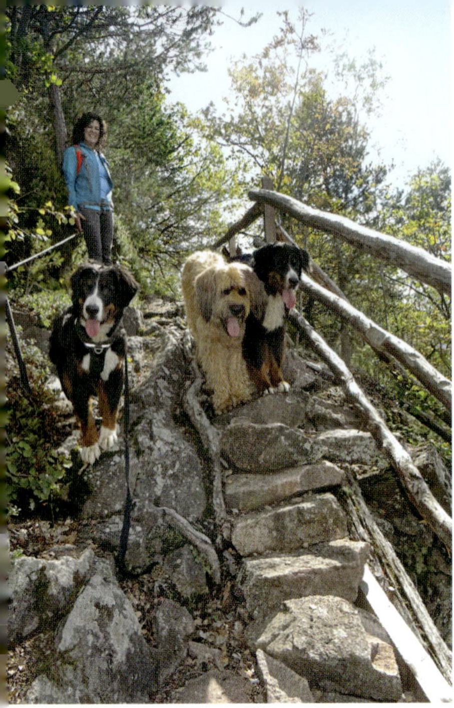

Rechts: Gigantischer Tiefblick ins Südtiroler Unterland.
Links: Auf dem spannendsten Wegstück dieser Wanderung.

meter nehmen wir dann den Pfad nach links und gelangen kurz darauf wieder an die Abbruchkante mit einem spektakulären **Ausblick ❸** an der **Rotwand**. Mehrere Hundert Meter fällt die rote Porphyr-Wand hier senkrecht zum Etschtal ab. Von der Rotwand aus folgen wir nun weiter dem Weg Nr. 17 und der Ausschilderung zum Göllersee. An einem Wegweiser stoßen wir auf einen Forstweg. Dieser führt nach links zum Göllerspitz, wir jedoch wandern nach rechts weiter Richtung **Göllersee ❹**, den wir nach etwa einer Viertelstunde erreichen. Ein wunderschöner, idyllischer Platz, an dem es sich herrlich entspannen lässt. Vom Göllersee aus gehen wir nun immer auf dem Weg Nr. 17 Richtung Aldein. Nach einer knappen halben Stunde erreichen wir die ersten Häuser. Hier leitet uns der Weg nach links in eine Teerstraße. Wir durchqueren eine Siedlung und stoßen wenig später auf die Hauptstraße, welche wir überqueren und dann nach links weitergehen. Nach etwa 400 Metern biegen wir nach rechts in den Messerweg ein, biegen am Spielplatz links ab und gelangen auf bekanntem Weg zurück zum **Ausgangspunkt**.

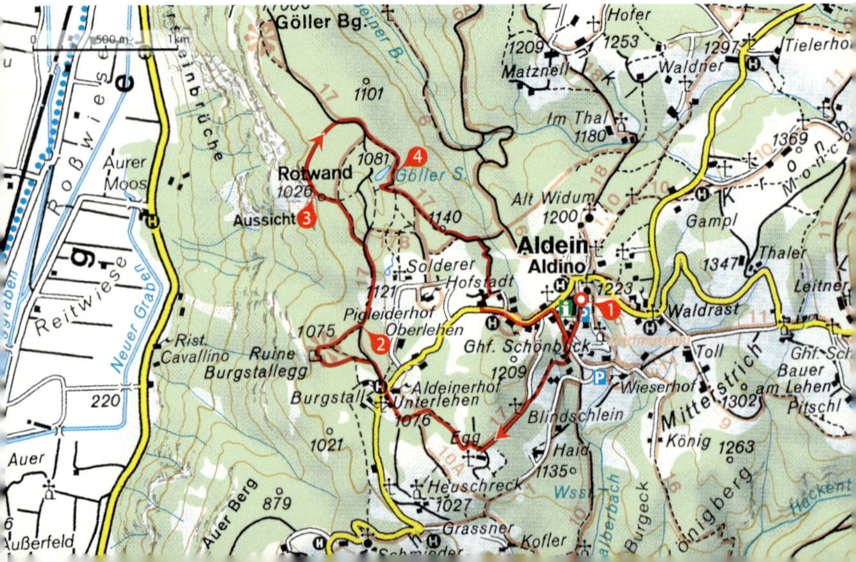

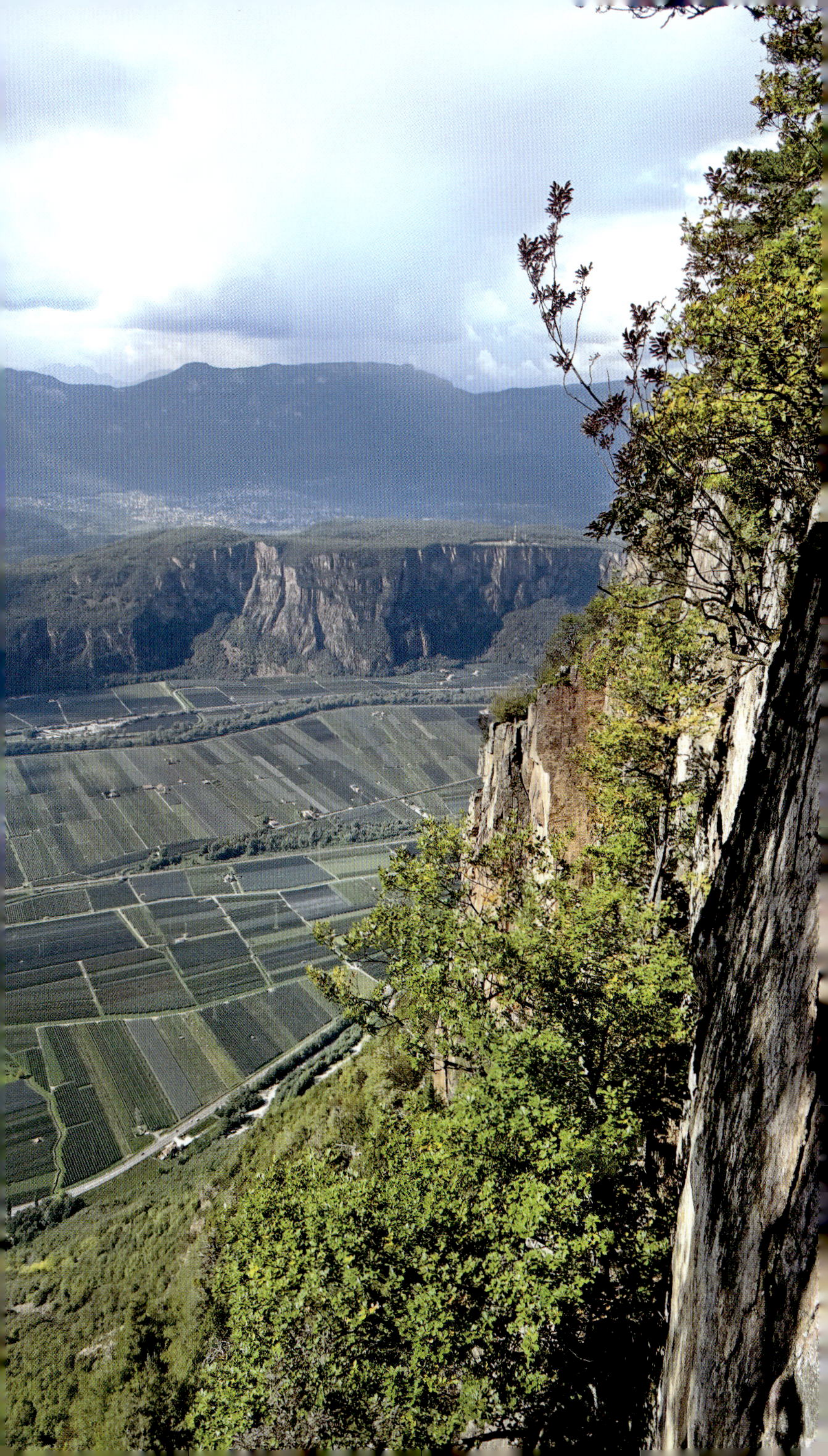

36 Panoramarunde Rittner Horn, 2260 m

Über die Platzer Alm aufs Rittner Horn

3.15 Std. | 10,0 km | ↗500 m | ↘500 m

Panoramawanderung auf Bozens Hausberg

Der Ritten ist längst nicht mehr nur Naherholungsgebiet für die Bozner Stadtbewohner, die es seit jeher hier hinauf in die Sommerfrische zog. Das hügelige Hochplateau, das vom Gipfel des Rittner Horns überragt wird, ist auch bei Gästen aus Nah und Fern ein beliebtes Wanderziel. Auf überwiegend bequemen Wegen kann man von hier aus eine spektakuläre Aussicht nicht nur auf die benachbarten Dolomiten genießen.

Talort: Barbian (836 m); Tourismusverein Klausen Barbian Feldthurns Villanders, Infobüro Barbian, Dorf 10, I-39040 Barbian, Tel. +39 0471 654411, barbian.it; Talstation der Bergbahn Rittner Horn in Pemmern (GPS: 46.576097, 11.446512).
Ausgangspunkt: Bergbahn Rittner Horn, Bergstation (2068 m).
Anfahrt: Von Bozen immer der Ausschilderung »Ritten« (braunes Schild) folgen und in Klobenstein Richtung »Rittnerhorn« (braunes Schild) weiterfahren. Die Straße führt direkt zur Talstation der Seilbahn, der Parkplatz ist für Seilbahnbenutzer kostenlos.
Öffentliche Verkehrsmittel: Keine.
Anforderungen Mensch: Leichte Wanderung auf überwiegend gut begehbaren Wegen, auf dem Weg zur Platzer Alm steiniger Wurzelpfad, hier ist etwas Trittsicherheit erforderlich.
Anforderungen Hund: Kuhgitter kurz vor der Platzer Alm, Weidevieh (je nach Jahreszeit Kühe im gesamten Gipfelbereich, beim Gasthaus Unterhorn und um die Platzer Alm).
Wasserstellen: Viehtränke und Bäche zwischen Unterhornhaus und Platzer Alm, außerdem Trinkgelegenheit für Hunde an den Gasthäusern.
Einkehr: Gasthaus Unterhorn (unterhorn.it), Tel. +39 0471 356 371; Platzer Alm, Tel. +39 338 9962887; Rittner-Horn-Haus (www.schutzhaus-rittner-horn.com), Tel. +39 0471 1550602.
Karte: Tabacco 034, Bozen – Ritten - Salten, 1:25.000.

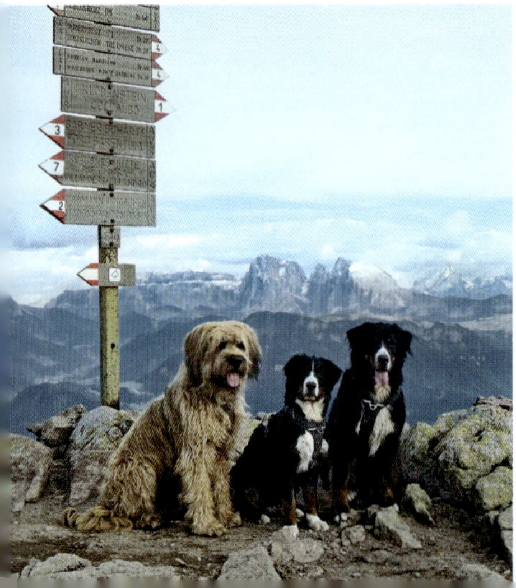

Wir beginnen unsere Wanderung an der **Bergstation der Gondelbahn ❶**, und direkt gegenüber dem Ausgang startet an einer Infotafel auch der Panoramaweg, dem wir nach rechts folgen. Der Weg trägt seinen Namen zu Recht, denn auf unserem Marsch durch die Krüppelkiefern werden wir ununterbrochen von einem herrlichen Blick zu den kalkigen Felsriesen der Dolomiten begleitet. Immer wieder laden Bänke und Rastplätze zum Verweilen ein. Nach etwa einer hal-

Drei Gipfelstürmer auf dem Rittner Horn.

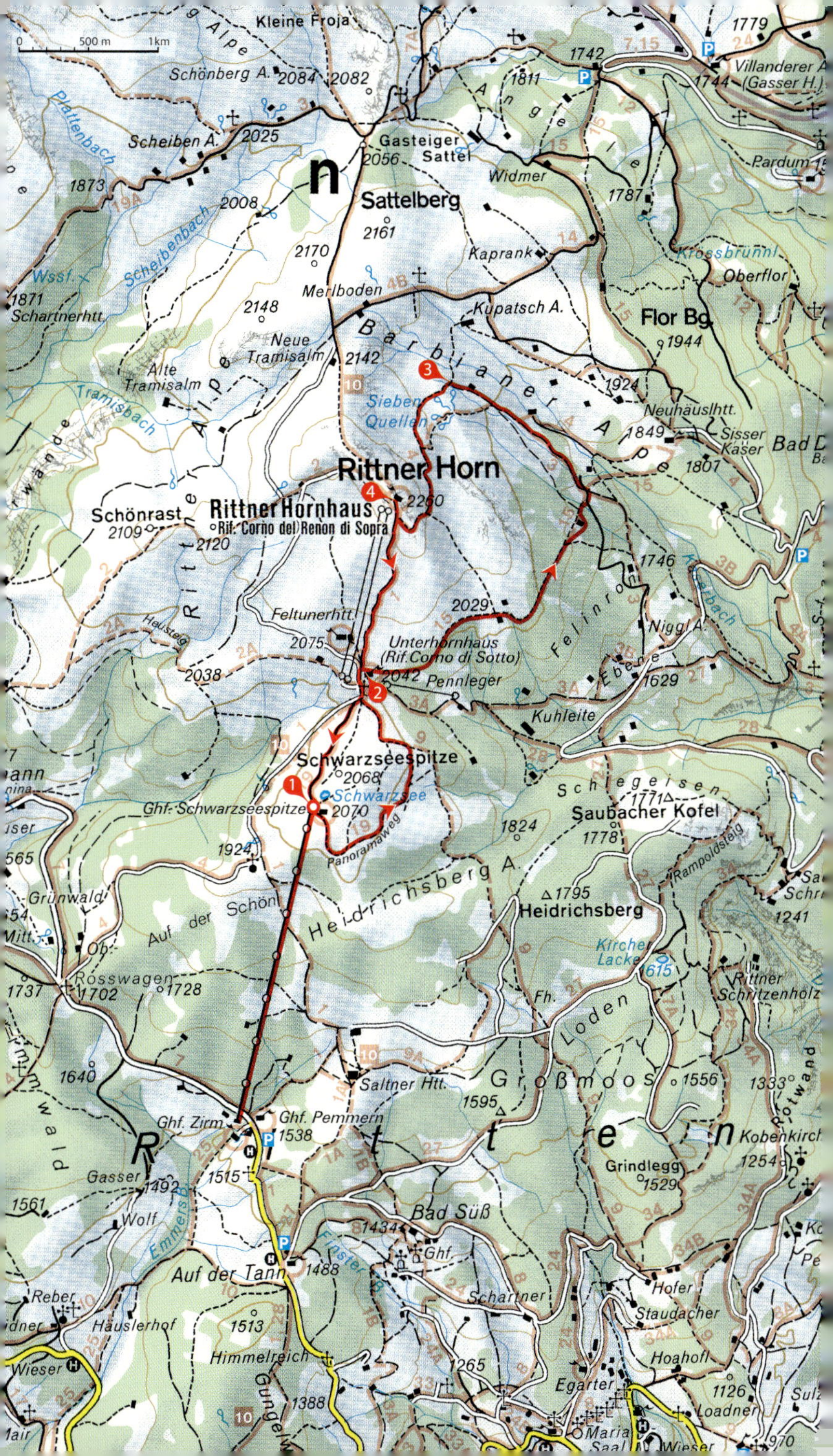

0
500 m
1km
Kleine Froja
Schönberg A.
2084
2082
Plattenbach
Scheiben A.
2025
Gasteiger Sattel
2056
Widmer
1873
Sattelberg
2161
2008
Scheibenbach
2170
Kaprank
Wssf.
1871
Schartnerhtt.
Merlboden
Kupatsch A.
Flor Bg.
1944
2148
Neue Tramisalm
2142
Alte Tramisalm
Barbianer Alpe
Tramisbach
Sieben Quellen
1924
Neuhäuslhtt.
1849
Sisser Kaser
Bad D
1807
Rittner Horn
Rittner Hornhaus
Rif. Corno del Renon di Sopra
2260
Schönrast
2109
2120
Rittner Alpe
1746
Feltunerhtt.
2029
2075
Unterhornhaus
(Rif. Corno di Sotto)
Felinrot
Niggl A.
2038
2042
Pennleger
Ebene
1629
Kuhleite
Schwarzseespitze
2068
Schwarzsee
Ghf. Schwarzseespitze
2070
Panoramaweg
Schlegeisen
1771
Saubacher Kofel
1824
1778
1924
Heidrichsberg A.
Grünwald
Auf der Schön
Rampoldsteig
1795
Heidrichsberg
1241
Kircher Lacke
1615
Rosswagen
1702
1728
1737
Rittner Schritzenholz
Fh.
Loden
1640
Saltner Htt.
Großmoos
1556
1333
1595
Rotwand
Ghf. Zirm
Ghf. Pemmern
1538
Ritten
Kobenkirch
Grindlegg
1529
1254
Gasser
1492
1515
1561
Wolf
Emmersb.
Bad Süß
1434
Ghf.
Auf der Tann
1488
Finsterb.
Reber
Schartner
Hofer
Staudacher
Häuslerhof
1513
Himmelreich
Hoahof
Wieser
1265
Egarter
1126
Loadner
1388
Gungelw
Maria Saal
Wieser
970

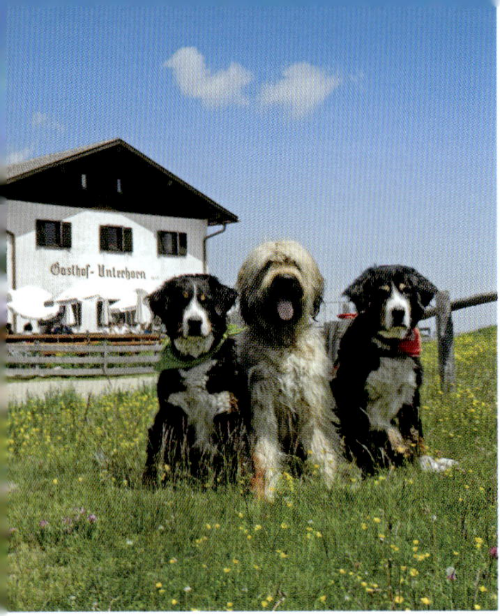

Pause am Gasthof Unterhorn.

ben Stunde stößt unser Weg auf einen Fahrweg. Hier gehen wir nach rechts und kommen nach weiteren 5 Minuten zum **Unterhornhaus ❷**. Von der Sonnenterrasse des Gasthauses kann man bei einer kleinen Stärkung die wunderbare Sicht auf die Dolomiten genießen. Direkt hinter dem Haus zweigt der mit der Nummer 15 markierte Pfad Richtung Platzer Alm nach rechts ab. Er führt uns zunächst über Almwiesen, später in den Wald hinein und endet schließlich in der Kurve einer Forststraße. Hier wandern wir nun nach links weiter, der Ausschilderung »Platzer Alm« folgend. Nach etwa 1,7 Kilometern erreichen wir die urige kleine **Almhütte ❸**, wo man sich mit leckeren hausgemachten Köstlichkeiten verwöhnen lassen kann. Der Weg aufs Rittner Horn führt von der Almhütte aus erst als schmaler Pfad über die Weide und wenig später mit der Nummer 4 markiert durch die

Der Panoramaweg macht seinem Namen alle Ehre.

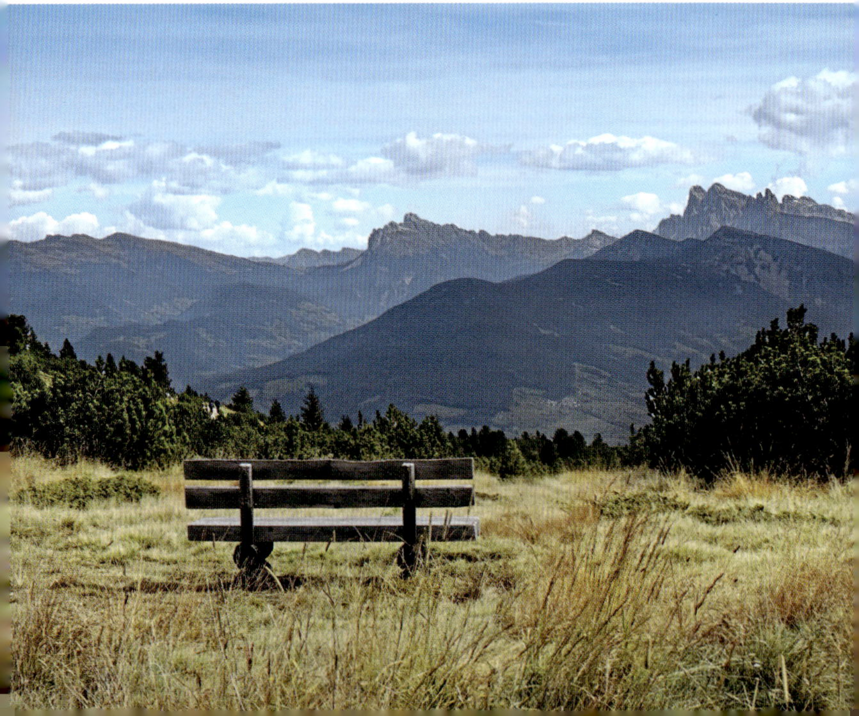

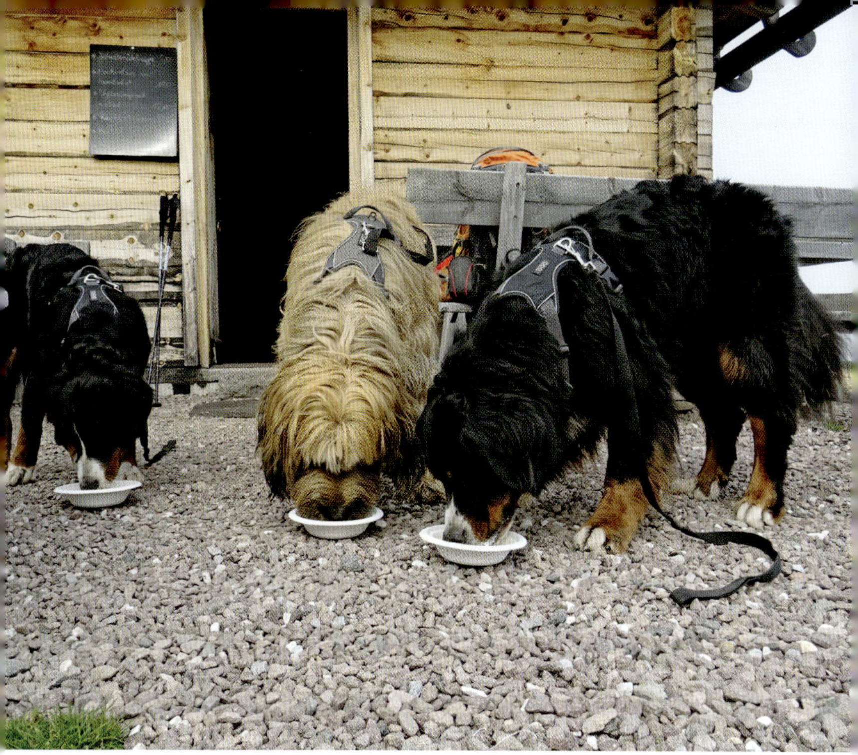

Verdienter Mittagssnack an der Platzer Alm.

Krüppelkiefern aufwärts. Nach einer knappen halben Stunde stehen wir schließlich auf dem Gipfel des **Rittner Horns ④**. Eine einzigartige Rundsicht auf die Sarntaler Alpen, die Dolomiten und über das Etschtal bis hinüber zur schneebedeckten Ortlergruppe belohnt uns für die Mühen des Aufstieges. Sogar der Großglockner, der höchste Berg Österreichs, ist bei gutem Wetter von hier aus zu bewundern. Der mit Natursteinen gepflasterte Weg Nr. 1 bringt uns hinunter zum **Unterhornhaus ②**. Wir folgen dann ein Stück dem Forstweg, den wir gekommen sind und gehen am Abzweig des Panoramaweges geradeaus weiter Richtung Schwarzseespitze (Weg Nr. 19). Nach zehn Minuten erreichen wir wieder die **Bergstation der Gondelbahn ①**.

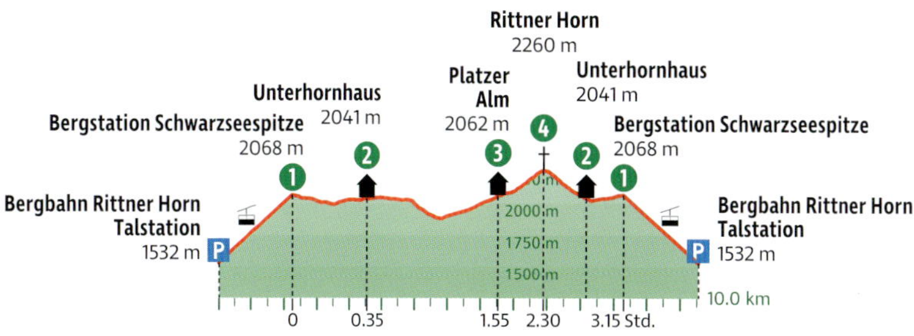

37 Rittner Horn, 2260 m

Von der Villanderer Alm zum Rittner Horn

6.00 Std. | 14,7 km | ↗ 710 m | ↘ 710 m

Aussichtsreiche Rundwanderung auf dem Sarntaler Ostkamm

Viele Wege führen auf Bozens Hausberg, das Rittner Horn. Einer der schönsten nähert sich von Norden über die weite Hochalm von Villanders. Diese abwechslungsreiche Runde hat neben wunderschönen Weitblicken auch gemütliche Almwirtschaften und eine urige Latschenölbrennerei zu bieten, die von Juni bis Oktober besichtigt werden kann. Auf dem Gipfel des Rittner Horns erwartet den Besucher ein einzigartiges Panorama von den Zillertaler Alpen über die Venedigergruppe, den Großglockner und schließlich die Dolomiten bis hin zu den vergletscherten Gipfeln der Ortlergruppe und der Ötztaler Alpen.

Talort: Villanders (1160 m); Tourismusverein Klausen Barbian Feldthurns Villanders, Infobüro Villanders, F.-v.-Defregger Gasse 6, I-39040 Villanders, Tel. +39 0472 843121, villanders.info.
Ausgangspunkt: Parkplatz Villanderer Alm / Gasserhütte, 1747 m (GPS: 46.6415892, 11.4877019).
Anfahrt: In Klausen von der Brennerstraße (SS12) Richtung Villanders abbiegen und der Ausschilderung »Villanderer Alm« (brauner Wegweiser) folgen. Der Parkplatz befindet sich direkt am Ende der Straße auf der rechten Seite.
Öffentliche Verkehrsmittel: Bus von Klausen zur Villanderer Alm.
Anforderungen Mensch: Die Länge der Tour verlangt eine gewisse Grundkondition, im Aufstieg zum Rittner Horn etwas Trittsicherheit erforderlich.
Anforderungen Hund: Ab der Platzer Alm kaum Schatten, Kuhgitter im Bereich der Almen, Weidevieh (je nach Jahreszeit Kühe im gesamten Gebiet zwischen Platzer Alm und Gasteiger Sattel).
Wasserstellen: Bach vor der Latschenölbrennerei sowie Trinkgelegenheiten für Hunde an den Einkehrmöglichkeiten, dennoch unbedingt ausreichend Wasser mitnehmen!
Einkehr: Platzer Alm, Tel. +39 338 9962887; Schutzhaus Rittner Horn (schutzhaus-rittner-horn.com), Tel. +39 0471 1550602; Mair-in-Plun-Hütte (mairinplun.com), Tel. +39 335 474625; Gasserhütte (gasserhuette.it), Tel. +39 0472 843510.
Karte: Tabacco 040, Sarntaler Alpen, 1:25.000.

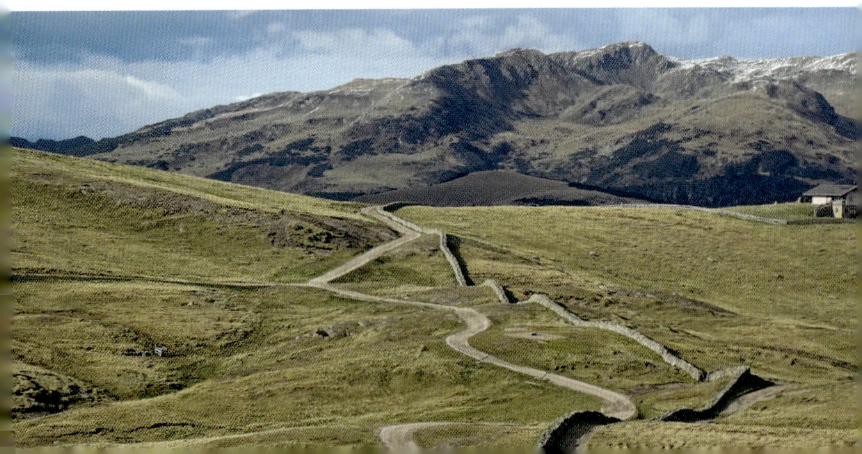

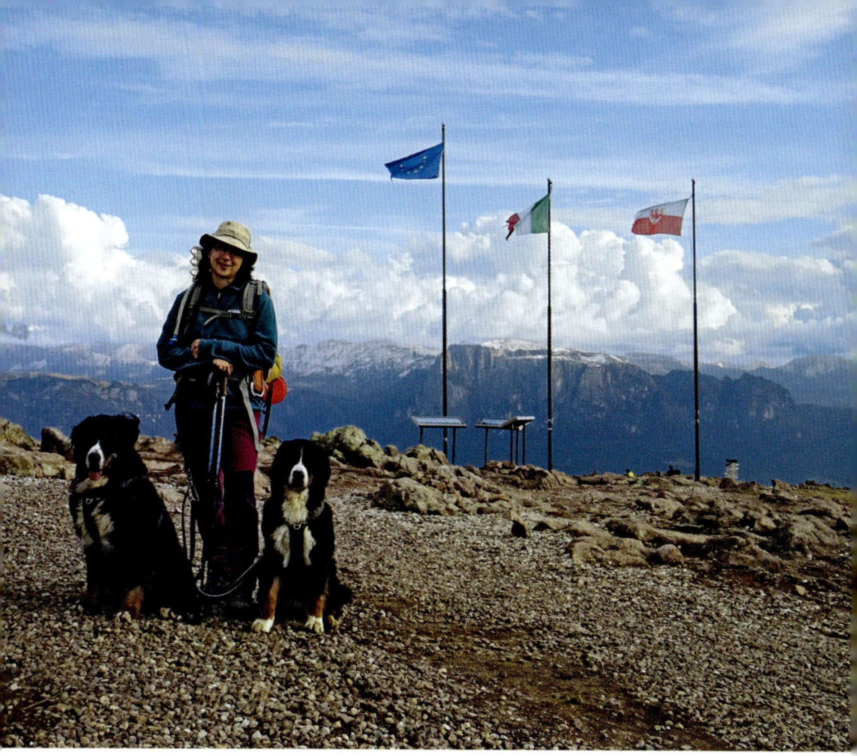

Oben: Auf dem Gipfel des Rittner Horns.
Links: Endlose Weite auf der Hochalm zwischen Villanders und dem Rittner Horn.

Vom **Parkplatz ❶** aus folgen wir zunächst der Zufahrtsstraße abwärts bis zur ersten Kehre. Hier gehen wir geradeaus weiter, überqueren den Parkplatz und nehmen dann den Weg Nr. 15 Richtung Unterhorn. Auch die Barbianer Latschenölbrennerei ist wenig später ausgeschildert. Der Wanderweg führt schon bald über aussichtsreiche Almwiesen und durch schattige Bergwälder. An den folgenden Abzweigen halten wir uns immer an den Weg Nr. 15, der uns nach etwa 1,5 Stunden zur **Latschenölbrennerei ❷** bringt. In der urigen Waldhütte, hinter der qualmende Holzhaufen an eine Köhlerei erinnern, werden seit über 100 Jahren in einem aufwändigen Destillationsprozess den Latschen- und Zirbelkiefern ihre wertvollen ätherischen Öle entlockt. Eine Besichtigung der alten Brennerei, die noch im Originalzustand erhal-

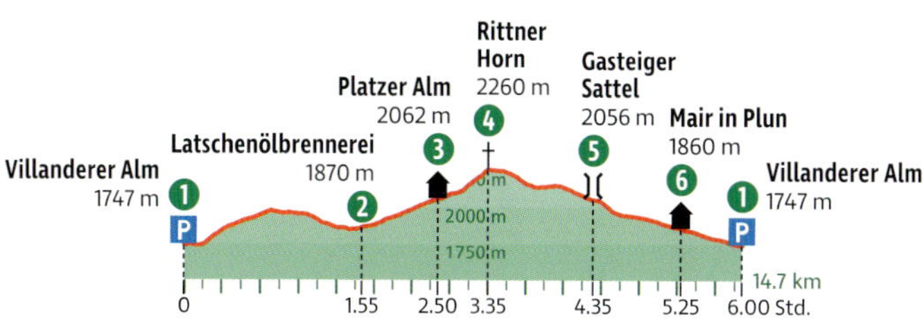

Überall in Südtirol begegnet man dem Volkshelden Andreas Hofer.

ten ist, sollte man sich nicht entgehen lassen. Wenig später stoßen wir in einer Kehre auf einen Fahrweg, den wir geradeaus weiterwandern. In der nächsten Kurve verlassen wir den Wanderweg Nr. 15 und folgen dem Fahrweg nach rechts aufwärts. Er führt uns in etwa einer halben Stunde zur **Platzer Alm ❸**. Der kleine Almschank lockt mit regionalen Köstlichkeiten und bietet einen schönen Blick zum Gipfelziel dieser Wanderung. Der Weg dorthin führt uns von der Almhütte aus erst als schmaler Pfad über die Weide und wenig später mit der Nummer 4 markiert durch die Krüppelkiefern aufwärts. Nach etwa einer halben Stunde erreichen wir das Gipfelplateau des **Rittner Horns ❹**. Von hier aus bietet sich dem Wanderer ein einzigartiges Bergpanorama. Wir wechseln nun auf den Weg Nr. 1, der uns am Schutzhaus Rittner Horn vorbei schon bald stetig abwärts zum **Gasteiger Sattel ❺** bringt. Hier biegen wir rechts ab und folgen der Ausschilderung hinunter zur **Mair-in-Plun-Hütte ❻**, wo wir abermals nach rechts weitergehen. Die Wegweiser zur Gasser Hütte und zum Parkplatz Saltnerstein leiten uns in etwa einer viertel Stunde zurück zum **Ausgangspunkt**.

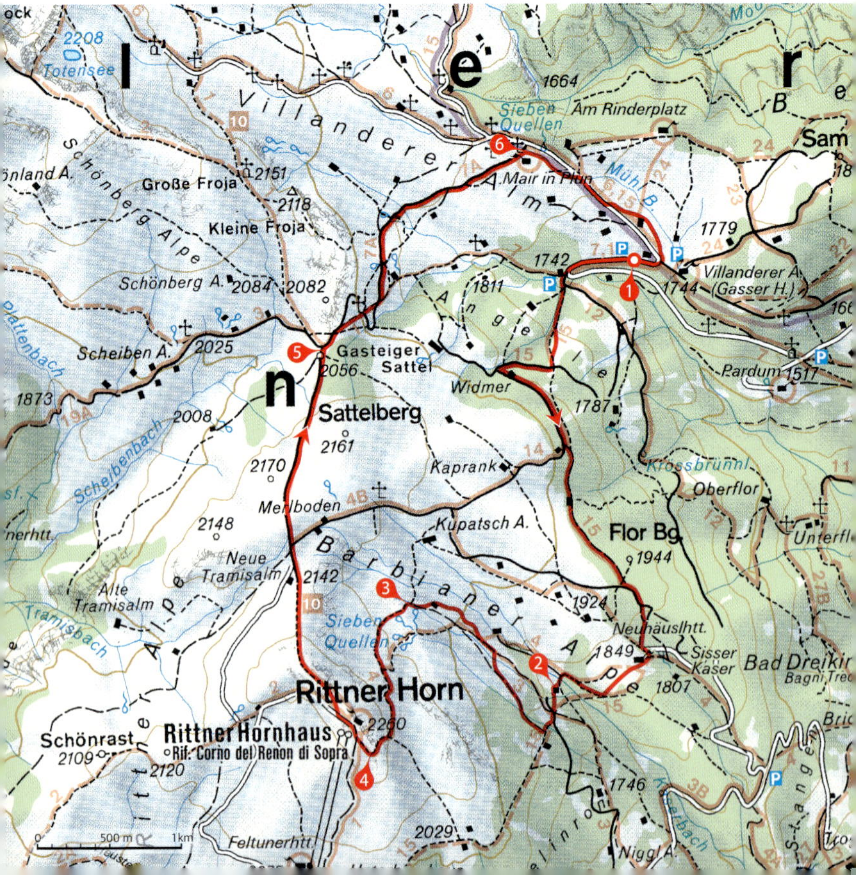

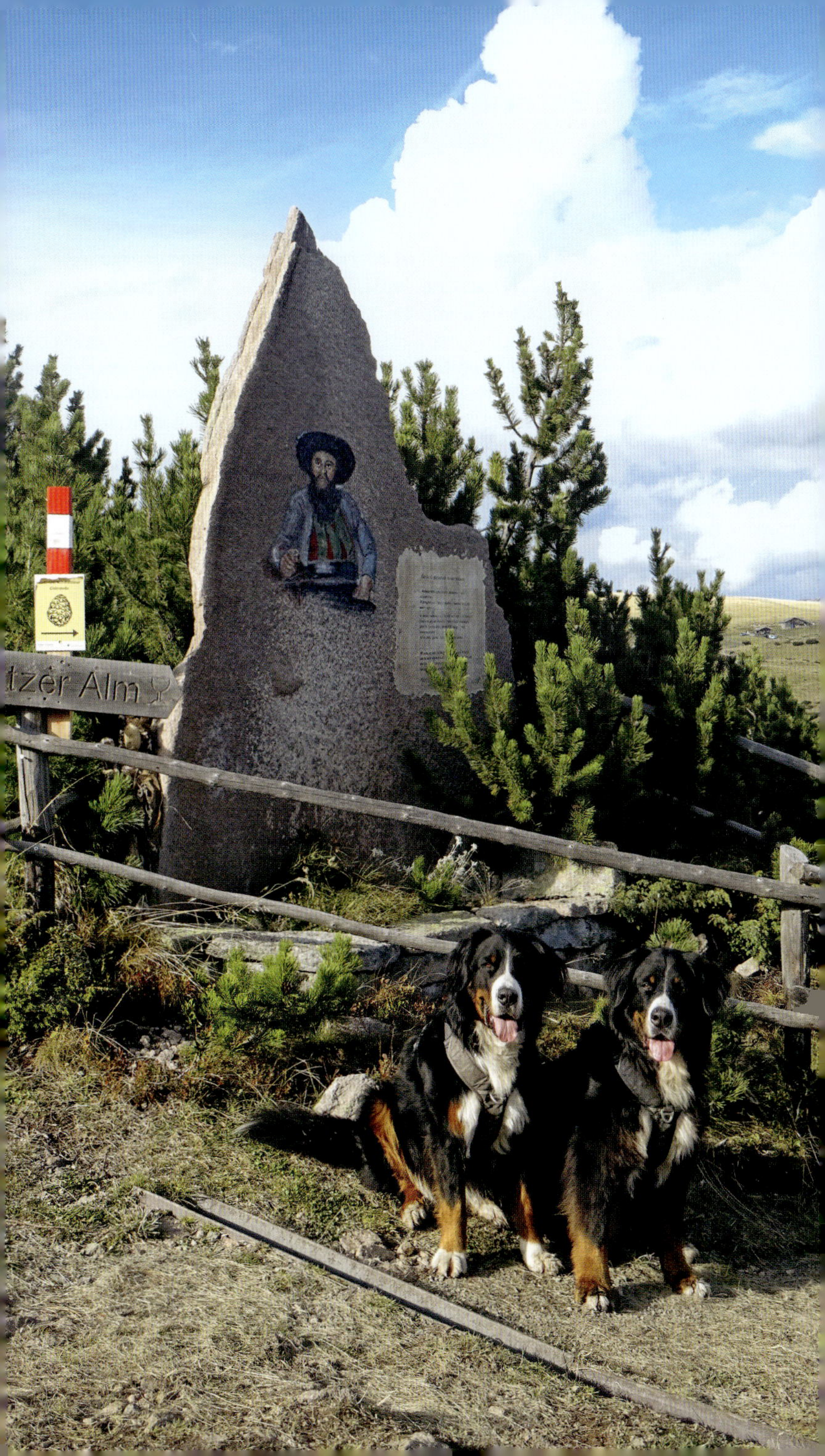
tzer Alm

38 Barbianer Wasserfälle, 1175 m

Von Barbian nach Bad Dreikirchen

3.15 Std. | 8,2 km | ↗ 430 m | ↘ 430 m

Grandioses Naturschauspiel und einzigartiges Bergpanorama

Mit lautem Getöse stürzen die Wassermassen des Ganderbaches, dessen Quellgebiete hoch oben auf den weiten Almen des Rittner Hochplateaus liegen, bei Barbian in die Tiefe. Vom gut gesicherten Steig entlang des Wasserfalls aus kann man nicht nur dieses Naturschauspiel bestaunen, sondern auch immer wieder den Blick über das tief unten liegende Eisacktal bis hinüber zu den Dolomiten schweifen lassen. Abgerundet wird diese kleine Wanderung durch einen Besuch des Weilers Bad Dreikirchen mit seinen drei dicht aneinander gebauten gotischen Kirchlein der heiligen St. Gertraud, St. Nikolaus und St. Magdalena, die zwischen dem 13. und 15. Jahrhundert hier angeblich auf dem Gebiet eines alten, heidnischen Quellheiligtums errichtet wurden.

Talort: Barbian (836 m); Tourismusverein Klausen Barbian Feldthurns Villanders, Infobüro Barbian, Dorf 10, I-39040 Barbian, Tel. +39 0471 654 411, barbian.it.

Ausgangspunkt: Parkplatz an der Sportzone, 973 m (GPS: 46.611565, 11.520239).

Anfahrt: Von der Brennerstraße (SS12) nach Barbian fahren und an der Kirche scharf rechts in Richtung »Villanders, Dreikirchen, Sportzone« abbiegen, dem Straßenverlauf 1,5 km folgen und am Unterbalwitterhof links Richtung »Dreikirchen, Sportzone« fahren, nun weiter hinauf bis zu den Sportplätzen, wo sich die teilweise überdachten Parkplätze befinden (Höchstparkdauer 5 Stunden zwischen 8 und 18 Uhr).

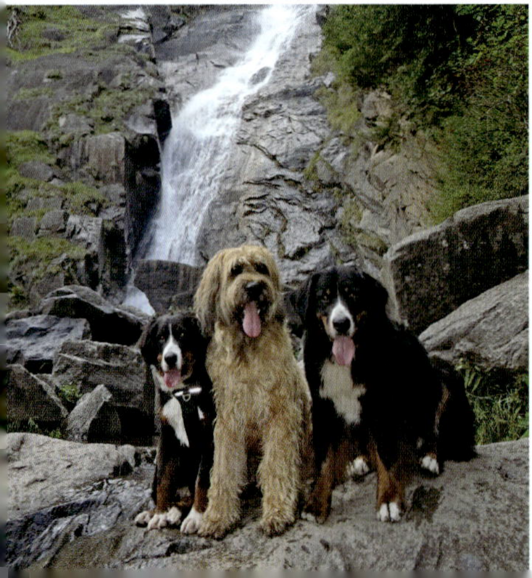

Öffentliche Verkehrsmittel: Bus von Klausen nach Barbian bis Barbian-Dorf, von hier auf der Dorfstraße in südöstlicher Richtung laufen und nach etwa 250 Metern rechts in den Wasserfallweg abbiegen. Wenig später auf dem Weg Nr. 6A scharf links weiter und ab dem Abzweig »Saubach« der Tourbeschreibung folgen.

Anforderungen Mensch: Überwiegend bequeme Wege, an den Wasserfällen steinige und wurzelige Pfade, bei Nässe rutschig. Trittsicherheit und stellenweise Schwindelfreiheit erforderlich.

Anforderungen Hund: Überwiegend schattige Wanderung.

Wasserstellen: Während der gesamten Wanderung immer wieder Trinkgelegenheiten für Hunde (Bäche, Quellen sowie an den Gasthöfen).

Einkehr: Gasthof Bad Dreikirchen (baddreikirchen.it), Tel. +39 0471 650055; Gasthof Messner-Hof (messnerhof-dreikirchen.it), Tel. +39 347 174 0775.

Karte: Tabacco 034, Bozen – Ritten – Salten, 1:25.000.

Selbst im Hochsommer umgibt die Wasserfälle ein erfrischendes Klima.

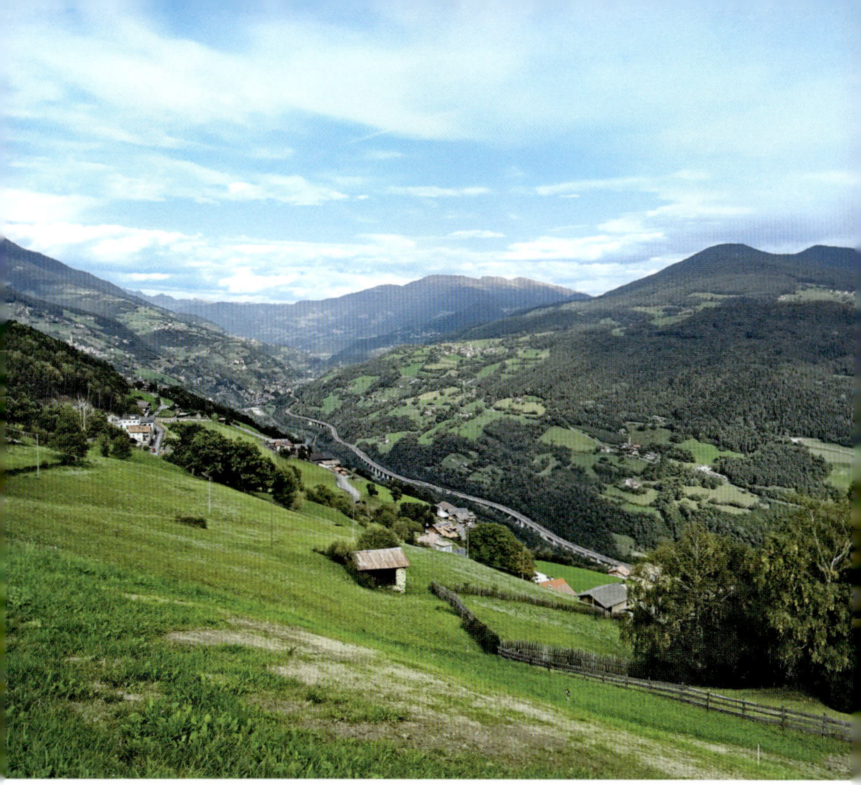

Blick über das Eisacktal Richtung Brenner.

Hinter dem **Sportplatz** ❶ verläuft der mit der Nummer 11 markierte Wanderweg, auf dem wir nach links in Richtung Barbian gehen. Der Waldweg bringt uns nach etwa einer Viertelstunde an eine schmale Teerstraße. Auf dieser wandern wir nun nach rechts weiter. Wir befinden uns jetzt auf dem Oberdorf-Rundweg. Begleitet werden wir von wundervollen Ausblicken hinunter ins Eisacktal und hinüber zu den Dolomiten. Immer der Rundweg-Ausschilderung folgend, kommen wir bald am Flächennaturdenkmal **Hubermoos** vorbei und erreichen schließlich eine Gabelung. Hier leitet uns der Rundweg nach links. Auf der schmalen Straße wandern wir für etwa 150 Meter abwärts und gelangen schließlich an einen Abzweig. Hier folgen wir dem Rundweg nach links und verlassen diesen gleich darauf wieder nach rechts in Richtung »Saubach«. Der Weg führt an einem Kastanienhain vorbei und kurze Zeit

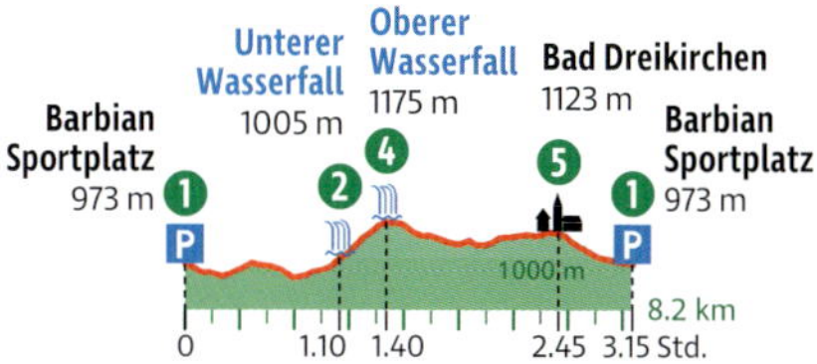

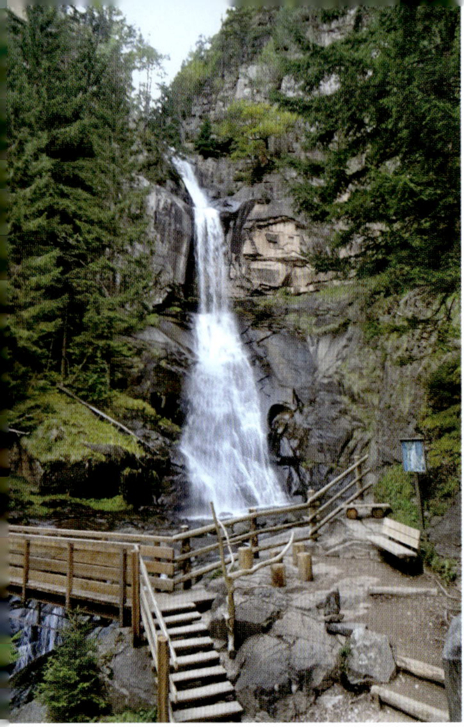

Tosend stürzt der Ganderbach über den roten Quarzporphyr.

Die gotischen Kapellen in Bad Dreikirchen kann man besichtigen.

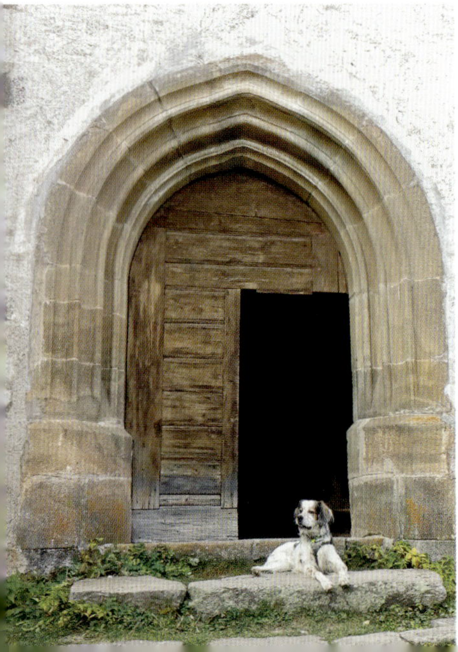

später stoßen wir in einer Kehre wieder an die Teerstraße. Wir halten uns rechts, folgen der Straße ein Stück bergan und verlassen diese an der nächsten Kehre gleich wieder geradeaus. Der Weg bringt uns zu einem Bauernhof, und kurz vor dem Wohngebäude leitet uns ein Wegweiser mit der Aufschrift »Unterer Wasserfall« scharf links auf einen Wiesenpfad. Wir befinden uns nun auf dem sehr schön ausgebauten Wasserfallweg. Teils über künstlich angelegte Holztreppen, teils über steinige Wurzelpfade geht es stetig aufwärts, mal etwas näher am Wasser, beim Unteren **Wasserfall 2**, mal etwas weiter weg. Immer wieder laden Bänke an aussichtsreichen Stellen zum Rasten und Verweilen ein. Kurz nach einem weiträumigen **Aussichtspunkt 3** mit Infotafel und mehreren Bänken stoßen wir schließlich auf einen mit der Nummer 6 markierten Querweg. Bevor wir hier nach rechts weiter in Richtung unseres nächsten Zieles »Dreikirchen« wandern, sollten wir uns jedoch einen Abstecher zum nur wenige Gehminuten entfernten Oberen **Wasserfall 4** nicht entgehen lassen. Zurück am Wegweiser, geht es nun weiter Richtung Bad Dreikirchen. Der Weg ist gut markiert und führt teils als breiter Forstweg, teils als schmaler Pfad neben einer Wasserleitung ohne nennenswerte Höhenunterschiede am Hang entlang. Nach einer knappen halben Stunde treten wir schließlich aus dem Wald heraus und stoßen auf eine asphaltierte Straße. Hier wandern wir nach links weiter und gehen an der nächsten Kreuzung rechts. Immer dem Wegweiser »Dreikirchen« folgend, gelangen wir schließlich nach circa einer halben Stunde an den kleinen **Weiler 5** mit zwei Gasthäusern und drei

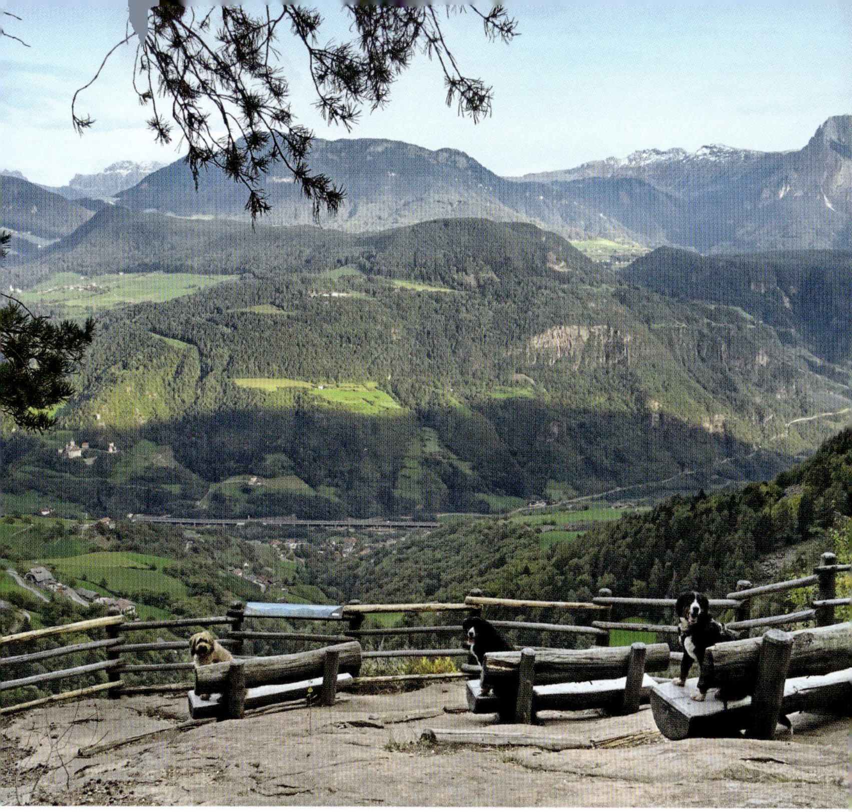

Wunderschöne Aussichtspunkte laden zum Staunen und Genießen ein.

kleinen gotischen Kapellen. Wer das Innere der Kirchlein besichtigen möchte, kann sich im Gasthaus Messnerhof den Schlüssel holen. Unser Rückweg ist nun wieder mit der Nummer 11 markiert. Um diesen zu erreichen, laufen wir an den Kirchen vorbei zurück bis zu dem Pfad, den wir gekommen sind. Hier halten wir uns nun links und wandern Richtung Barbian. Nach etwa 800 Metern ist etwas Aufmerksamkeit gefordert, damit man den Abzweig des Weges Nr. 11 nicht verpasst. Er führt nach rechts erst oberhalb eines Hausgrundstückes entlang und schließlich in den Wald hinein. Wenig später erreichen wir den **Sportplatz 1**, an dessen Ende wir nach links zurück zum Parkplatz gehen.

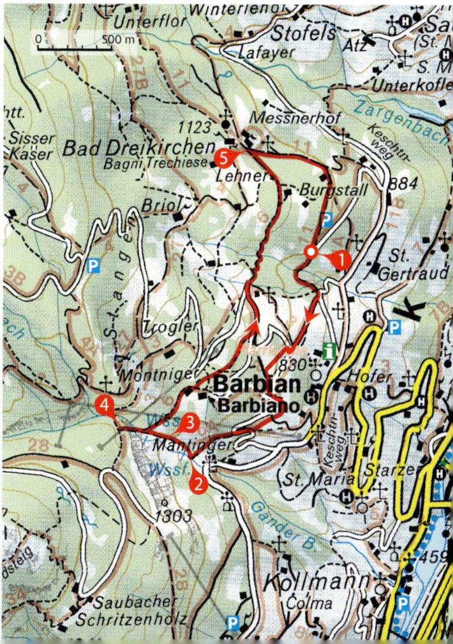

39 Villanderer Berg, 2509 m

Über die Sarner Scharte auf den Villanderer Berg

6.30 Std. | 17,6 km | ↗860 m | ↘860 m

Grandioses Panorama an der geografischen Mitte Südtirols

Mit ihren ausgedehnten Wiesen zählt die Villanderer Alm zu den größten Hochalmen in Europa. Sanfte Hügel, Hochmoore und kleine Seen prägen das Bild dieser Hochebene. Die aussichtsreiche Wanderung führt über die weiten Grasflächen der Villanderer Alm und des Rittner Hochplateaus und verbindet gleich zwei großartige Aussichtsberge – die Sarner Scharte und den Villanderer Berg. Von hier oben kann man den Blick schweifen lassen von der Ortlergruppe im Westen über die Ötztaler und Zillertaler Alpen im Norden, zu den Dolomiten im Osten und Südosten bis hin zur Brentagruppe im Südwesten. Ein spektakulärer Rundblick auf die steinernen Riesen der Ostalpen!

Talort: Villanders (1160 m); Tourismusverein Klausen Barbian Feldthurns Villanders, Infobüro Villanders, F.-v.-Defregger Gasse 6, I-39040 Villanders, Tel. +39 0472 843121, villanders.info.

Ausgangspunkt: Parkplatz Villanderer Alm / Gasserhütte, 1747 m (GPS: 46.641437, 11.489404).

Anfahrt: In Klausen von der Brennerstraße (SS12) Richtung Villanders abbiegen und immer der Ausschilderung »Villanderer Alm« (brauner Wegweiser) folgen. Der Parkplatz befindet sich direkt am Ende der Straße rechts.

Öffentliche Verkehrsmittel: Bus von Klausen zur Villanderer Alm.

Anforderungen Mensch: Relativ unschwierige, aber lange Wanderung, die Kondition und stellenweise auch etwas Trittsicherheit erfordert. Nur bei gutem Wetter gehen! Bei Nebel und/oder Schnee wird die Orientierung vor allem zwischen Gasteiger Sattel und Villanderer Berg stark erschwert.

Anforderungen Hund: Kaum Schatten, im Aufstieg zur Sarner Scharte und im Abstieg zum Totensee stellenweise größere Felsstufen, die aber auch für mittelgroße Hunde kein Problem darstellen sollten. Weidevieh (je nach Jahreszeit Kühe im gesamten Gebiet zwischen Gasteiger Sattel und dem Abzweig zum Totensee).

Wasserstellen: Keine Trinkgelegenheit für Hunde zwischen Sarner Scharte und Totensee, daher immer etwas Wasser mitnehmen.

Einkehr: Gasserhütte (gasserhuette.it), Tel. +39 0472 843510; Mair-in-Plun-Hütte (mairinplun.com), Tel. +39 335 474625; Pfroderalm, Tel. +39 335 6833677.

Karte: Tabacco 040, Sarntaler Alpen, 1:25.000.

An der Einfahrt zum **Parkplatz ❶** nehmen wir zunächst den Weg Nr. 6 Richtung Villanderer Berg. Der bequeme Weg bringt uns in etwa einer halben Stunde zur **Mair-in-Plun-Hütte ❷**. Hier gehen wir nach links weiter und wandern von nun an auf dem Weg Nr. 7A Richtung Gasteiger Sattel / Villanderer Berg. Nach etwa zwei Kilometern, an einer Pausenbank mit einem Kruzifix und einer Tränke, verlassen wir den Almfahrweg und halten uns rechts, nun der Markierung Nr. 7 folgend. Der Pfad führt teils recht steil aufwärts, überquert einmal den Almfahrweg und stößt bald abermals auf diesen. Nun halten wir uns links und kommen kurz darauf an eine große Wegkreuzung, den Gasteiger **Sattel ❸**. Von

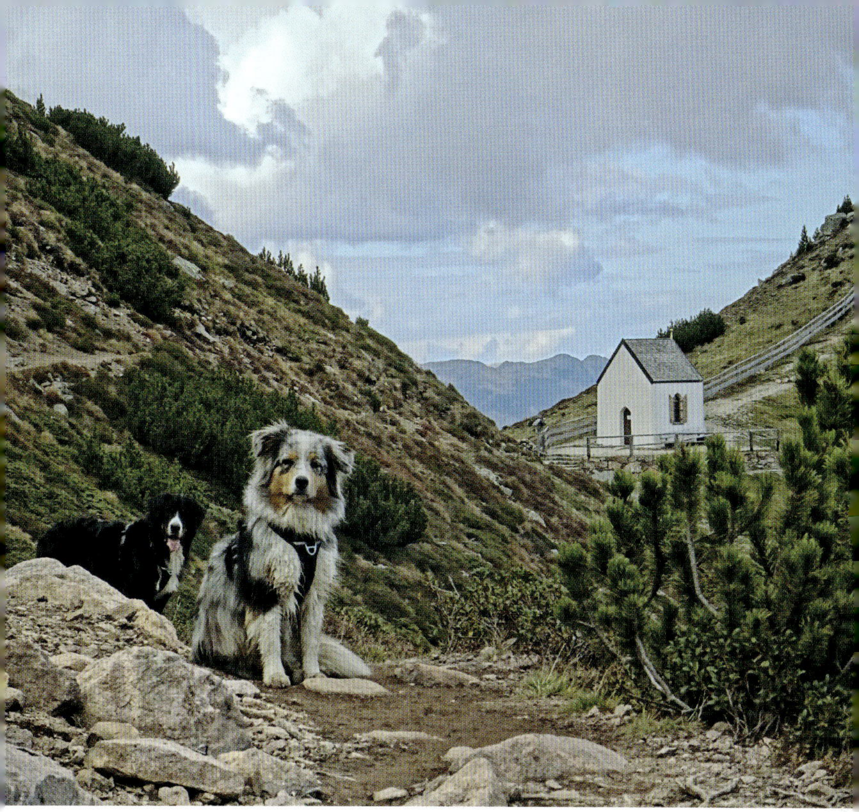

Das Totenkirchl steht am Übergang von der Villanderer Alm ins Sarntal.

nun an wandern wir auf dem Weg Nr. 3 Richtung Sarner Scharte. Der schwer erkennbare, jedoch weiß-rot markierte Pfad führt uns über eine Wiese und stößt nach etwa fünf Minuten auf einen Fahrweg, den wir nach rechts weitergehen. Nach etwa 800 Metern gabelt sich der Weg, und die Markierung Nr. 3 leitet uns halb rechts weiter. Erst über Weiden, später durch Block- und Schrofengelände geht es ständig aufwärts, und nach einem letzten steilen Aufstieg erreichen wir das weithin sichtbare Schart-Biwak, eine kleinen Biwakhütte am Übergang ins Sarntal. Hier gehen wir nach rechts weiter. Der steile, anfangs mit einem Drahtseil gesicherte Steig stellt für trittsichere Zwei- und Vierbeiner kein Problem dar, erfordert aber etwas Schwindelfreiheit. Nach dem kurzen

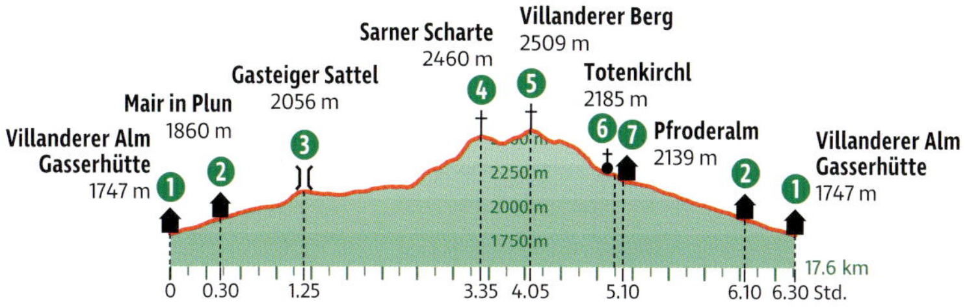

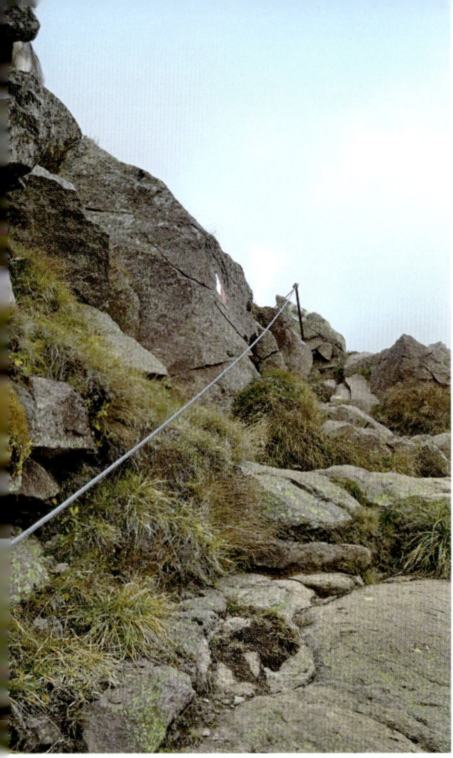

Kurzes versichertes Wegstück an der Sarner Scharte.

Steilstück geht es nun auf dem ausgedehnten Grasrücken und an zahlreichen Steinmännern vorbei zum ersten Gipfelziel dieser Tour, der Sarner **Scharte** ❹. Achtung, die nach Westen hin steil abfallenden Wände sind nicht gesichert, es besteht Absturzgefahr! Der Weg Nr. 2 führt uns nun erst an einigen Steinmännern vorbei, dann durch eine Senke und schließlich allmählich wieder hinauf zum Nachbargipfel, dem Villanderer **Berg** ❺. Der Aussichtsberg mit dem 360°-Panorama gilt als der geografische Mittelpunkt Südtirols, und einige Bänke laden zum Rasten und Genießen ein. Aber Vorsicht, auch hier besteht an den steil abfallenden Nordwänden Absturzgefahr! Wir wandern auf dem Weg Nr. 2 weiter in südöstlicher Richtung und kom-

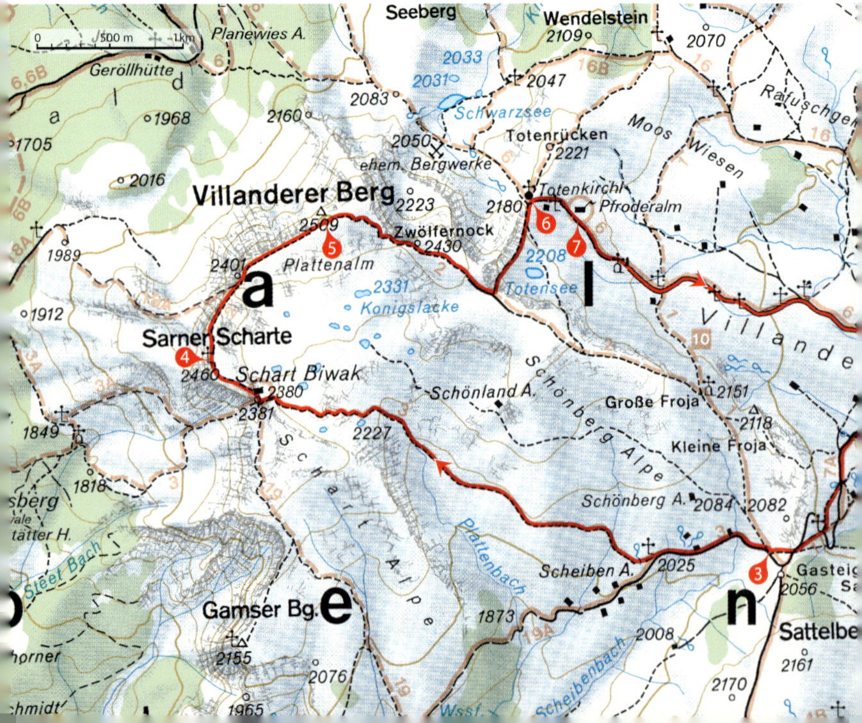

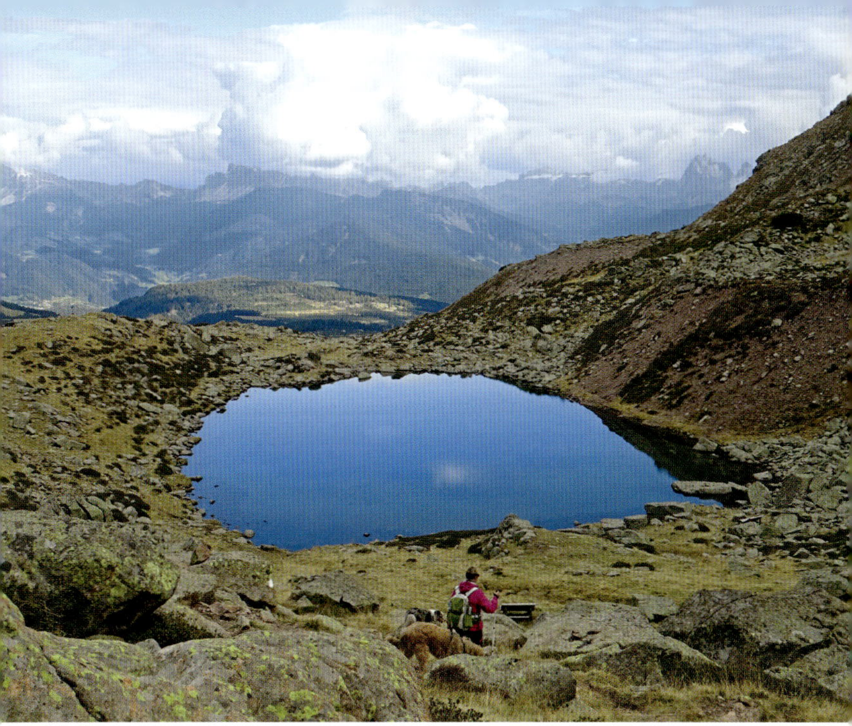

Der malerische Totensee auf der Villanderer Alm.

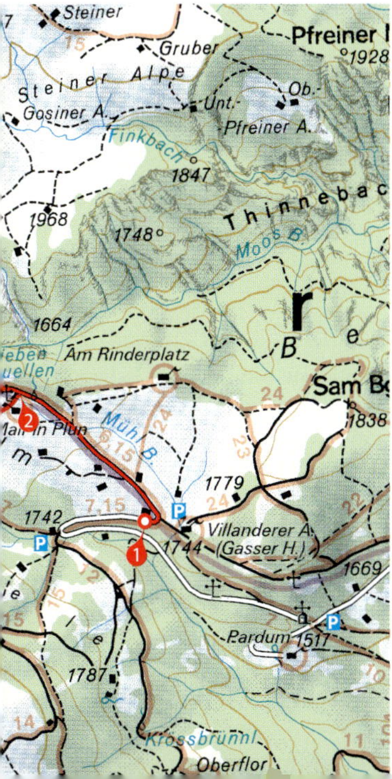

men nach einer knappen halben Stunde an einen Abzweig. Hier gehen wir nach links und folgen nun dem Weg Nr. 2A. Teilweise über künstlich angelegte Stufen verlieren wir rasch an Höhe und erreichen bald den malerisch gelegenen Totensee, der zumindest den Vierbeinern eine willkommene Abkühlung bietet. Vom Totensee ist es nicht mehr weit bis zum **Totenkirchl 6**. Das kleine Gotteshaus am Übergang von der Villanderer Alm ins Sarntal soll sogar die älteste Pilgerstätte Südtirols sein. Vorm Totenkirchl nehmen wir nun nach rechts den Weg Nr. 6. Der Kreuzweg führt uns an der urigen **Pfroderalm 7** vorbei über weite, lärchenbewachsene Grasflächen zur **Mair-in-Plun-Alm 2**. Von hier aus wandern wir nun auf dem bekannten Weg zurück zum Ausgangspunkt.

40

Latzfonser Kreuz, 2305 m

Vom Kaseregg zum Latzfonser Kreuz

4.15 Std. | 10,7 km | ↗ 670 m | ↘ 670 m

Grandioses Panorama an der höchsten Wallfahrtskirche Südtirols

Hoch über dem Eisacktal befindet sich eine der höchstgelegenen Pilgerstätten Europas, das kleine Kirchlein »Heiligkreuz auf Ritzlar«. Alljährlich am vorletzten Samstag im Juni wird in einer Prozession der »Schwarze Herrgott« von der Latzfonser Dorfkirche hinauf in das kleine Gotteshaus getragen, und von Juli bis Mitte Oktober feiern Gläubige aus Nah und Fern hier oben jeden Sonntag die heilige Messe. Von der Sonnenterrasse des benachbarten Schutzhauses, das ursprünglich als Pilgerunterkunft errichtet wurde und heute immer wieder Wanderer und Wallfahrer beherbergt, hat man einen atemberaubenden Blick auf die umliegende Bergwelt.

Talort: Latzfons (1160 m); Tourismusverein Klausen Barbian Feldthurns Villanders, Infobüro Feldthurns, Simon-Rieder-Platz 2, I-39040 Feldthurns, Tel. +39 0472 855290, latzfons.it.
Ausgangspunkt: Parkplatz Kaseregg, 1959 m (GPS: 46.675477, 11.499961).
Anfahrt: In Klausen von der Brennerstraße (SS12) Richtung Feldthurns/Latzfons abbiegen, ab Feldthurns auf der SP142 nach Latzfons fahren, nach dem Ortsausgang immer der Ausschilderung »P Jochalm/Kaseregg« (braunes Schild) folgen. Der Parkplatz befindet sich am Ende einer schmalen Bergstraße, etwa 8,5 km nach dem Ortsausgang Latzfons.
Öffentliche Verkehrsmittel: Keine.
Anforderungen Mensch: Überwiegend gut begehbare Wege, auf dem Jagersteig stellenweise etwas Trittsicherheit erforderlich, steiler Anstieg zum Latzfonser Kreuz.
Anforderungen Hund: Keine besonderen Schwierigkeiten für Hunde, jedoch wenig Schatten, Weidevieh (je nach Jahreszeit Kühe im gesamten Almgebiet zwischen Kaseregg und Latzfonser Kreuz sowie um die Runggerer Saltnerhütte); wenig Schatten.
Wasserstellen: Während des gesamten Weges immer wieder Viehtränken oder Bäche, dennoch empfiehlt es sich, je nach Jahreszeit etwas Wasser mitzunehmen.
Einkehr: Schutzhaus Latzfonser Kreuz (latzfonserkreuz.com), Tel. +39 0472 545017.
Karte: Tabacco 030, Brixen – Villnössertal, 1:25.000.

Rechts oberhalb des Parkplatzes **Kasereck** ❶ startet der mit der Nummer 15 markierte Wanderweg in Richtung Latzfonser Kreuz. Er führt uns zunächst als steiler, steiniger Weg durch den Wald, später als Wiesenpfad stetig aufwärts, bis wir schließlich auf einen Almfahrweg stoßen. Hier gehen wir nach links und folgen nach dem Gatter dem Weg Nr. 15 nach rechts. Wir wandern über weite Almflächen und kommen nach etwa zwanzig Minuten an einen Abzweig. Hier leitet uns ein Wegweiser nach rechts in den mit der Nr. 25 markierten Jagersteig. Anfangs ist der Weg schlecht zu erkennen. Wir laufen in die vom Wegweiser angezeigte Richtung über die Wiese, an deren Ende schließlich der

Im Frühjahr oder Herbst ist Neuschnee hier oben keine Seltenheit.

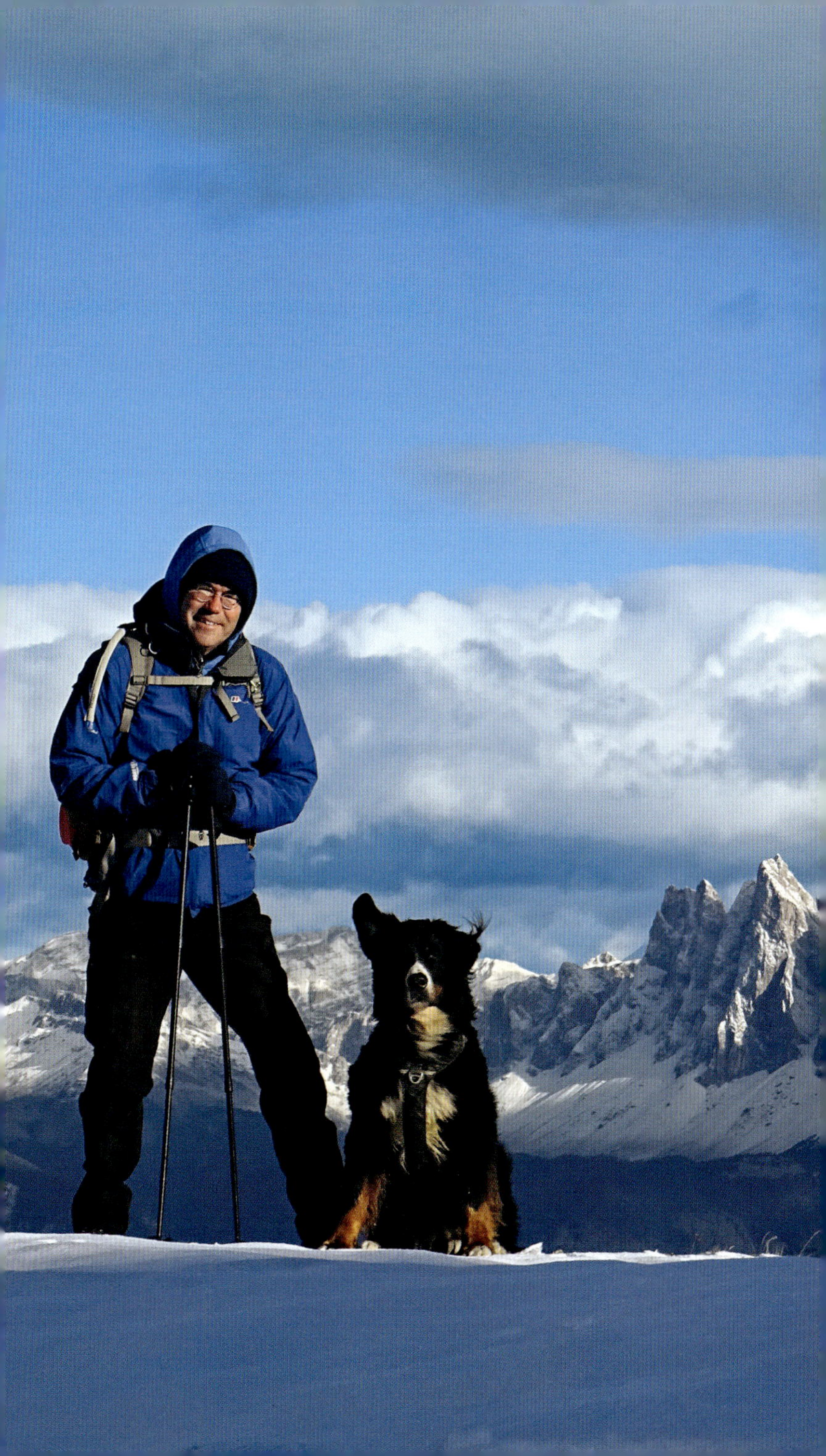

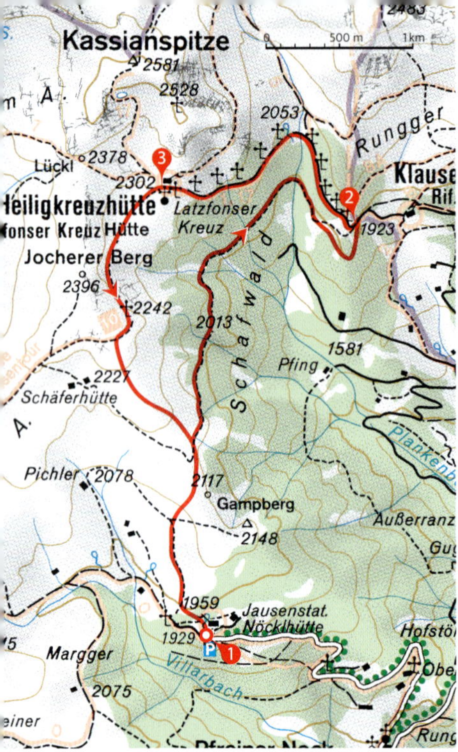

nun deutlich erkennbare Weg nach links weiterführt. Entlang des mit Krüppelkiefern bewachsenen Hanges geht es stetig bergab. Ist der Weg anfangs noch recht breit, so wird er wenig später zu einem schmalen Pfad. Wurzeln und Steine erfordern etwas Trittsicherheit. Nach einer knappen Stunde überqueren wir einen Bach und kommen zu einer kleinen Waldlichtung. Von nun an wird unser Weg bald wieder breit und bequemer, und wir stoßen schließlich auf den Weg Nr. 1, der von der Klausner Hütte zum Latzfonser Kreuz führt. Hier wenden wir uns nach links. Wenig später erreichen wir die **Runggerer Saltnerhütte ❷**, ein wunderbares Plätzchen zum Rasten und Verweilen, bevor es auf dem mit der Nr. 1 markierten Kreuzweg teilweise sehr steil hinauf zum Wallfahrtskirchlein Latzfonser Kreuz geht. Kleine geschnitzte Bild-

Entspannte Pause mit Blick zu den Geislerspitzen.

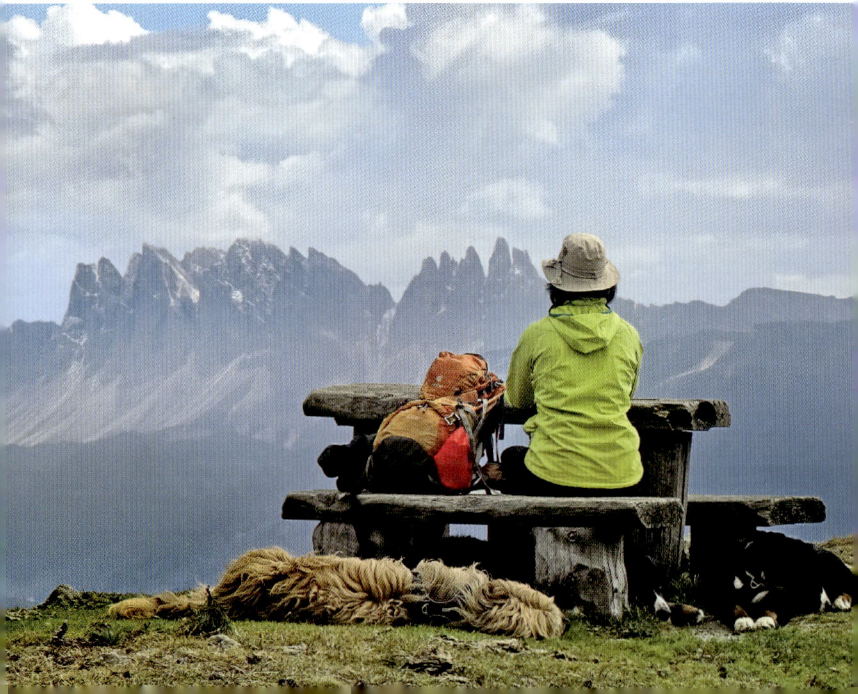

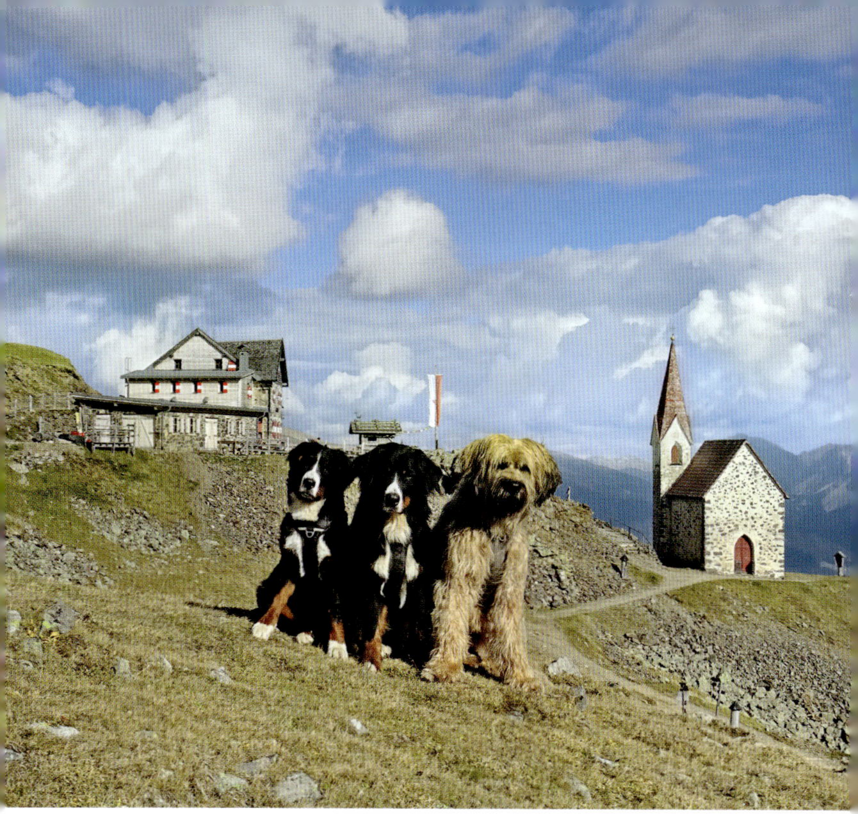

Traumkulisse: das Schutzhaus Latzfonser Kreuz mit der Wallfahrtskirche.

stöcke am Wegrand stellen die Stationen des Weges Jesu zur Kreuzigung dar. Nach ungefähr 50 Minuten ist es schließlich geschafft. Für die Mühen des Aufstieges werden wir mit einem einzigartigen Ambiente und einem grandiosen Blick auf die umliegende Bergwelt belohnt. Im **Schutzhaus Latzfonser Kreuz** ❸ wird der Gast mit allerlei hausgemachten Köstlichkeiten verwöhnt, und auch einen Besuch des kleinen Kirchleins sollte man sich nicht entgehen lassen. Unser Rückweg startet an der Kreuzwegstation XIV und führt auf dem Weg Nr. 1 Richtung Kasereck. Wenige Minuten nach einem hölzernen Wegkreuz gabelt sich der Wanderweg, und wir nehmen nun den halb links führenden Weg Nr. 15. Auf dem bequemen Wiesenpfad wandern wir talwärts. Nach etwa einer halben Stunde erreichen wir den Abzweig des Jägersteiges und gehen nun auf bekanntem Weg (Nr. 15) zurück zum Parkplatz **Kasereck** ❶.

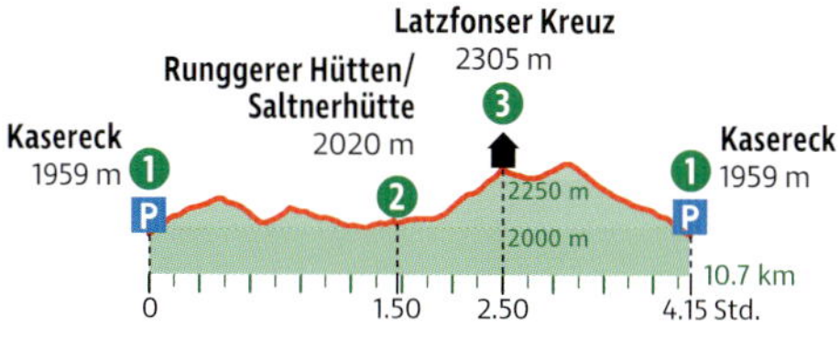

41

Radlseehütte, 2284 m

Vom Kühhof zum Radlsee

6.00 Std. | 14,4 km | ↗ 800 m | ↘ 800 m

Panoramatour hoch über dem Eisacktal

Hoch über dem Eisacktal bei Brixen thront die Radlseehütte in den Sarntaler Alpen. Hier werden die Gäste nicht nur mit regionalen Köstlichkeiten verwöhnt, sondern sie lockt auch mit einem atemberaubenden Panorama auf die umliegende Bergwelt. An warmen Tagen lädt der kleine Bergsee am Fuß der Hütte Zwei- und Vierbeiner zur Abkühlung.

Talort: Latzfons (1160 m); Tourismusverein Klausen Barbian Feldthurns Villanders, Infobüro Feldthurns, Simon-Rieder-Platz 2, I-39040 Feldthurns, Tel. +39 0472 855290, latzfons.it.

Ausgangspunkt: Parkplatz Kühhof, 1577 m (GPS: 46.6834794, 11.5515917).

Anfahrt: In Klausen von der Brennerstraße (SS12) Richtung Feldthurns/Latzfons abbiegen, ab Feldthurns auf der SP142 nach Latzfons fahren, nach dem Dorfzentrum immer der Ausschilderung »P Kühhof« (braunes Schild) folgen. Nach etwa 4 km erreicht man am Ende der schmalen Bergstraße den Parkplatz.

Öffentliche Verkehrsmittel: Keine.

Anforderungen Mensch: Überwiegend bequeme Wege und Pfade, aufgrund der Tourlänge jedoch eine gute Grundkondition nötig, zwischen Radlsee und Klausner Hütte stellenweise Schwindelfreiheit erforderlich.

Anforderungen Hund: Keine besonderen Schwierigkeiten für Hunde, jedoch kaum Schatten, Weidevieh (je nach Jahreszeit Kühe auf der gesamten Tour).

Wasserstellen: Während des gesamten Weges immer wieder Viehtränken oder Bäche, dennoch je nach Jahreszeit etwas Wasser mitnehmen.

Einkehr: Radlseehütte (radlseehuette.it), Tel. +39 0472 855230; Klausner Hütte (klausnerhuette.it), Tel. +39 320 7078058.

Karte: Tabacco 030, Brixen – Villnössertal, 1:25.000.

Die Kühe genießen die Zeit auf den blühenden Almwiesen.

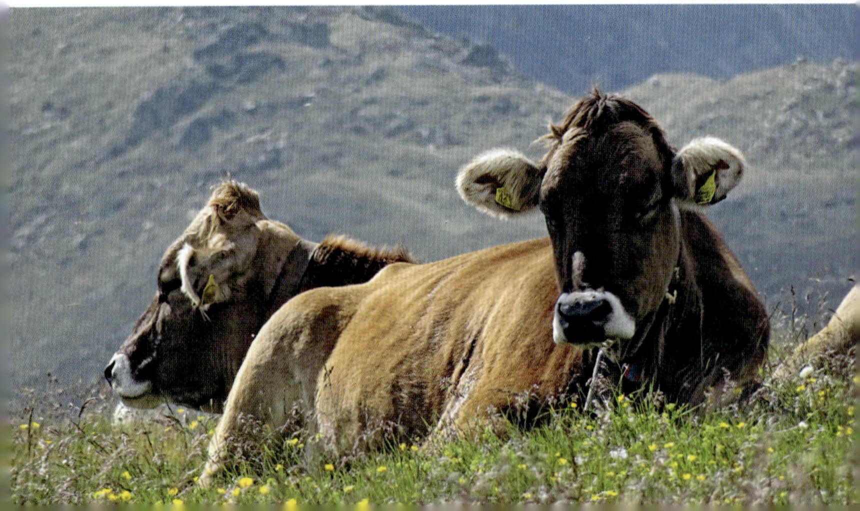

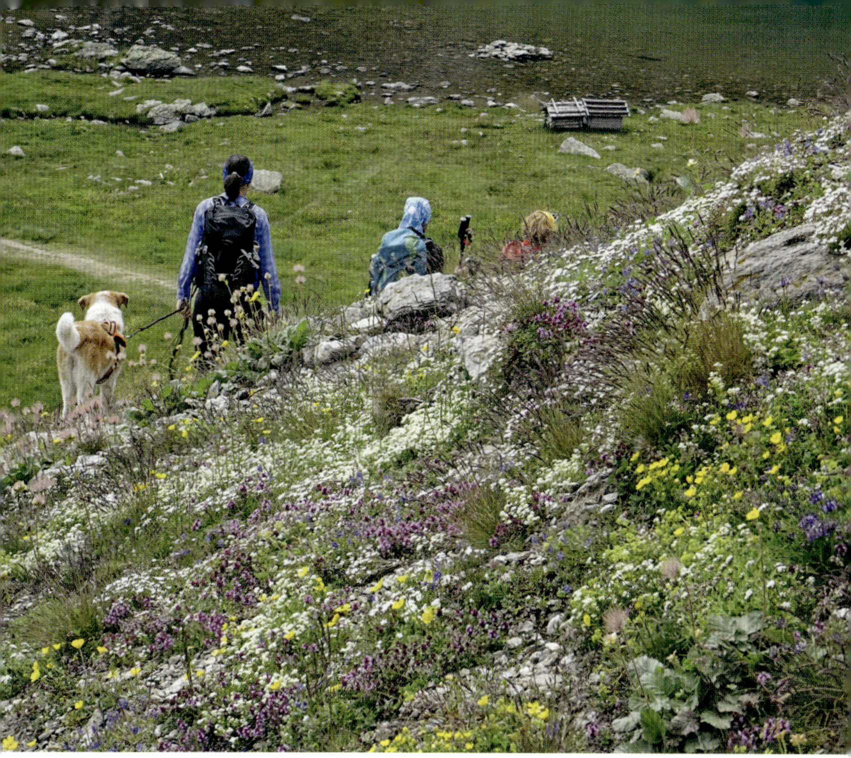

Auf dem Weg zum Radlsee.

Vom **Parkplatz Kühhof** ❶ aus folgen wir für ein kurzes Stück dem Fahrweg aufwärts und biegen wenig später nach rechts in den Weg Nr. 14 Richtung Radlseehütte ab. Er führt uns über saftige Almwiesen stetig aufwärts bis zur Almhütte **Bruggerschupfe** ❷. Hier biegen wir nach links in den Fahrweg ein und wandern gleich danach wieder nach rechts aufwärts, dem Panoramaweg Nr. 14 weiter folgend. Er bringt uns hinauf auf einen Grasrücken, an dessen Ende ein großer Steinmann den Aussichtspunkt Muntschegge markiert. Nun geht es mäßig ansteigend immer am Hang entlang in nordöstliche Richtung weiter, bis wir auf den querenden Weg Nr. 8 stoßen. Diesem folgen wir nach rechts und erreichen wenig später unser Ziel, die **Radlseehütte** ❸. Von hier aus geht es auf dem Weg, den wir gekommen sind, zunächst ein Stück wieder zurück. Wir passieren den See und lassen wenig später am Abzweig unseren Aufstiegsweg links liegen. Stattdessen wandern wir geradeaus

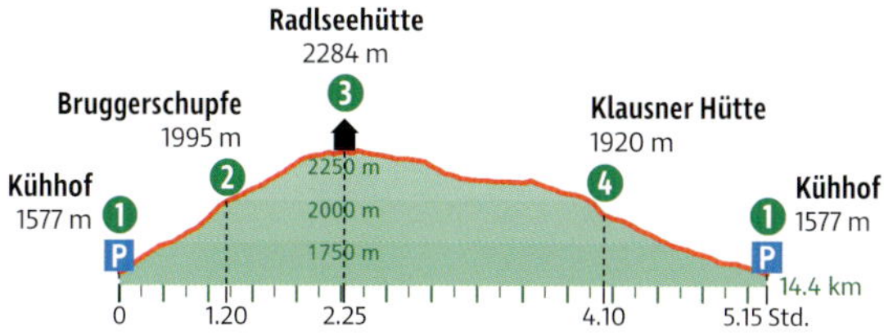

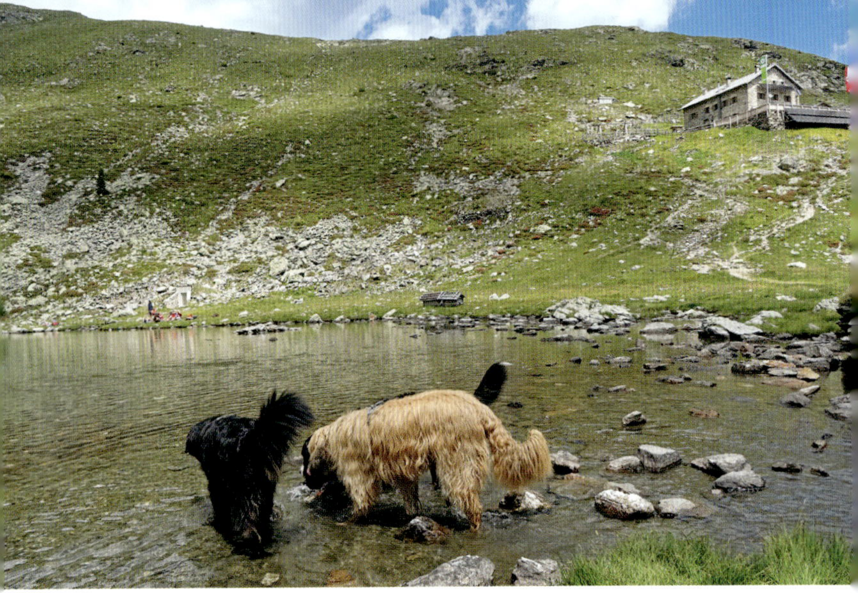

Willkommene Erfrischung.

auf dem Weg Nr. 8 weiter. Aussichtsreich führt er uns erst immer am Berghang entlang und später über weite Almflächen zur **Klausner Hütte ❹**. Hier biegen wir nun nach links in den Fahrweg ein und wandern auf diesem stetig abwärts zum **Parkplatz Kühhof ❶**.

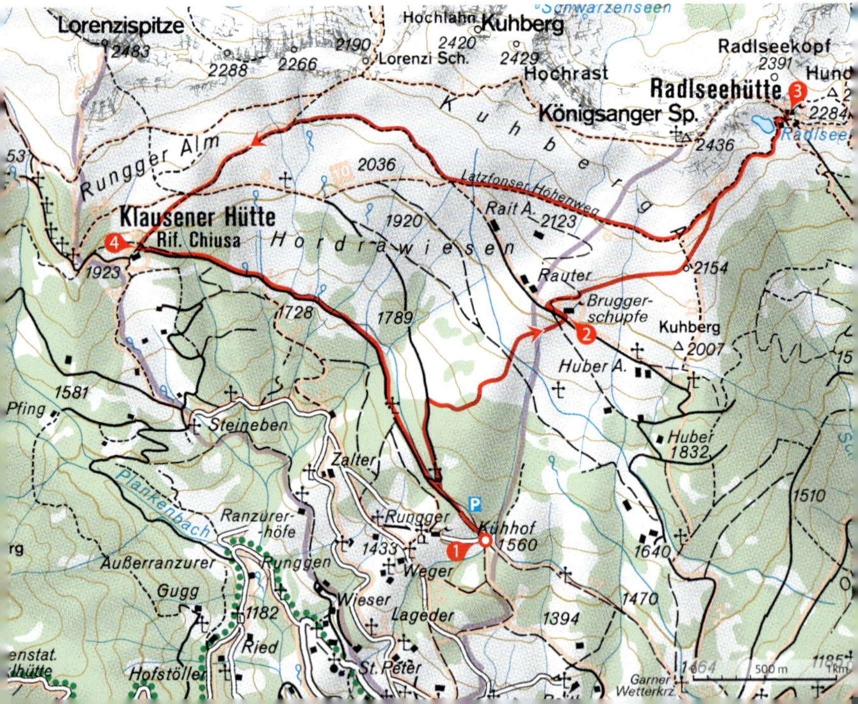

Wuhnleger Weiher, 1402 m
Von Weißlahnbad zum Wuhnleger

42

2.00 Std. | 6,1 km | ↗ 300 m | ↘ 300 m

Im Spiegel des Rosengartens

Der Wuhnleger Weiher ist ein kleiner Löschteich am Rand des Waldes oberhalb von Tiers. Er ist eingezäunt, es herrscht Badeverbot, und dennoch ist dieser idyllische kleine Platz auf jeden Fall einen Ausflug wert. Wohl an keinem anderen Ort ist der Blick auf den Rosengarten so schön wie hier. Die schroffen Zacken von König Laurins Reich spiegeln sich in der glatten Wasseroberfläche, und vor allem in den Abendstunden taucht die sinkende Sonne das Dolomitenmassiv in ein warmes, rotes Licht.

Talort: Tiers (1028 m); Tourismusverein Tiers am Rosengarten, St.-Georg-Straße 79, I-39050 Tiers, Tel. +39 0471 642127, tiers.it.
Ausgangspunkt: Parkplatz in Weißlahnbad, 1204 m (GPS: 46.477887, 11.556634).
Anfahrt: Von der Brennerstraße (SS12) nach Blumau fahren und hier Richtung Tiers auf die SP24 abbiegen; etwa 1,5 km nach dem Zentrum von Tiers nach links Richtung Weißlahnbad; dem Straßenverlauf bis zum Kreisverkehr folgen und diesen an der zweiten Ausfahrt verlassen. Der Parkplatz befindet sich nun links und rechts der Straße.
Öffentliche Verkehrsmittel: Bus von Seis nach Tiers bis »Weißlahnbad«.
Anforderungen Mensch: Leichte Wanderung auf bequemen Wegen.
Anforderungen Hund: Überwiegend schattige Wanderung, Weidevieh (je nach Jahreszeit Kühe zwischen Weißlahnbad und Wuhnleger sowie im Bereich der St.-Sebastian-Kapelle).
Wasserstellen: Einige Bäche und Viehtränken.
Einkehr: Keine.
Karte: Tabacco 029, Schlern – Rosengarten, 1:25.000.

Kleine Hirtenhütte am Wuhnleger.

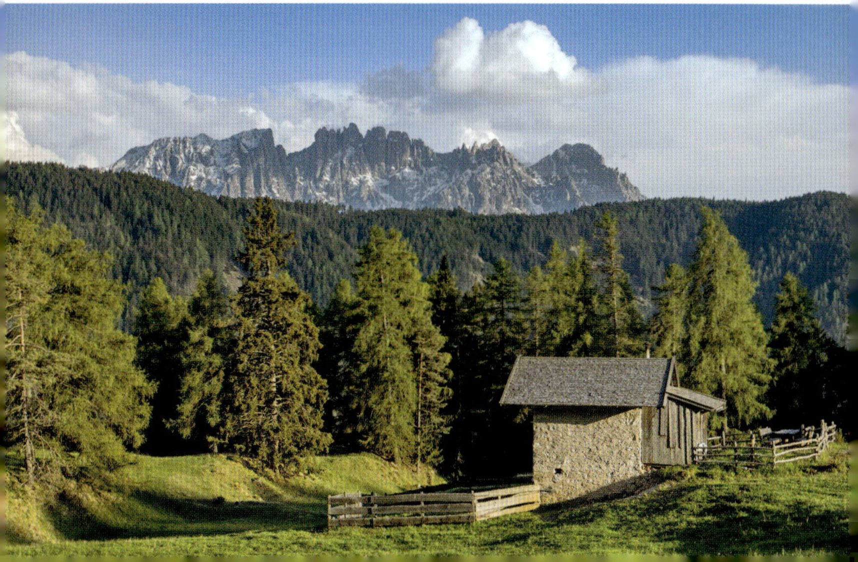

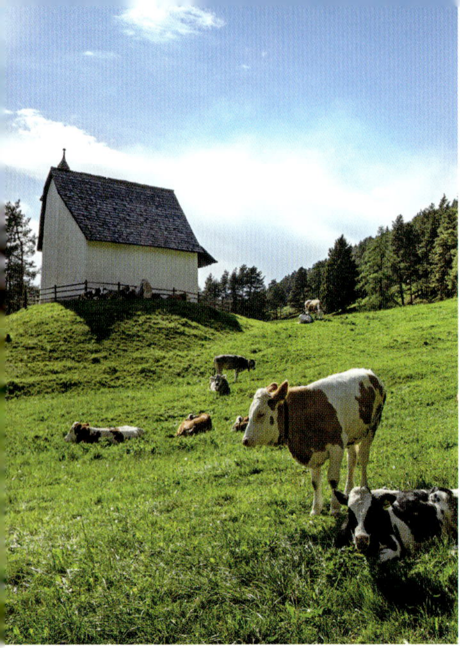

An der St.-Sebastian-Kapelle weiden häufig Kühe.

Vom **Parkplatz ❶** aus wandern wir auf der schmalen Straße weiter, zunächst dem Weg Nr. 6 Richtung Völsegg folgend. Nach den letzten Häusern durchqueren wir ein Gatter, und wenig später gabelt sich der Weg. Wir bleiben auf der Nr. 6, die uns halb links führt. Nach einer Viertelstunde kommen wir an 2 Höfen vorbei und wandern nun auf der asphaltierten Zufahrt talwärts. An der nächsten Straßenecke gehen wir geradeaus weiter. Die wenig befahrene Straße führt uns nun an Bauernhöfen und Pensionen vorbei, bis wir schließlich nach etwa 500 Metern an einen Abzweig mit Wegweiser kommen. Hier gehen wir geradeaus und nehmen kurz danach den mit der Nr. 4B markierten Wanderweg, der uns scharf rechts den Berg hinauf Richtung St. Sebastian führt. Wir folgen dem Fahrweg bergan, durchqueren abermals ein Gatter und wandern dann auf dem Weg Nr. 4B halb rechts in den Wald hinauf. Ohne größere Höhenunterschiede geht es auf dem Pfad nun durch den Wald, und nach etwa zehn Minuten stoßen wir wieder auf den Fahrweg. Auf diesem wandern wir nun weiter zur **St.-Sebastian-Kapelle ❷**. Das spätgoti-

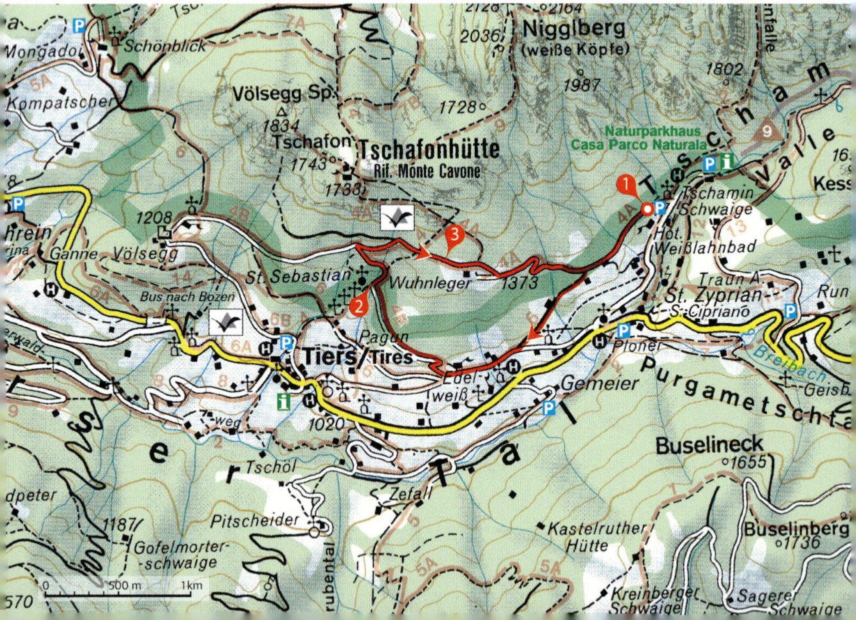

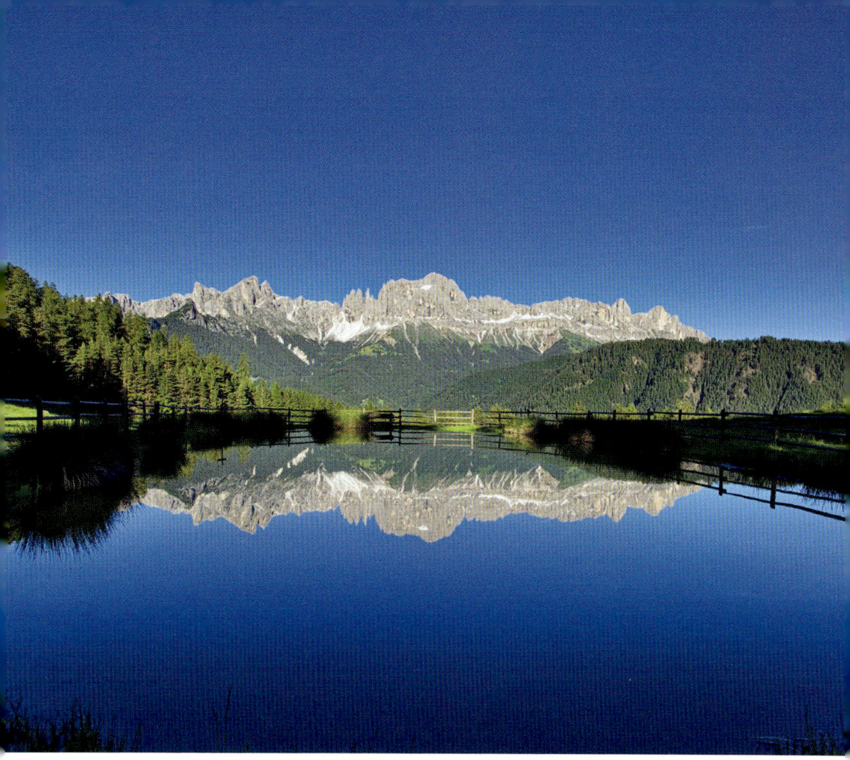

Traumhafter Blick über den Wuhnleger Weiher zum Rosengarten.

sche Kirchlein, das linker Hand auf der Almwiese steht, ließ einer der Herren von Völsegg im Jahre 1635 errichten, aus Dankbarkeit, dass seine Familie von der Pest verschont geblieben war. Nun wandern wir weiter auf dem Weg Nr. 4, der im Wald, kurz nach der Almwiese, scharf rechts in einen Forstweg einbiegt. Dieser bringt uns stetig aufwärts. Lücken im Bewuchs geben ab und an den Blick über das Tierser Tal und das kleine Gotteshaus St. Sebastian frei. Nachdem wir einen lichten Lärchenwald durchquert haben, gelangen wir zum **Wuhnleger Weiher** ❸. Der kleine, eingezäunte Teich ist Heimat zahlreicher Lurche und Insekten, und gegenüber erheben sich die bizarren Felszacken des Rosengartens. Ein faszinierendes Bild und ein wunderschöner Ort zum Genießen und Entspannen. Nun wandern wir auf dem Weg Nr. 4A am Ufer des Weihers entlang. An der nächsten Gabelung halten wir uns rechts und folgen der Ausschilderung Richtung Weißlahnbad. Die Forststraße bringt uns nach einer knappen halben Stunde zurück zum **Ausgangspunkt**.

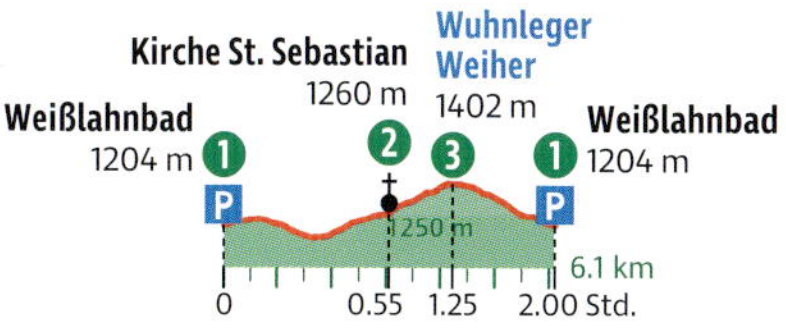

43

Völseggspitze, 1834 m

Von Weißlahnbad zum Schutzhaus Tschafon

4.15 Std. | 8,1 km | ↗ 640 m | ↘ 640 m

Südtirol mit allen Sinnen genießen

Das auf 1737 Meter Höhe gelegene Schutzhaus Tschafon ist ein besonderes Kleinod in der Südtiroler Bergwelt. Die liebevoll und nachhaltig geführte Bergwirtschaft wartet mit selbstgemachten regionalen Köstlichkeiten auf, die man bei schönem Wetter auf der gemütlichen Terrasse mit Blick zu den bizarren Felsen der Vajolettürme und des Rosengartens genießen kann. Auch der nahe gelegene Hüttengipfel Völseggspitze bietet atemberaubende Aus- und Tiefblicke.

Talort: Tiers (1028 m); Tourismusverein Tiers am Rosengarten, St.-Georg-Straße 79, I-39050 Tiers, Tel. +39 0471 642127, tiers.it.
Ausgangspunkt: Parkplatz in Weißlahnbad, 1204 m (GPS: 46.477887, 11.556634).
Anfahrt: Von der Brennerstraße (SS12) nach Blumau fahren und hier Richtung Tiers auf die SP24 abbiegen; etwa 1,5 km nach dem Zentrum von Tiers nach links Richtung Weißlahnbad; dem Straßenverlauf bis zum Kreisverkehr folgen und diesen an der zweiten Ausfahrt verlassen. Der Parkplatz befindet sich nun links und rechts der Straße.
Öffentliche Verkehrsmittel: Bus von Seis nach Tiers bis »Weißlahnbad«.
Anforderungen Mensch: Stellenweise Trittsicherheit und im Bereich des Gipfels Schwindelfreiheit erforderlich.
Anforderungen Hund: Ungesicherter Gipfel, Weidevieh (je nach Jahreszeit Kühe am Wuhnleger und am Schutzhaus Tschafon sowie Schafe bei Weißlahnbad).
Wasserstellen: Keine Trinkgelegenheit während des Aufstieges, daher unbedingt Wasser mitnehmen!
Einkehr: Schutzhaus Tschafon (schutzhaus-tschafon.com), Tel. +39 347 813 1152.
Karte: Tabacco 029, Schlern – Rosengarten, 1:25.000.

Panorama an der Völseggspitze.

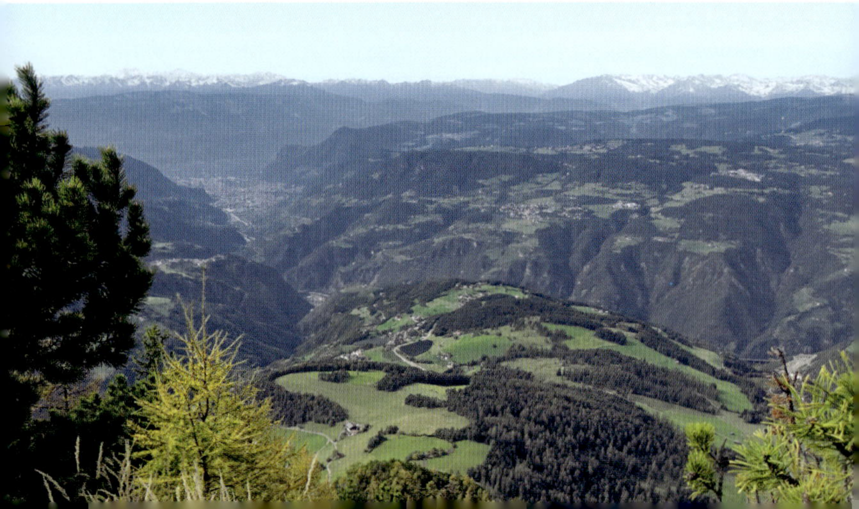

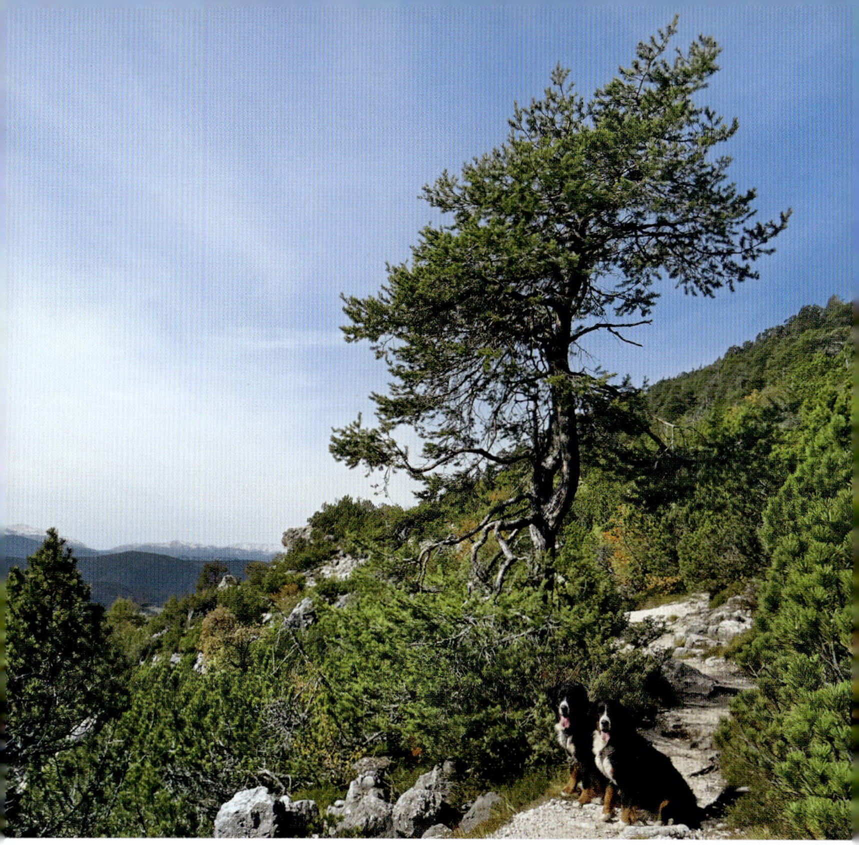

Der Aufstieg durch die Krüppelkiefern bietet immer wieder grandiose Ausblicke.

Vom **Parkplatz Weißlahnbad** ❶ aus wandern wir auf der schmalen Straße weiter, zunächst dem Weg Nr. 6 Richtung Völsegg folgend. Nach den letzten Häusern durchqueren wir ein Gatter, und wenig später gabelt sich der Weg. Hier übernimmt nun der Weg Nr. 4A Richtung Tschafonhütte. Der Fahrweg führt uns stetig ansteigend, bis wir nach etwa einer halben Stunde die Alm Wuhnleger erreichen. Am Wegweiser biegen wir rechts ab und halten uns weiter an die Markierung 4A, die uns teilweise recht steil in den Wald hinaufbringt. An einem **Kruzifix** ❷ stoßen wir auf den Weg Nr. 4 und folgen der Ausschilderung Richtung Tschafonhütte stetig aufwärts. Langsam lichtet sich der Wald und gibt den Blick zu den

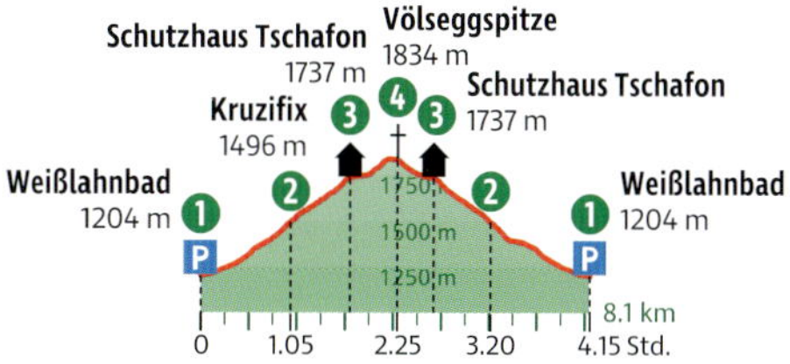

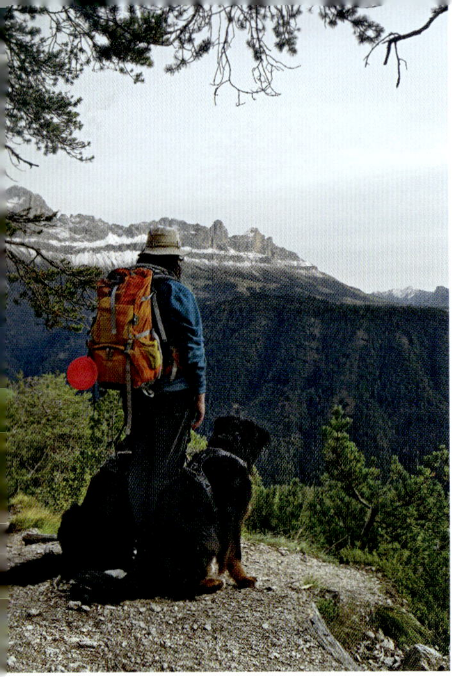

Links: Wir lassen die imposante Bergkulisse auf uns wirken.
Rechts: Vom Schutzhaus Tschafon hat man einen einmaligen Blick auf die Vajolettürme im Rosengarten.

schroffen Gipfeln der Latemar-Gruppe frei. Schließlich erreichen wir eine wunderschöne Bergwiese, die das **Schutzhaus Tschafon ❸** umgibt. Wir wandern zwischen Hütte und Terrasse hindurch und nehmen den Weg Nr. 9, der uns in 20 Minuten zur **Völseggspitze ❹** bringt. Von den beiden (ungesicherten!) Aussichtsplatzformen hat man einen grandiosen Ausblick auf Rosengarten und Latemar, das Weiß- und das Schwarzhorn, die Brentagruppe und sogar die vergletscherten Gipfel der Ortlergruppe, Ötztaler und Stubaier Alpen. Achtung, an den Aussichtsstellen fällt der Fels steil ab, und es besteht Absturzgefahr! Hunde unbedingt anleinen! Auf unserem Aufstiegsweg wandern wir nun zurück zur **Tschafonhütte ❸** und dann weiter bis zum eingangs passierten **Kruzifix ❷**. Hier biegen wir nach rechts ab und folgen dem Weg Nr. 4 hinunter zum **Wuhnleger Weiher ❺**. Der kleine Feuerlöschteich auf der Alm Wuhnleger ist vor allem bei Fotografen sehr beliebt, da sich in seiner glatten Oberfläche die weißen Wände des Rosengartens spiegeln. Am Weiher gehen wir nun den Fahrweg nach links und wandern auf diesem zurück zum **Parkplatz** in **Weißlahnbad ❶**.

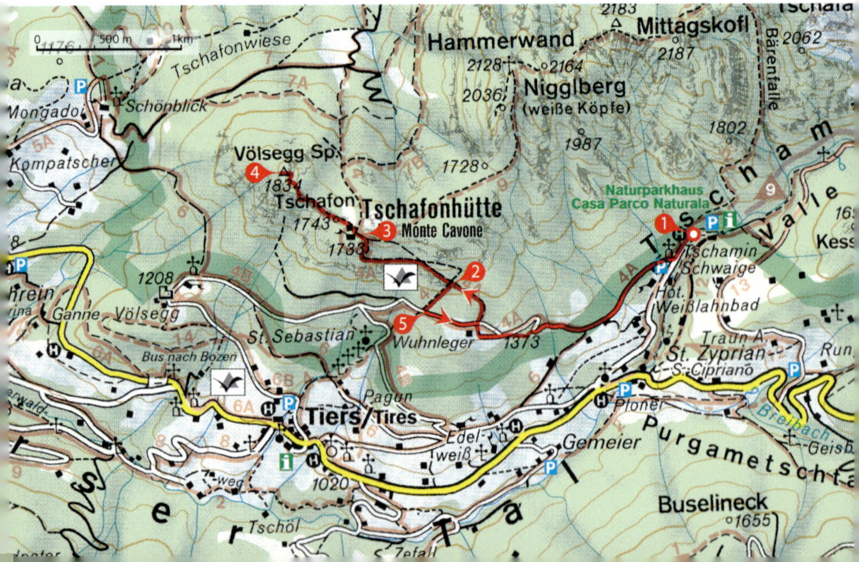

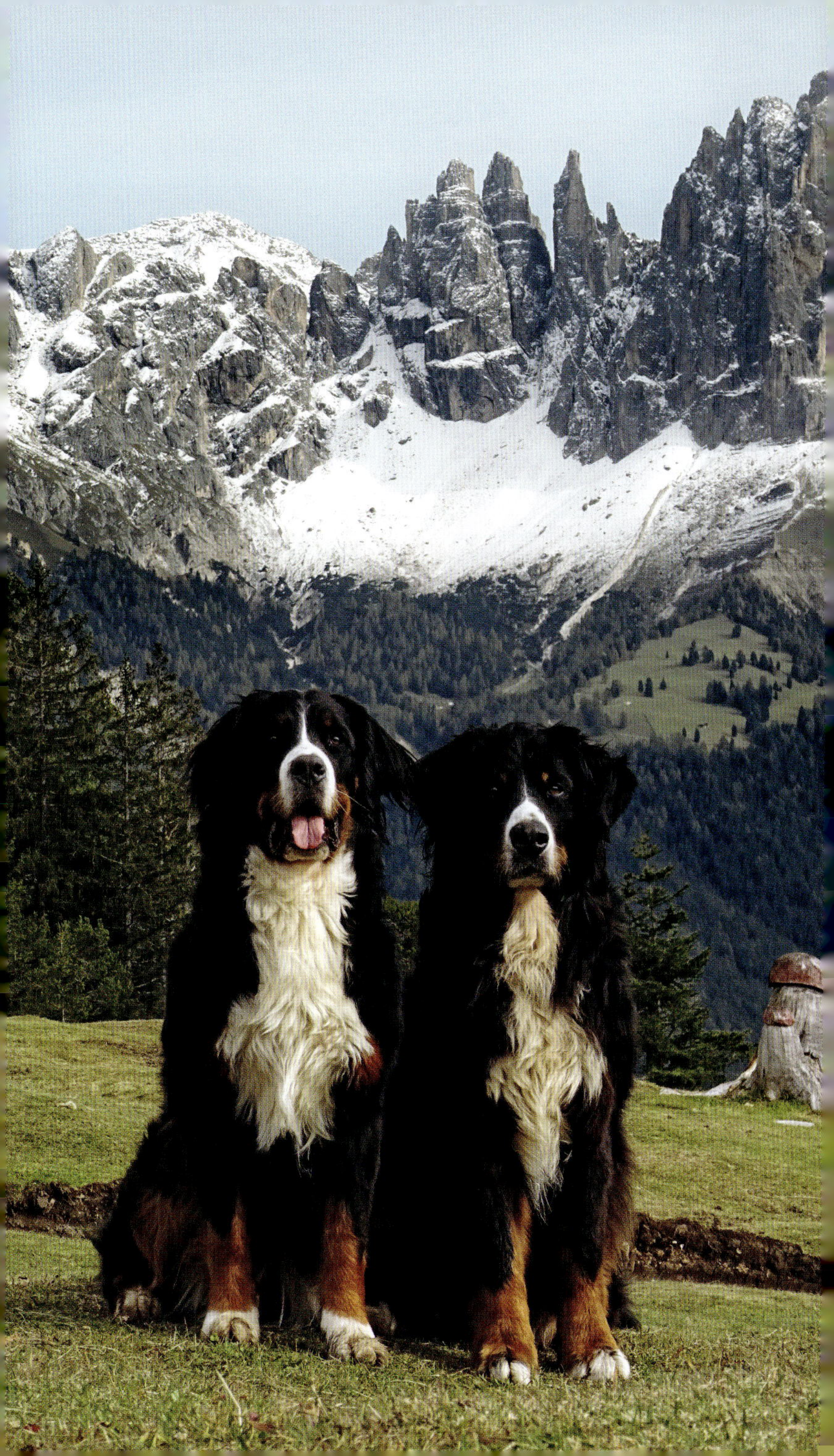

44

Medalges-Alm, 2293 m

Vom Villnößtal zur Medalges-Alm

4.45 Std. | 10,9 km | ↗ 760 m | ↘ 760 m

Spektakuläre Panoramatour im »Land der bleichen Berge«

Diese wunderschöne Wanderung im Talschluss des Villnößtales entführt den Wanderer in eine einzigartige Dolomiten-Landschaft. Die imposanten »bleichen Berge« erheben sich majestätisch über grünen Almwiesen und lichten Lärchenwäldern. Eine Landschaft zum Träumen und Genießen. Dazu wartet diese Tour gleich mit mehreren Einkehrmöglichkeiten auf – ob urige Almhütte oder alpines Schutzhaus, sie alle verwöhnen ihre Gäste mit regionalen Köstlichkeiten.

Talort: Villnöß (1132 m); Tourismusverein Villnöß, St. Peter 11, I-39040 Villnöß, Tel. +39 0472 840180, villnoess.com.
Ausgangspunkt: Parkplatz Zanser Alm, 1680 m (GPS: 46.634790, 11.763737).
Anfahrt: Bei Klausen von der Brennerstraße (SS12) Richtung Villnößtal abbiegen und dem Straßenverlauf für 17 Kilometer bis zum Talschluss folgen. Nach dem Kassenhäuschen rechts über die Holzbrücke auf den Parkplatz Zanser Alm fahren.
Öffentliche Verkehrsmittel: Bus von Brixen nach Villnöß bis Zanserhütte.
Anforderungen Mensch: Anstrengende Wanderung, vor allem im Abstieg zur Schlüterhütte sind Schwindelfreiheit und Trittsicherheit erforderlich, bei Nässe sehr rutschig!
Anforderungen Hund: Sonnige Tour, kaum Schatten, zwischen Medalges-Alm und Schlüterhütte immer wieder kleinere Kletterstellen, die aber für bergerfahrene Hunde kein größeres Problem darstellen sollten. Weidevieh (je nach Jahreszeit Kühe im Bereich der Zanser Alm sowie auf dem gesamten Weg von Tschantschenon bis zur Kaserill Alm).
Wasserstellen: Bis Tschantschenon und ab Kaserill Alm immer wieder Bäche, im Gipfelbereich Trinkgelegenheiten für Hunde nur an den Hütten, daher je nach Jahreszeit etwas Wasser mitnehmen.
Einkehr: Medalges-Alm, Tel. +39 347 5049169; Schlüterhütte (schlueterhuette.com), Tel. +39 0472 670072; Kaserill Alm (unterkantiolerhof.com/kaserill-alm-p7.html), Tel. +39 0472 840219.
Karte: Tabacco 030, Brixen - Villnössertal, 1:25.000.

Direkt hinter dem oberen **Parkplatz** ❶ starten zwei anfangs nahezu parallel verlaufende Wanderwege. Wir nehmen den linken von beiden. Der mit der Nr. 6 Richtung Tschantschenon markierte Weg führt an der Zanser Alm vorbei und später teilweise über Knüppeldämme und Holzbrücken. Nach etwa einem halben Kilometer stoßen wir schließlich auf einen Forstweg, dem wir nach rechts Richtung Tschantschenon folgen. Bald wird der Weg schmaler, und wir wandern immer am Bach entlang aufwärts, bis wir schließlich an einen Fahrweg kommen. Hier gehen wir nach links weiter. Der Weg Nr. 6 bringt uns nach etwa zehn Minuten zur unbewirtschafteten Tschantschenon-**Alm** ❷. Vor dem umfriedeten Almgebäude zweigt unser Wanderweg nun nach rechts ab, und es beginnt ein steiler Anstieg. Anfangs noch über künstlich angelegte Stufen durch den Lärchenwald, später in Kehren am sonnigen Hang entlang

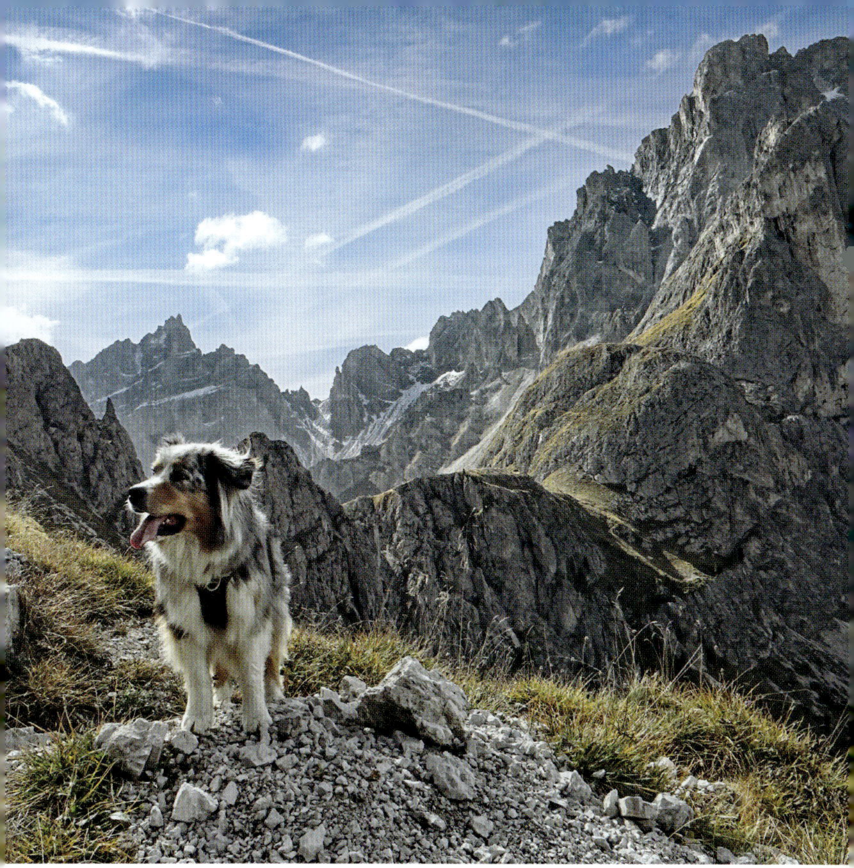

Wilde Felsenwelt am Aufstieg zum Kreuzjoch.

schlängelt sich unser Weg hinauf zum Kreuzjoch, wo wir einen ersten atemberaubenden Blick ins Campilltal und auf die gegenüberliegenden mächtigen Steinriesen der Puez-Gruppe genießen können. Am Kreuzjoch wandern wir auf dem Weg Nr. 3 und 5 nach links weiter und erreichen bereits nach wenigen Minuten die urige **Medalges-Alm** ❸. Hier kann man bei leckeren Speisen aus eigener Herstellung die traumhafte Kulisse der »bleichen Berge« genießen. Der Weiterweg führt uns, dem mit der Nr. 3 markierten Dolomiten-Höhenweg 2 folgend, zunächst

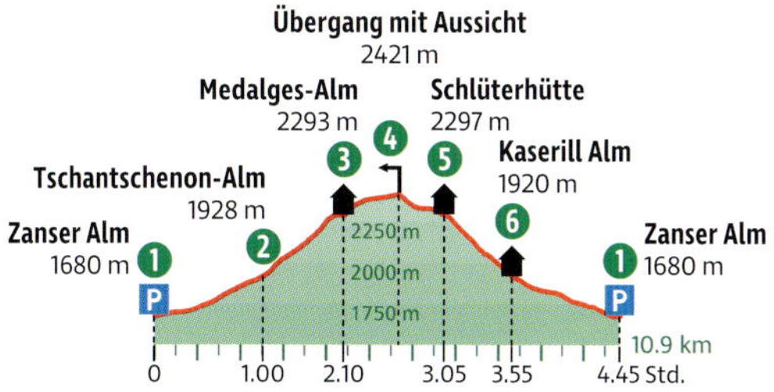

bergan und später ohne große Höhenunterschiede immer an der grasbewachsenen Flanke des Medalges-Höhenzuges entlang. Das spektakuläre Dolomitenpanorama lässt die Zeit wie im Fluge vergehen, und so erreichen wir bald einen **Abzweig** ❹ mit einer Orientierungstafel. Wenn man noch etwas Zeit auf dieser Anhöhe verbringen möchte, kann man östlich des Überganges zu einer kleinen Aussichtsstelle und westlich auf den etwa eine Viertelstunde entfernten Gipfel des Sobutsch gehen. Unser Weg Richtung Schlüterhütte führt nach Nordwesten weiter, und nun beginnt das anspruchsvollste Stück dieser Wanderung – der steile Abstieg durch die schrofige Nordflanke des Sobutsch. Schwindelfreiheit und absolute Trittsicherheit sind auf diesem kurzen Stück, das vor allem bei Nässe und Schnee sehr gefährlich sein kann, unabdingbar. Bereits nach kurzer Zeit ist dieser schwierige Wegabschnitt jedoch schon überwunden, und es geht unschwierig weiter zur **Schlüterhütte** ❺. Auch hier sollte man sich die Zeit für eine Einkehr gönnen und den leckeren selbst gebackenen Kuchen verkosten. Der Abstieg führt dann rechts der Hütte auf dem mit der Nr. 32 markierten Weg Richtung Kaserill Alm weiter. Am Abzweig zur Gampenalm halten wir uns rechts und bleiben auf dem Weg Nr. 32. Von dem wunderschönen Wiesenpfad aus können wir noch einmal den Blick zur imposanten Geislergruppe auf uns wirken lassen. Schließlich stößt unser Pfad auf einen befestigten Fahrweg. Hier gehen wir nach links weiter und kommen kurz danach zur Kaserill **Alm** ❻. Den Almkäse, der in der kleinen Käserei herge-

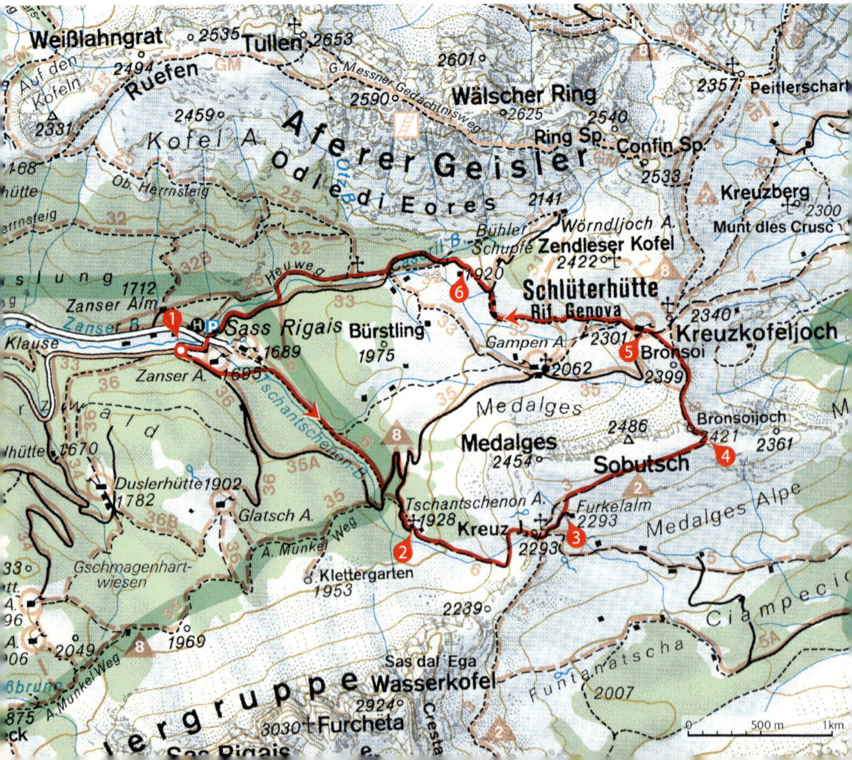

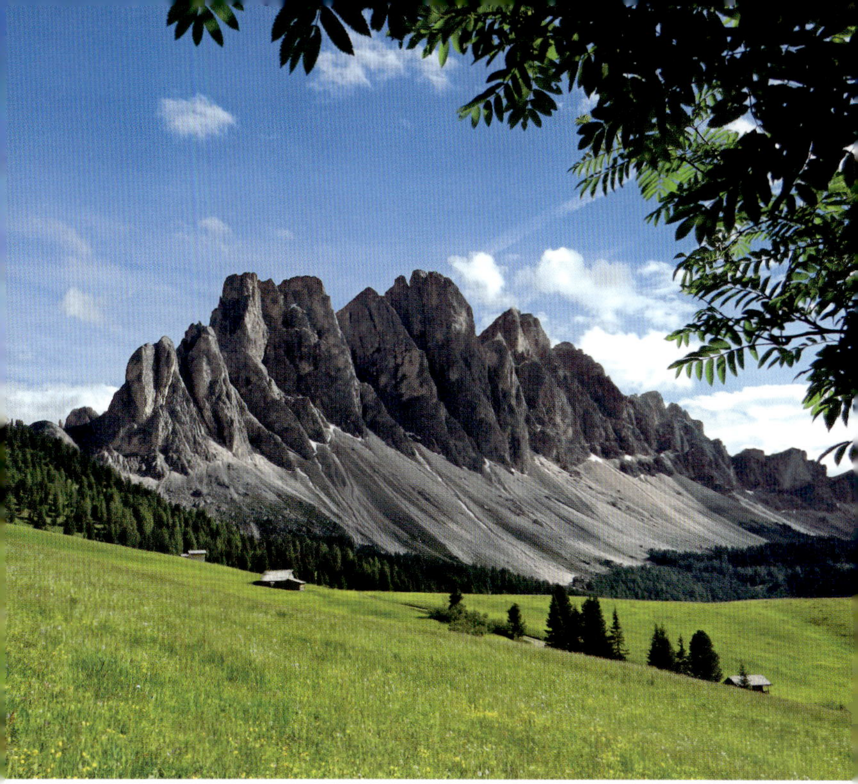

Majestätisch thronen die Geislerspitzen über dem Villnößtal.

stellt wird, sollte man unbedingt probieren. Nun führt uns der Fahrweg weiter talwärts und gabelt sich nach einer kleinen hölzernen Tränke, die am Wegrand steht. Wir bleiben auf dem Weg Nr. 32. Der gut ausgebaute Wanderweg führt uns immer am Hang entlang, bis wir zu einer großen Holzbrücke kommen. Hier gehen wir links, überqueren die Schlucht und nehmen dann den Fahrweg (Nr. 33) nach rechts. Kurz darauf kürzt ein Pfad nach links hinunter die Kehre des Fahrweges ab. Am Ende des Pfades nehmen wir nun wieder den Fahrweg und erreichen nach wenigen Minuten den **Parkplatz ❶** an der Zanser Alm.

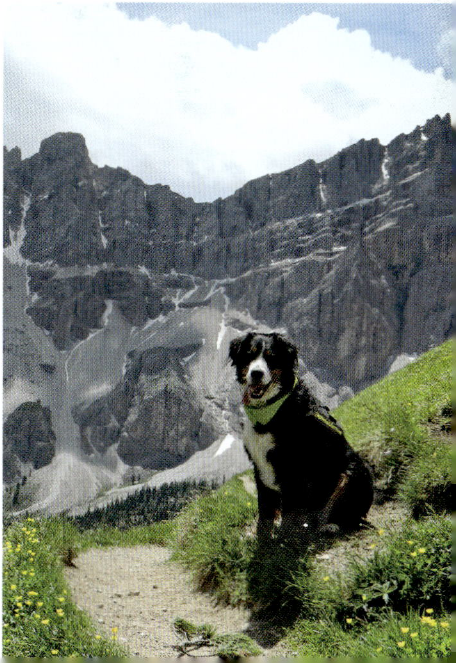

Gusti vor den mächtigen Nordwänden der Puezgruppe.

45 Villnösser Herrensteige

Herrensteigrunde im Villnösser Talschluss

4.45 Std. | 10,9 km | ↗780 m | ↘780 m

Abwechslungsreiche Rundwanderung mit faszinierendem Panorama
Bereits im 16. Jahrhundert ließen die Tiroler Landesfürsten in den Herrenwäldern, wie man ihre Ländereien hierzulande nannte, Jägersteige anlegen. Heute sind die Wälder allen zugänglich, und die Herrensteige in den Südhängen der Aferer Geisler ziehen Wanderer und Naturliebhaber gleichermaßen in ihren Bann.

Talort: Villnöß (1132 m); Tourismusverein Villnöß, St. Peter 11, I-39040 Villnöß, Tel. +39 0472 840180, villnoess.com.
Ausgangspunkt: Hütte »Treffpunkt Zans« am Parkplatz Zanser Alm, 1680 m (GPS: 46.6358200, 11.7659364).
Anfahrt: Bei Klausen von der Brennerstraße (SS12) Richtung Villnößtal abbiegen und dem Straßenverlauf für 17 Kilometer bis zum Talschluss folgen.
Öffentliche Verkehrsmittel: Bus von Brixen nach Villnöß bis Zanserhütte.
Anforderungen Mensch: Schmale Pfade mit teils recht hohe Stufen, Trittsicherheit und Schwindelfreiheit nötig.
Anforderungen Hund: Teilweise recht hohe Stufen.
Wasserstellen: Bach am Anfang der Tour, später keine Trinkgelegenheiten mehr. Ausreichend Wasser mitnehmen!
Einkehr: Treffpunkt Zans (zans.it), Tel. +39 0472 840 054 am Ende der Tour.
Karte: Tabacco 030, Brixen - Villnössertal, 1:25.000

Auf alten Jägersteigen geht es durch die Bergflanken.

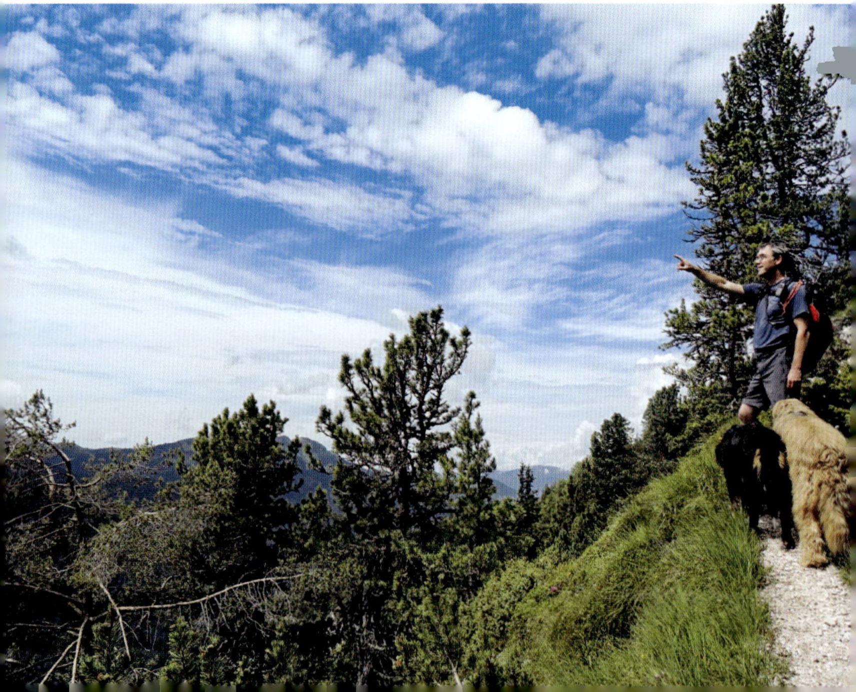

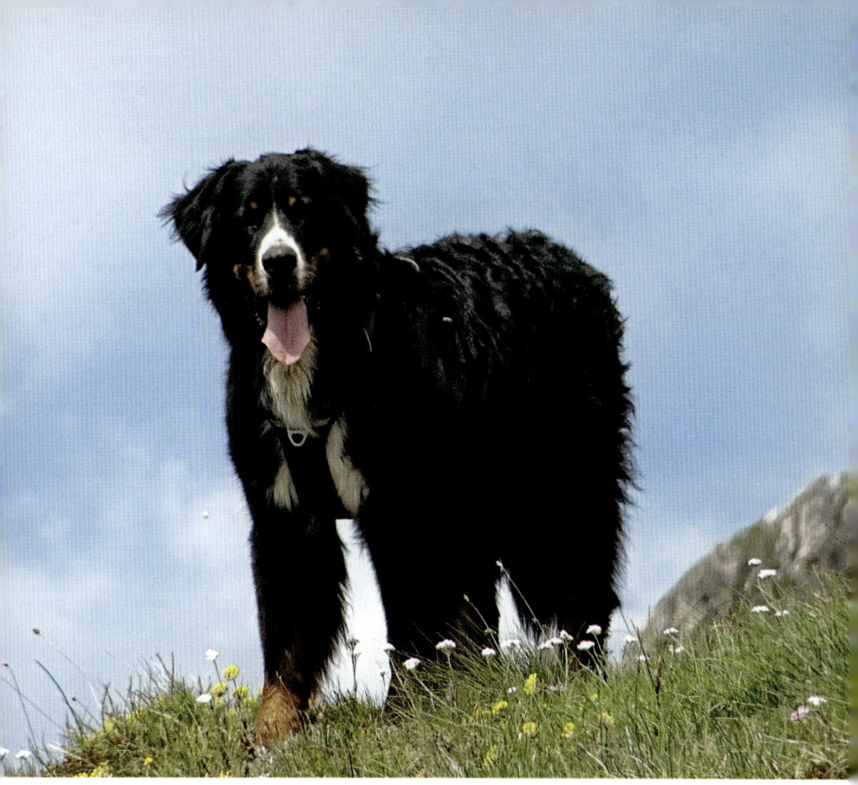

Auf blühenden Wiesen oberhalb des Villnößtales.

Hinter der Hütte **»Treffpunkt Zans«** **1** führt uns der Wanderweg immer am Kaserill-Bach entlang aufwärts. Nach etwa zehn Minuten stoßen wir auf einen Querweg. In diesen biegen wir nach rechts ein und bleiben am nächsten Abzweig weiterhin links des Bachlaufes. Der Weg Nr. 25 führt uns stetig aufwärts, bis wir nach etwa 20 Minuten wieder einen Wegweiser erreichen. Hier gehen wir abermals nach links und wandern weiter auf dem Weg Nr. 25. Nach etwa einer halben Stunde steilen Aufstiegs gelangen wir schließlich zum **Abzweig der Herrensteige** **2**. Wir bleiben auf dem Weg Nr. 25 und steigen nun auf dem Oberen Herrensteig weiter den Berg hinauf. Schon bald lichtet sich der Wald, und Lücken im Bewuchs geben den ersten Blick auf die mächtigen Geislerspitzen frei. Nach dem Abzweig des Weges Nr. 32B, den wir links liegenlassen, führt uns der Obere Herrensteig hinauf an die Baumgrenze und zieht

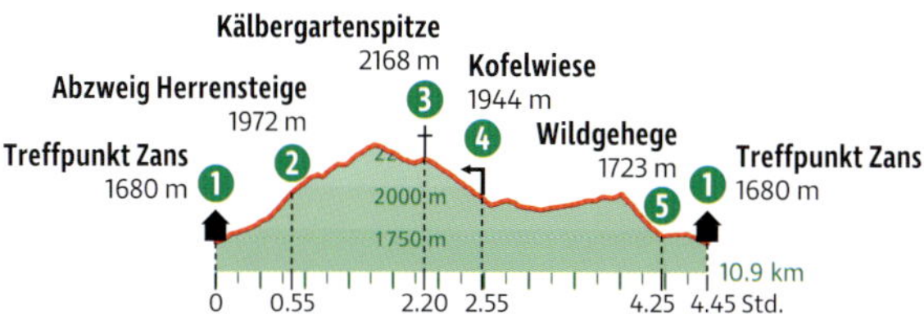

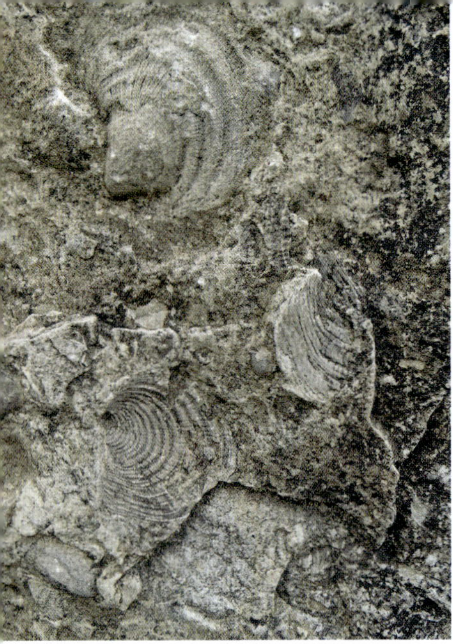

Links: Steinerne Zeugen der Erdgeschichte.
Rechts: Anspruchsvolle Wege im oberen Teil der Tour.

sich aussichtsreich durch den sonnigen Südhang unterhalb des Weißlahnspitz. Nach einiger Zeit entdecken wir links des Weges ein Gipfelkreuz. Es ziert die **Kälbergartenspitze ❸**, den westlichsten Ausläufer des Gebirgszuges der Aferer Geisler und ist ein empfehlenswerter Platz zum Rasten und Genießen. Zurück am Herrensteig folgen wir diesem nun allmählich abwärts und nehmen am nächsten Wegweiser den mit der Nummer 32A markierten Wanderweg, der nach links abzweigt. An der **Kofelwiese ❹** wechseln wir dann auf den Weg Nr. 32 und befinden uns jetzt auf dem Unteren Herrensteig. Der schmale Pfad führt uns durch steile Bergwälder bald wieder taleinwärts. Nach etwas mehr als einer Stunde zweigt an einem Wegweiser der Wanderweg Nr. 32B ab. Hier gehen wir rechts und folgen diesem Richtung Zans. Steil steigen wir hinunter ins Tal ab und kommen am **Wildgehege ❺** an einen Querweg. Hier gehen wir nach links weiter. Nach etwa einer Viertelstunde erreichen wir an einem Wegweiser unseren Aufstiegsweg. Wir biegen nach rechts ab und wandern nun auf bekanntem Weg zurück zum **»Treffpunkt Zans« ❶**.

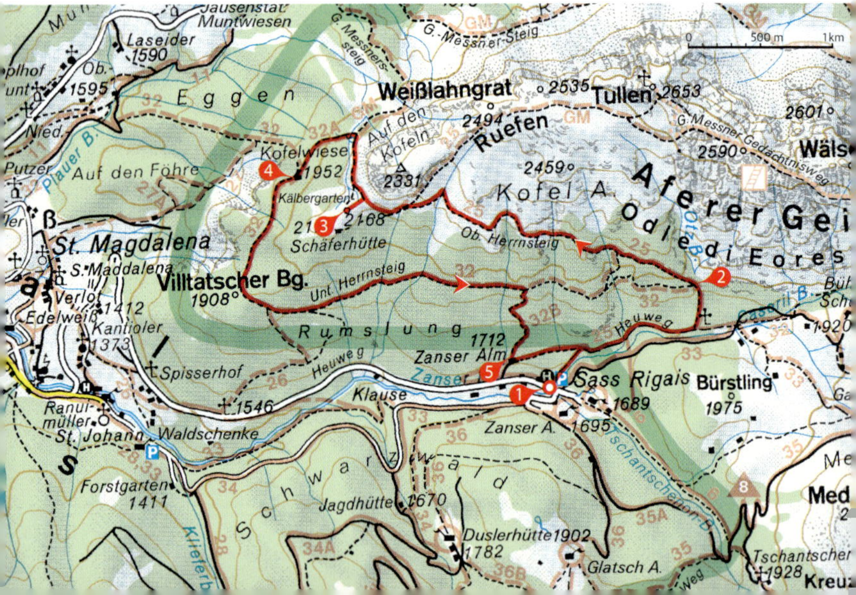

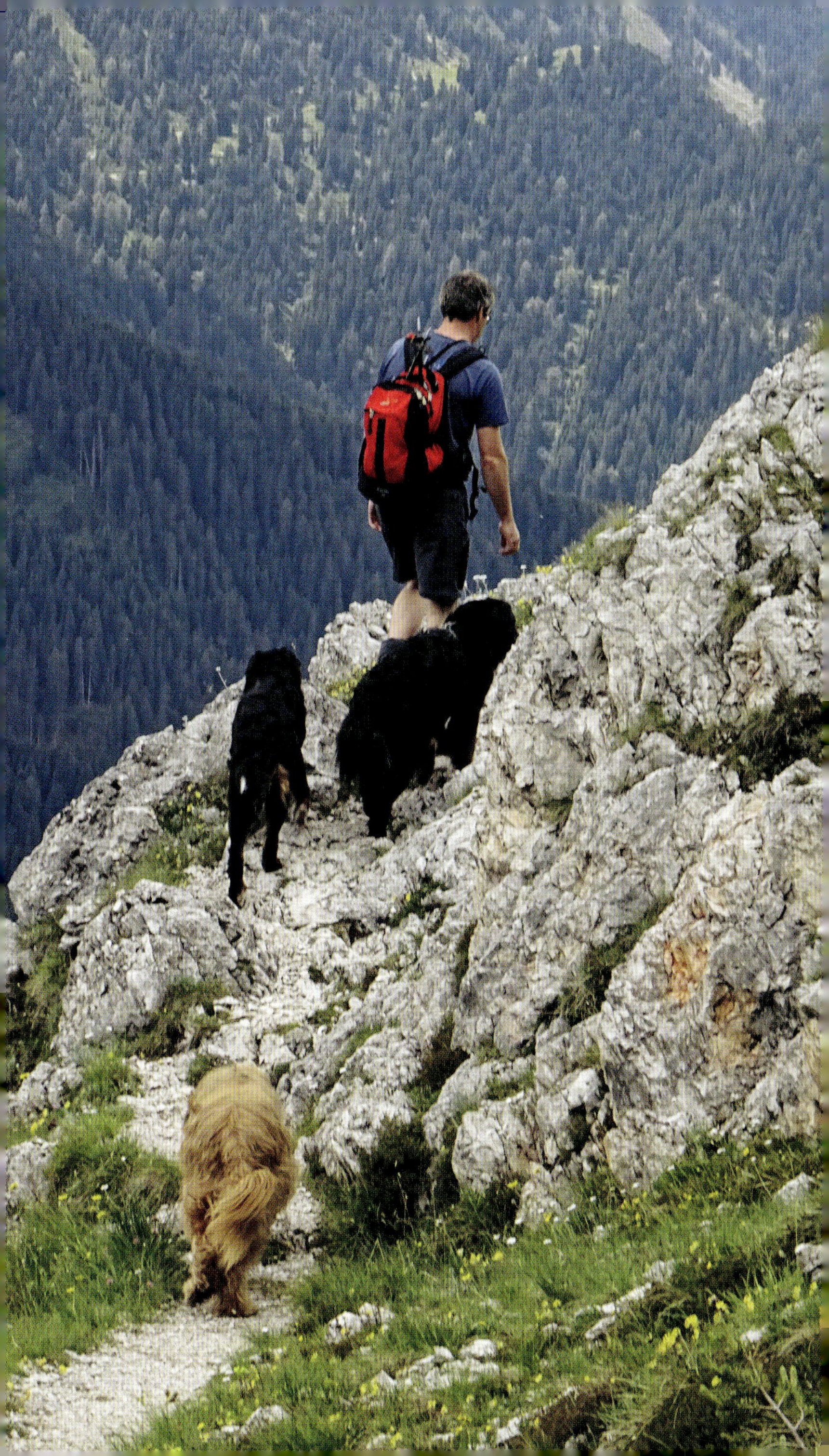

46 Peitlerkofel-Umrundung

Vom Würzjoch um den Peitlerkofel

5.15 Std. | 12,9 km | ↗ 630 m | ↘ 630 m

Weiße Wände, blühende Bergwiesen, grandiose Ausblicke

Der Peitlerkofel zählt zweifellos zu den markantesten Felsriesen der Dolomiten. Zwar ist der Anstieg zum Gipfel nicht mit Hunden möglich, doch zieht seine Umrundung so manchen wanderfreudigen Zwei- und Vierbeiner in ihren Bann. Blühende Bergwiesen und die atemberaubende Dolomitenkulisse machen die aussichtsreiche »Peitler-Runde« zu einer sehr beliebten Rundwanderung. Daher sollte man zeitig aufbrechen, wenn man in der beeindruckenden Dolomitenkulisse möglichst alleine unterwegs sein möchte.

Talort: Villnöß (1132 m); Tourismusverein Villnöß, St. Peter 11, I-39040 Villnöß, Tel. +39 0472 840180, www.villnoess.com

Ausgangspunkt: Parkplatz am Würzjoch, 1987 m (GPS: 46.6748956, 11.8140047)

Anfahrt: Bei Klausen von der Brennerstraße (SS12) Richtung Villnößtal abbiegen und bis St. Peter fahren. Im Ortszentrum der (braunen) Ausschilderung zum Würzjoch folgen. Der Parkplatz befindet sich nach etwa 16 km auf der Passhöhe rechts der Straße.

Öffentliche Verkehrsmittel: Bus von Brixen nach Villnöß bis St. Peter, dort umsteigen und mit dem Bus zum Würzjoch.

Anforderungen Mensch: Schmale, steinige und teils reicht steile Pfade im Aufstieg zur Peitlerscharte erfordern Schwindelfreiheit und Trittsicherheit.

Anforderungen Hund: Teilweise größere Steinblöcke im Aufstieg zur Peitlerscharte, Kühe im gesamten Bereich der Wanderung möglich.

Wasserstellen: Bis zur Peitlerscharte keine Trinkgelegenheiten, danach immer wieder kleinere Bäche, die jedoch je nach Jahreszeit ausgetrocknet sein können, daher ausreichend Wasser mitnehmen. An geöffneten Hütten Möglichkeit zur Wasseraufnahme.

Einkehr: Vaciara Almhütte (www.gscnara.it/almhuette/), Tel. +39 339 7026003; Göma Hütte, Tel. +39 347 4186136; Munt de Fornella Alm (www.muntdefornella.it), Tel. +39 335 6166673; Almhütte Ütia de Börz am Ende der Tour (www.boerz.it), Tel. +39 0474 520066

Karte: Tabacco-Karte 07, Alta Badia/Gadertal, Arabba, Marmolada, 1:25.000.

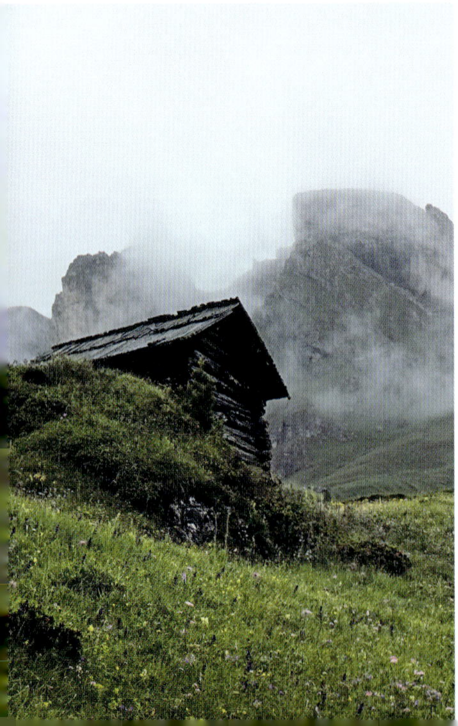

Nebelschwaden ziehen um die steilen Wände des Peitlerkofels.

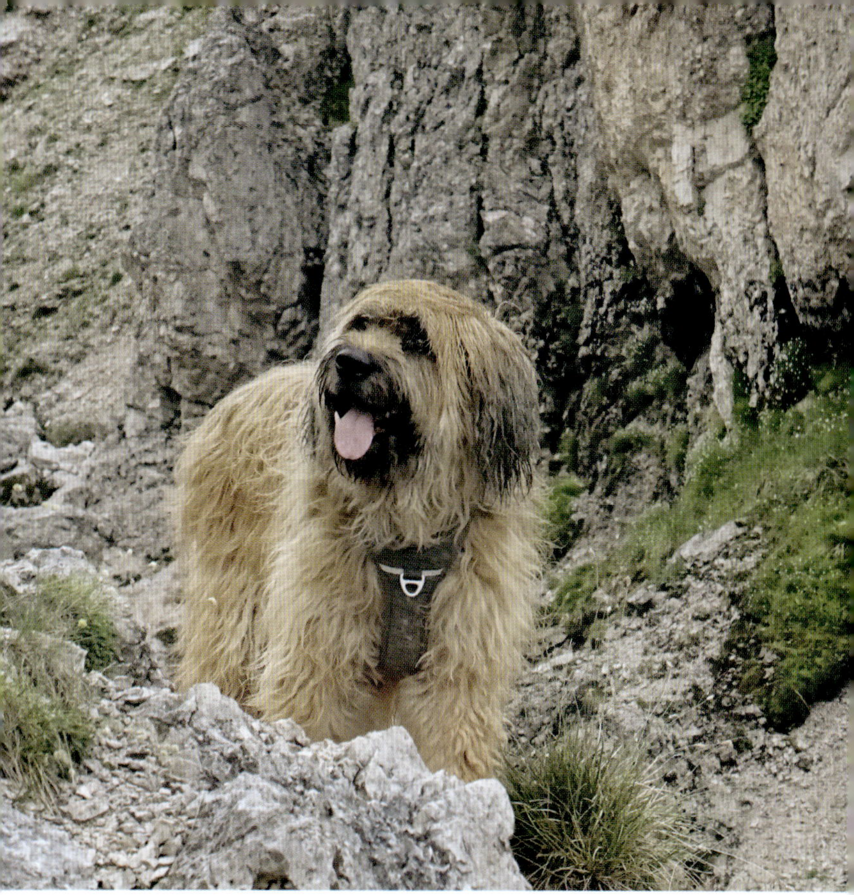

Verschnaufpause.

An der Einfahrt zum **Wanderparkplatz Würzjoch** ❶ befindet sich ein Wanderwegweiser. Hier nehmen wir den mit der Nummer 8A markierten Weg Richtung »Peitlerscharte«. Der Fahrweg bringt uns in etwa 20 Minuten zu den idyllisch unter mächtigen Felswänden gelegenen **Peitlerwiesen** ❷. An der Gabelung mit Wegweiser und Infotafel bleiben wir auf dem Weg Nr. 8A, der uns nun nach rechts leitet. Bereits nach wenigen Minuten geht der bequeme Wanderweg in einen schmalen Pfad über, der sich immer unterhalb der steilen Nordwestflanken des Peitlerkofels aufwärts zieht. Nach etwa einer Dreiviertelstunde stößt von rechts der

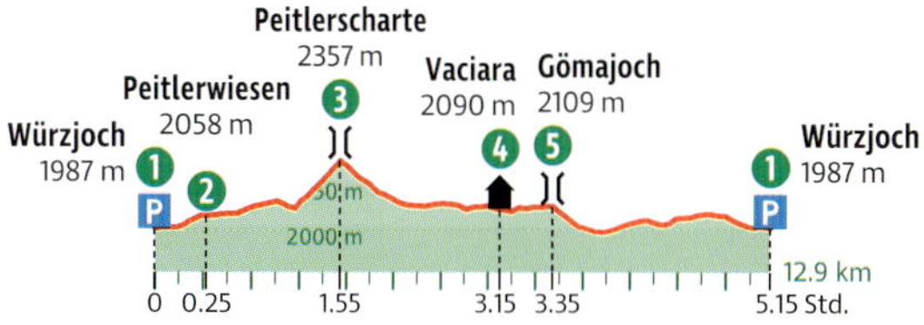

In einer felsigen Rinne führt der Weg steil hinauf zur Peitlerscharte.

Weg Nr. 4 zu uns. Jetzt beginnt der steile Anstieg hinauf in die **Peitlerscharte ❸**, die wir nach circa 40 Minuten erreichen. Hier, am höchsten Punkt unserer Wanderung, laden Bänke neben einem hölzernen Kruzifix zum Verschnaufen und Verweilen ein. Den Aufstieg zum Peitlerkofel lassen wir links liegen, dieser ist nicht für Hunde geeignet. Stattdessen folgen wir der »Roda de Pütia« (Peitler-Rundweg), die uns geradeaus auf dem Weg Nr. 4B Richtung Campill leitet. Der bequeme Weg zieht sich durch sanfte Bergwiesen talwärts und geht schon bald in einen Fahrweg über. Am nächsten Abzweig halten wir uns links und wandern nun auf dem Fahrweg Nr. 35 immer unterhalb des Peitlerkofels bis zur idyllisch gelegenen **Almhütte Vaciara ❹**. Hier kann man sich vor einem atemberaubenden Dolomitenpanorama mit leckeren regionalen Köstlichkeiten verwöhnen lassen. Unser Weg führt uns nun allmählich weiter aufwärts bis zum **Gömajoch ❺**. Hier übernimmt nun der Weg Nr. 8B und bringt uns wieder auf die Nordseite des Peitlerkofels. Er führt uns in etwas mehr als einer Stunde wieder zu den **Peitlerwiesen ❷**. Hier wandern wir nun auf dem bereits bekannten Weg Nr. 8A zurück zum **Würzjoch ❶**.

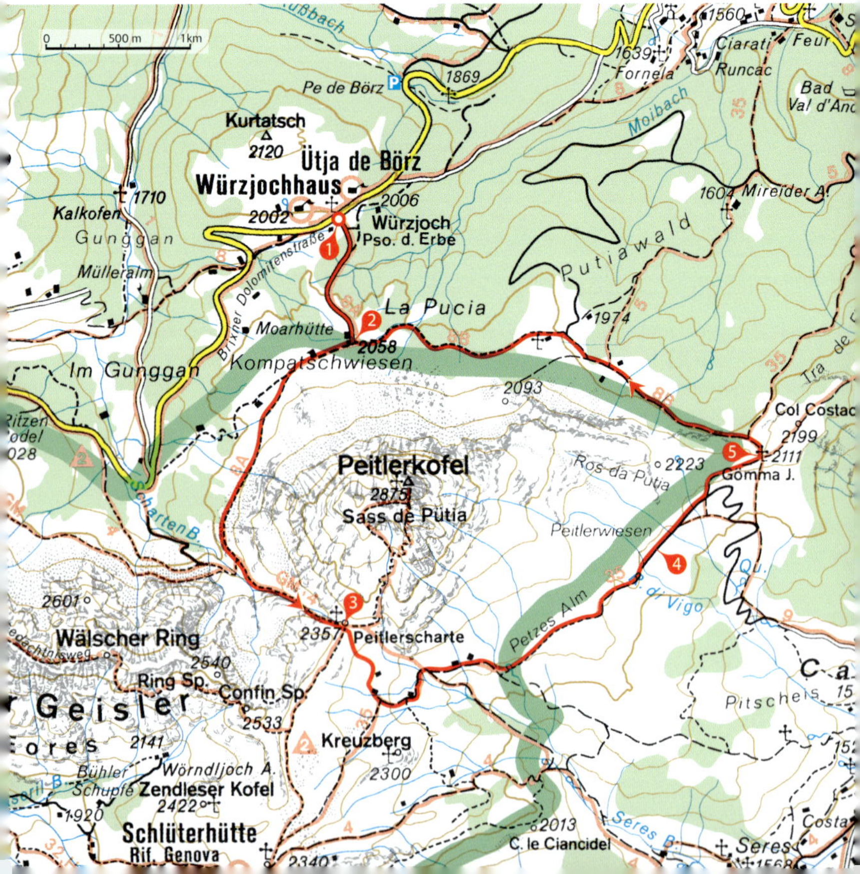

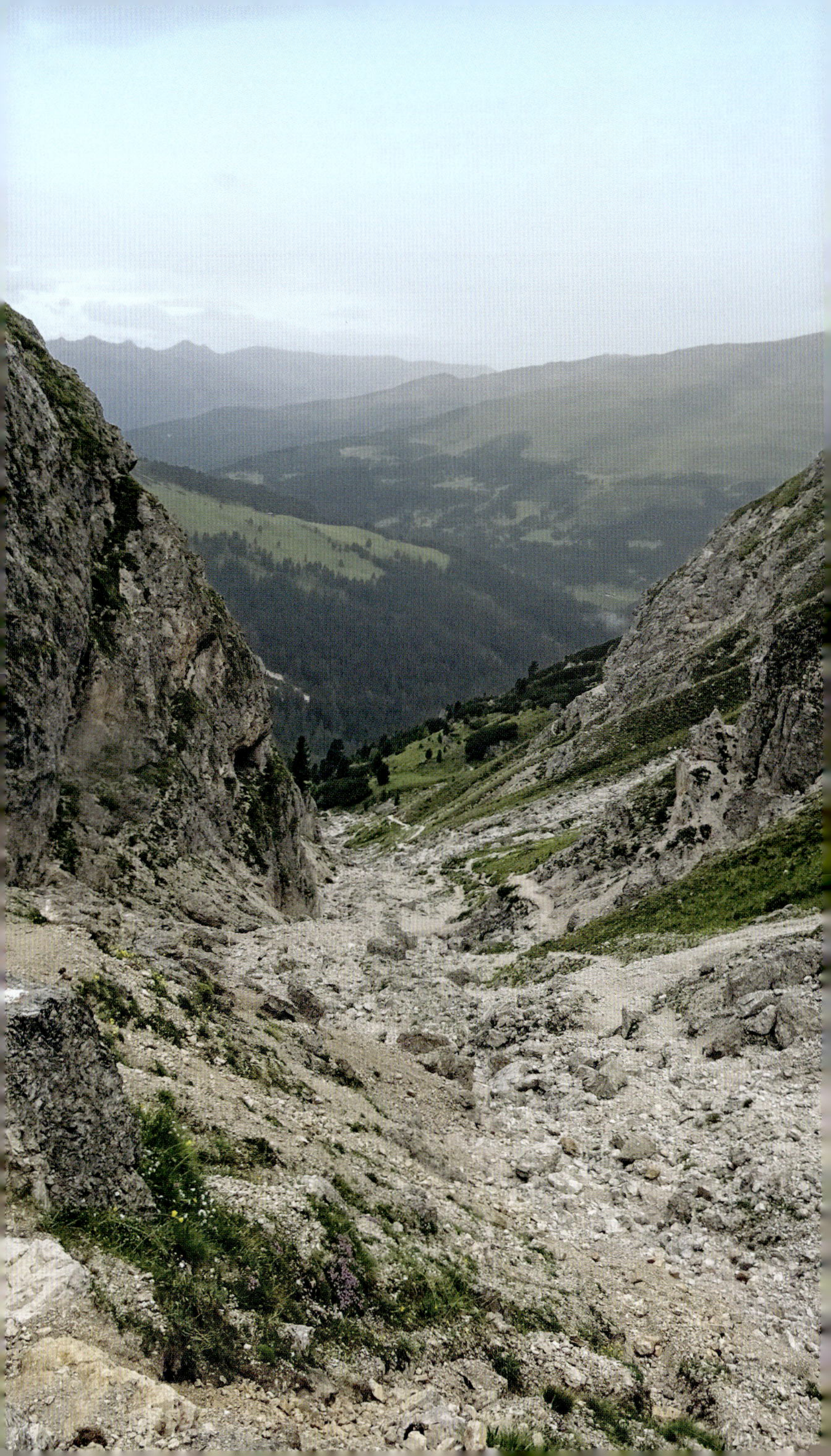

47 Rodenecker und Lüsner Alm, 1915 m

Von Zumis zur Rastnerhütte

3.30 Std. | 11,8 km | ↗ 340 m | ↘ 340 m

Aussichtsreiche Wanderung in den Lüsner Bergen

Die Rodenecker Alm ist gemeinsam mit der Lüsner Alm eines der größten Hochplateaus Europas. Ihre Landschaft ist geprägt von lieblichen Almwiesen, artenreichen Hochmooren und lichten Lärchenwäldern. Beim Wandern über die sanfte Hügellandschaft hat man ein atemberaubendes Panorama von den Dolomiten im Osten und Süden über die Sarntaler Alpen im Westen bis hin zu den Pfunderer Bergen im Norden.

Talort: Rodeneck (885 m); Fremdenverkehrsverein Rodeneck, Fraktion Vill 3/a, I-39037 Rodeneck, Tel. +39 0472 454044, rodeneck.info.
Ausgangspunkt: Parkplatz Zumis oberhalb von Lüsen, 1725 m (GPS: 46.774914, 11.727305).
Anfahrt: Im Pustertal von der SS49 nach Mühlbach abbiegen und im Zentrum Richtung Rodeneck fahren; nach 2,5 km links Richtung Nauders abbiegen und kurz nach dem Ortsausgang Nauders abermals links Richtung »P Zumis« (brauner Wegweiser) fahren.
Öffentliche Verkehrsmittel: Bus von Mühlbach bis »Rodenecker Alm, Zumis«.
Anforderungen Mensch: Einfache Wanderung auf überwiegend problemlos begehbaren Wegen, dennoch sind stellenweise etwas Trittsicherheit und auf dem Rückweg etwas Orientierungssinn und Aufmerksamkeit erforderlich.
Anforderungen Hund: Weidevieh (je nach Jahreszeit Kühe im gesamten Bereich der Wanderung).
Wasserstellen: Bäche und Viehtränken, dennoch zur Sicherheit etwas Wasser mitnehmen.
Einkehr: Roner Alm, (www.roneralm.com), Tel. +39 0472 546016.
Karte: Tabacco 030, Brixen – Villnössertal, 1:25.000.

Durch Krüppelkiefern und Moorlandschaft geht es zur Rastnerhütte.

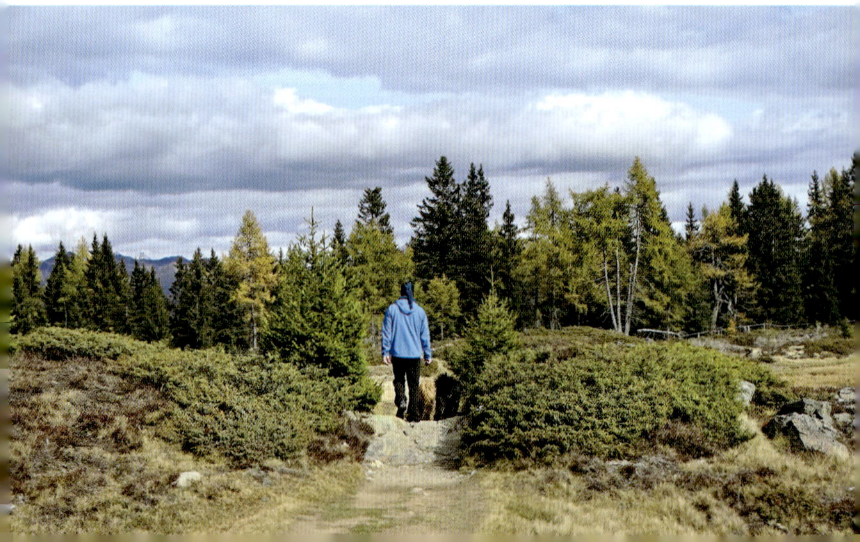

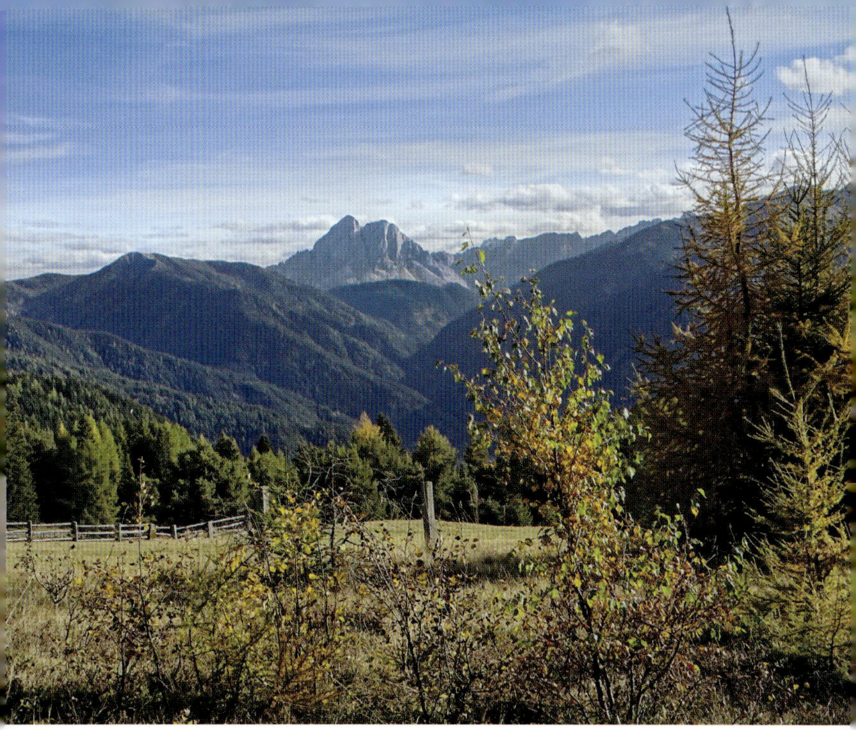

Blick zum markanten Peitlerkofel.

Neben der Einfahrt zum **Parkplatz** ❶ befindet sich ein Gebäude mit mehreren Garagentoren. Vor dem Gebäude führt uns eine Forststraße, markiert mit der Nr. 4, leicht bergan. Wenig später zweigt unser Weg Nr. 4, der Confinweg, links in den Wald ab. Wir folgen diesem und gelangen nach etwa einer Dreiviertelstunde zur **Roner Alm** ❷. Hinter der Einfahrt zur Hütte beginnt neben einem Wegweiser der mit der Nr. 2 markierte Pfad Richtung Pianer Kreuz. Wir folgen diesem Weg bergan über eine Almwiese mit lichtem Lärchenbestand und erreichen zwanzig Minuten später ein kleines Kirchlein, die **Kapelle Pianer Kreuz** ❸. Es wurde im Jahre 2002 errichtet, und den Grundstein segnete kein Geringerer als der damalige Joseph Ratzinger, der später als Papst Benedikt XVI. in den Vatikan einzog. Kurz nach dem Pianer Kreuz zweigt ein schmaler Pfad nach links vom Fahrweg ab. Wir folgen diesem Richtung Rastnerhütte. Über Alm- und Sumpfwiesen, vorbei am Hochmoor »Schaufelmoos« bringt uns der Weg zu unserem nächsten Ziel, der wunderschön ge-

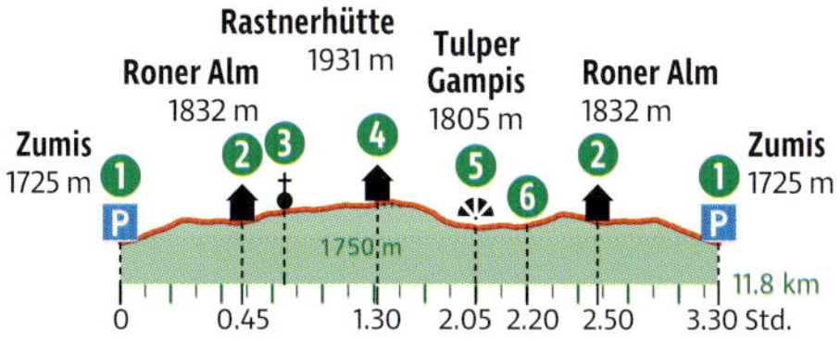

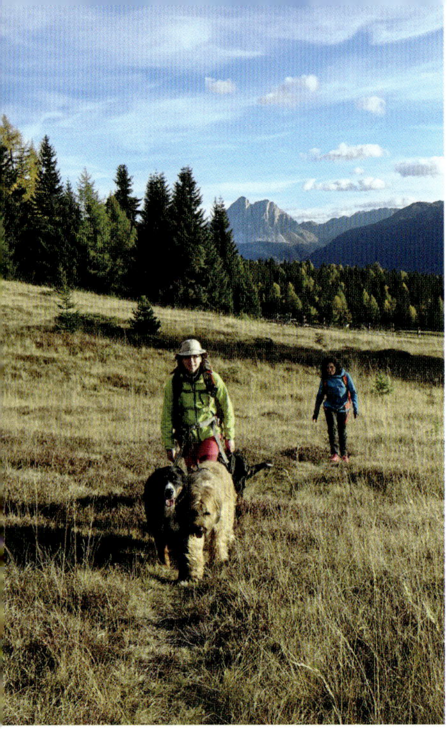

Wandergruppe mit Hunden auf der Lüsner Alm.

legenen **Rastnerhütte** ❹. Hier kann man sich mit hausgemachten Südtiroler Speisen verwöhnen lassen und von der Sonnenterrasse neben der Hütte den herrlichen Blick zu den Pfunderer Bergen genießen. Der Weg führt nun weiter in südlicher Richtung. Am nächsten Abzweig halten wir uns rechts und stoßen wenig später auf einen breiten, mit der Nr. 2 markierten Fahrweg. Hier gehen wir nach rechts weiter. Nach einem halben Kilometer, direkt an einer hölzernen Hütte, führt uns nun der mit der Nr. 3 markierte Weg Richtung Herol halb links weiter. Wir wandern auf einem bequemen Weg abwärts. Links erhebt sich am Horizont der markante Kalksteingipfel des Peitlerkofels über den dunklen Nadelwäldern. Vorbei an einem kleinen Wegkreuz kommen wir schließlich zum **Tulper Gampis** ❺, einem Wegweiser mit dahinterliegendem Aussichtspunkt hoch über einem gi-

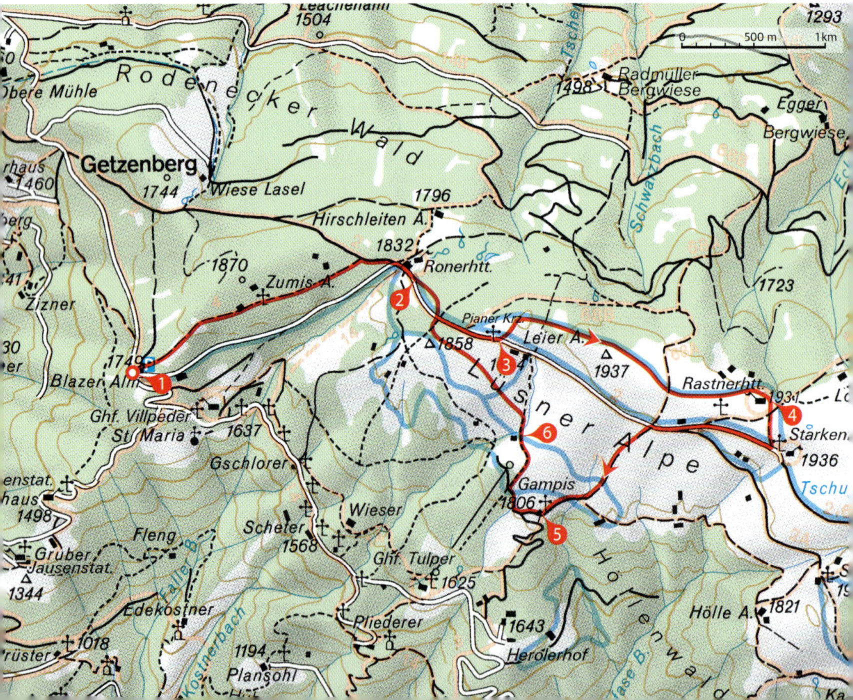

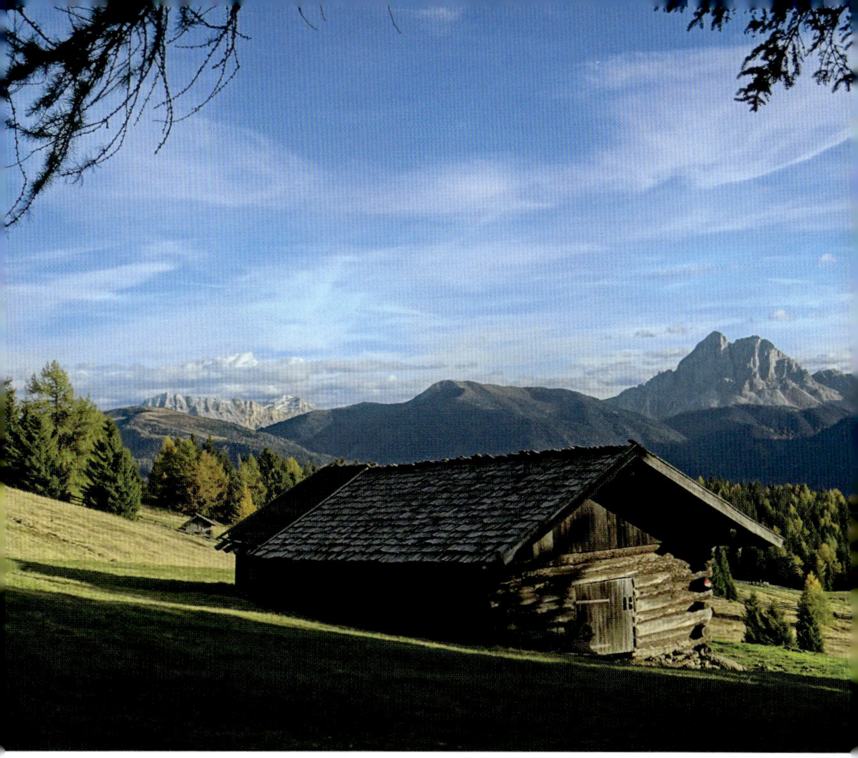

Blick über die Lüsner Alm zum Heiligkreuzkofel und Peitlerkofel.

gantischen Abgrund. Achtung, die Kante ist nicht gesichert! Es besteht Absturzgefahr! Hier verlassen wir auch den Weg Nr. 3 und wandern nun auf dem Weg Nr. 3A Richtung Zumis weiter. Etwa 120 Meter weiter, am Winter-Parkplatz Tulper-Gampis, führt uns die Nr. 3A nun halb rechts auf einem Almfahrweg aufwärts. Nach zehn Minuten erreichen wir die unbewirtschaftete **Plansoler Alm ❻**. Hier endet der Fahrweg, und von nun an ist etwas Aufmerksamkeit erforderlich, um den kaum sichtbaren, jedoch markierten Wanderweg nicht zu verfehlen. Er führt vor der Almhütte nach rechts und über die Wiese aufwärts, bis uns ein Durchgang neben einem Tor auf die andere Seite des Zaunes leitet. Nun geht es auf einem kaum erkennbaren Wiesenpfad in nördliche Richtung. Am gegenüberliegenden Zaun ist bereits die rot-weiße Markierung des Durchganges zu sehen. Am Ende der nächsten Wiese dient ein Pfahl mit weiß-roter Markierung der besseren Orientierung. An verstreuten Almhütten vorbei, gelangen wir schließlich an den Waldrand. Hier sollte man sich einen letzten Blick zurück zu den bleichen Wänden des Heiligkreuzkofels und dem markanten Peitlerkofel nicht entgehen lassen. Jetzt befinden wir uns auch wieder auf einem gut erkennbaren Weg und stoßen kurz darauf auf einen Fahrweg. Diesen gehen wir nach links weiter. Durch lichten Lärchenwald gelangen wir nach fünf Minuten an den Abzweig zum Pianer Kreuz. Von nun an geht es vorbei an der **Roner Alm ❷** auf bekanntem Weg zurück zum **Parkplatz Zumis ❶**.

48 Kofler am Kofl, 1487 m

Über Platten zum Gasthaus Kofler am Kofl

4.30 Std. | 10,7 km | ↗ 650 m | ↘ 650 m

Genießertour an den Sonnenhängen des Pustertales

Duftende Wiesen, steile Bergwälder und urige Bauernhäuser prägen das Bild dieser kurzweiligen Rundwanderung oberhalb des sonnenverwöhnten Ortes Pfalzen, und die aussichtsreiche Lage an den sonnigen Hängen hoch über dem Pustertal lässt eine Einkehr im gemütlichen Berggasthof »Kofler am Kofl« nicht nur zum kulinarischen Erlebnis werden. Die Wanderung eignet sich auch hervorragend, wenn die Wetterverhältnisse keine Bergtouren in höher gelegene Regionen zulassen.

Talort: Pfalzen (1022 m); Bruneck Kronplatz Tourismus – Informationsbüro Pfalzen, Rathausplatz 1, 39030 Pfalzen, Tel. +39 0474 538833, gemeinde.pfalzen.bz.it/de/Bruneck_Kronplatz_Tourismus.
Ausgangspunkt: Parkplatz am Schulhausplatz, 1022 m (GPS: 46.8126006, 11.8798208).
Anfahrt: In Kiens von der Pustertalstraße (E66) Richtung Pfalzen abbiegen und in Pfalzen nach links Richtung Platten fahren (Brauner Wegweiser). Dem Straßenverlauf bis zum Schulhausplatz folgen und dort nach links Richtung Parkplatz fahren. Der Parkplatz befindet sich abermals auf der linken Straßenseite.
Öffentliche Verkehrsmittel: Bus von Bruneck nach Pfalzen oder nach Vintl bis Pfalzen, Rathaus. Von dort der Straße bergan bis zum Schulhausplatz folgen.
Anforderungen Mensch: Überwiegend bequeme Wege und Pfade, recht steiler Anstieg nach Platten, im Abstieg vom Gasthaus Kofler nach Pfalzen stellenweise etwas Trittsicherheit erforderlich.
Anforderungen Hund: Keine.
Wasserstellen: Einige Bäche zwischen Pfalzen und Platten und am Koflsteig zum Gasthaus Kofler, dennoch etwas Wasser mitnehmen.
Einkehr: Kofler am Kofl (facebook.com/people/Gasthaus-Kofler-am-Kofl/100063471282122/), Tel. +39 0474 528161.
Karte: Tabacco-Karte 033, Pustertal/Val Pusteria, 1:25.000.

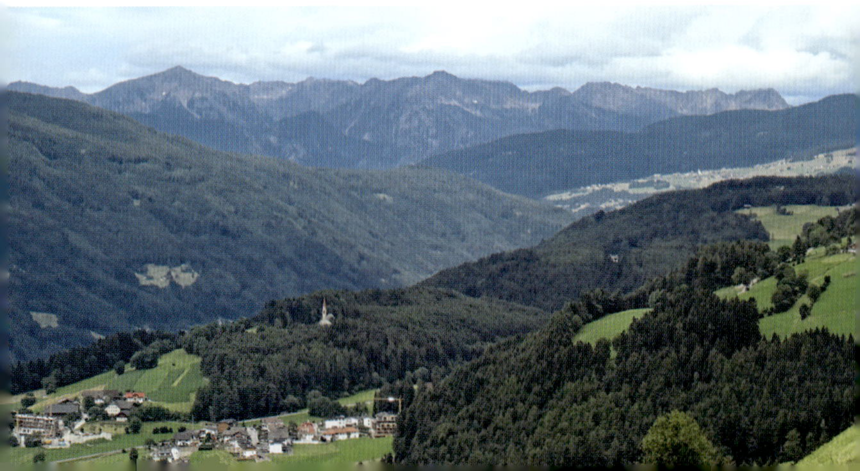

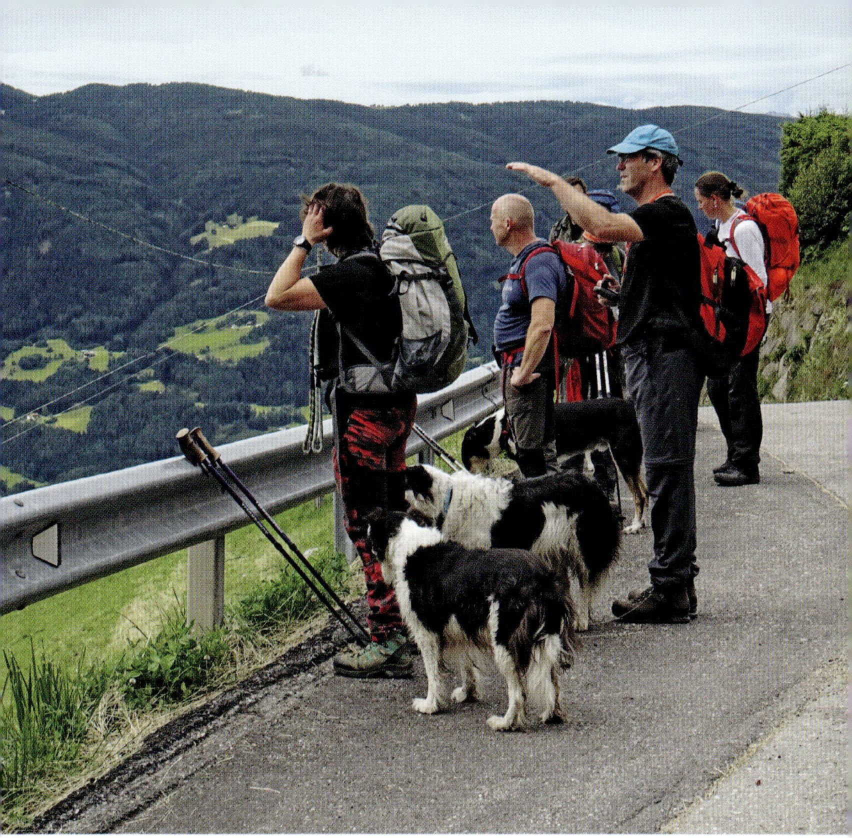

Oben: Für die Wandergruppe gibt es viel zu entdecken.
Links: Blick über Pfalzen zum Pustertal.

Am **Schulhausplatz** ❶ wandern wir zunächst auf der Sichelburgstraße den Berg hinauf. Wir folgen immer dem Verlauf dieser Straße, bis nach etwa 800 Metern der Kirchweg nach links abzweigt. Hier gehen wir links und entdecken auch sogleich einen hölzernen Wanderwegweiser. Von nun an leitet uns die Markierung Nr. 19 Richtung Platten. Der Wanderweg führt uns schon bald aus dem Ort heraus und folgt dabei dem ersten Teil eines liebevoll angelegten Kreuzweges. An einer größeren Kreuzung mit Wegweiser halten wir uns weiter an den Weg 19 nach Platten. Wir wandern stetig durch den Wald aufwärts, bis wir diesen schließlich an einer Wiese verlassen und sich uns ein wunderschöner Blick

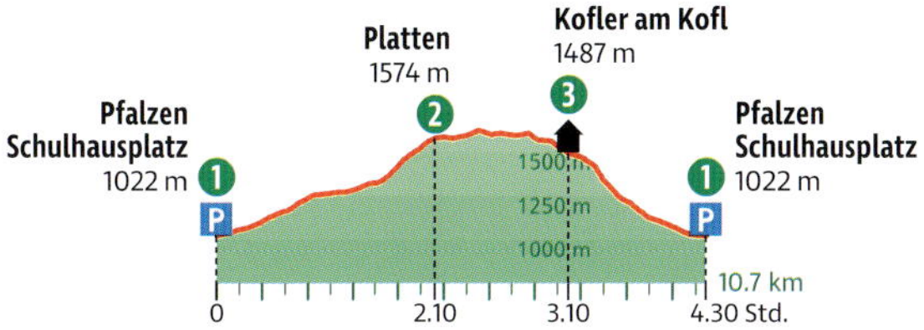

Altes Bauernhaus im Bergweiler Platten.

über das Tal bietet. Wenig später stoßen wir auf den Weg Nr. 19A, der von Mühlen heraufkommt. In diesen biegen wir scharf rechts ein Richtung Platten. Schon bald geht es steil aufwärts, und nach etwa 50 Minuten gelangen wir in den Bergweiler **Platten ❷**. Auf der schmalen Straße durchqueren wir das Dorf, das aus wenigen, weit verstreut an den sonnigen Berghängen gelegenen Höfen besteht. Unser Blick reicht über das in einer weiten Senke gelegene Bruneck hinüber zum Kronplatz und zu den felsigen Riesen der Dolomiten. Am Ende des kleinen Weilers mit seinen historischen Höfen endet die schmale Teerstraße. Hier halten wir uns links, gehen den Berg hinauf und anschließend nach rechts weiter. Oberhalb der Höfe gelangen wir in den Wald hinein, wo der mit der Nr. 18A markierte Koflersteig als schmaler Pfad halb links von der Forststraße abzweigt. Dieser bringt uns durch an den steilen, bewaldeten Hängen entlang bis zum Berggasthof **Kofler am Kofl ❸**, dessen exponierte Lage eine einmalige Aussicht auf die Dolomiten garantiert. Auf der sonnenverwöhnten Terrasse kann man es sich bei leckeren, regionalen Köstlichkeiten gut gehen lassen. Unser mit der Nummer 17 markierter Rückweg führt uns oberhalb des Gasthauses an der kleinen Kapelle vorbei in westliche Richtung. Wir überqueren die Wiese und wandern in den Wald hinein. Wenig später neigt sich der Weg nach links und führt nun bisweilen recht steil abwärts, bis wir am Ortsrand von Pfalzen auf die Kofler Straße stoßen. Diese wandern wir nach rechts weiter und biegen am nächsten Abzweig nach links in den Erlenweg ein. Der Weg Nr. 17 führt uns nun am Ortsrand von Pfalzen weiter bergab bis zur Kirche. Oberhalb der Kirche halten wir uns halb rechts und folgen dem Schulweg zurück zum **Schulhausplatz ❶**.

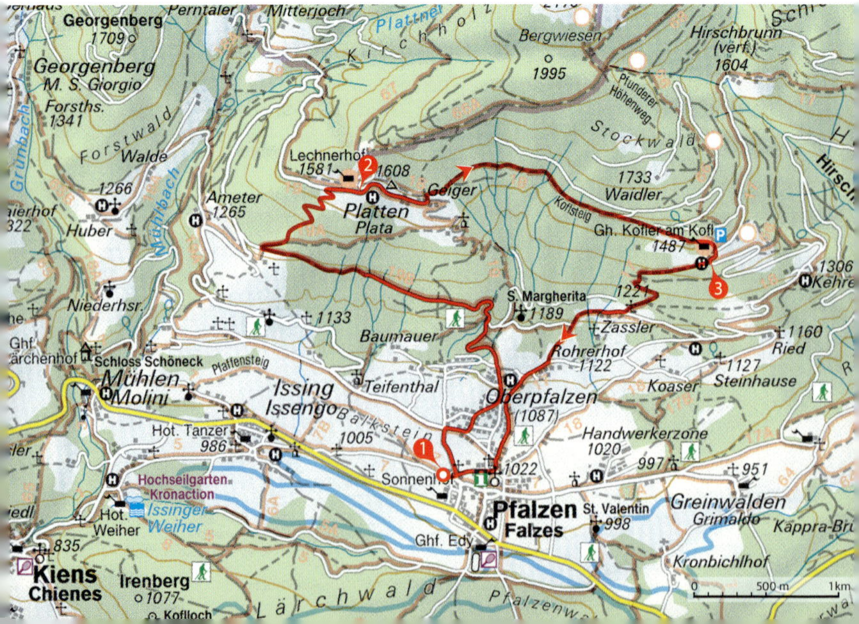

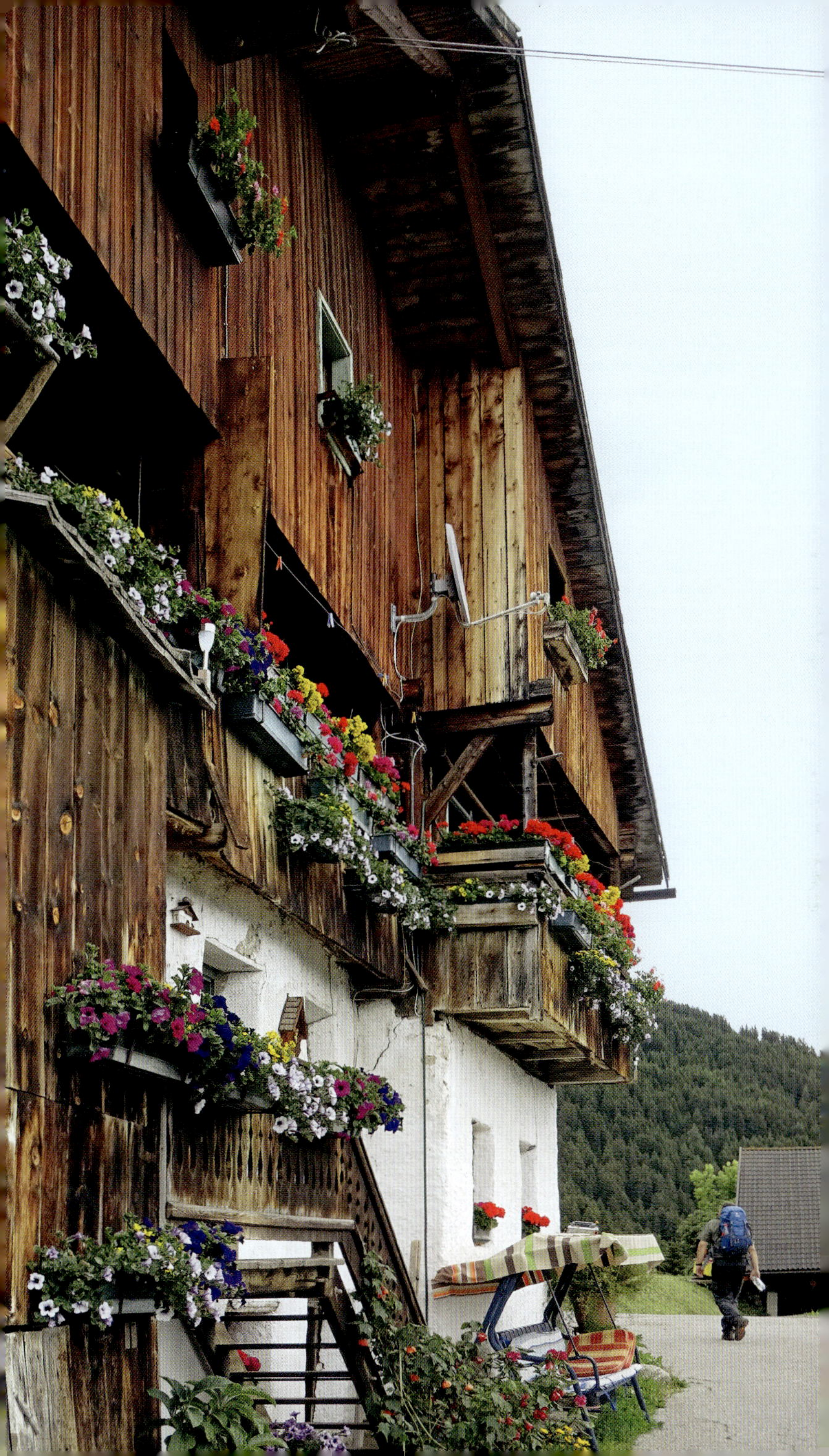

49

Bramstaller, 2559 m

Vom Mühlbachtal auf den Schafkopf

5.30 Std. | 11,6 km | ↗ 990 m | ↘ 990 m

Traumtour für Sportliche

Die Bergtour auf den Schafkopf, wie der Bramstaller auch genannt wird, lässt bei konditionsstarken und bergbegeisterten Wanderern keine Wünsche offen. Blühende Wiesen, rauschende Gebirgsbäche, steile, felsige Pfade und ein einsamer Gipfel mit grandiosem Panorama machen diese anspruchsvolle Runde zu einem unvergesslichen Erlebnis.

Talort: Gais (840 m); Bruneck Kronplatz Tourismus – Informationsbüro Gais, Ulrich-von-Taufers-Staße (Gais) 5, 39030 Gais, Tel. +39 0474 539420, gais.eu/de/Bruneck_Kronplatz_Tourismus.
Ausgangspunkt: Mühlbachtal, Wanderparkplatz am Stausee, 1620 m (GPS: 46.8537333, 12.0052739).
Anfahrt: Bei Bruneck im Pustertal immer Richtung »Ahrntal« (brauner Wegweiser) fahren. In Uttenheim rechts nach Mühlbach abbiegen und dem Straßenverlauf für 8,7 Kilometer folgen. Kurz nach der Kehre, die sich nach dem Ortsausgang Mühlbach befindet, zweigt nach links die kleine Zufahrtsstraße zum »Mühlbacher Badl« und dem Parkplatz ab.
Öffentliche Verkehrsmittel: Keine.
Anforderungen Mensch: Steiler, steiniger Aufstieg zur Winterstallscharte, Kondition und Trittsicherheit nötig.
Anforderungen Hund: Wenig Schatten, Kühe im gesamten Bereich der Wanderung.
Wasserstellen: Trinkgelegenheit nur im Mühlbachtal und im Abstieg vom Bramstaller, daher ausreichend Wasser mitnehmen!
Einkehr: Mühlbacher Badl am Anfang und Ende der Tour (badl.it), Tel. +39 0474 50510; Huberalm am Anfang der Tour; unterwegs keine Einkehrmöglichkeit, ausreichend Proviant mitnehmen!
Karte: Tabacco 033, Pustertal/Val Pusteria, 1:25.000.

Grandioses Bergpanorama.

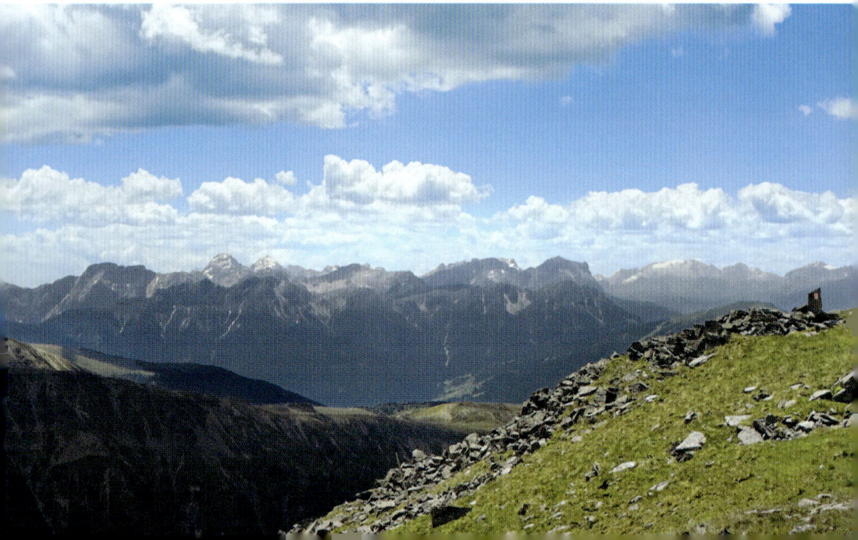

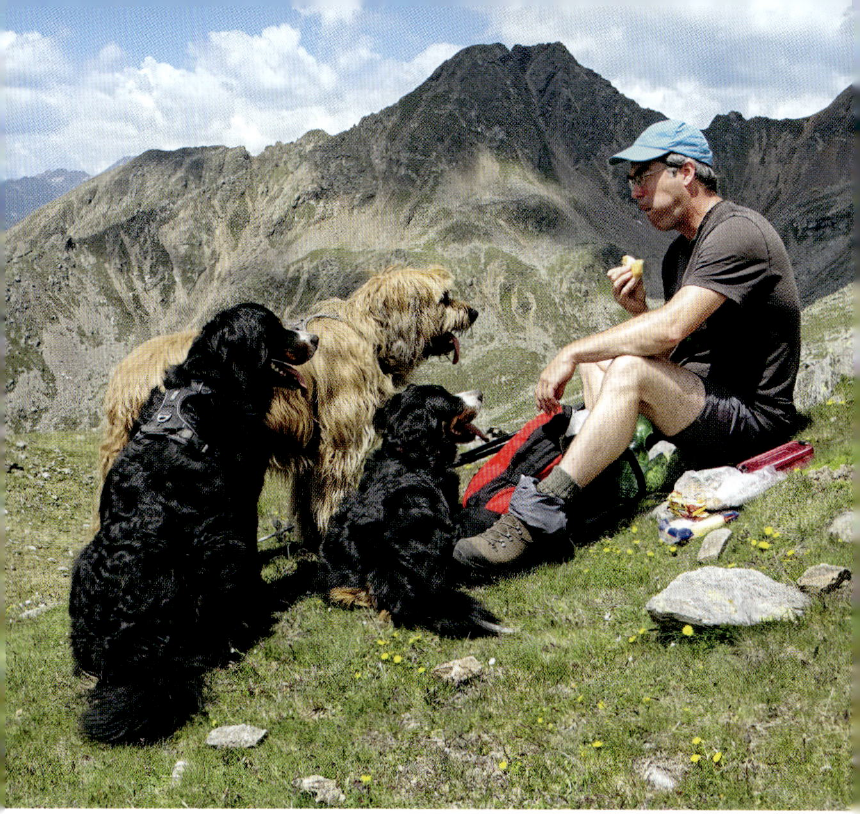

Einsame Gipfelrast am Bramstaller.

Am **Stausee ❶** im Mühlbachtal wandern wir auf dem mit der Nummer 2 markierten Forstweg weiter taleinwärts und passieren nach etwa einem Kilometer das **Mühlbacher Badl ❷**. Dank seiner Quelle, die bereits im 19. Jahrhundert für ihre Heilkraft bekannt war, ist es das höchstgelegene Bad des Pustertales. Der Weg Nr. 2 bringt uns immer tiefer in den imposanten Naturpark Rieserferner-Ahrn, und nach weiteren 50 Minuten erreichen wir die urige **Huberalm ❸**. Die kleine Holzhütte vor traumhafter Bergkulisse lädt zu einer kleinen Stärkung mit hausgemachten Köstlichkeiten ein. Der Forstweg führt uns nun stetig bergan und endet schließlich an der unbewirtschafteten **Oberwangeralm ❹**. Hier wechseln wir auf den Weg mit der Nummer 6A, der nach links durch

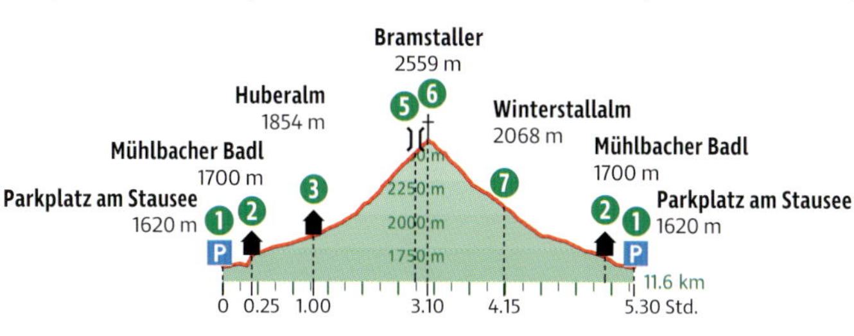

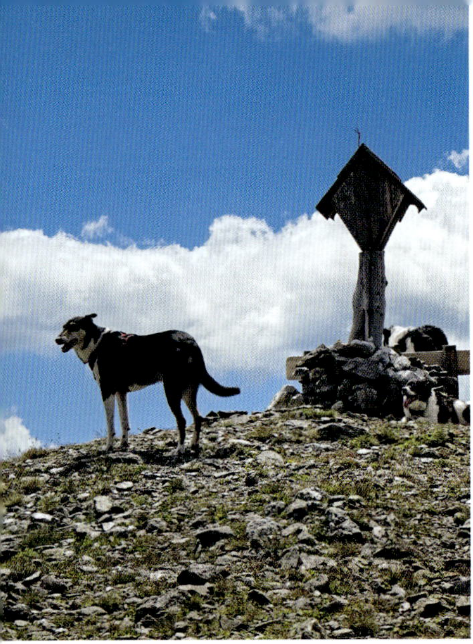

Links: Ein kleines Kruzifix ziert den Gipfel.
Rechts: Auch der Abstieg lockt mit wunderschönen Ausblicken.

den lichten Bergwald und Almrosen steil aufwärtsführt. Schließlich lassen wir die Baumgrenze hinter uns und steigen auf dem steilen, teils felsigen Pfad hinauf zur **Winterstallscharte ❺**. Nun sind es nur noch etwa zehn Minuten bis zum Gipfel des **Bramstallers ❻**. Am kleinen Gipfelkreuz lädt eine Bank zum Rasten und genießen ein. Der Blick schweift über die imposanten Dreitausender der Rieserferner-Gruppe zur einen, und über das Pustertal mit der Stadt Bruneck hinüber zu den Dolomiten zur anderen Seite. Wir überschreiten den Gipfel, folgen dem aussichtsreichen Weg auf einem Grasrücken abwärts und steigen bald recht steil zur unbewirtschafteten **Winterstallalm ❼** ab. Hier überqueren wir den Bach und folgen dem Weg Nr. 6 weiter talwärts, bis wir schließlich wieder das **Mühlbacher Badl ❷** erreichen. Von hier geht es auf bekanntem Weg zurück zum Parkplatz am **Stausee ❶**.

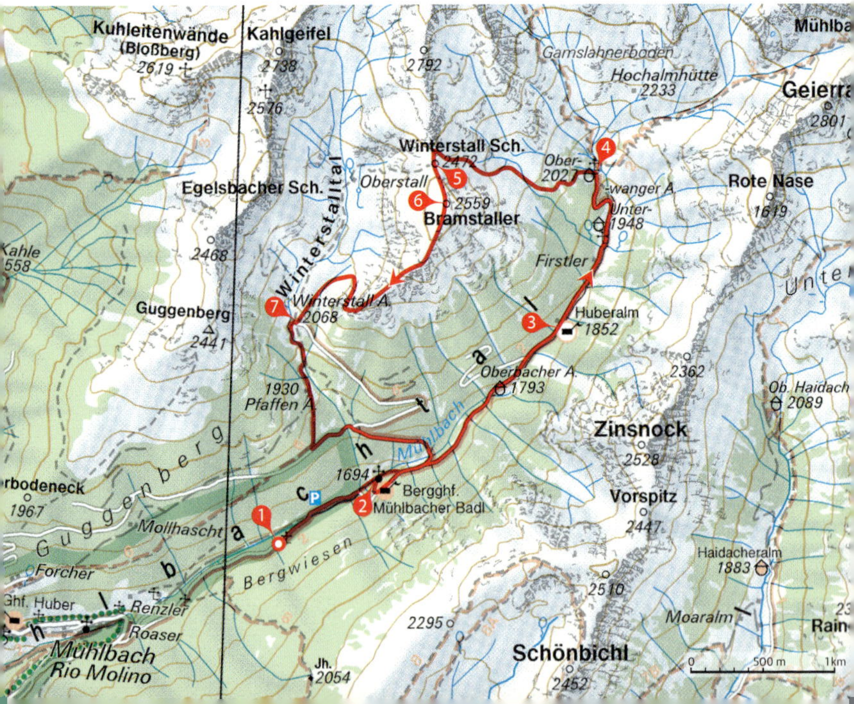

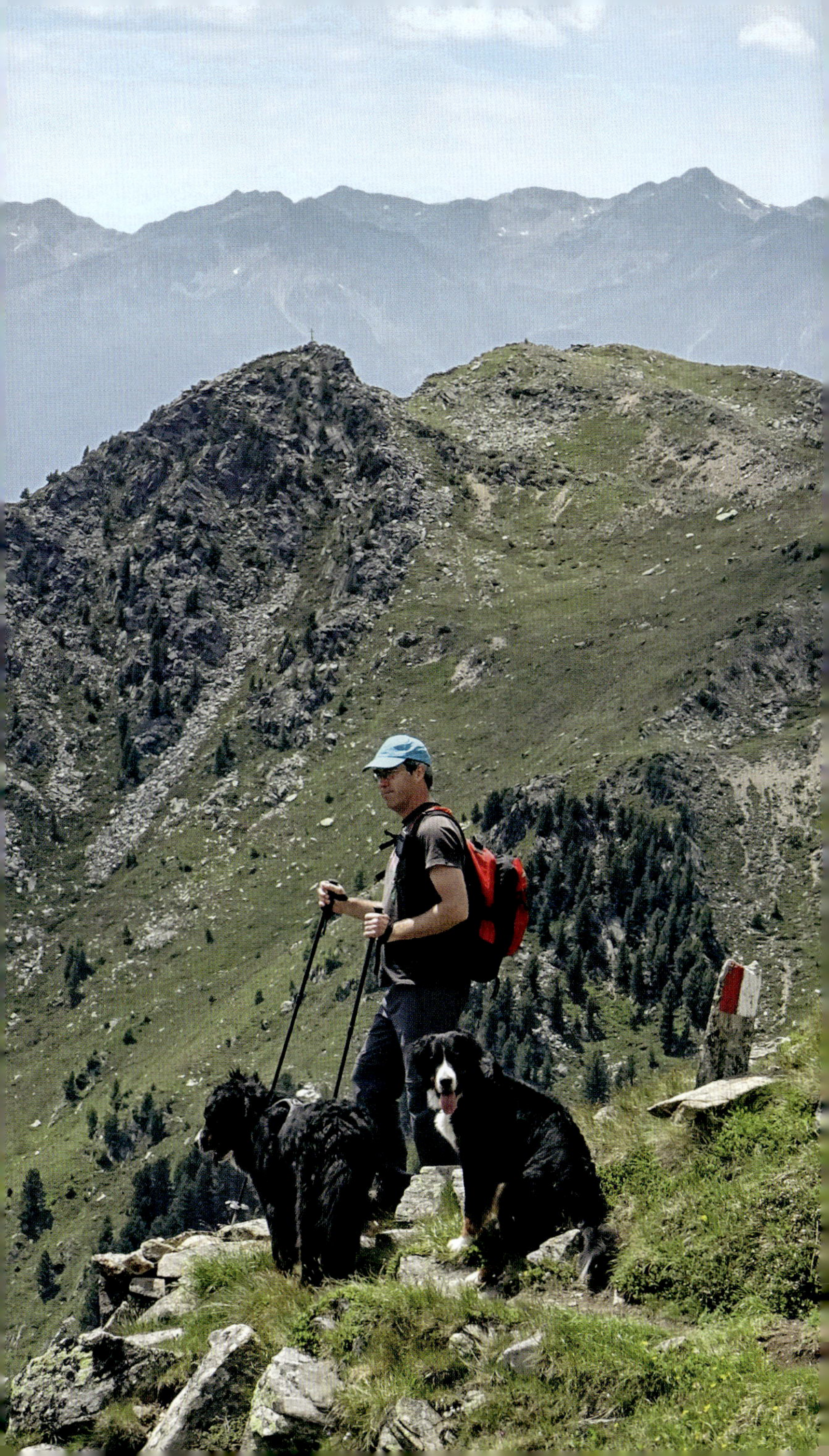

50

Eggespitz, 2187 m

Von Zösen auf den Eggespitz

3.45 Std. | 9,2 km | ↗ 530 m | ↘ 530 m

Gletscherpanorama hoch über dem Mühlwalder Tal

Der Eggespitz ist ein sehr schöner, vom steilen Aufstieg abgesehen, leicht zu erreichender Aussichtsberg im hinteren Mühlwalder Tal. Bereits auf dem Weg hinauf zum wunderschönen hölzernen Gipfelkreuz bieten sich immer wieder spektakuläre Ausblicke hinüber auf den vergletscherten Kamm der Zillertaler Alpen mit den imposanten Dreitausendern wie Hoher Weißzint, Großer Möseler und Turnerkamp.

Talort: Lappach (1400 m); Tourismusverein Mühlwald – Lappach, Dorf 18/a, I-39030 Mühlwald (BZ), Tel. +39 0474 653220, muehlwald.com.

Ausgangspunkt: Parkplatz unterhalb der Bergmeister Alm, 1662 m (GPS: 46.919751, 11.782131).

Anfahrt: Bei Bruneck im Pustertal immer Richtung »Ahrntal« (brauner Wegweiser) fahren. Nach Mühlen in Taufers links Richtung »Lappach« abbiegen und dem Straßenverlauf für etwa 15 Kilometer folgen. Nach Oberlappach befindet sich ein Parkplatz, hier geradeaus Richtung »Zösenberg« fahren. Nun auf schmalem Teerweg 1,5 Kilometer bis zur Bergmeister Alm fahren. Nach dem Kuhgitter halb links abbiegen (Wanderweg Nr. 20 und 20A). Im Bereich vor und nach der kleinen Holzbrücke befinden sich mehrere Parkmöglichkeiten.
Alternativ kann man auch schon am Abzweig Nevesstausee parken und die Teerstraße zur Bergmeisteralm laufen. Das verlängert die Tour um etwa 3 Kilometer und ½ bis ¾ Stunde.

Öffentliche Verkehrsmittel: Bus von Sand in Taufers bis Lappach »Rinsbacher« und dann zu Fuß auf der Straße zur Bergmeister Alm (Wanderung verlängert sich um ca. 5 Kilometer).

Anforderungen Mensch: Sehr steiler Aufstieg zum Eggespitz, Abstieg auf überwiegend bequemen Wegen.

Anforderungen Hund: Im Gipfelbereich wenig Schatten, Weidevieh (je nach Jahreszeit Kühe im gesamten Bereich der Wanderung).

Wasserstellen: Keine Trinkgelegenheit für Hunde während des Aufstieges, daher ausreichend Wasser mitnehmen! Im Abstieg immer wieder Bäche und Viehtränken.

Einkehr: Bergmeister Alm, Tel. +39 340 5304038; Mair-am-Tinkhof-Alm (mairamtinkhof.eu), Tel. +39 0474 653195.

Karte: Tabacco 036, Sand in Taufers, 1:25.000.

Unser Parkplatz unterhalb der Bergmeister Alm an der kleinen Holzbrücke über den **Zösenbach ❶** befindet sich bereits auf dem Wanderweg Nr. 20, dem wir zunächst am Wasser entlang talauswärts folgen und der uns bald stetig bergan führt. Nach etwa einer halben Stunde verlassen wir den Forstweg und nehmen den schmalen Steig nach rechts hinauf in den Wald. Am Wegweiser ist unser Ziel, der Eggespitz, bereits angeschrieben. In Kehren führt uns der Weg Nr. 20 den steilen Hang hinauf. Ab und an geben Lücken zwischen den Bäumen den Blick auf die umliegenden Berge frei. Schließlich treten wir aus dem Wald heraus, und das grandiose Bergpanorama, das uns umgibt, entschädigt für die Mühen

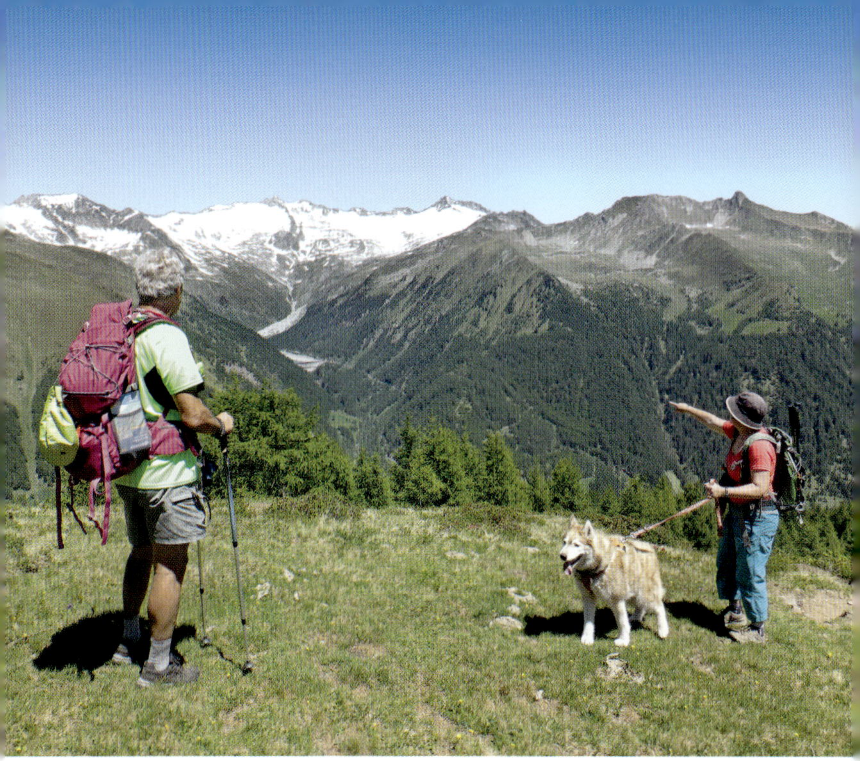

Aussicht auf den vergletscherten Kamm der Zillertaler Alpen.

des schweißtreibenden Aufstieges. Auf einem mit Alpenrosen bewachsenen Bergrücken schlängelt sich unser Pfad nun weiter aufwärts, bis wir schließlich den Wiesengipfel des **Eggespitz** ❷ mit dem geschnitzten hölzernen Gipfelkreuz erreichen. Das fantastische Panorama lädt zum Verweilen und Genießen ein. Vom Gipfel aus wandern wir weiter auf dem Weg Nr. 20A in westlicher Richtung. Der Pfad führt uns hinunter in eine Senke, wo wir auf einen Fahrweg stoßen. Vorbei am Feuchtbiotop **Flemmoos** ❸, einem geschützten Hochmoor, geht es nun auf bequemem Wege weiter abwärts. Durch lichte Lärchenwälder und über Almwiesen kommen wir nach einer knappen Stunde an die urige **Mair-am-Tinkhof-Alm** ❹, die mit typischen Südtiroler Spezialitäten zum Rasten einlädt. Von hier ist es nun nicht mehr weit. In einer Viertelstunde bringt uns der Almfahrweg zur ebenfalls bewirtschafteten **Bergmeister Alm** ❺, unterhalb derer sich unser **Ausgangspunkt** ❶ befindet.

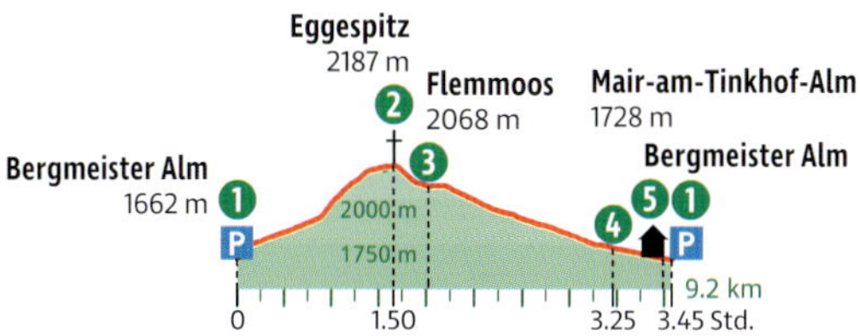

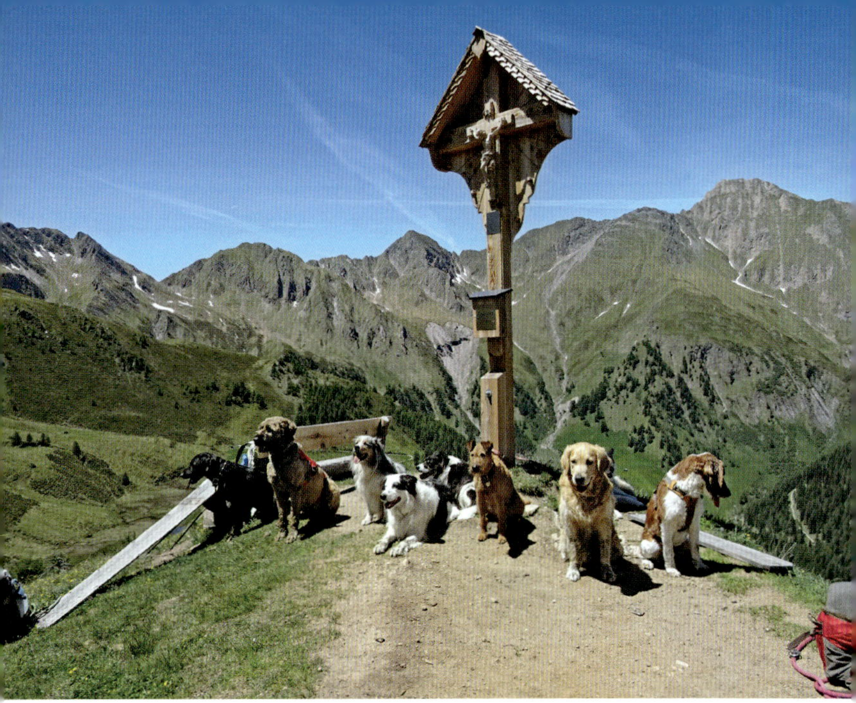

Der Eggespitz ist ein wunderschöner Aussichtsberg.

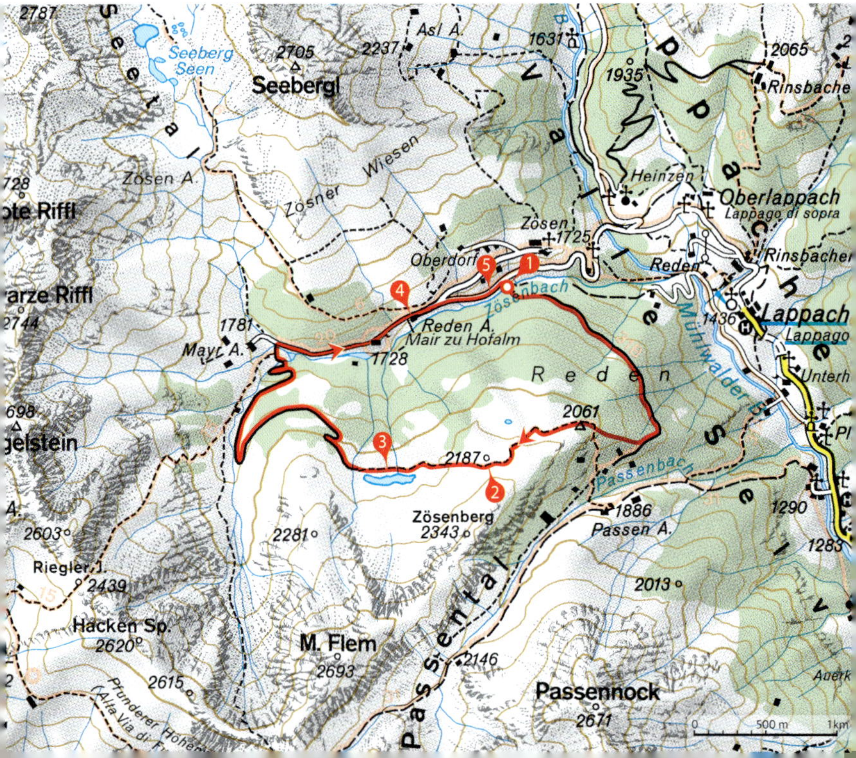

Chemnitzer Hütte, 2420 m, von Westen

Vom Nevesstausee auf die Chemnitzer Hütte

51

3.15 Std. | 8,4 km | ↗ 560 m | ↘ 560 m

Aussichtsreiche Wanderung zum Nevesjoch

Bereits im Jahre 1880 haben Bergkameraden der Alpenvereins-Sektion Taufers am 2420 Meter hoch gelegenen Nevesjoch eine erste kleine Bergsteigerunterkunft errichtet. Später wurde die Nevesjochhütte dann an die Sektion Chemnitz verkauft, welche neben der alten Hütte ein neues, größeres Schutzhaus baute – die Chemnitzer Hütte. Von Juni bis Oktober werden Übernachtungs- und Tagesgäste hier mit Spezialitäten aus der Region verwöhnt, und auf Anfrage kann man sogar mit Hund auf der Hütte nächtigen.

Talort: Lappach (1400 m); Tourismusverein Mühlwald – Lappach, Dorf 18/a, I-39030 Mühlwald (BZ), Tel. +39 0474 653220, muehlwald.com.
Ausgangspunkt: Parkplatz am Nevesstausee, 1860 m (GPS: 46.945505, 11.786132).
Anfahrt: Bei Bruneck im Pustertal immer Richtung »Ahrntal« (brauner Wegweiser) fahren. Nach Mühlen in Taufers links Richtung »Lappach« abbiegen und dem Straßenverlauf für etwa 15 Kilometer folgen. Nach Oberlappach weiter Richtung »Nevesstausee« fahren und der schmalen, teilweise sehr steilen Straße bis zum Ende folgen.
Öffentliche Verkehrsmittel: Keine.
Anforderungen Mensch: Steiniger Pfad durch den Wald, teilweise recht steil, Kondition und Trittsicherheit nötig.
Anforderungen Hund: Weidevieh (Kühe auf den Almflächen zwischen Waldgrenze und Chemnitzer Hütte); wenig Schatten.
Wasserstellen: Bach oberhalb der unbewirtschafteten Alm sowie im Abstieg den Almfahrweg kreuzend, außerdem Trinkgelegenheit für Hunde an der Chemnitzer Hütte.
Einkehr: Untermaurer Alm, Tel. +39 349 6919981; Chemnitzer Hütte (chemnitzerhuette.com), Tel. +39 335 6898111.
Karte: Tabacco 036, Sand in Taufers, 1:25.000.

Der Weg führt über die unbewirtschaftete Obere Nevesalm.

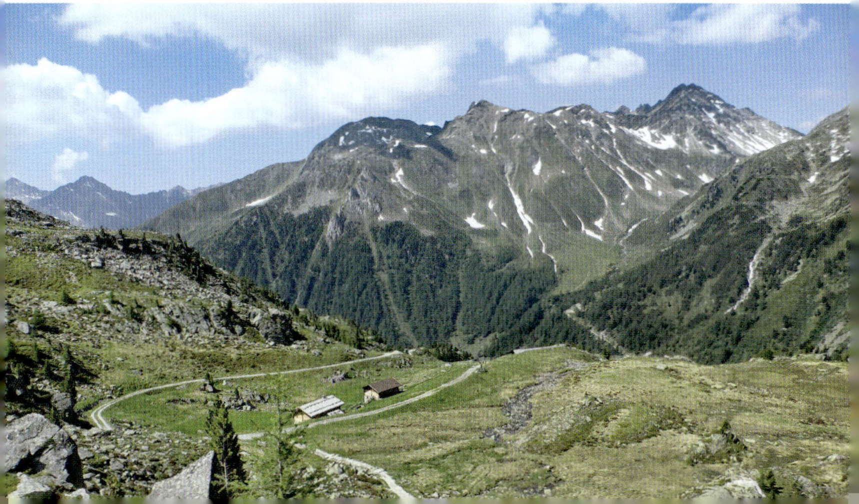

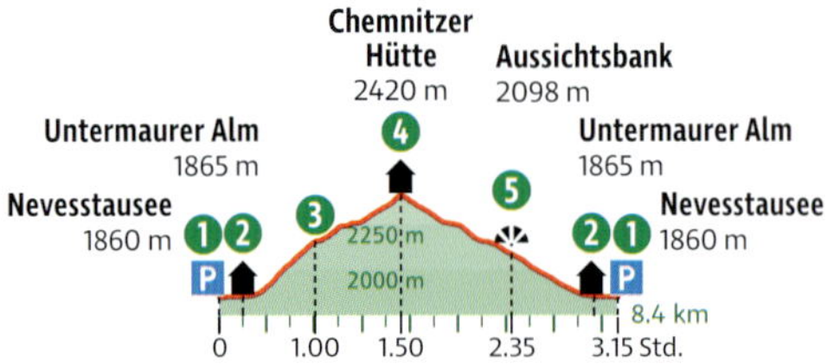

Vom **Parkplatz ❶** am Ufer des Nevesstausees aus folgen wir zunächst der Teerstraße in nördlicher Richtung. Bald geht die Straße in einen befestigten Forstweg über, und am Ende des Sees passieren wir die Jausenstation **Untermaureralm ❷**. Der mit der Nummer 24 markierte Weg führt uns weiter taleinwärts und zweigt nach etwa 5 Minuten scharf rechts ab. Nun beginnt der Aufstieg zur Chemnitzer Hütte. Der Pfad führt steil durch den Wald aufwärts und kreuzt dabei mehrfach einen Fahrweg. Bald lichtet sich der Bewuchs und gibt den Blick auf den türkisfarbenen See und die umliegenden Berge frei. Zwischen Almrosen schlängelt sich unser steiler Steig aufwärts, und so gewinnen wir rasch an Höhe. Über grüne Wiesen gelangen wir zu einer unbewirtschafteten Almhütte. Ein **Pausenplatz ❸** lädt dazu ein, die mächtigen, teils vergletscherten Gipfel der Zillertaler Alpen, die sich hinter dem hölzernen Wegkreuz erheben, auf sich wirken zu lassen. Kurz nach dem Pausenplatz zweigt unser Weg zur Chemnitzer Hütte nach links ab. Teils in engen Kehren steil aufwärts, teils allmählich ansteigend, führt er über ausgedehnte Almwiesen, und bald erblicken wir oben auf dem Joch bereits unser Ziel. Nur noch letztes steileres Stück, das wir im Zickzack überwinden, und wir errei-

Auf der Chemnitzer Hütte ist man mit Hund ein gern gesehener Gast.

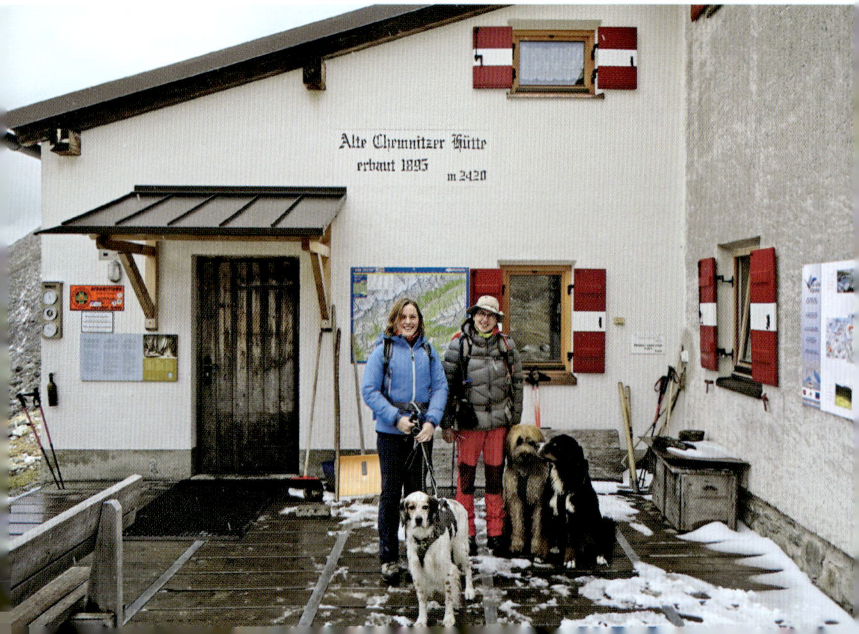

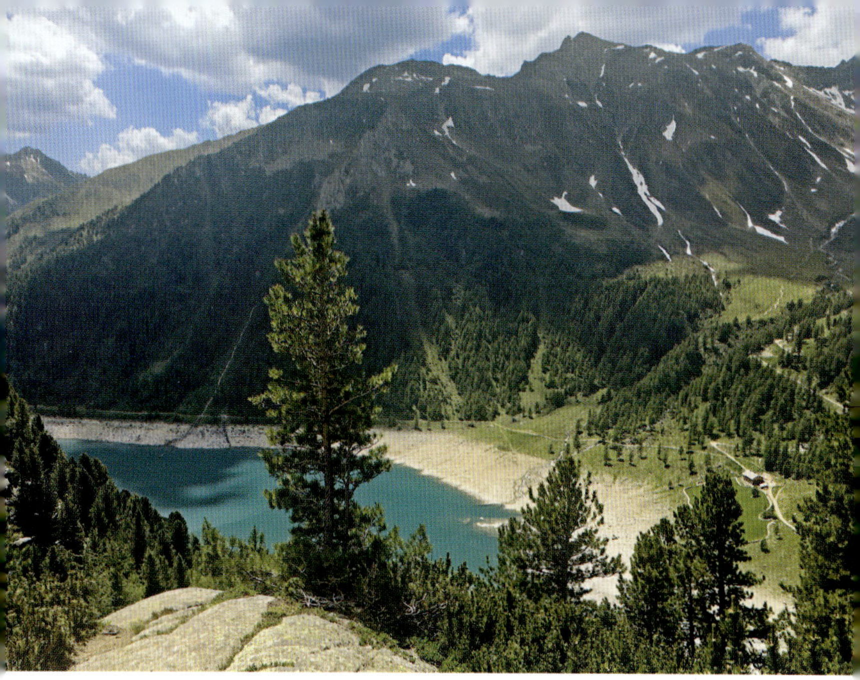

Tiefblick zum Nevesstausee.

chen die **Chemnitzer Hütte ④**, auf deren Sonnenterrasse es sich wunderbar rasten und entspannen lässt. Der Abstieg führt uns zunächst auf selbem Weg hinunter zum **Abzweig ③** vor dem Pausenplatz. Hier folgen wir nun jedoch dem Fahrweg halb links. Er ist, wie unser Aufstiegsweg auch, mit der Nr. 24 markiert. Der bequeme Weg lässt sich gut gehen, und so haben wir ausgiebig Gelegenheit, das spektakuläre Panorama zu genießen. In der ersten großen Kehre befindet sich ein besonders schöner Platz mit **Aussichtsbank ⑤** auf einem Felsplateau, welcher einen grandiosen Blick auf den blau schimmernden See freigibt. Später wird der Fahrweg immer wieder von unserem Aufstiegspfad gekreuzt, sodass man hier wahlweise die Kehren abkürzen oder weiter auf bequemem Weg talwärts wandern kann. Schließlich führt uns der Weg Nr. 24 wieder ans Seeufer und wenig später an den **Ausgangspunkt** unserer Wanderung.

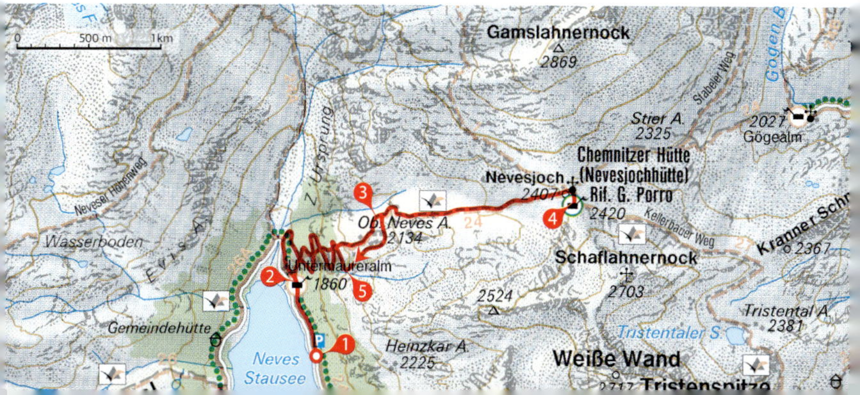

52 Chemnitzer Hütte, 2420 m, von Osten

Von Weißenbach über den Kellerbauerweg

6.30 Std. | 12,0 km | ↗1020 m | ↘1020 m

Anspruchsvolle Bergtour in grandioser Landschaft

Ein alpiner Höhenweg führt über den Mühlwalder Kamm vom Speikboden bis zur Chemnitzer Hütte. Er wurde bereits Anfang des 20. Jahrhunderts von den Alpenvereins-Sektionen Taufers und Chemnitz angelegt. Seinen Namen verdankt der teilweise recht anspruchsvolle Steig Herrn Prof. Kellerbauer, dem damaligen Chemnitzer Sektionsvorstand. Konditionsstarke und bergerfahrene Zwei- und Vierbeiner werden bei dieser anstrengenden, jedoch wunderschönen und abwechslungsreichen Bergtour, die im mittleren Teil dem Verlauf des Kellerbauerweges folgt, ganz auf ihre Kosten kommen.

Talort: Weißenbach (1350 m); Tourismusverein Ahrntal, Ahrner Str. 22, I-39030 Luttach/Ahrntal, Tel. +39 0474 671136, ahrntal.it.

Ausgangspunkt: Parkplatz an der Jausenstation Schnaida Leachn, 1425 m (GPS: 46.949594, 11.852359).

Anfahrt: Bei Bruneck im Pustertal immer Richtung »Ahrntal« (brauner Wegweiser) fahren. In Luttach nach links Richtung Weißenbach abbiegen und der Straße bis zum Ende folgen.

Öffentliche Verkehrsmittel: Bus von Sand in Taufers nach Weißenbach bis Weißenbach, Innerhof, dann zu Fuß auf der Straße bis zur Jausenstation Schnaida Leachn gehen. Tour verlängert sich um etwa 30 Minuten.

Anforderungen Mensch: Lange, anspruchsvolle Bergtour mit steilen Anstiegen, nur für konditionsstarke Wanderer; Blockgelände (teilweise drahtseilversichert) auf dem Kellerbauerweg zwischen Tristensee und Chemnitzer Hütte erfordert absolute Trittsicherheit und Schwindelfreiheit. Nur bei stabilem Wetter und nicht bei Schnee und Eis gehen! Vor allem in den steilen Nordflanken vor der Chemnitzer Hütte hält sich im Frühjahr lange Restschnee. Am besten vor der Tour telefonisch beim Hüttenwirt über die Begehbarkeit des Kellerbauerweges erkundigen.

Anforderungen Hund: Künstlich angelegte Stufen mit teilweise recht hohen Absätzen; vor allem das Blockgelände in der steilen Bergflanke zwischen Tristensee und Chemnitzer Hütte sollte nur mit bergerfahrenen, kletterfreudigen und absolut trittsicheren Hunden begangen werden. Absturzgefahr! Weidevieh (Kühe zwischen Unteregger Alm und Unteregg Ebene sowie zwischen Chemnitzer Hütte, Gögealm und Weißenbach); wenig Schatten.

Wasserstellen: Tristenbach im Aufstieg zur Unteregger Alm, Viehtränke zwischen Unteregger Alm und Unteregg Ebene, Tristensee, Bach zwischen Gögealm und Weißenbach, außerdem Trinkgelegenheit an den Hütten. Aufgrund der Länge der Tour dennoch ausreichend Wasser mitnehmen!

Einkehr: Chemnitzer Hütte (chemnitzerhuette.com), Tel. +39 335 6898111; Gögealm (ausserhof.it/de/goege-alm.php), +39 348 9937960; Jausenstation Schnaida Leachn (schnaidaleachn.com), Tel. +39 348 4623094.

Karte: Tabacco 036, Sand in Taufers, 1:25.000.

Nach dem **Parkplatz** ❶ zweigt vor einer Natursteinmauer der mit der Nummer 21 markierte Pfad in Richtung Untereggalm und Tristensee ab und führt uns direkt sehr steil durch den Wald aufwärts. Wir überqueren

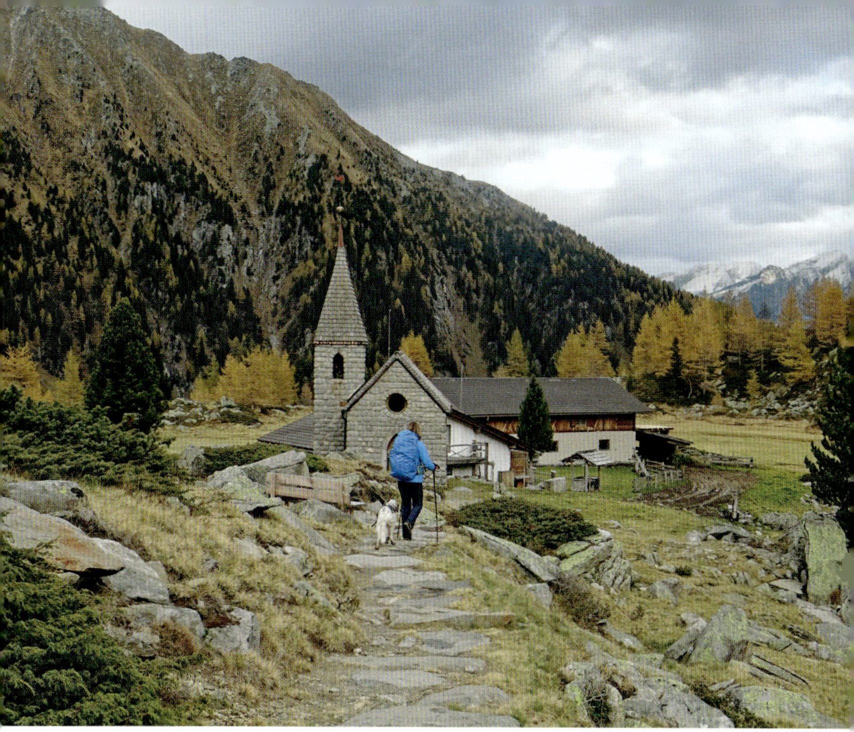

Jedes Jahr im August wird in der kleinen Kirche Mariä Schnee auf der Gögealm eine Bergmesse abgehalten.

einen kleinen Bach und gewinnen auf künstlich angelegten Stufen schnell an Höhe. So erreichen wir bald die Wiesen der **Unteregger Alm** ❷. Wir nehmen den Weg Nr. 10 Richtung Tristensee, der erst am Almgebäude vorbei und später immer am Bretterzaun entlang weiter aufwärtsführt. Hier lohnt ein Blick zurück, denn tief unter uns liegt, eingebettet in bewaldete Berghänge, das malerische Weißenbachtal. Nach etwa einer halben Stunde stoßen wir auf einen Fahrweg, dem wir für ein kurzes Stück nach links folgen und ihn in der nächsten Rechtskehre bereits wieder verlassen. Ein schmaler Pfad führt uns nun hinauf zu einer weiteren unbewirtschafteten Almhütte, der **Unteregg Ebene** ❸. Wir wandern vor der Hütte nach links weiter, und die weiß-rote Markie-

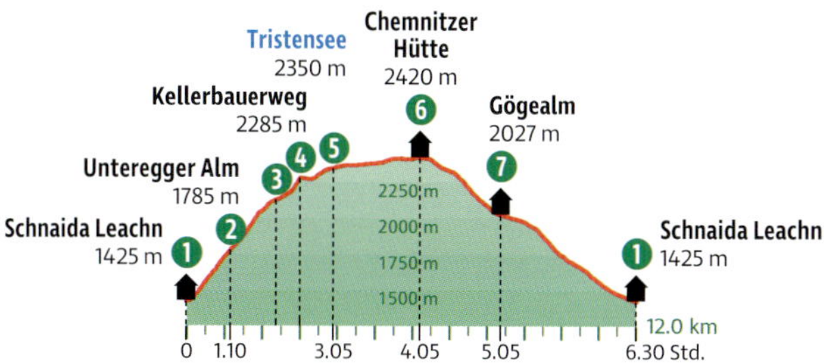

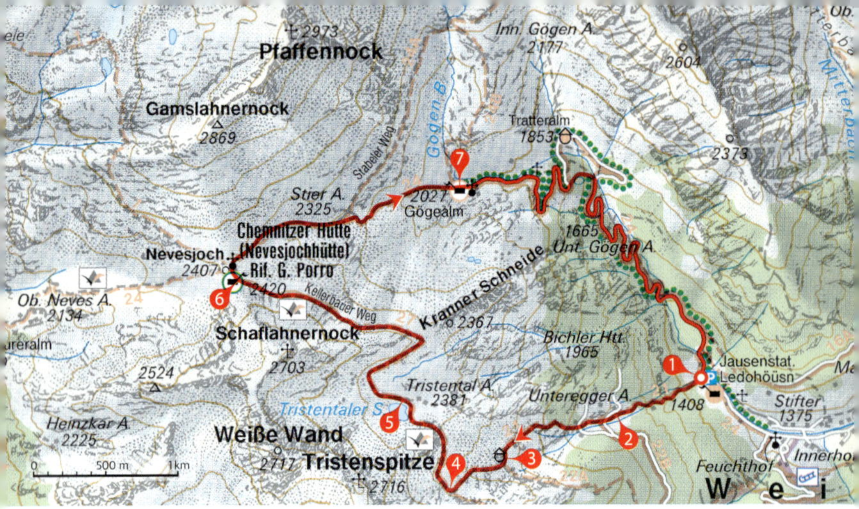

rung leitet uns auf einem unscheinbaren Pfad weiter bergauf. Nach etwa 100 Metern gabelt sich der Weg. Hier halten wir uns rechts und stoßen nach etwa 20 Minuten auf den mit der Nummer 27 markierten **Kellerbauerweg** ❹, auf dem wir nun nach rechts weiterwandern. Ohne nennenswerte Höhenunterschiede, dafür mit wunderbarer Aussicht führt uns der teilweise künstlich befestigte Weg in einer halben Stunde zum malerisch gelegenen **Tristensee** ❺. Nun beginnt das anspruchsvollste Stück dieser Wanderung. Bereits kurz nach dem Tristensee führt der Weg über mitunter etwas wackelige Felsblöcke und in teils luftiger Höhe an

Der Weg über Blöcke und Geröll ist nur etwas für kletterfreudige Hunde.

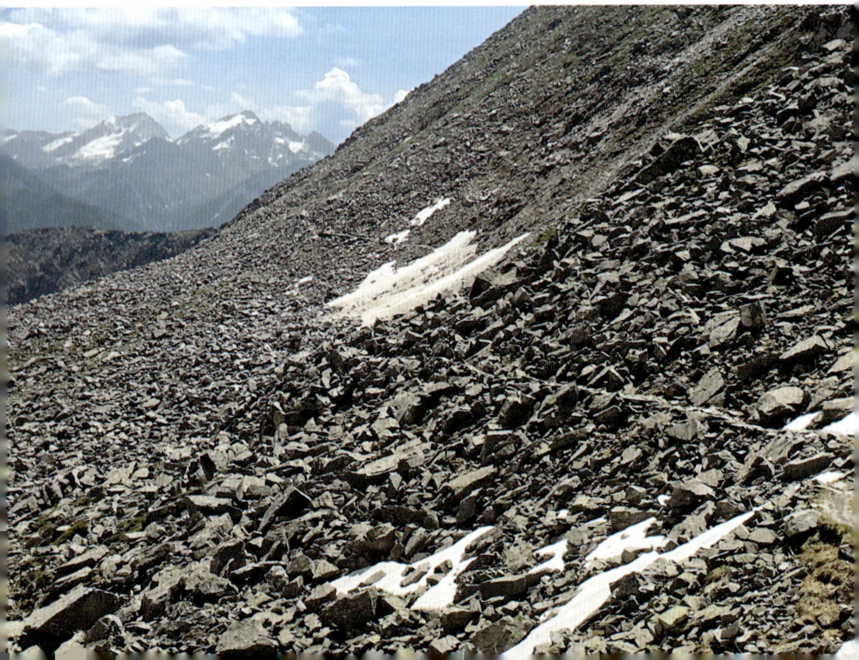

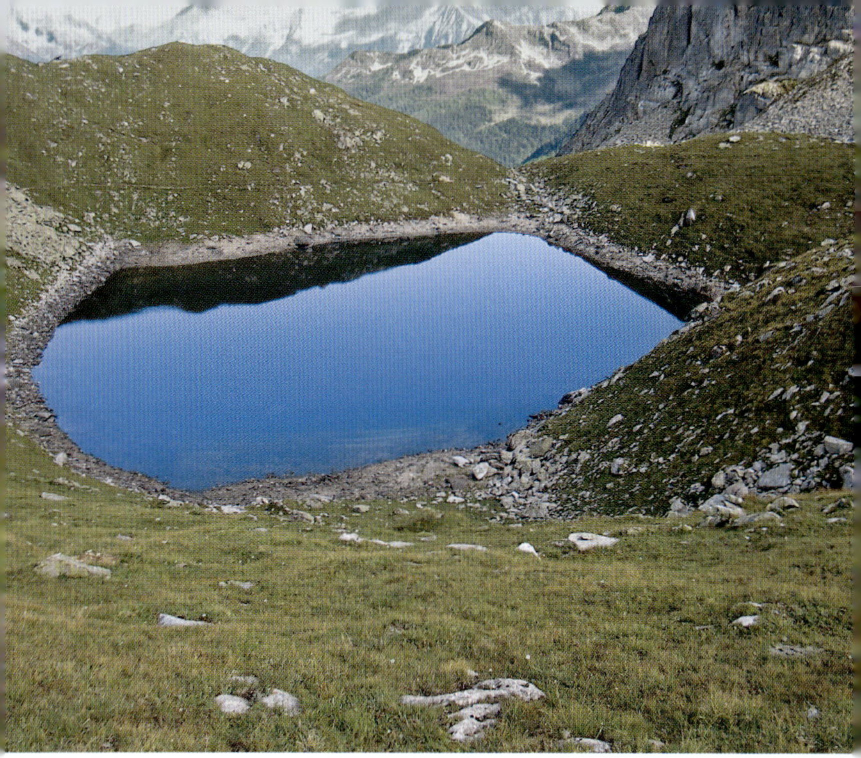

Der Tristensee am Kellerbauerweg.

der Bergflanke entlang. Besonders exponierte Stellen sind mit Drahtseilen gesichert, und weiß-rote Markierungen weisen den Weg. Dennoch ist etwas Aufmerksamkeit erforderlich, um den rechten Weg durch das Geröll nicht aus den Augen zu verlieren. Unsere vierbeinigen Begleiter müssen hier immer wieder kleinere und größere Sprünge machen und auch sicher landen können. Nach circa einer Dreiviertelstunde ist es dann geschafft, und wir erreichen den höchsten Punkt unserer Wanderung, die **Chemnitzer Hütte** ❻ am Nevesjoch. Bei einer Rast auf der Sonnenterrasse kann man sich mit allerlei Köstlichkeiten verwöhnen lassen und von den Strapazen des Aufstieges erholen. Nun folgen wir dem Verlauf unseres Weges an der Hütte vorbei hinunter zu einem hölzernen Kruzifix, das an einer Wegkreuzung steht. Hier nehmen wir den mit der Nummer 24 markierten Weg Richtung Göge / Weißenbach. Der aussichtsreiche Steig bringt uns nach etwa 50 Minuten hinunter zur idyllisch gelegenen **Gögealm** ❼. Eine Almhütte und ein kleines Kirchlein, neben dem der Bergbach plätschert, laden zum kurzen Verweilen ein. Dann geht es erst ein Stück auf dem Almfahrweg talwärts, bevor wir schließlich einem unscheinbaren Wegweiser mit der Aufschrift »Abkürzung Weißenbach« nach rechts hinunter in den Lärchenwald folgen. Teilweise auf dem Pfad, der den Fahrweg immer wieder kreuzt, teilweise auf dem Fahrweg selbst, erreichen wir schließlich die ersten Hütten von Weißenbach und wenig später unseren **Ausgangspunkt**.

53

Vegetationsweg, 2220 m

Durch die Südflanke des Großen Moosstocks

4.15 Std. | 10,9 km | ↗ 720 m | ↘ 720 m

Der Weg ist das Ziel!

In saftige Wiesen eingebettet liegen die verstreuten Höfe des Dorfes Ahornach, Geburtsort des Extrembergsteigers Hans Kammerlander. Überragt wird der Weiler vom Großen Moosstock, dessen sonnenbeschienene Südflanke mit einer abwechslungsreichen Pflanzenwelt aufwartet. Zirbenwälder, Alpenrosen, Hochmoore, blühende Bergwiesen und atemberaubende Ausblicke bilden die Kulisse für diese wunderschöne Wanderung auf dem Vegetationsweg.

Talort: Ahornach (1333 m); Tourismusverein Sand in Taufers, Josef-Jungmann-Straße 8, I-39032 Sand in Taufers, Tel. +39 0474 678076, taufers.com.
Ausgangspunkt: Wanderparkplatz am Gasteiger-Hof oberhalb von Ahornach, 1565 m (GPS: 46.929726, 11.987794).
Anfahrt: Bei Bruneck im Pustertal immer Richtung »Ahrntal« (brauner Wegweiser) fahren. Nach dem Ortseingang von Sand in Taufers rechts Richtung »Ahornach« abbiegen. Am Stoppschild halb links halten, den Fluss überqueren und danach rechts weiter Richtung »Ahornach« fahren, nach etwa drei Kilometern links nach Ahornach abbiegen und dem Straßenverlauf durch den Ort folgen. Der Parkplatz befindet sich ca. zwei Kilometer nach der Kirche am rechten Straßenrand.
Öffentliche Verkehrsmittel: Bus von Sand in Taufers bis Ahornach »Moosmair«, dann zu Fuß auf der Straße weiter bergauf, zunächst um das Hotel Moosmair herum und an der nächsten Einmündung dem Wanderweg Nr. 10 Richtung »Rein« folgen. Der Weg kreuzt einmal die Fahrstraße und stößt wenig später auf den Parkplatz (Wanderung verlängert sich um ca. 2 km und eine gute Viertelstunde).
Anforderungen Mensch: Kürzere steile Anstiege erfordern etwas Kondition, auf dem Durreck-Höhenweg passiert man felsiges Blockgelände, hier ist Trittsicherheit erforderlich.
Anforderungen Hund: Im Blockgelände auf dem Durreck-Höhenweg sind höhere Absätze zu überwinden, die kleinen Hunden Schwierigkeiten bereiten könnten; Weidevieh (je nach Jahreszeit Kühe im Aufstieg zu den Schlafhäusern sowie an der Mairhofer Alm).
Wasserstellen: Auf dem ganzen Weg immer wieder Bäche und Viehtränken, dennoch etwas Wasser mitnehmen.
Karte: Tabacco 035, Ahrntal – Rieserferner Gruppe, 1:25.000.

Vom **Parkplatz** ❶ aus gehen wir zunächst auf der schmalen Teerstraße entlang, die an der Informationstafel nach links hinaufführt. In der nächsten Rechtskehre zweigt geradeaus ein Forstweg in den Wald ab, dem wir kurz folgen und dann nach etwa 30 Metern nach rechts in einen steilen, steinigen Waldpfad abbiegen, der mit der Weg-Nr. 10B markiert ist. Wir wandern nun immer auf dem Weg Nr. 10B und erreichen nach etwa einer Stunde die **Schlafhäuser** ❷. Diese kleinen Holzhütten dienten früher den Bauern als Unterkunft während der Heuernte. Einst hat man hier gekocht und geschlafen, heute laden die Bänke vor der Hütte Wanderer ein zu rasten und die schöne Aussicht zu genießen. Hinter den Schlafhäusern kreuzt der mit der Nummer 33A markierte Durreck-

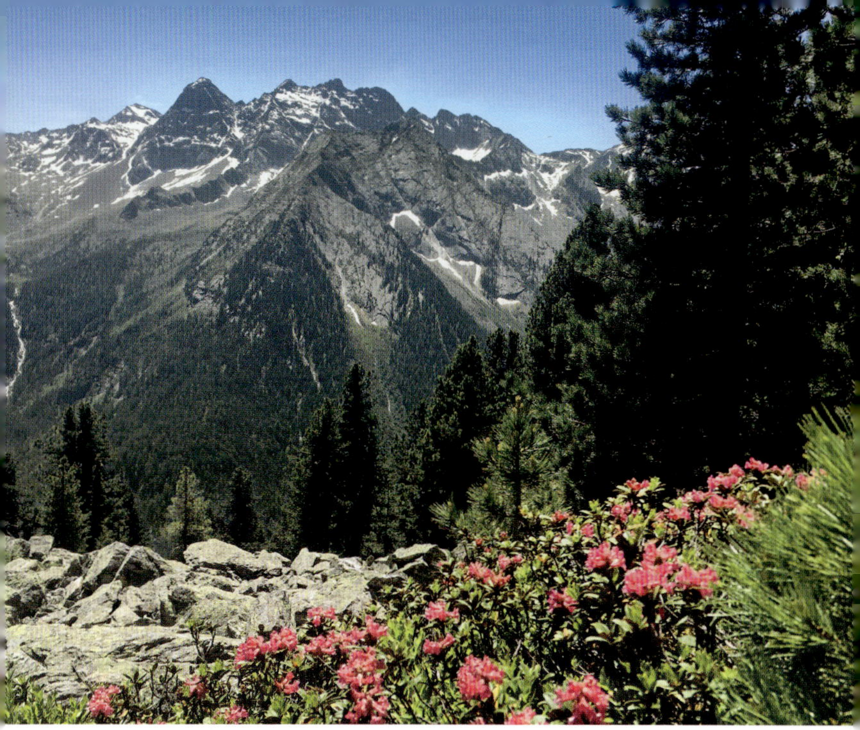

Bergidylle am Vegetationsweg.

Höhenweg, den wir nun nach rechts Richtung Rein weitergehen. Das jetzt folgende, wunderschöne Wegstück führt uns immer in der Flanke des Großen Moosstockes entlang. Der Pfad führt mal als bequemer Wiesenweg, mal anspruchsvoll über felsiges Blockgelände durch Teppiche von Alpenrosen und anderen Zwergsträuchern, über Sumpfwiesen und durch Zirbenwälder und begeistert immer wieder durch beeindruckende Ausblicke. Nach etwa 1,5 Stunden kommen wir zur kleinen, unbewirtschafteten **Mayrhofer Alm ❸**. Hier wendet sich unser Weg nun nach Süden und führt über Almwiesen in den Wald hinab. Unterwegs kann man durch ein kleines Gatter zu einer luftigen **Felskanzel ❹** gelangen, welche mit einem atemberaubenden Tiefblick auf das Reintal überrascht. Achtung! Der Aussichtspunkt ist ungesichert, es besteht daher Absturzgefahr! Auf dem Weg Nr. 33A geht es nun noch einige Minuten durch den Wald hinunter, bis wir auf einen Fahrweg stoßen. Hier gehen

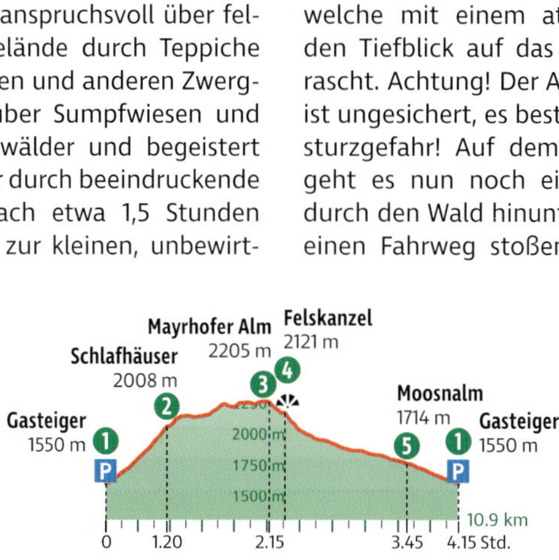

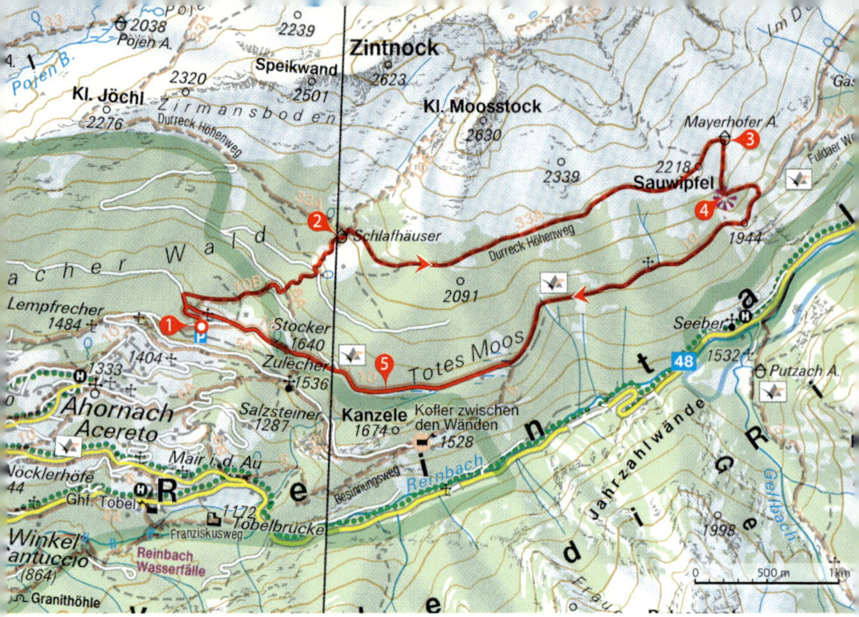

wir nach rechts und folgen nun der Wegmarkierung Nr. 10 Richtung Ahornach. In sanftem Gefälle wandern wir talauswärts und kommen schließlich zur wunderschön gelegenen **Moosnalm** ❺. Unser Forstweg führt uns weiter talwärts und geht schließlich in einen Teerweg über, der uns in zehn Minuten zurück zum Ausgangspunkt bringt.

Die Schlafhäuser dienten früher als Unterkunft während der Heuernte.

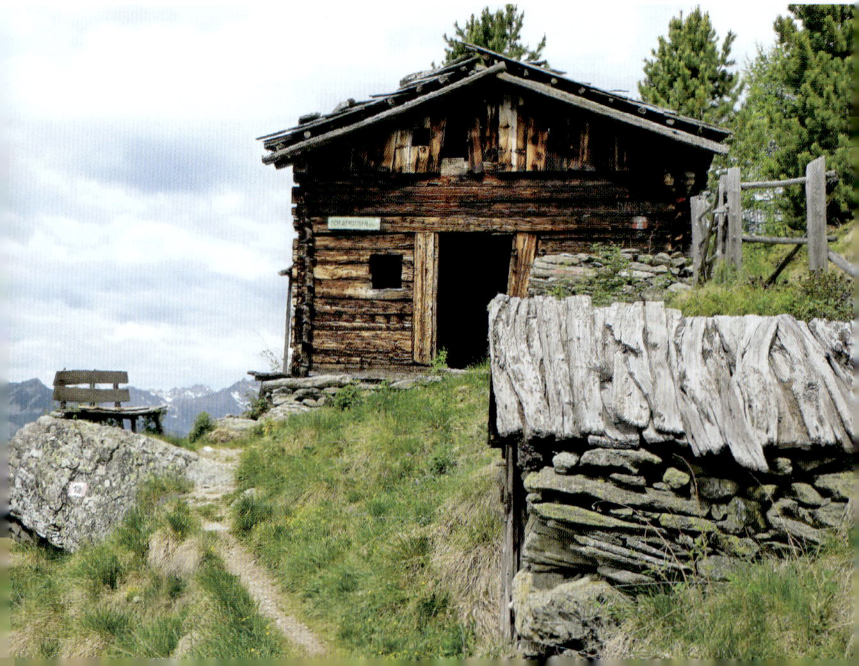

Speikboden, 2517 m

Über den Kleinen Nock zum Speikboden-Gipfel

54

3.15 Std. | 7,3 km | ↗ 600 m | ↘ 600 m

Kleine Panoramarunde hoch über dem Ahrntal

Eine wunderschöne Gratwanderung führt auf einem spannenden und aussichtsreichen Steig rund um den Talkessel am Speikboden. Seinen ungewöhnlichen Namen erhielt der durch ein kleines Blümlein, den sogenannten Blauen Speik. Die kaum zehn Zentimeter hohe lila Gebirgsblume bevorzugt kalkarme Böden, die sie unter anderem in der Nähe des Speikboden-Gipfels findet.

Talort: Sand in Taufers (950 m); Tourismusverein Sand in Taufers, Josef-Jungmann-Straße 8, I-39032 Sand in Taufers, Tel. +39 0474 678076, taufers.com (GPS: 46.933400, 11.937764).
Ausgangspunkt: Bergstation Seilbahn Speikboden, 1960 m.
Anfahrt: Bei Bruneck im Pustertal immer Richtung »Ahrntal« (brauner Wegweiser) fahren. Der Parkplatz der Seilbahn Speikboden befindet sich nach Sand in Taufers auf der rechten Straßenseite (GPS: 46.933400, 11.937764).
Öffentliche Verkehrsmittel: Bus von Bruneck Richtung Kasern bis »Kabinenbahn Speikboden«.
Anforderungen Mensch: Auf dem Gratweg stellenweise Trittsicherheit und Schwindelfreiheit erforderlich.
Anforderungen Hund: Stufen auf dem Gratweg, die aber für Hunde kein Problem darstellen sollten; kaum Schatten.
Wasserstellen: Je nach Jahreszeit ein kleiner Teich am Abstieg vom Sonnklar-Sessellift, ausreichend Wasser mitnehmen!
Einkehr: Sonnklar-Hütte (speikboden.net), Tel. +39 0474 687797; Bergrestaurant Speikboden (speikboden.net), Tel. +39 0474 678330.
Karte: Tabacco 036, Sand in Taufers, 1:25.000.

An der **Bergstation der Seilbahn ❶** gehen wir am gläsernen Après-Ski-Iglu vorbei und kommen zu einem Wegweiser. Hier nehmen wir den mit der Nr. 18 markierten Wanderweg, der nach rechts führt. Es geht erst unterm Sessellift hindurch, dann entlang der Abfahrtspiste aufwärts und schließlich durch den Wald hinauf zum Grat. Oben angekommen, stoßen wir auf den Weg Nr. 18. Nach rechts geht es zum nur 5 Minuten entfernten **Kleinen Nock ❷**, und den Abstecher zu diesem markanten Aussichtsberg mit seinem atemberaubenden Blick hinunter ins Ahrntal sollte man sich nicht entgehen lassen. Zurück am Wegweiser, wandern wir nun, dem Weg Nr. 18 folgend, Richtung Speikboden. Ein abwechs-

Der Rundweg am Speikboden wartet mit herrlichen Ausblicken auf.

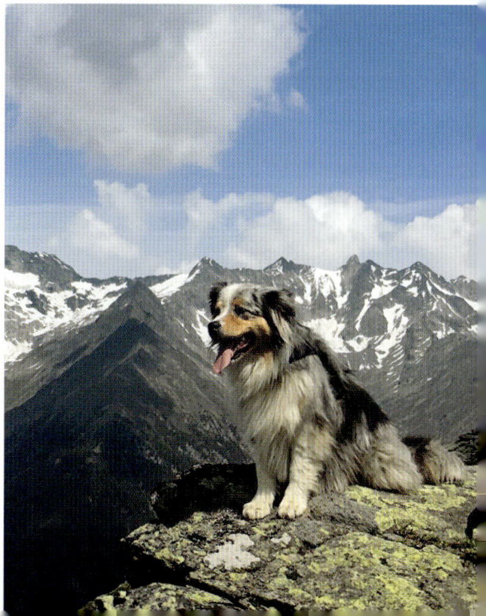

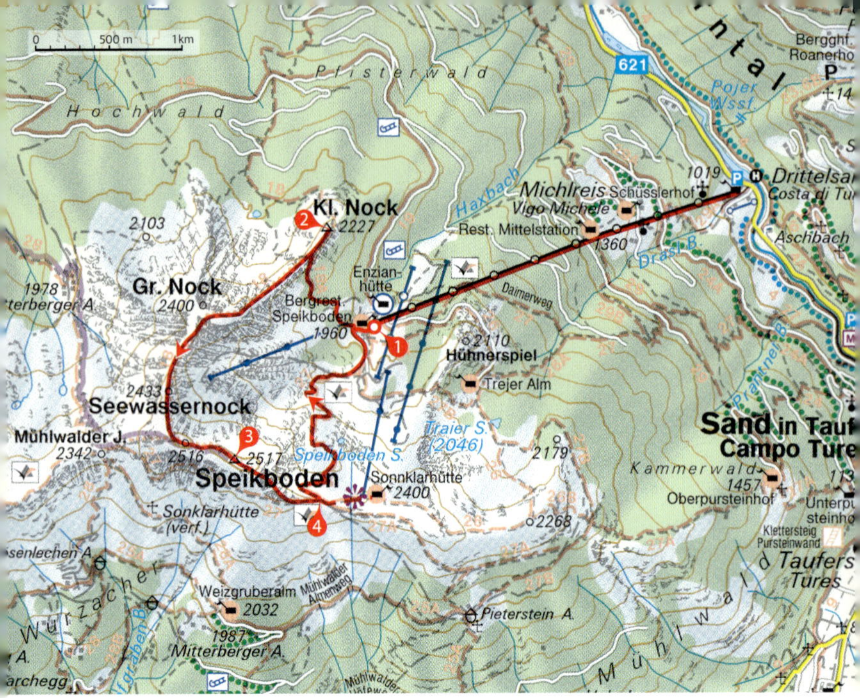

lungsreicher Steig mit künstlich angelegten Stufen führt auf dem teilweise recht schmalen Grat entlang. Nach etwa einer Stunde erreichen wir den **Speikboden ❸**. Er ist der höchste Gipfel der Bergkette und mit seinem sehr schönen Gipfelkreuz weithin sichtbar. Sogar ein Gipfelbuch gibt es hier. Nun steigen wir über den Bergrücken ab, und an einem **Wegweiser ❹** kurz vor der Bergstation des Sesselliftes Sonnklar führt der Weg Nr. 27 hinunter zur Speikboden-Alm. Wer möchte, kann sich an der Sonnklar-Hütte, die direkt hinter der Bergstation liegt, noch auf der Aussichtsterrasse stärken. Für den Abstieg nehmen wir den bereits erwähnten Weg Nr. 27 und erreichen nach etwa einer Dreiviertelstunde die **Bergstation der Kabinenbahn ❶**.

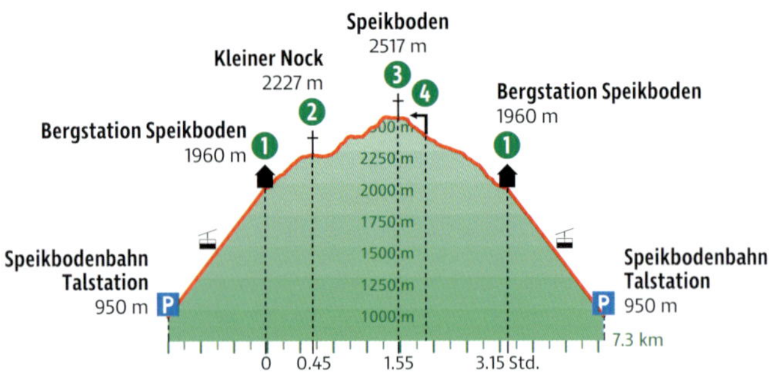

Aussichtsberg hoch über dem Ahrntal: der Kleine Nock.

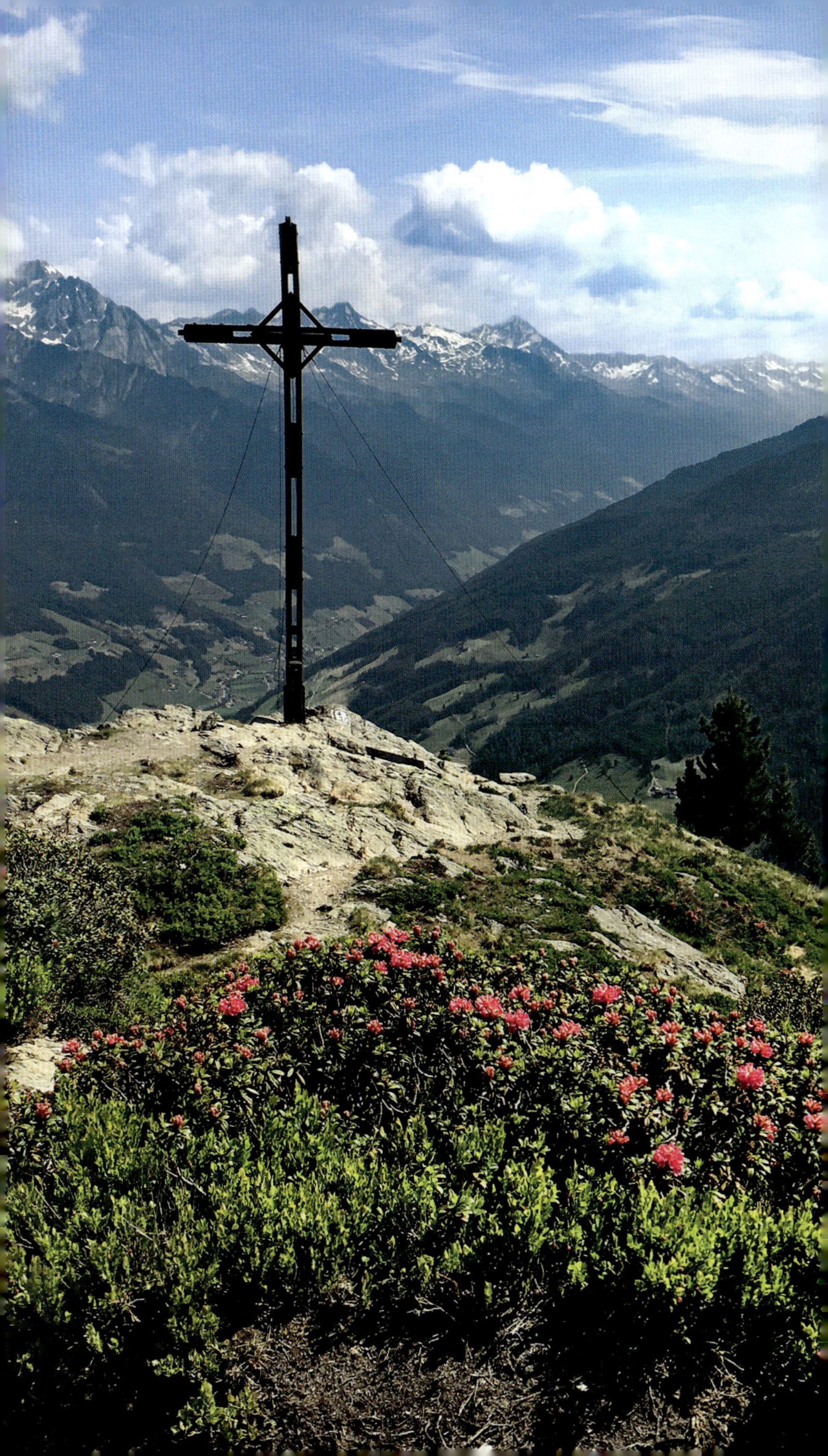

55 Kasseler Hütte, 2274 m

Von Rein in Taufers zur Kasseler Hütte

4.45 Std. | 10,4 km | ↗ 840 m | ↘ 840 m

Im Antlitz vergletscherter Dreitausender

Inmitten der mächtigen Dreitausender der Rieserfernergruppe liegt exponiert auf einem Bergrücken die Kasseler Hütte, auch Hochgallhütte genannt. Sitzt man auf ihrer sonnigen Terrasse, so wird man nicht nur mit leckeren Speisen und Getränken, sondern auch mit einem einmaligen Blick zu den Gletschern (Fernern) verwöhnt, die dieser Berggruppe ihren Namen geben. Die Hütte ist Ausgangspunkt für zahlreiche alpine Hochtouren, bietet jedoch auch für Tagesgäste ein lohnendes Ziel im Naturpark Rieserferner-Ahrn.

Talort: Rein in Taufers (1600 m); Tourismusverein Sand in Taufers, Josef-Jungmann-Straße 8, I-39032 Sand in Taufers, Tel. +39 0474 678076, taufers.com.
Ausgangspunkt: Parkplatz am Langlaufzentrum, 1550 m (GPS: 46.9452222, 12.0641469).
Anfahrt: Bei Bruneck im Pustertal immer Richtung »Ahrntal« (brauner Wegweiser) fahren. Nach dem Ortseingang von Sand in Taufers rechts Richtung »Rein in Taufers« abbiegen. Am Stopp-Schild halb links halten, den Fluss überqueren und danach rechts weiter Richtung »Rein in Taufers« fahren. Am Ortseingang von Rein rechts halten und nach dem Hotel Bacher rechts abbiegen. Die Straße endet direkt auf dem Parkplatz.
Öffentliche Verkehrsmittel: Bus von Sand in Taufers nach Rein bis »Rein Unterstatt«, dann zu Fuß um das Hotel Bacher herum zum Parkplatz gehen.
Anforderungen Mensch: Teils steile, steinige Pfade erfordern Kondition und Trittsicherheit.
Anforderungen Hund: Weidevieh (je nach Jahreszeit Kühe unterhalb der Kasseler Hütte).
Wasserstellen: Im gesamten Bereich der Wanderung immer wieder Bäche, allerdings während des steilen Anstieges keine Trinkgelegenheit für Hunde. Daher Wasser mitnehmen.
Einkehr: Jausenstation Säge am Anfang der Tour (saege.it), Tel. +39 0474 672601; Kasseler Hütte (kasseler-huette.com), Tel. +39 0474 672550.
Karte: Tabacco 035, Ahrntal – Rieserferner Gruppe, 1:25.000.

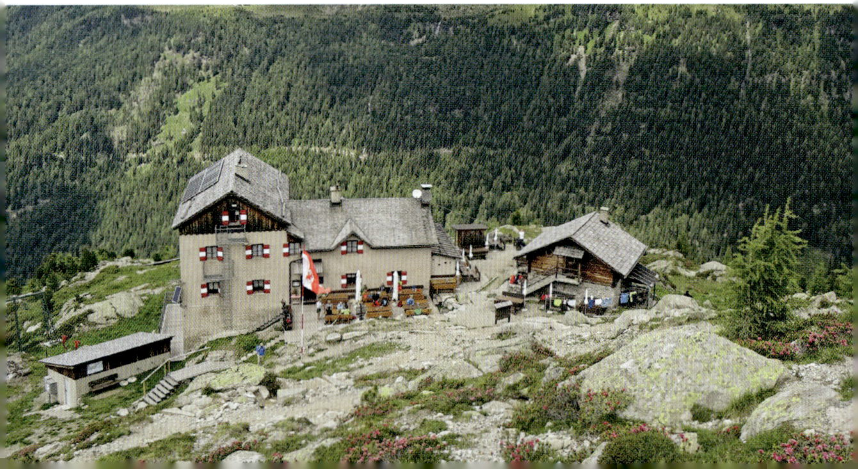

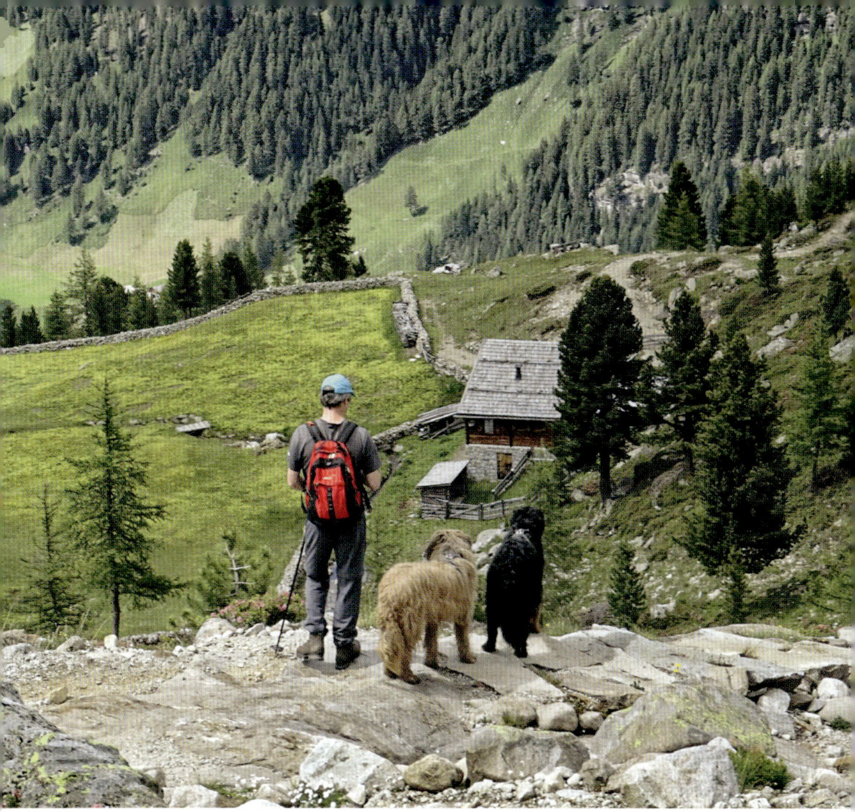

Oben: Kleine Alm hoch über dem Reintal.
Links: Die Kasseler Hütte in der Rieserfernergruppe.

Vom **Langlaufzentrum** in **Rein** ❶ laufen wir auf dem Parkplatz entlang taleinwärts, überqueren den ersten Bach und nehmen vor der nächsten Brücke den Wanderweg Nr. 8, der uns nach links an der kleinen Straße entlang Richtung Kasseler Hütte führt. Nach etwa zwei Kilometern passieren wir die **Jausenstation Säge** ❷. Kurz danach verlässt unser Wanderweg Nr. 8 die kleine Fahrstraße und führt uns auf einem Forstweg bergan. In einer Rechtskehre im Wald leitet uns ein hölzerner Wegweiser Richtung **Wasserfall** ❸. Diesen Abstecher sollten wir uns nicht entgehen lassen. Laut tosend stürzen die Wassermassen des kleinen Tristenbaches hier ins Tal und bilden im Winter ein El Dorado für Eisklette-

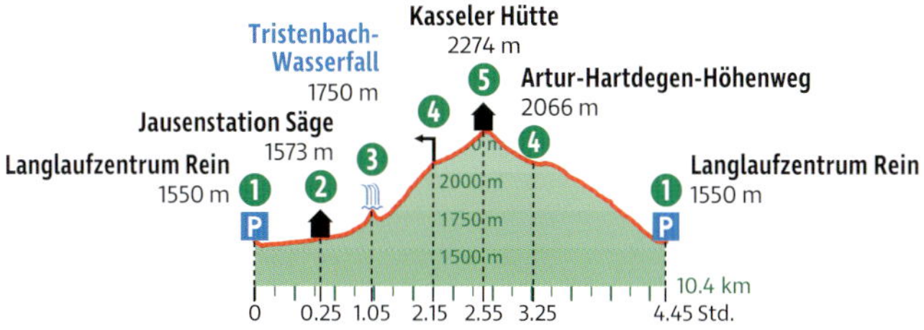

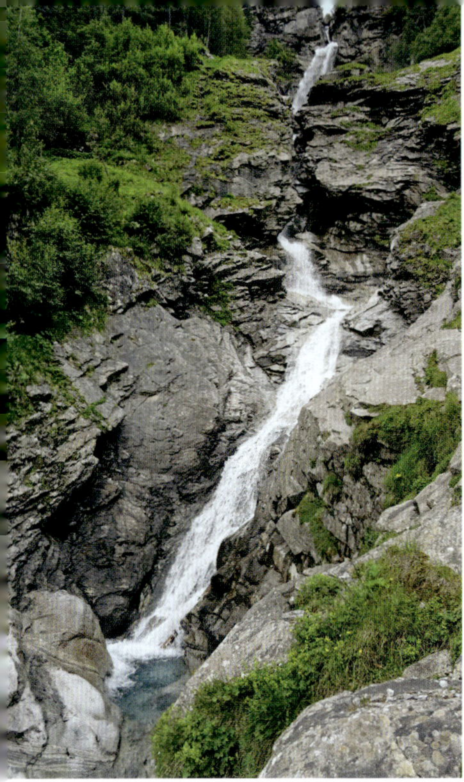

Links: Tristenbach-Wasserfall. Rechts: Auch große Hunde genießen es, mit ihren Menschen durch die Berge zu streifen.

rer. Zurück am Forstweg folgen wir diesem nun noch ein Stück bergan, bis wenig später unser Wanderweg nach links abzweigt und uns als steiler Pfad in den Bergwald hinauf führt. Nach einer guten Stunde schweißtreibenden Anstieges stoßen wir an einem Wegweiser auf den **Arthur-Hartdegen-Höhenweg ❹**. In diesen biegen wir nach links ein und erreichen circa eine dreiviertel Stunde später unser Ziel, die **Kasseler Hütte ❺**. Wer hier noch Kraft für etwa 40 weitere Höhenmeter hat, dem sei ein Abstecher zum kleinen Bergsee oberhalb der Hütte empfohlen. Von hier genießt man einen einmaligen Blick über die Hütte hinunter ins Reintal. Unser Abstieg führt uns zunächst auf dem Aufstiegsweg zurück bis zum Abzweig mit Wegweiser. Hier wechseln wir auf den Weg Nr. 1 und folgen dem **Arthur-Hartdegen-Höhenweg ❹** Richtung Unter-Ternerhütte. Der bereits um 1910 angelegte Wanderweg zählt zu den schönsten Höhenwegen Südtirols und wird uns für den Rest unserer Wanderung leiten. Als überwiegend bequemer Pfad bringt er uns in einer reichlichen Stunde hinunter zum Langlaufzentrum in **Rein ❶**.

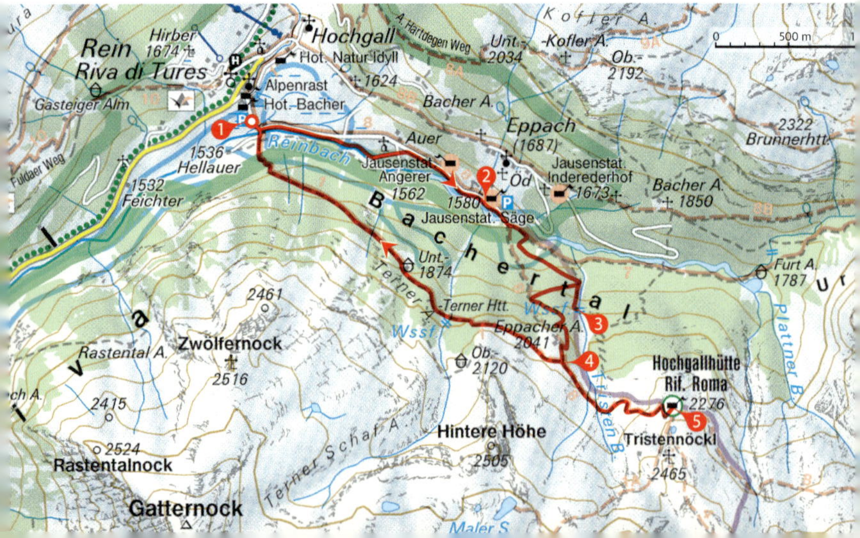

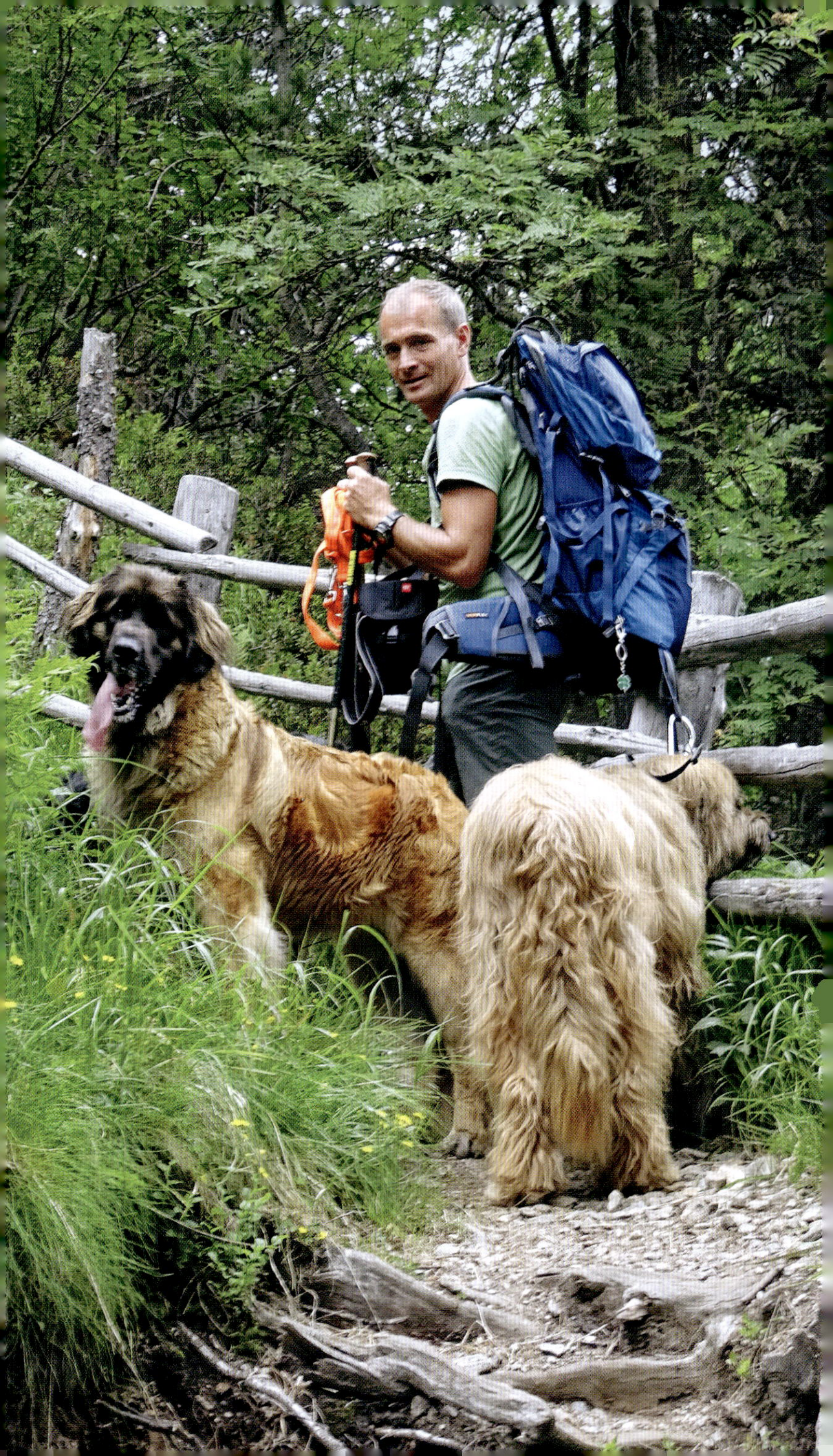

56 Koflerseen, 2450 m

Über das Sossenjoch zu den Koflerseen

5.15 Std. | 10,8 km | ↗ 930 m | ↘ 930 m

Alpine Tour vor traumhafter Bergkulisse

Diese anspruchsvolle, aber wunderschöne Bergtour durchs einsame Sossental hinüber zu den idyllisch gelegenen Koflerseen zählt zu einer der schönsten Rundwanderungen im Tauferer Ahrntal. Begeisternd ist vor allem das grandiose Panorama, das sich dem Wanderer beim Überqueren des fast 2600 Meter hoch gelegenen Sossenjochs bietet. Jenseits des Tales ragen die mächtigen Dreitausender der Rieserfernergruppe mit ihren schneeweißen, vergletscherten Gipfeln in den tiefblauen Himmel empor.

Talort: Rein in Taufers (1600 m); Tourismusverein Sand in Taufers, Josef-Jungmann-Straße 8, I-39032 Sand in Taufers, Tel. +39 0474 678076, taufers.com.

Ausgangspunkt: Parkplatz zur Knuttenalm, 1696 m (GPS: 46.960597, 12.071168).

Anfahrt: Bei Bruneck im Pustertal immer Richtung »Ahrntal« (brauner Wegweiser) fahren. Nach dem Ortseingang von Sand in Taufers rechts Richtung »Rein in Taufers« abbiegen. Am Stoppschild halb links halten, den Fluss überqueren und danach rechts weiter Richtung »Rein in Taufers« fahren. Im Ortszentrum von Rein an der Kirche rechts weiterfahren und dem Straßenverlauf noch 1,5 Kilometer folgen. Der Parkplatz befindet sich direkt an einer Rechtskehre.

Öffentliche Verkehrsmittel: Bus von Sand in Taufers nach Rein bis »Rein Kirche«, dann zu Fuß auf der Straße Richtung »Jausenstation Knuttenalm« bis zum Parkplatz. (Wanderung verlängert sich um ca. 3 km).

Anforderungen Mensch: Lange alpine Tour für konditionsstarke Wanderer, steiler, teilweise mit Ketten versicherter Steig zur Sossenalm erfordert stellenweise Schwindelfreiheit, bei Nässe rutschig; nur bei sicherem Wetter gehen!

Anforderungen Hund: Größere Stufen im Aufstieg zur Sossenalm, mehrere Kuhgitter im Abstieg von der Kofleralm, Weidevieh (je nach Jahreszeit Kühe im gesamten Bereich der Almen); vor allem im mittleren Teil der Tour kaum Schatten.

Wasserstellen: Mehrere Bachquerungen im Sossental, Viehtränke an der Sossenalm, Koflersee, einige Bäche im Abstieg von den Koflerseen. Aufgrund der Länge der Tour dennoch etwas Wasser mitnehmen.

Einkehr: Keine.

Karte: Tabacco 035, Ahrntal – Rieserferner Gruppe, 1:25.000.

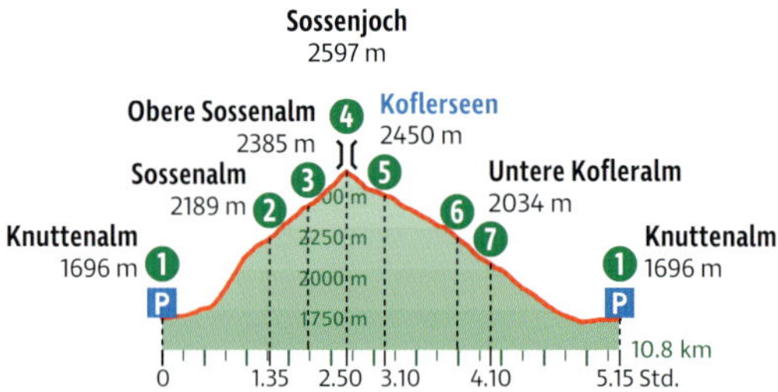

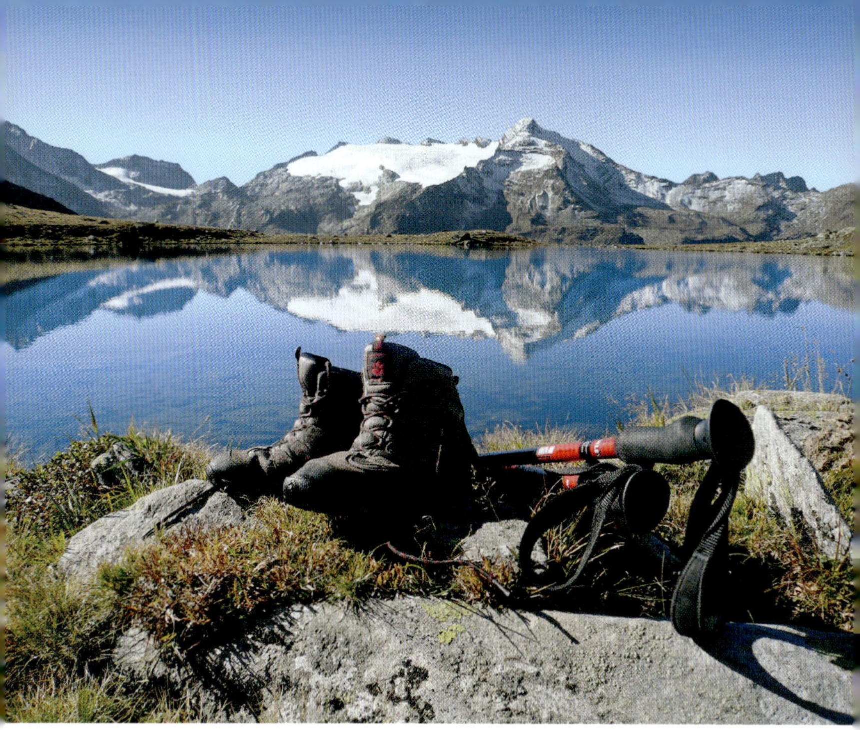

Der Schneebiger Nock spiegelt sich im glasklaren Koflersee.

Wir wandern vom **Parkplatz ❶** aus zunächst auf dem mit der Nummer 9 markierten Forstweg Richtung Knuttenalm. Der Bach, der neben dem Weg rauscht, bietet immer wieder Bade- und Trinkgelegenheiten für unsere vierbeinigen Begleiter. Nach etwa zehn Minuten verlassen wir den mitunter recht viel begangenen Fahrweg und biegen nach rechts in den Weg Nr. 9B ein. Unser Tagesziel, die Koflerseen, sind hier bereits angeschrieben. Auf dem Pfad, der sich steil emporschlängelt, gewinnen wir rasch an Höhe. Künstlich angelegte Stufen erleichtern den Aufstieg, und Eisenketten sichern besonders exponierte Stellen. Der schmale Steig führt teilweise recht nahe am Abgrund entlang, Hunde sollten daher unbedingt auf dem Weg bleiben. Dafür sind die Aus- und Tiefblicke von hier atemberaubend. Nach etwa einviertel Stunden stetigen Aufstieges erreichen wir schließlich die idyllisch gelegene, unbewirtschaftete **Sossenalm ❷**, einen wunderschönen Pausenplatz mit Trinkgelegenheit für unsere vierbeinigen Begleiter. Der Weg Nr. 9B führt uns nun durch Alpenrosensträucher weiter aufwärts. Das Plätschern des Plattenbaches, der teils tief unten, teils näher am Weg verläuft, begleitet uns, und so erreichen wir bald die **Obere Sossenalm ❸**, eine ebenfalls unbewirtschaftete kleine Almhütte. Die Landschaft hier oben ist viel karger und von schrofigen Felsen und Geröllfeldern geprägt. Auf dem Weg Nr. 9B geht es weiter steil nach oben, bis wir schließlich zum höchsten Punkt dieser Wanderung, dem **Sossenjoch ❹** kommen. Oben angelangt, belohnt uns ein atemberaubender Blick hinüber zum ewigen Eis

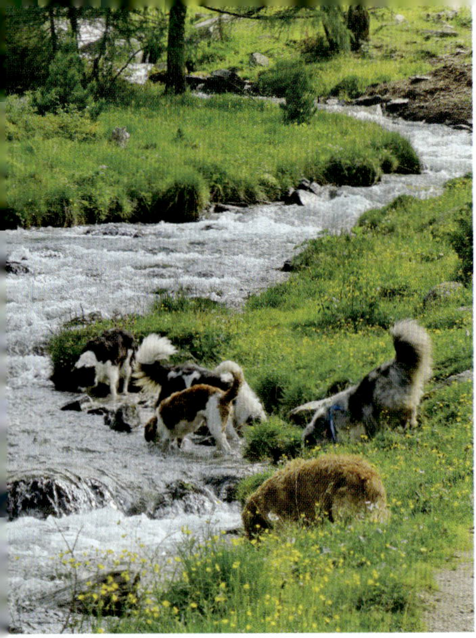

Oben: Willkommene Abkühlung im klaren Gebirgsbach.
Rechts: Begleitet vom Plätschern des Plattenbaches geht es hinauf zum Sossenjoch.

der Rieserfernergruppe für die Mühen des schweißtreibenden Aufstieges. Weniger steil führt uns der Weg nun auf der Südseite des Joches hinunter zu den malerisch gelegenen **Koflerseen** ❺, die wir bereits nach wenigen Gehminuten erreichen. Am Großen Koflersee stoßen wir auf den Weg Nr. 9A, der uns mal flacher, mal steiler zur von einer langen Natursteinmauer umgebenen **Oberen Kofleralm** ❻ hinunterführt und schließlich in den Weg Nr. 8A mündet, welcher uns zur **Unteren Kofleralm** ❼ bringt. Beide Almhütten sind nicht bewirtschaftet. Auf dem Weg Nr. 8A wandern wir nun durch den Wald talwärts und stoßen nach etwa einer halben Stunde auf eine Teerstraße. Hier gehen wir nach rechts weiter und kommen nach einer weiteren knappen halben Stunde zurück zum Ausgangspunkt.

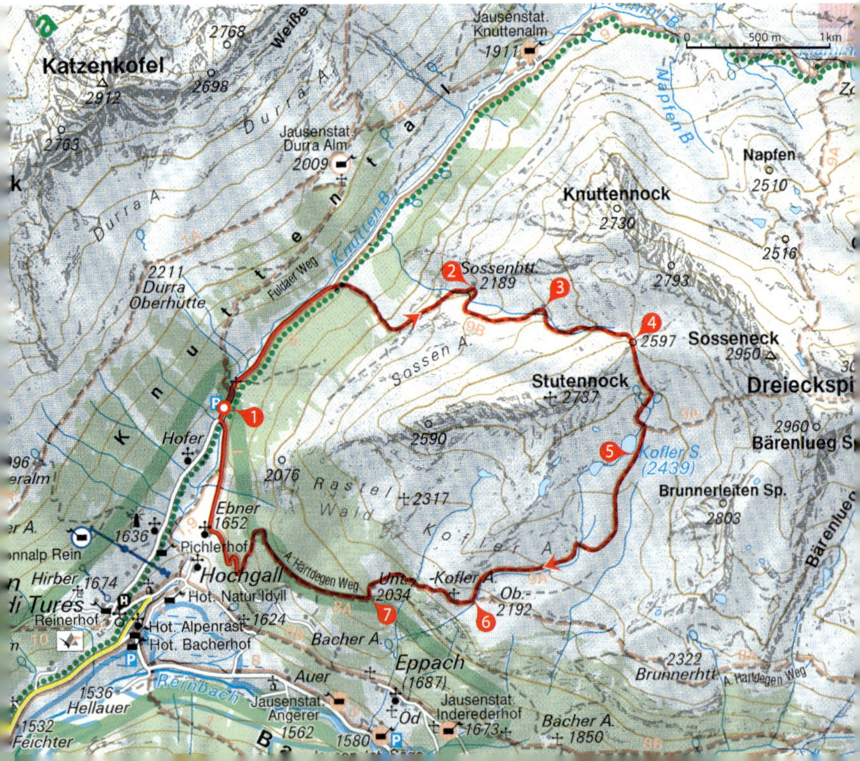

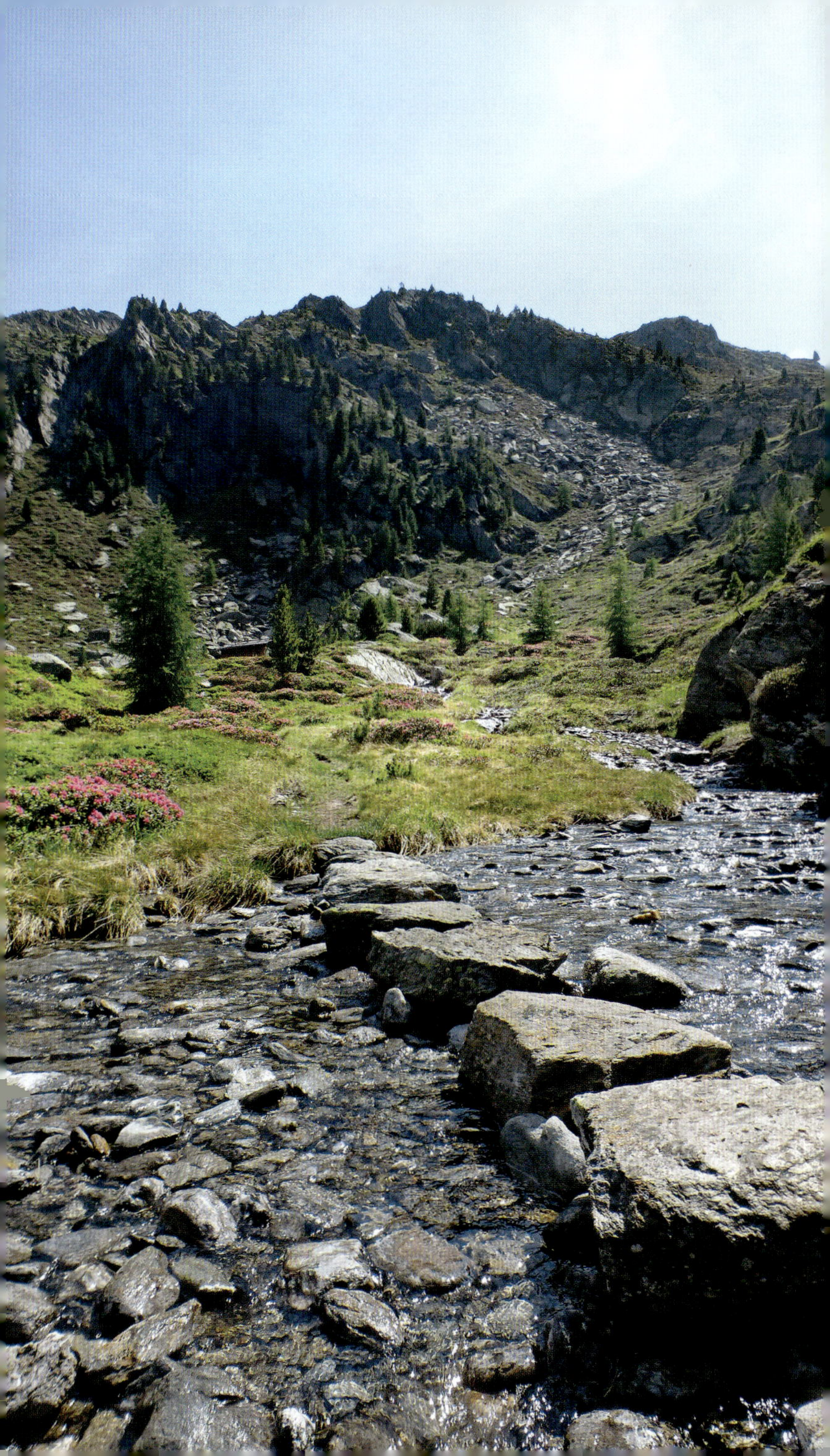

57

Hühnerspiel, 1910 m

Über die Hollenzalm zur Wollbachalm

3.45 Std. | 9,0 km | ↗600 m | ↘600 m

Abwechslungsreiche Almwanderung auf dem Ahrntaler Sonnenweg

Die bewaldeten Bergflanken des Tauferer Ahrntales sind unter anderem Heimat der geschützten Birkhühner. Jedes Jahr zwischen März und Juni gehen die Hähne auf Brautschau. An traditionellen Balzplätzen führen sie ihre Tänze und Schaukämpfe auf und werben so um die Gunst der Hennen. Das Hühnerspiel bei St. Jakob ist einer dieser Balzplätze. Die kleinen Holzhütten auf der einst landwirtschaftlich genutzten Waldwiese dienten früher den Bauern zum Einlagern des Heus. 2015 wurde das bäuerliche Kleinod saniert und lädt nun in wunderschöner, aussichtsreicher Lage zum Verweilen und Genießen ein.

Talort: St. Jakob (1159 m); Tourismusverein Sand in Taufers, Josef-Jungmann-Straße 8, I-39032 Sand in Taufers, Tel. +39 0474 678076, taufers.com.
Ausgangspunkt: Parkplatz »Ebner«, 1527 m (GPS: 47.017629, 12.013501).
Anfahrt: Bei Bruneck im Pustertal immer Richtung »Ahrntal« (brauner Wegweiser) fahren. Der SS621 bis St. Jakob folgen. In St. Jakob links Richtung »Am Bühel« und »Sportzone« abbiegen, links an der Kirche vorbeifahren, dann sich links halten und danach abermals links abbiegen. Nun dem Verlauf der schmalen Straße für 2,5 Kilometer den Berg hinauffolgen.
Öffentliche Verkehrsmittel: Keine.
Anforderungen Mensch: Steinige, wurzelige und teils steile Pfade erfordern Kondition und Trittsicherheit.
Anforderungen Hund: Auf den Steigen sind Wurzeln, Steine und Stufen zu überwinden; Weidevieh (je nach Jahreszeit Kühe an der Hollenzalm und an der Wollbachalm).
Wasserstellen: Tränke auf dem Weg zur Hollenzalm, Bach oberhalb der Wollbachalm sowie an den Almhütten.
Einkehr: Hollenzalm (unterberghof.net), Tel. +39 0474 657061; Wollbachalm (niederkoflhof.com/de/wollbachalm.php), Tel. +39 0474 652201.
Karte: Tabacco 035, Ahrntal – Rieserferner Gruppe, 1:25.000.

Am **Parkplatz** ❶ nehmen wir den Weg Nr. 17, der von der Teerstraße steil in den Wald hinaufführt. Nach etwa einer Viertelstunde stoßen wir auf einen Forstweg. Hier verlassen wir den steilen Waldpfad, denn der Weg Nr. 17 leitet uns nach rechts und führt uns direkt zu unserem ersten Ziel, der **Hollenzalm** ❷, die wir circa eine Dreiviertelstunde später erreichen. Vor dem kleinen Stallgebäude gehen wir nach links und wandern weiter Richtung »Wollbachalm / Hühnerspiel«. Zuerst als bequemer Wiesenpfad, später als steiniger Steig führt uns der Weg Nr. 1A durch

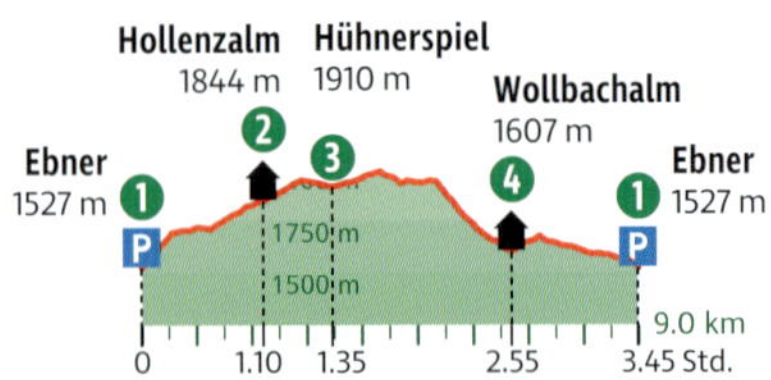

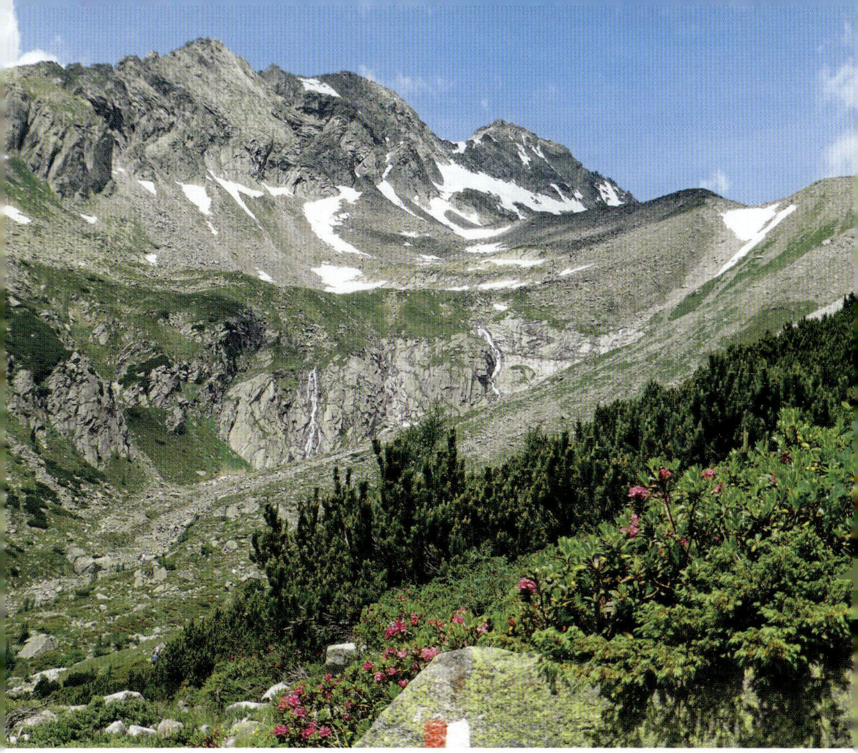

Abstieg ins wunderschöne Wollbachtal.

lichten Lärchenwald hinauf zum **Hühnerspiel ❸**. In den kleinen Holzhütten, die hier auf der Wiese verstreut stehen, wurde früher das Heu eingelagert, welches die Bergbauern dann im Winter auf großen Schlitten in abenteuerlicher Abfahrt zu Tal befördert haben. Heute laden hier zahlreiche Bänke die müden Wanderer zur Rast. Auf der am Wegweiser angeschriebenen Almenrunde wandern wir nun, dem Weg Nr. 1 folgend, unserem nächsten Ziel entgegen. Der Pfad führt uns zunächst ohne große Höhenunterschiede immer am Hang entlang, später in Kehren steil hinunter zur **Wollbachalm ❹**. Nun geht es auf dem Almfahrweg, zunächst mit der Nr. 5, später mit der Nr. 5A markiert, zurück zum **Ausgangspunkt**, den wir etwa eine halbe Stunde später erreichen.

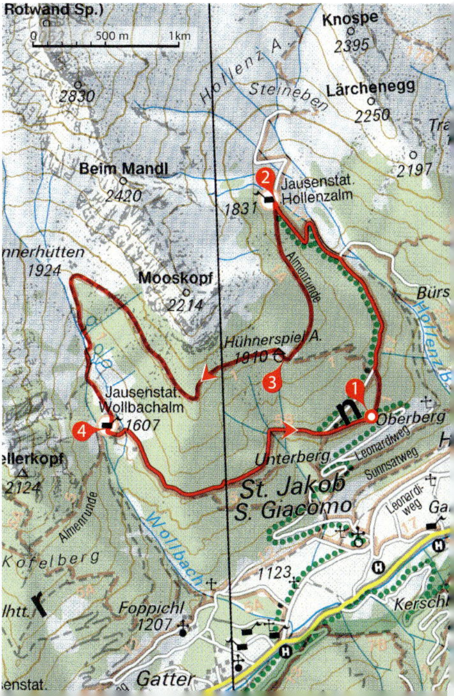

58 Rötalm, 2116 m

Von Prettau zur Rötalm

3.30Std. | 7,1 km | ↗ 630 m | ↘ 630 m

Auf dem Knappensteig Bergbaugeschichte erleben

Etwa 500 Jahre lang wurde im Bergwerk bei Prettau Kupfererz abgebaut, bevor die Zeche 1971 endgültig den Betrieb einstellte. Ein gut markierter Lehrpfad, der sogenannte Knappensteig, führt den Wanderer an ehemaligen Knappenwegen entlang hinauf zum Rötkreuz. Unterwegs findet man immer wieder Exponate und Ruinen, die die Zeiten, als hier noch Bergleute ihrer schweren Arbeit nachgingen, lebendig werden lassen. Da man in einige der Stollen auch hineingehen kann, ist es empfehlenswert, eine Taschen- oder Stirnlampe mitzunehmen.

Talort: Prettau (1475 m); Tourismusverein Sand in Taufers, Josef-Jungmann-Straße 8, I-39032 Sand in Taufers, Tel. +39 0474 678076, taufers.com.
Ausgangspunkt: Naturparkhaus Kasern, 1597 m (GPS: 47.051206, 12.129422).
Anfahrt: Bei Bruneck im Pustertal immer Richtung »Ahrntal« (brauner Wegweiser) fahren. Der SS621 bis zum Ende folgen. Der Parkplatz befindet sich am Ende der Straße auf der linken Seite.
Öffentliche Verkehrsmittel: Bus von Bruneck Richtung Kasern bis »Kasern«.
Anforderungen Mensch: Teils schmale, steile und schottrige Steige und mit Wurzeln durchsetzte Waldpfade erfordern gute Trittsicherheit, und an manchen Stellen ist Schwindelfreiheit nötig.
Anforderungen Hund: Steintreppen; Weidevieh (je nach Jahreszeit Kühe beim Stollen St. Johannes, an der Rötalm, Bruggeralm und Innerbichl Alm).
Wasserstellen: Entlang des gesamten Weges immer wieder Trinkgelegenheiten für Hunde (Kunstgraben, Bäche, Viehtränken).
Einkehr: Rötalm, Tel. +39 0474 654226.
Karte: Tabacco 035, Ahrntal – Rieserferner Gruppe, 1:25.000.

Grandioses Bergpanorama am Rötkreuz.

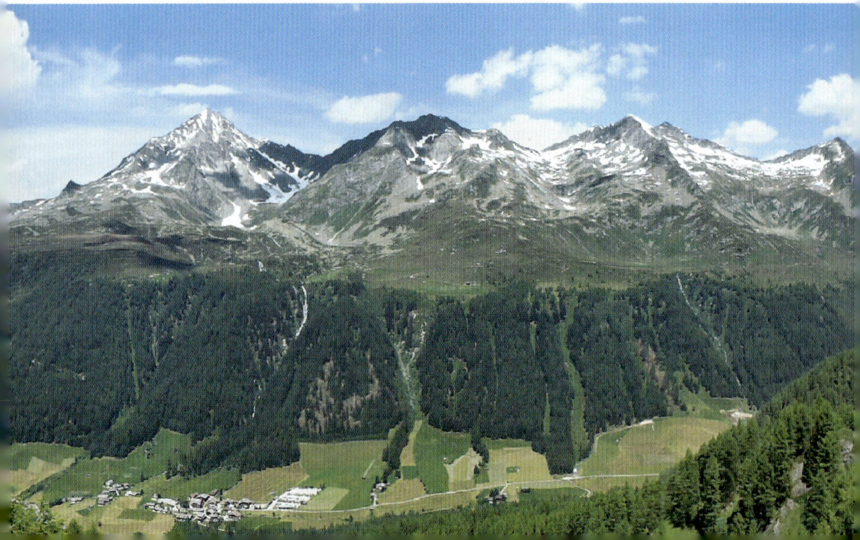

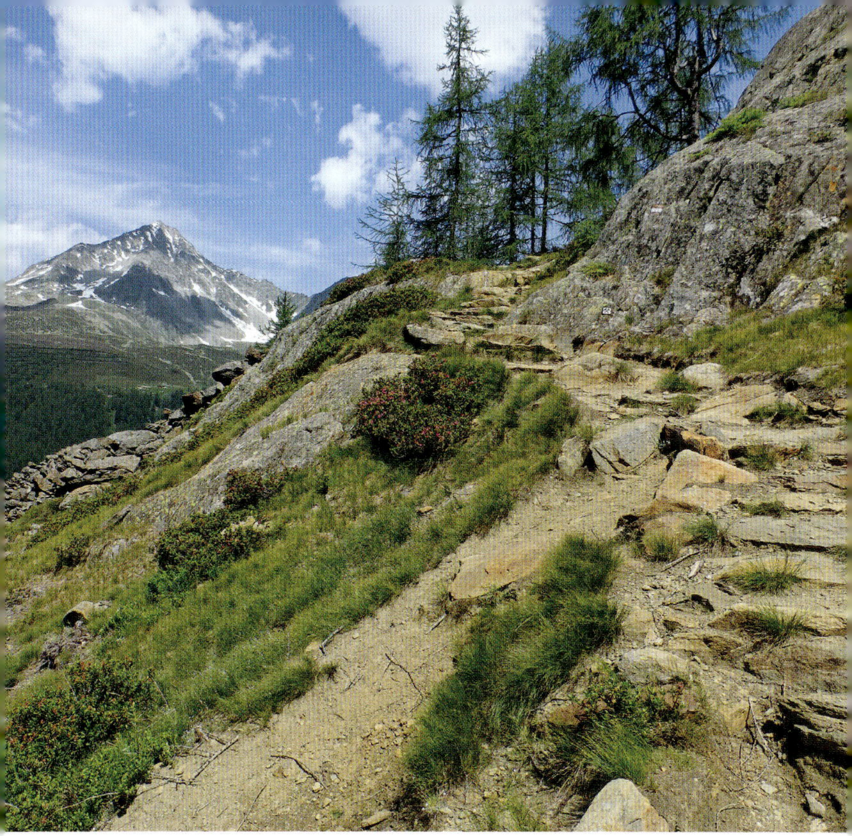

Der Knappensteig verbindet als Lehrpfad die Stollen des ehemaligen Bergwerkes Prettau.

Gegenüber dem Eingang zur **Naturpark-Infostelle** ❶ führt uns ein schmaler Wiesenpfad hinüber zum Wanderweg, dem wir nun nach rechts folgen. Der Weg Nr. 11 führt uns direkt nach dem ersten Haus (Berggasthof Stern) nach links, über den Parkplatz hinweg und hinter einem kleinen Holzschuppen als steiler Pfad hinunter zum Fluss. Wir wandern auf der schmalen Teerstraße nach links weiter, überqueren das Wasser und folgen dem Fahrweg, bis uns ein Wegweiser Richtung Rötalm nach links leitet. Nun wandern wir durch den Wald hinauf und kommen wenig später an einen Querweg. Hier halten wir uns rechts, überqueren

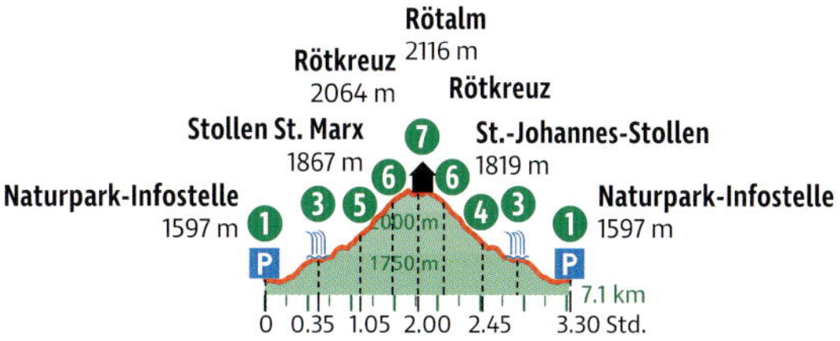

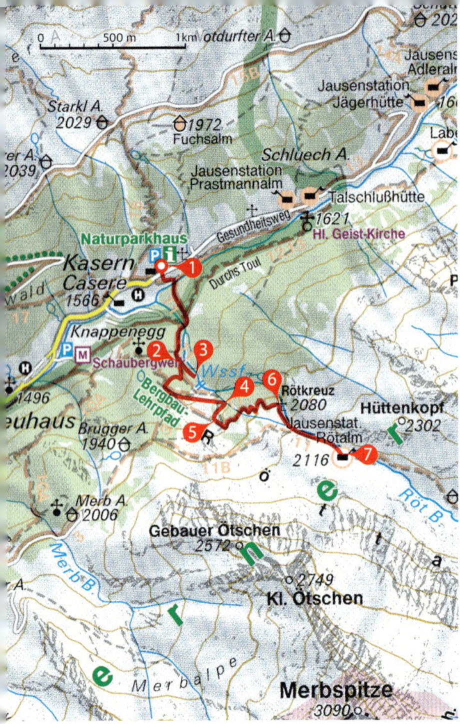

den Bach und biegen danach links in den mit der Nr. 11 markierten Wanderweg ein. Durch den Wald geht es recht steil aufwärts, und schon bald stoßen wir auf einen Weg, neben dem ein künstlich angelegter Wassergraben verläuft. Nun befinden wir uns auf dem als Bergbaulehrpfad angelegten Knappensteig. Er ist gekennzeichnet durch kleine, aus Eisen und Schlägel bestehende Bergwerkssymbole. Der Wegweiser mit der Aufschrift »Wasserfall« leitet uns nach links. Wenig später kommen wir zum **Stollen St. Christoph ❷**. Den Abstecher zum nur etwa 100 Meter entfernten **Wasserfall ❸** sollte man sich hier nicht entgehen lassen. Zurück am **St.-Christoph-Stollen ❷** wandern wir nun auf dem Weg Nr. 11 in Richtung »Rötalm« weiter. Kurz nach dem Abzweig des Weges Nr. 3, den wir rechts liegen lassen, verlassen wir

Das Rötkreuz hoch über dem Tauferer Ahrntal.

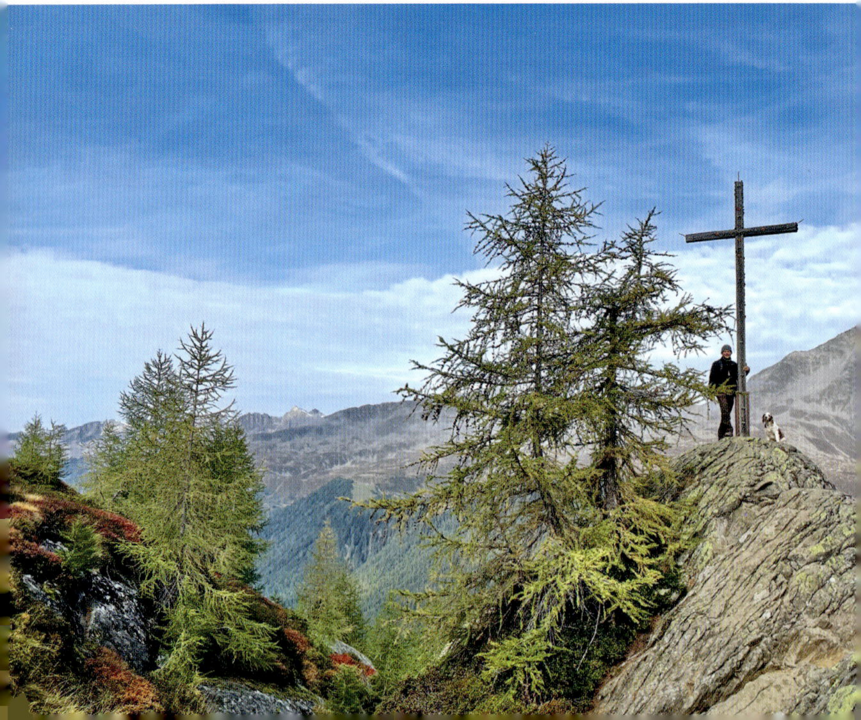

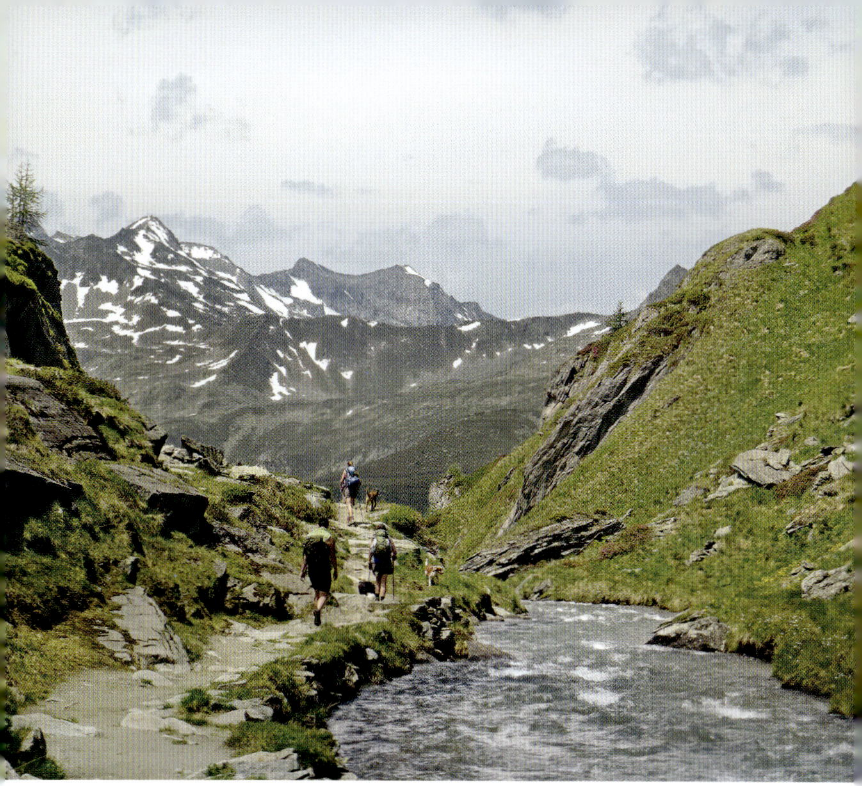

Im wildromantischen Röttal.

den Wanderweg und folgen dem Bergbau-Lehrpfad nach links. Erst nur mäßig, später recht steil ansteigend, gelangen wir zum **St.-Johannes-Stollen** ❹. Von hier aus hat man bereits einen sehr schönen Blick auf die umliegende Bergwelt. Der Pfad führt weiter steil bergan und stößt schließlich wieder auf den Wanderweg Nr. 11, dem wir nach links folgen und schon bald die verfallenen Mauern am **Stollen St. Marx** ❺ erreichen. Unser Weg führt uns immer weiter aufwärts, teilweise künstlich gepflastert und mit Stufen und Treppen versehen. Wir passieren vier weitere, kurz aufeinanderfolgende Stollen-Mundlöcher, die zum Erkunden einladen. Dieses Teilstück unseres Weges ist geprägt von interessanten Felsformationen und atemberaubenden Ausblicken. Nach einiger Zeit erreichen wir das 2080 Meter hoch gelegene **Rötkreuz** ❻. Das Tal weitet sich, und nun geht es immer am rauschenden Rötbach entlang taleinwärts. Dem aufmerksamen Wanderer entgeht nicht der Gletscherschliff, den man hier immer wieder an den Felsen findet. Die länglichen, meist talwärts ausgerichteten Riefen im Fels sind Spuren, die einst ein Gletscher auf seinem Weg ins Tal hinterlassen hat. An einem Wegweiser endet der Lehrpfad, und wir folgen dem Weg Nr. 11 zur nur fünf Gehminuten entfernten **Rötalm** ❼. Nach einer Rast in der urigen Hütte, die während der Saison mit typischen Almgerichten lockt, kehren wir auf unserem Aufstiegsweg zurück zum **Ausgangspunkt**.

59 Dreizinnenhütte, 2405 m

Vom Fischleintal auf das Toblinger Riedel

6.00 Std. | 13,8 km | ↗1010 m | ↘1010 m

Im Antlitz der Drei Zinnen

Sie sind das felsige Wahrzeichen der Sextener Dolomiten. Eindrucksvoll erheben sich die Drei Zinnen über der Hochfläche des Zinnenplateaus und ziehen jedes Jahr Tausende Wanderer und Kletterer in ihren Bann. Die Einsamkeit der Berge wird man auf dieser Tour vergebens suchen, jedoch besticht sie durch grandiose Landschaft, die seit 2009 sogar in die Liste des UNESCO Welterbes der Menschheit aufgenommen wurde.

Talort: Sexten-Moos (1340 m), Tourismusverein Sexten, Dolomitenstraße 45, I-39030 Sexten, Tel. +39 0474 710310, sexten.it.
Ausgangspunkt: Parkplatz Fischleinbodenhütte, 1454 m (GPS: 46.667020, 12.353600).
Anfahrt: Bei Innichen im Pustertal auf die SS52 Richtung »Sexten / Kreuzbergpass« abbiegen und dem Straßenverlauf für etwa zehn Kilometer folgen. In Moos rechts abbiegen Richtung »Fischleintal«. Der Parkplatz befindet sich nach 2,7 Kilometern auf der rechten Seite.
Öffentliche Verkehrsmittel: Bus von Toblach Richtung Kreuzbergpass bis Haltestelle »Fischleintalboden«.
Anforderungen Mensch: Unschwieriger, jedoch recht langer Anstieg erfordert etwas Kondition.
Anforderungen Hund: Kaum Schatten; von Juni bis September Pferdekutschen zwischen »Dolomitenhof« und Talschlusshütte; langer Abstieg über Kalksteinkies könnte Hunden, die an den Pfoten sehr empfindlich sind, Probleme bereiten.
Wasserstellen: Am Bach immer wieder Trinkgelegenheiten für Hunde, dennoch etwas Wasser mitnehmen!
Einkehr: Fischleinbodenhütte, Tel. +39 0474 710044; Hotel Dolomitenhof (dolomitenhof.com), Tel. +39 0474 713000; Talschlusshütte (talschlusshuette.com), Tel. +39 0474 710606; Dreizinnenhütte (dreizinnenhuette.com), Tel. +39 0474 972002.
Karte: Tabacco 010, Sextener Dolomiten, 1:25.000.

Das Ziel unserer Tour: Die Dreizinnenhütte.

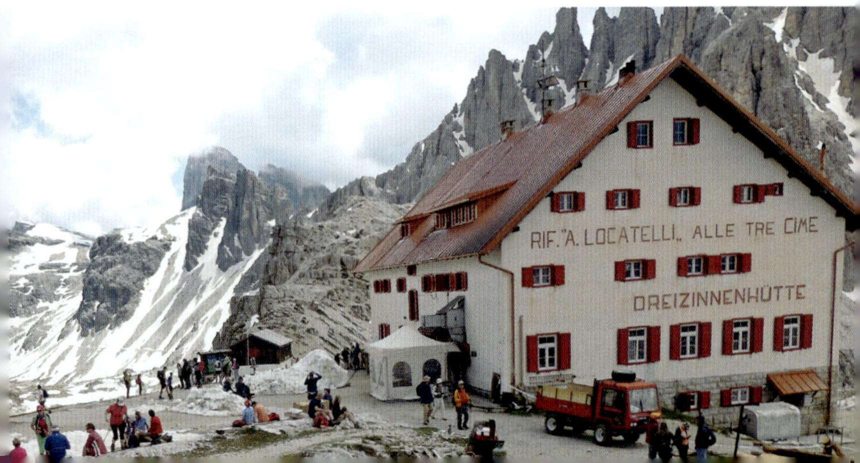

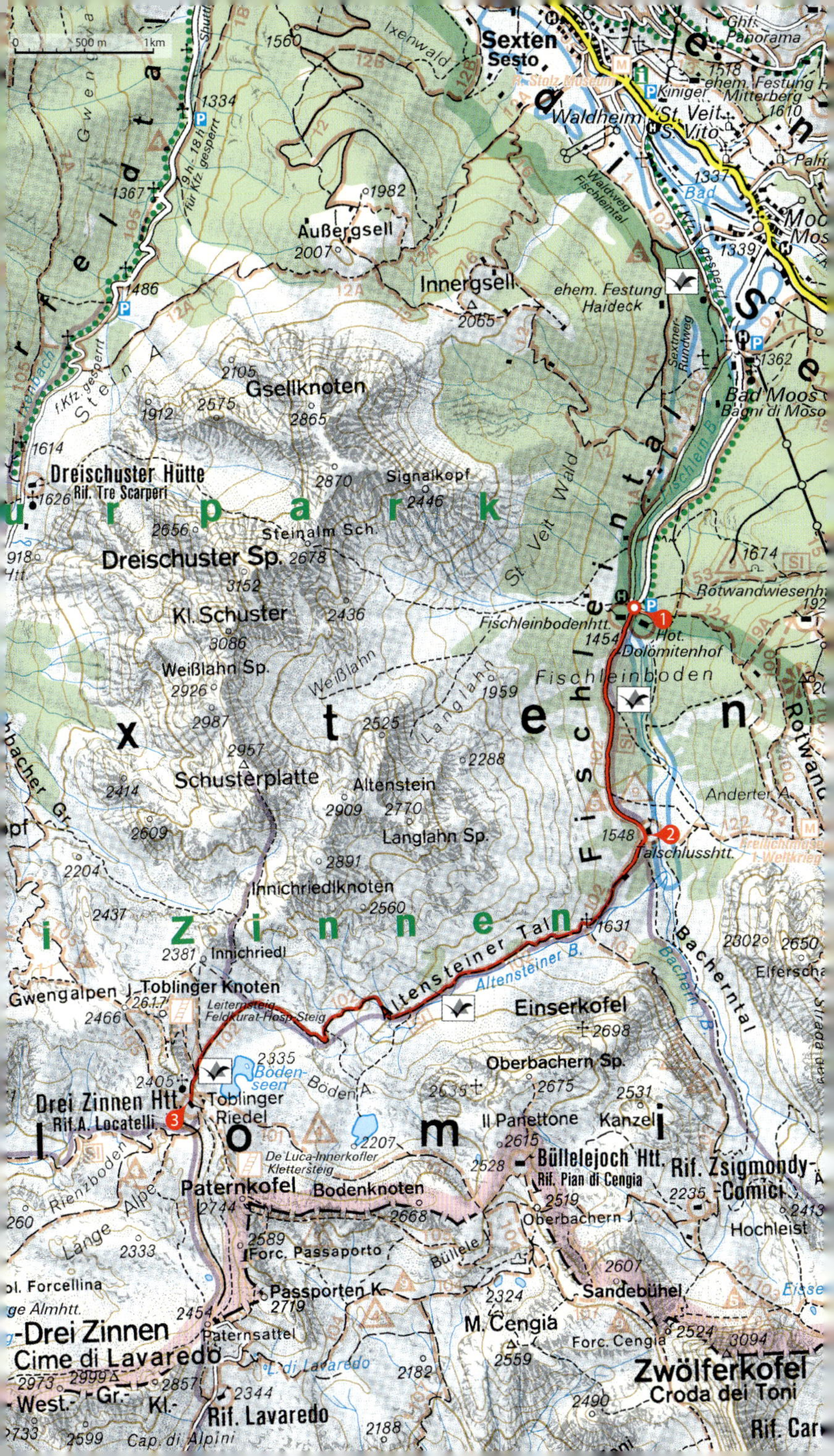

0
500 m
1 km
Sexten
Sesto
Waldheim
St. Veit
S. Vito
Kiniger
Mitterberg
Panorama
Innergsell
ehem. Festung Haideck
Außergsell
Gsellknoten
Dreischuster Hütte
Rif. Tre Scarperi
Signalkopf
Steinalm Sch.
Dreischuster Sp.
Kl. Schuster
Weißlahn Sp.
Schusterplatte
Altenstein
Langlahn Sp.
Innichriedlknoten
Innichriedl
Toblinger Knoten
Gwengalpen
Leiternsteig
Feldkurat-Hosp-Steig
Drei Zinnen Htt.
Rif. A. Locatelli
Toblinger Riedel
Boden-seen
Boden A.
Einserkofel
Oberbachern Sp.
Il Panettone
Kanzel
Büllelejoch Htt.
Rif. Pian di Cengia
Rif. Zsigmondy-Comici
Paternkofel
Bodenknoten
De Luca-Innerkofler Klettersteig
Forc. Passaporto
Passporten K.
Paternsattel
Drei Zinnen
Cime di Lavaredo
West.
Gr.
Kl.
Rif. Lavaredo
Cap. di Alpini
M. Cengia
Forc. Cengia
Sandebühel
Zwölferkofel
Croda dei Toni
Hochleist
Oberbachern J.
Fischleinboden
Fischleinbodenhtt.
Hot. Dolomitenhof
Talschlusshtt.
Altensteiner Tal
Altensteiner B.
Bacherntal
Anderter A.
Rotwandwiesenh.
Bad Moos
Bagni di Moso
Fischleintal
St. Veit Wald
Weißlahn
Langlahn
Rienzboden
Lange Alpe
Sextner Rundweg
Waldweg Fischleintal
1
2
3

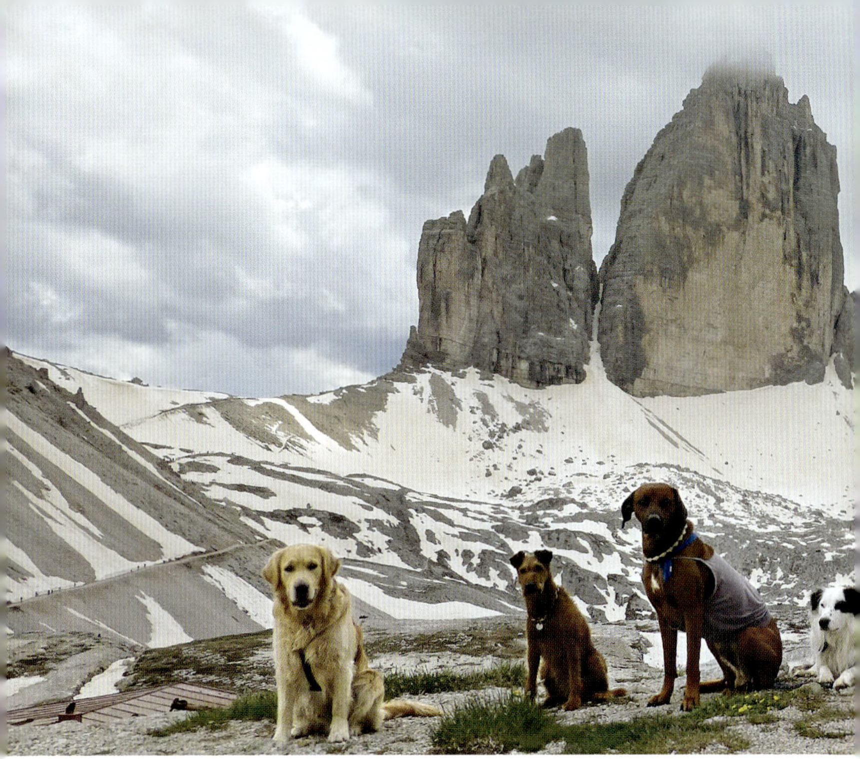

3 Zinnen und 9 Hunde.

Vom **Parkplatz ❶** aus folgen wir dem Teersträßchen taleinwärts, lassen die Einfahrt zum Hotel »Dolomitenhof« links liegen und wandern nun auf dem mit der Nummer 102 markierten Weg Richtung »Dreizinnenhütte«. Der breite Fahrweg führt uns durch das weite Tal mit seinen

Im malerischen Fischleintal.

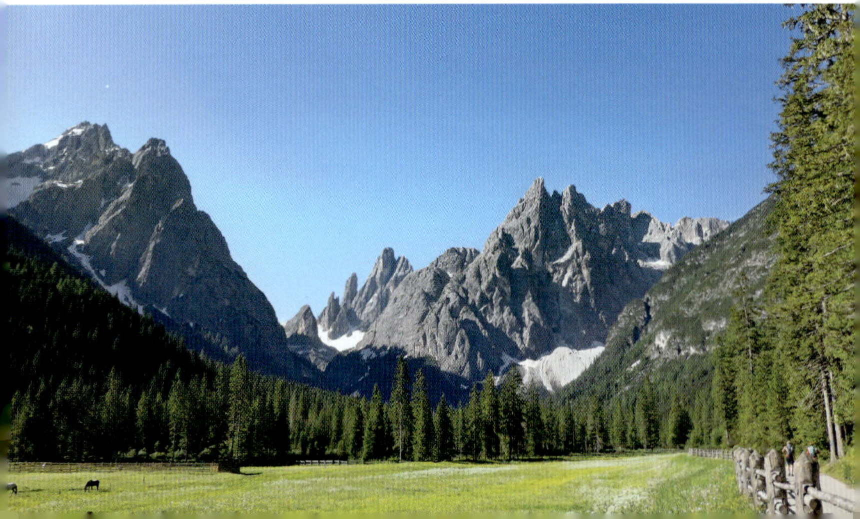

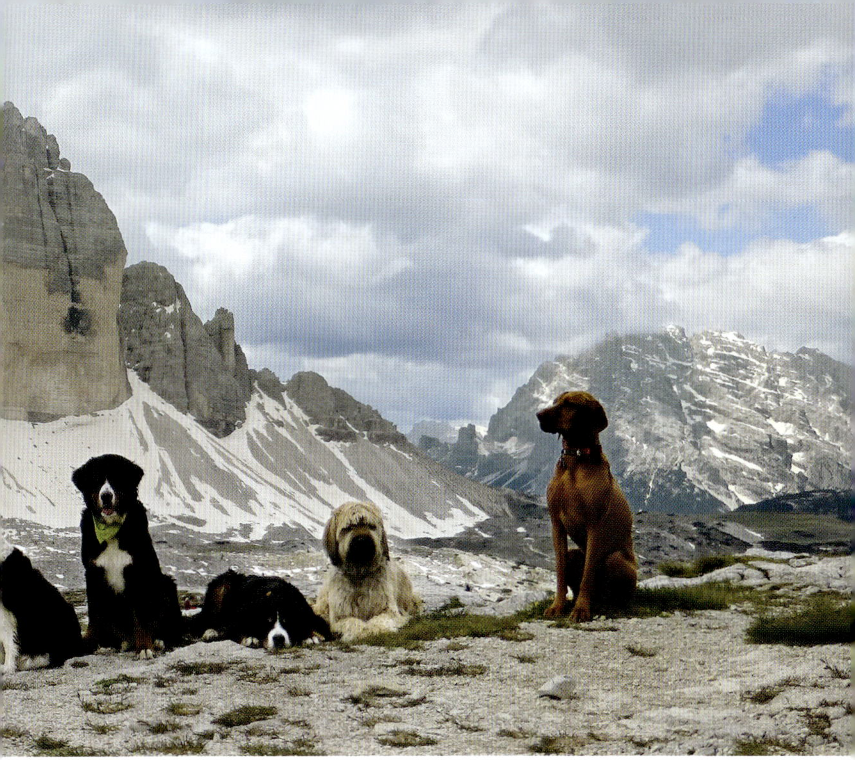

duftenden Wiesen und lichten Lärchen- und Zirbenbeständen. Begleitet werden wir dabei vom ständigen Rauschen des Landrobaches. Nach etwa zwei Kilometern erreichen wir die **Talschlusshütte ❷**, die das Ende des romantischen Fischleintales markiert. Wir lassen die Hütte links liegen und wandern auf dem Weg Nr. 102 weiter aufwärts, bis wir wenig später an eine Abzweigung kommen. Hier bleiben auf dem nun immer schmaler und steiler werdenden Steig mit der Weg-Nr. 102, der uns geradeaus das Altensteiner Tal hinaufführt. Ab und an gibt es die Möglichkeit, unseren vierbeinigen Begleiter im Bach trinken zu lassen. Nach einiger Zeit verlässt unser Weg den Bachlauf und schlängelt sich rechts an der Bergflanke nach oben. Vorbei an den Bödenseen erreichen wir schließlich die weite Hochfläche des Toblinger Riedels mit unserem Tagesziel, der **Dreizinnenhütte ❸**. Der Abstieg erfolgt auf demselben Weg.

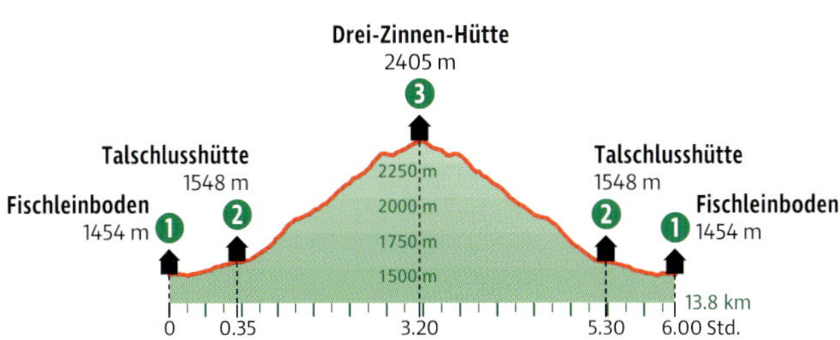

60

Hornischegg, 2550 m

Über die Sillianer Hütte zum Hornischegg

5.30 Std. | 15,1 km | ↗ 590 m | ↘ 1320 m

Aussichtsreiche Wanderung auf dem Karnischen Höhenweg

Der Karnische Hauptkamm, wie der Gebirgszug nördlich von Sexten genannt wird, bildet die Grenze zwischen Österreich im Norden und Italien im Süden. Wie in vielen Dolomitenregionen tobten auch hier während des Ersten Weltkrieges erbitterte Kämpfe, deren Spuren bis heute unübersehbar sind. Ob verfallene Bunkeranlagen, Schützengräben oder Soldatenfriedhöfe, überall begegnet man stummen Zeugen des grausamen Gebirgskrieges. Entlang der ehemaligen Frontlinie führt heute der »Friedensweg«, wie der Karnische Höhenweg auch bezeichnet wird. Er ist nicht nur Mahnmahl für eines der dunkelsten Kapitel europäischer Geschichte, sondern wartet auch mit traumhaften Aus- und Weitblicken auf. Im ersten Teil folgt diese unschwierige Wanderung dem Verlauf des alpinen Weitwanderweges und zählt wegen ihrer Ausblicke auf die bizarre Felsenwelt der Sextener Dolomiten zu einer der schönsten Touren im Sextental.

Talort: Sexten (1320 m), Tourismusverein Sexten, Dolomitenstraße 45, I-39030 Sexten, Tel. +39 0474 710310, sexten.it.
Ausgangspunkt: Seilbahn Sexten, Bergstation, 2041 m (GPS: 46.715778, 12.363392).
Anfahrt: Bei Innichen im Pustertal auf die SS52 Richtung »Sexten / Kreuzbergpass« abbiegen und dem Straßenverlauf für etwa neun Kilometer folgen. Der Parkplatz an der Talstation der Seilbahn befindet sich auf der rechten Seite.
Öffentliche Verkehrsmittel: Bus von Toblach Richtung Kreuzbergpass bis Haltestelle »Sexten Helmbahnen«.
Anforderungen Mensch: Leichte Wanderung, jedoch langer Abstieg ins Tal.
Anforderungen Hund: Der lange Abstieg, teilweise auf Kieswegen, könnte Hunden, die an Pfoten oder Gelenken empfindlich sind, Probleme bereiten; Weidevieh (je nach Jahreszeit Kühe rund um die Klammbachalm); kaum Schatten.
Wasserstellen: Ab und an kleinere Bäche und Teiche, Viehtränken im Bereich der Almen sowie Trinkgelegenheiten an den Hütten. Je nach Wetterlage dennoch etwas Wasser mitnehmen.
Einkehr: Helmrestaurant (dreizinnen.com), Tel. +39 0474 710255; Hahnspielhütte (hahnspielhuette.com), Tel. +39 0474 830046; Sillianer Hütte (alpenverein.at/sillianerhuette/), Tel. +43 664 5323802; Klammbachalm (klammbachalm-malga-klammbach.business.site/), Tel. +39 340 8608341; Helmhanghütte (helmhang-huette.com), Tel. +39 328 6933876.
Karte: Tabacco 010, Sextener Dolomiten, 1:25.000.

Nach dem Verlassen der **Helmbahn-Bergstation ❶** wenden wir uns nach rechts und folgen dem mit der Nummer 4 markierten Weg zur **Hahnspielhütte ❷**. Schon kurz nach dem Start führt der Weg aus dem Bergwald heraus, und es eröffnet sich ein atemberaubendes Panorama hinüber zur Sextener Sonnenuhr, wie das Ensemble um die steinernen Gipfel des Neuner, Zehner, Elfer, Zwölfer und Einser genannt wird. Wir wandern weiter auf dem Weg Nr. 4, lassen den Aufstieg zum Helm links lie-

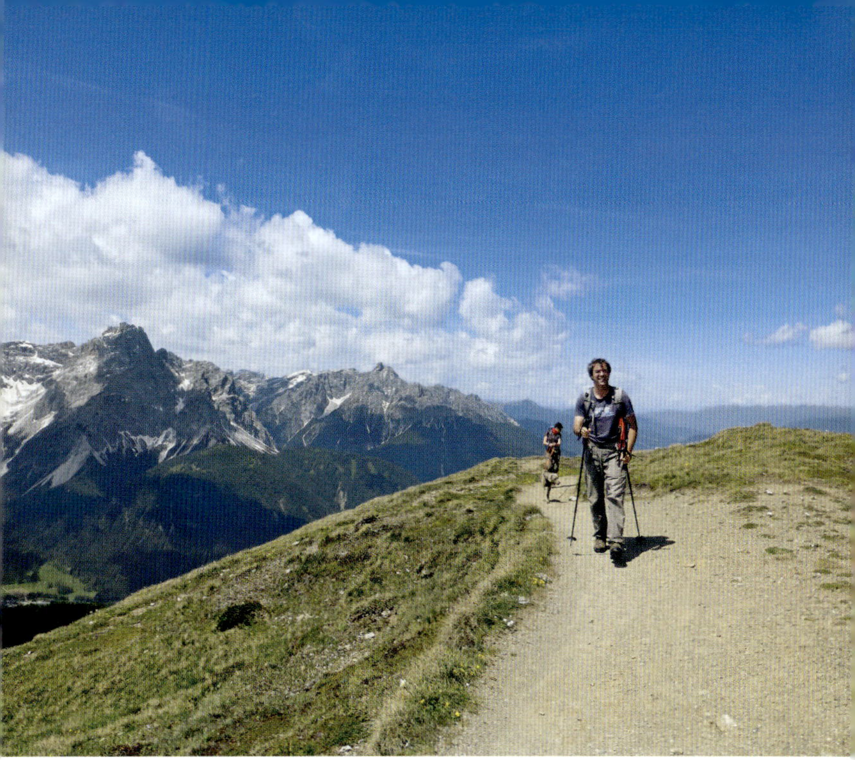

Wandern auf dem Karnischen Höhenweg.

gen und stoßen am Leckfeldsattel auf den Karnischen Höhenweg, jenen Weitwanderweg, der auf 155 Kilometern über den Hauptkamm der Karnischen Alpen führt. Wir folgen dem mit der Nr. 403 markierten Karnischen Höhenweg nach rechts und kommen wenig später zur **Sillianer Hütte** ❸. Nun führt uns der Weg Nr. 403 an verlassenen Kriegsstellungen vorbei zum Obermahdsattel. 100 Meter später kommen wir an eine Gabelung, wo wir den Karnischen Höhenweg verlassen und uns rechts haltend auf dem Weg Nr. 133 hinauf zum Gipfel des **Hornischegg** ❹ wandern. Über sanfte Wiesen steigen wir anschließend zunächst auf dem Weg Nr. 134 in südlicher Richtung ab und wandern später auf dem Grasrücken in südwestlicher Richtung weiter talwärts, bis wir an einen **Abzweig** ❺ kommen. Hier halten wir uns links und erreichen nach

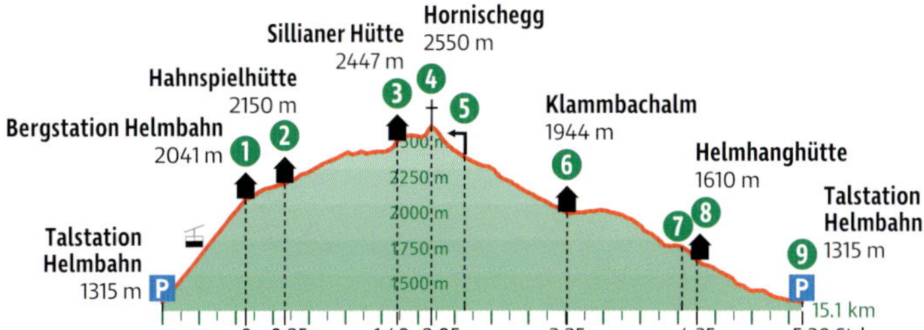

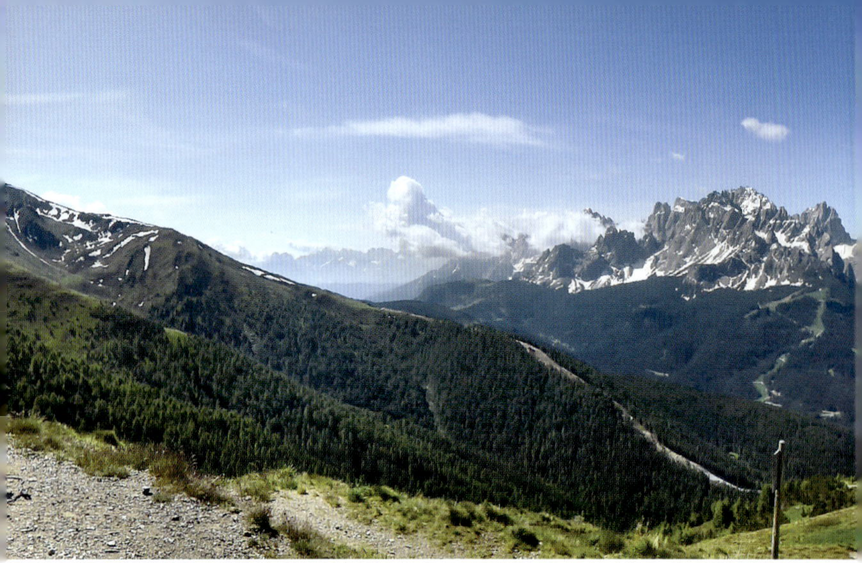

Grandioser Panoramablick auf die Sextener Dolomiten.

etwa einer Viertelstunde das Klammbachtal, wo wir auch wieder auf den Weg Nr. 133 stoßen. Diesem folgen wir nun nach rechts hinunter zur **Klammbachalm 6**. Ab hier geht es auf dem Weg Nr. 13 weiter talwärts.

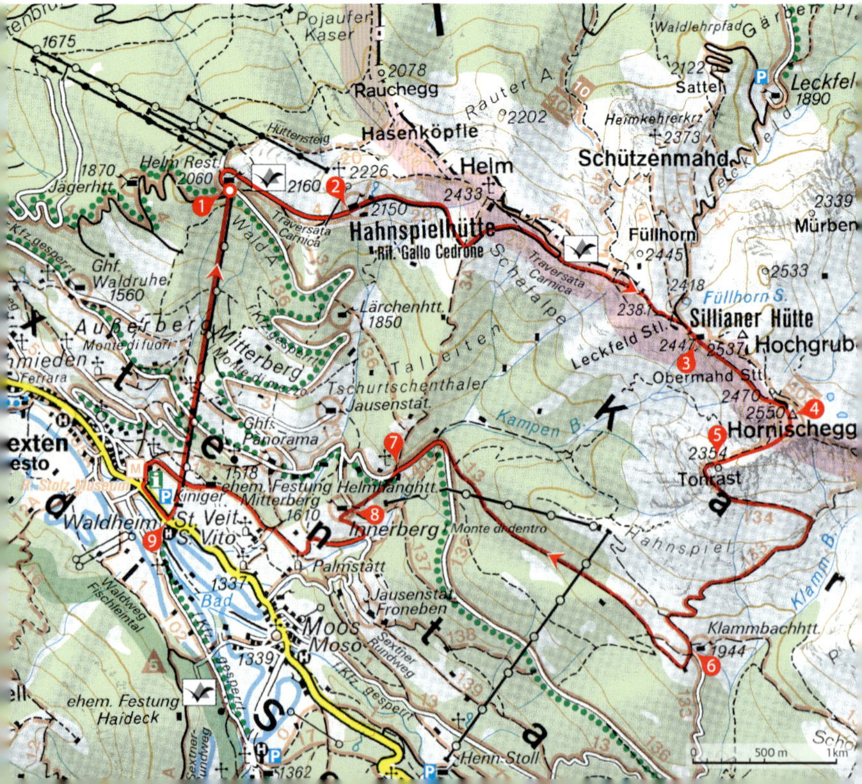

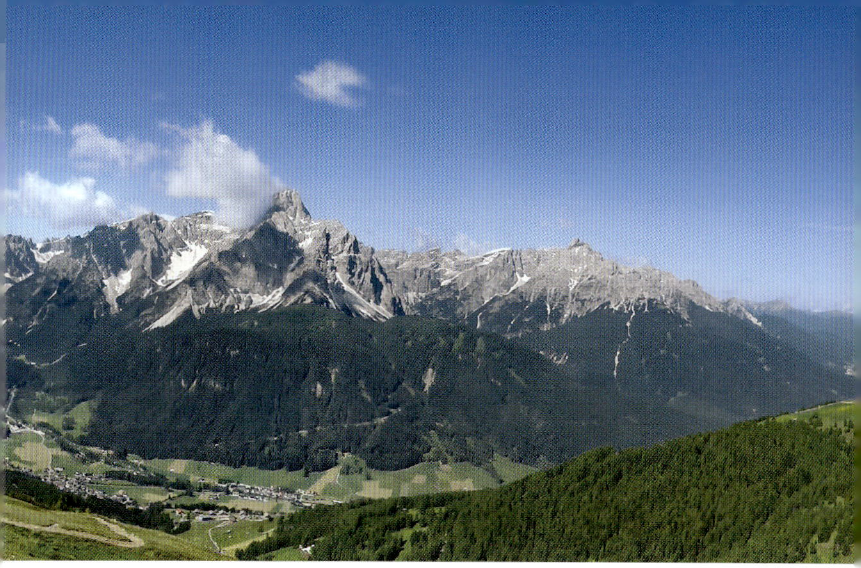

Er führt uns rechts an der Hütte vorbei, verlässt kurz darauf den Almfahrweg und geht als Wiesenpfad immer am Bretterzaun entlang. Ungefähr eine Viertelstunde später stoßen wir auf einen Forstweg, überqueren diesen und wandern dann auf dem Weg Nr. 13 weiter. Nach zwei Kilometern gelangen wir zu einer Wiese mit mehreren kleinen Holzhütten, den **Negerdorfhütten** **7**. Kurz danach leitet uns ein Wegweiser nach links auf den Weg Nr. 3A zur **Helmhanghütte** **8**, die wir etwa zehn Minuten später erreichen und die mit leckeren hausgemachten Spezialitäten zur Einkehr lädt. Auf dem Weg Nr. 3A geht es nun weiter talwärts. Vorbei an zwei Bauernhöfen erreichen wir schließlich die ersten Häuser des Sextener Ortsteiles Moos, wo wir auf den mit der Nummer 1 markierten »Sextener Rundweg« stoßen. Diesem folgen wir nach rechts und kommen ca. 800 Meter später zu den Kinigerhöfen. Hier leitet uns der Sextener Rundweg abermals nach rechts. Auf einer schmalen Teerstraße wandern wir talauswärts, unterqueren die Seilbahn und wandern schließlich auf dem Europaweg hinunter zur Hauptstraße. Hier halten wir uns links und erreichen wenig später den Parkplatz an der **Talstation der Helmbahn** **9**.

Ein junger Sillianer Künstler schuf 2014 dieses neue Gipfelkreuz.

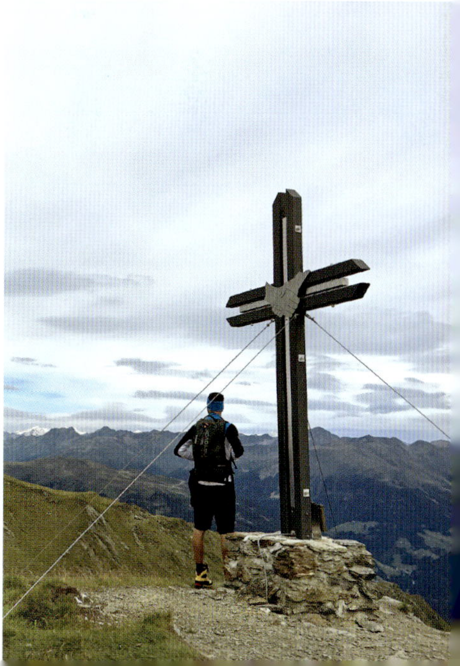

Stichwortverzeichnis

Impressum

Umschlagbild: Atemberaubende Bergszenerie im Antlitz der Königspitze (Tour 6).

Bild im Innentitel: Sonnenuntergang am Weißhorn.

Fotos: Archiv Chemnitzer Hütte (S. 220, 221), Waltraud Auer, Oberhof, Rein in Taufers (S. 233), Dr. Bergit Brunne (S. 17, 214), Cornelia Glathe (S. 240), Paula Glathe (S. 98), Adelheid Kästner-Gedat (S. 217, 223, 225, 227), Kaj Kinzel (S. 61, 73, 75, 88, 89, 90, 92, 94, 95, 99, 106, 145, 163, 186, 213, 215, 216, 234, 235, 237, 238, 239, 241), Christine König (S. 21), Isolde Kössler (S. 168 unten), Eileen Mares (S. 138), Dr. Ute Lorey (S. 33, 224), Johann Messner/www.jmfoto.it (S. 181, 182, 183), Daniela Roberts (S. 138), Rebecca Schindler (S. 249), alle übrigen Fotos von der Autorin.

Die Autorin: Franziska Rößner, 1974 im heutigen Chemnitz geboren, entdeckte schon früh ihre Liebe zum Wandern. Mit ihren beiden Berner Sennenhunden und neuerdings einem Briard zieht es die ausgebildete DAV-Wanderleiterin regelmäßig in die sächsischen Mittelgebirge und in die Alpen. Südtirol ist dabei eines der Hauptziele des Wanderrudels. Webseite der Autorin: www.bergwandern-mit-hund.de.

Kartografie: 60 Wanderkärtchen im Maßstab 1:50.000 und 2 Übersichtskarten © Freytag & Berndt, Wien.

Lektorat: Dr. Martin Lehr

Werk-Nr.: 3085

2., erweiterte Auflage 2024

ISBN 978-3-7633-3398-1

Wir freuen uns über jeden Korrekturhinweis zu diesem Wanderbuch!
Bitte per E-Mail an: **leserzuschrift@rother.de**

ROTHER BERGVERLAG · Keltenring 17 · D-82041 Oberhaching
Tel. +49 89 608669-0 · rother.de